Rudolph Sabor wurde 1919 in Berlin geboren. Er erhält schon als Kind Klavierunterricht, als Jugendlicher Unterricht in Gesang und Komposition. Seine Liebe zu Richard Wagner entdeckt er durch einen Schulfreund, dessen Vater an der Staatsoper Hunding, Fasolt und Hagen sang. Als Sohn eines jüdischen Vaters darf er nicht studieren und geht nach England, wo er sich zunächst als Landarbeiter in einer Quäker-Siedlung verdingt. Es folgen Stationen in einer Musikalienhandlung und in einer Flugzeugfabrik. Schließlich holt er in England sein Abitur nach (das deutsche wurde nicht anerkannt) und erwirbt die Lehrberechtigung. In den Jahren zwischen 1948 und 1958 ist er Lehrer und später Musikdirektor an verschiedenen englischen Gymnasien. Seit 1977 lebt er als freier Schriftsteller. Ausgedehnte Reisen mit seiner Ein-Mann-Show WAGNER führten ihn auch in das Stuttgarter Residenztheater. Die Kritiken seiner Wagner-Show sprechen für sich.

Vollständige Taschenbuchausgabe 1989
Droemersche Verlagsanstalt Th. Knaur Nachf., München
Lizenzausgabe mit freundlicher Genehmigung des
Paul Neff Verlags, Wien
Copyright © 1987 by Paul Neff Verlag KG, Wien
Umschlaggestaltung Manfred Waller
Umschlagabbildung: Gemälde von Franz von Lenbach, 1874
(Foto Archiv für Kunst und Geschichte, Berlin)
Druck und Bindung Ebner Ulm
Printed in Germany 5 4 3 2 1
ISBN 3-426-02379-2

Rudolph Sabor
Der wahre Wagner

**Dokumente beantworten die Frage:
»Wer war Richard Wagner wirklich?«**

Mit einem Vorwort von Wolfgang Wagner

DEN
BAYREUTHER FESTSPIELEN
IN DANKBARKEIT
GEWIDMET

Danksagung

Der Verfasser dankt denjenigen, die zum Abdruck von Bildern und Texten ihre freundliche Erlaubnis gegeben haben. Insbesondere seien die liebevollen Bemühungen von Dr. Manfred Eger, Dr. Oswald Bauer und Professor Uwe Faerber anerkannt, die das Manuskript durchgesehen und wertvolle Anregungen beigesteuert haben. Mein besonderer Dank gilt Emmi Sabor: seit 40 Jahren erträgt sie mit humorvoller Gelassenheit Richard Wagner als Hausgenossen. Herrn Wolfgang Wagner und den Bayreuther Festspielen kann nicht gedankt, sondern nur des Verfassers Herz geschenkt werden.

Inhalt

VORWORT VON WOLFGANG WAGNER
9

ZEITTAFEL
13

EINFÜHRUNG: DER WAHRE WAGNER
35

I. DER JUNGE WAGNER oder NIE KRÜMMT SICH
41

II. EHEWEIB UND WUNDERFRAU
117

III. EROS
151

IV. MANGEL UND GOLDENER ÜBERFLUSS
197

V. DER REINE TOR
243

VI. WAGNERS COSIMA
269

VII. DREIMAL ENGLAND UND BEINAHE AMERIKA
291

VIII. SCHIRMHERR UND GELIEBTER FREUND
323

IX. BAYREUTHER MIRAKEL
353

X. GERICHT IN WALHALL
379

XI. NACHSPIEL
427

QUELLENANGABEN
443

LITERATURNACHWEIS
465

QUELLENNACHWEIS
469

REGISTER
471

Vorwort
von
Wolfgang Wagner

Sehr geehrter Herr Sabor,
wahrhaft einen ungewöhnlichen Wagner-Text haben Sie mir mit dem Manuskript Ihres Buches vorgelegt. Allein der Titel »Der wahre Wagner« kann je nach Standpunkt als frappierend oder als schockierend aufgefaßt werden. Aber schon beim Einlesen wird klar, daß Sie für sich nicht in Anspruch nehmen, den »wahren Wagner« zu kennen und dem Leser zu präsentieren, sondern daß, in Abwandlung des Pilatus-Zitats, die Frage gestellt wird: Wo ist die Wahrheit? Die Antwort, das Urteil, liegt beim Leser selber. Auch das Schlußkapitel »Gericht in Walhall« ist juristisch gesprochen eigentlich nur eine Beweisaufnahme ohne den abschließenden Urteilsspruch, den jeder für sich fällen muß. Mir ist in der umfangreichen Wagner-Literatur kein Buch bekannt, das nach einem ähnlichen Plan der komplizierten Persönlichkeitsstruktur Richard Wagners beizukommen sucht: einerseits die oft unreflektierten, von der Spontaneität des Augenblicks eingegebenen Gesprächsäußerungen und andererseits die höchste künstlerische Verdichtung in seinen Werken. Eine Dokumentation dieser Art war meiner Ansicht nach an der Zeit. Denn erst seit der Veröffentlichung der Tagebücher Cosima Wagners, der letzten großen biographischen Quelle, die der Forschung seit 1976 zur Verfügung steht, dürften wohl alle bedeutenden Dokumente zur Biographie Richard Wagners vorliegen.

Eine leichte Arbeit war es sicher nicht, das immense dokumentarische Material zu erfassen, zu sichten, nach seiner jeweiligen Wertigkeit zu beurteilen und zu entscheiden, was nun in den Text aufgenommen wird und was nicht. Aber nur, indem man ein möglichst breites Spektrum der persönlichen Aussagen der verschiedensten Art auffächert, ist eine Annäherung an das Phänomen der Gesamt-Persönlichkeit und ihrer oft unauflösbaren Widersprüche möglich. Skepsis und Vorsicht angesichts der komplizierten Sachlage sind vonnöten und machen die Problematik nicht einfacher; aber diese bewahren auf der anderen Seite auch vor einer oberflächlichen Schwarzweißzeichnung und damit vor einem vorschnellen und leichtgemachten Urteil. Die abwägende Verfahrensweise bei einem »Fall« war einmal gute Tradition in unserem Kulturkreis, und sie ist heute leider in vielen Bereichen in Verfall geraten. Die Römer hatten dafür den Ausdruck »sine ira et studio«, die Engländer kennen den Begriff »fair«, und es ist wohl nicht unangebracht, Richard Wagner hier selbst zu Wort kommen zu lassen, der durch Hans Sachs dem einseitig eifernden Merker Beckmesser sagen läßt:

> *Der Merker werde so bestellt,*
> *daß weder Haß noch Lieben*
> *das Urteil trübe, das er fällt.*

Sie haben Ihr Buch den Bayreuther Festspielen »in Dankbarkeit« gewidmet. Ich sehe darin einen Sinn und einen Zusammenhang. Es war meines Bruders und meine Aufgabe, zunächst zusammen und jetzt ist sie es für mich alleine, die Frage nach dem »wahren Wagner« in seinem Werk und in seiner Interpretation auf der Bühne immer wieder neu zu stellen. Auch wir sind seit dem Beginn von Neubayreuth 1951 zurückgegangen zu den Quellen, zu den Dokumenten, und haben versucht, den »wahren« Absichten Richard Wagners beizukommen ohne die Überfrachtung an Interpretation der letzten hundert Jahre, in denen zweifellos viel geleistet wurde, in denen aber auch die Mißverständnisse und der Mißbrauch Mauern errichtet haben, hinter denen der »wahre Wagner« in seinen Aussagen dann oft kaum noch zu erkennen war.

Eine Aufführung oder ein Buchtext können zwar dem Zuschauer oder dem Leser Erkenntnisse und Einsichten vermitteln, aber man kann keine endgültigen, für immer festgeschriebenen Lösungen erwarten. Die Suche nach dem »wahren« Wagner muß jeder für sich selbst immer wieder aufnehmen. Ihr Buch ist bei dieser Suche ein hervorragender Wegweiser, der Besonderheit des Themas angemessen, und ebenso amüsant wie lehrreich.

Ihr
Wolfgang Wagner

Zeittafel

1813
Wilhelm Richard Wagner in Leipzig geboren (22.5.). Wagners Vater, Polizeiaktuar Carl Friedrich Wilhelm Wagner, stirbt in Leipzig.

1814
Wagners Mutter, Johanna Rosine, heiratet den Dichter, Maler und Schauspieler Ludwig Heinrich Christian Geyer (28.8.). Die Familie zieht nach Dresden.

1815
Wagners Halbschwester Cäcilie geboren.

1817
Wagner besucht die Schule des Kantors Schmidt in Dresden.

1820
Wagner in Pension bei Pastor Wetzel in Possendorf bei Dresden.

1821
Geyer stirbt in Dresden. (»In einem anstoßenden Nebenzimmer lud mich die Mutter ein, zu zeigen, was ich auf dem Klavier gelernt habe... ich spielte *Üb' immer Treu' und Redlichkeit;* der Vater hat da die Mutter gefragt: ›Sollte er etwa Talent zur Musik haben?‹«: *Mein Leben*)
Wagner in Pension bei Geyers Bruder, dem Goldschmied Carl in Eisleben.

1822
Unter dem Namen Wilhelm Richard Geyer besucht er die Kreuzschule in Dresden.

1823
Er zeigt philologisches Interesse.

1826
Er übersetzt die ersten drei Bücher der *Odyssee* ins Deutsche.
Der Dreizehnjährige bleibt in Dresden, während Mutter und Schwestern nach Prag übersiedeln.

1827
Er beginnt sein Drama *Leubald* und wird in der Kreuzkirche konfirmiert.
Er heißt nicht mehr Geyer, sondern Wagner. Richard, Mutter und Schwestern lassen sich in Leipzig nieder.

1828
Er besucht das Nikolai-Gymnasium in Leipzig und vollendet seinen *Leubald*.
Kompositionsunterricht bei Gottlieb Müller.

1829
Kompositionen: Klaviersonate in d-Moll
Streichquartett in D-Dur
Klaviersonate in f-Moll

1830
Er schreibt die Partitur von Beethovens Neunter Sinfonie notengetreu ab und verfaßt einen Klavierauszug des Werkes.
Er verläßt das Nikolai-Gymnasium und wechselt in die Thomasschule über.
Kompositionen: Ouvertüre in B-Dur *(Paukenschlag)*
Ouvertüre zur *Braut von Messina*
Ouvertüre in C-Dur

1831
Wagner immatrikuliert als Musikstudent an der Leipziger Universität.
Er vernachlässigt seine Studien, macht aber gute Fortschritte bei seinem neuen Kompositionslehrer Theodor Weinlig, Kantor an der Thomasschule.
Kompositionen: Sieben Nummern zu Goethes *Faust*
Klaviersonate zu vier Händen in B-Dur
Klaviersonate in B-Dur
Konzertouvertüre in d-Moll
Fantasia für Klavier in fis-Moll

1832
Kompositionen: Klaviersonate in A-Dur
Ouvertüre *König Enzio*
Konzertouvertüre in C-Dur
Sinfonie in C-Dur
Abendglocken (Gedicht seines Freundes Theodor Apel)
Kompositionsskizze (Introduktion, Chor und Septett) seiner ersten Oper *Die Hochzeit* (später vernichtet)

Die Klaviersonate in B-Dur wird gedruckt.
Erstaufführung der Konzertouvertüre in C-Dur in Leipzig.
Erstaufführung der *König-Enzio*-Ouvertüre in Leipzig.
Nach Wien und Pravonin bei Prag, wo er sich in die Tochter des Grafen Pachta verliebt.
Verfassung des Librettos *Die Hochzeit* (»Rosalie... konnte sich jedoch mit meinem Gedicht nicht befreunden: ... schnell war ich entschieden, ergriff ohne alle Leidenschaftlichkeit mein Manuskript und vernichtete es spurlos.« *Mein Leben*).
Erstaufführung der Sinfonie in C-Dur in Prag.
Rückkehr nach Leipzig.

1833
Verfassung des Librettos *Die Feen* (seine erste vollendete Oper).
Leipziger Aufführung der Sinfonie in C-Dur. (»Die Aufnahme

war beifällig: ich wurde in allen Zeitungen rezensiert; entschiedene Bosheit tat sich nirgends kund.« *Mein Leben*)
Anstellung als Chordirektor in Würzburg.
Er beginnt mit der Komposition der Oper *Die Feen*.

1834
Die Feen vollendet. Die Oper erlebt ihre Erstaufführung 5 Jahre nach Wagners Tod (1888).
Er verläßt Würzburg und kehrt nach Leipzig zurück.
Das Libretto seiner zweiten Oper, *Das Liebesverbot,* wird begonnen (nach Shakespeares *Maß für Maß*). Anstellung als Musikdirektor in Bad Lauchstädt, wo er seine spätere Frau, die Schauspielerin Minna Planer, kennenlernt. (»Nachdem ich ihr im Hausflur als der neue Musikdirektor vorgestellt war... empfahl sie mich der Hauswirtin... Auf der Stelle mietete ich die Wohnung.« *Mein Leben*).

1835
Komposition: *Columbus*-Ouvertüre.
Auf seinen Sommerreisen, die er unternimmt, um neue Sänger zu engagieren, kommt er erstmals durch Bayreuth, wo er vierzig Jahre später sein Festspielhaus bauen wird.

1836
Kompositionen: *Das Liebesverbot* wird vollendet.
Polonia-Ouvertüre
Erstaufführung des *Liebesverbotes* in Magdeburg, auf Wunsch des Zensors umbenannt: *Die Novize von Palermo*.
Wagner hofft auf Anstellung in Königsberg, wo er am 24.11. Minna heiratet.

1837
Komposition: *Rule-Britannia*-Ouvertüre.
Anstellung als Musikdirektor am Königsberger Theater.
Minna verläßt Wagner mit dem Kaufmann Dietrich (31.5.).
Die Ehegemeinschaft wird wieder aufgenommen (21.6.).
Minna entweicht zum zweiten Mal (21.7.).
Die Ehegemeinschaft wird wieder aufgenommen (19.10.).

Das Libretto seiner dritten Oper, *Rienzi,* wird begonnen.
Um seinen Gläubigern zu entgehen, ziehen die Wagners nach Riga, wo er als Dirigent erfolgreich ist.
Wagners Schwester Rosalie stirbt.
Cosima Liszt in Como geboren (25.12.).

1838
Libretto zu *Rienzi* fertiggestellt.
Komposition des *Rienzi* begonnen.
Liedkomposition: *Der Tannenbaum.*
Wagner dirigiert eine Reihe erfolgreicher Konzerte in Riga, in denen er seine eigenen Werke mitaufführt.

1839
Wagner verliert seinen Posten in Riga an Heinrich Dorn.
Richard und Minna flüchten vor ihren Gläubigern und überschreiten mit ihrem Neufundländer die russische Grenze.
Beschwerliche Seereise von 24 Tagen und Ankunft in London (12.8.).
Er besucht beide Parlamentshäuser.
Überfahrt von London nach Boulogne, wo er Meyerbeer aufsucht.
Weiterreise nach Paris und Unterkunft in der Rue de la Tonnellerie.
Erfolglose Aufführung der *Columbus*-Ouvertüre in Paris.

1840
Die *Faust*-Ouvertüre wird vollendet.
Kompositionen: Lieder nach französischen Gedichten, einschließlich *Les deux Grenadiers.*
Wachsende Verschuldung zwingt ihn zu feuilletonistischer Trivialarbeit.
Er macht Arrangements populärer Musikstücke für den Verleger Schlesinger.
Umzug in die Rue de Helder.
Aufsatz: *Über deutsche Musik.*
Rienzi vollendet.
Novelle: *Eine Pilgerfahrt zu Beethoven.*
Erste Begegnung mit Franz Liszt.

Geldsorgen und wachsende Not. (»Da ich Scheu trug, mich nach einem Leihhause zu erkundigen, suchte ich im Dictionnaire nach der französischen Bezeichnung einer solchen Anstalt...« *Mein Leben*)

1841
Novelle: *Ein Ende in Paris* (»Ich glaube an Gott, Mozart und Beethoven«).
Zeitungsartikel: *Pariser Berichte* (für die ›Dresdener Abendzeitung‹).
Urschrift des *Fliegenden Holländers*.
Auf Meyerbeers Empfehlung nimmt die Dresdener Oper den *Rienzi* an.
Novelle: *Ein glücklicher Abend*.
Nach vorübergehendem Umzug nach Meudon siedeln sich Richard und Minna im Hinterhaus Nr. 14 der Rue Jacob in Paris an. (»Eine Flucht aus dem Unmöglichen in das Unbegreifliche.« *Mein Leben*)
Der fliegende Holländer vollendet.

1842
Rückkehr nach Deutschland und Ankunft in Dresden (12.4.).
Familienbesuch in Leipzig.
Prosaentwurf zu *Der Venusberg* (später umbenannt: *Tannhäuser*).
Erstaufführung des *Rienzi* in Dresden, mit Josef Tichatschek als Rienzi und Wilhelmine Schröder-Devrient als Adriano: großer Publikumserfolg.

1843
Wagner dirigiert die Erstaufführung des *Fliegenden Holländers* in Dresden, mit Schröder-Devrient als Senta.
Seine *Autobiographische Skizze* erscheint in der ›Zeitung für die elegante Welt‹.
Berufung zum Königlich-Sächsischen Hofkapellmeister. (»Mit jener ersten Audienz beim König war jedenfalls der Höhepunkt meiner so schnell betretenen Dresdner Glückslaufbahn erreicht; von nun an meldete sich in mannigfaltiger Gestalt wieder die Sorge.« *Mein Leben*)

Komposition: *Das Liebesmahl der Apostel* (Chorwerk).
Erstaufführung des *Liebesmahls* in der Dresdener Frauenkirche.
Einzug in das Haus Nr. 6 der Ostra-Allee.

1844
Wagner dirigiert den *Fliegenden Holländer* in Berlin: das Publikum reagiert freundlich, die Presse feindlich.
Wagner dirigiert *Rienzi* in Hamburg.
Er arbeitet am *Tannhäuser*.
Komposition: *Trauermusik* (aufgeführt gelegentlich der Überführung von Webers sterblichen Überresten von London nach Dresden).

1845
Tannhäuser vollendet.
Prosaentwurf zu den *Meistersingern von Nürnberg*.
Der künftige König Ludwig II. in München geboren (25. 8.).
Wagner dirigiert die Erstaufführung des *Tannhäuser* in Dresden, mit Tichatschek als Tannhäuser, Schröder-Devrient als Venus und Wagners Nichte Johanna als Elisabeth. (»Die Rezensenten stürzten sich mit unverhohlener Freude wie Raben auf ein bereits ihnen hingeworfenes Aas.« *Mein Leben*)
Prosaentwurf zum *Lohengrin* vollendet.

1846
Musterhafte Aufführung von Beethovens *Neunter Sinfonie* unter Wagners Leitung in Dresden.
Erste Begegnung mit Hans von Bülow.
Um seine schwere Schuldenlast zu erleichtern, erhält Wagner einen erheblichen Vorschuß (5000 Taler) aus dem Theaterpensionsfonds.

1847
Weiterarbeit am *Lohengrin*.
Wagner dirigiert *Rienzi* am Berliner Hoftheater. (». . . eröffneten sofort die Berliner Rezensenten in der mir bereits bekannten Weise ihre auf Vernichtung jeden Erfolges meiner Oper ausgehenden Angriffe.« *Mein Leben*)

1848
Wagners Mutter stirbt im Alter von 74 Jahren.
Erste Begegnung mit Jessie Laussot.
Lohengrin vollendet.
Aufsatz: *Entwurf zur Organisation eines deutschen Nationaltheaters für das Königreich Sachsen.*
Entwurf: *Die Nibelungensage (Mythus).*
Dichtung (Libretto) von *Siegfrieds Tod.*

1849
Entwurf zu *Jesus von Nazareth.*
Aufsätze: *Der Mensch und die bestehende Gesellschaft.*
Die Revolution.
Das Kunstwerk der Zukunft.
Die Kunst und die Revolution.
König Friedrich August II. bricht die Verfassung, indem er beide Kammern auflöst. Dies hat den Dresdener Mai-Aufstand zur Folge, an dem Wagner teilnimmt. Der Aufstand wird niedergeschlagen, und Wagner – steckbrieflich gesucht – flieht nach Weimar zu Liszt und von dort mit gefälschtem Reisepaß auf Irrwegen nach Zürich. Minna bleibt zurück, folgt ihm aber später.

1850
Prosaentwurf zu *Wieland der Schmied.*
Wagners kühner Plan, mit Jessie Laussot nach Kleinasien zu entfliehen, scheitert, und er kehrt zu Minna zurück (»...daß ich jedenfalls, und zwar in den nächsten Tagen, zu Dir zurückkomme... Ich will Dir für meine Rückkehr keine Bedingungen vorschreiben.« Wagner an Minna, Ende Juni).
Aufsatz: *Das Judentum in der Musik.*
Liszt dirigiert die Uraufführung des *Lohengrin* in Weimar.

1851
Theoretisches Hauptwerk, *Oper und Drama,* abgeschlossen.
Dichtung des *Jungen Siegfried.*
Erste Fassung der *Mitteilung an meine Freunde* (Autobiographie).
Wasserkur in Albisbrunn. (»Vier Wochen habe ich Schwefel geschwitzt: dann ist mein nasses Tuch hellrötlich geworden; man

versichert mir, dies rühre vom Merkur her. Sehr starke Ausdünstung bei großer Leibeswärme. Meine Flechten sind alle wieder gekommen.« Wagner an Uhlig, 11.11.)
Frau Ritter, Wagners mütterliche Freundin, gewährt eine jährliche Rente von 800 Talern.

1852
Erste Begegnung mit Otto und Mathilde Wesendonck.
Wagner dirigiert vier Aufführungen des *Fliegenden Holländers* in Zürich.
Dichtung der *Walküre* (Urschrift) beendet.
Italienische Ferienreise mit Minna.
Rheingold-Dichtung (Urschrift) beendet.
Vorlesungen aller *Ring*-Dichtungen in Zürich.

1853
Sein Freund Theodor Uhlig stirbt in Dresden im Alter von 31 Jahren.
Weitere Vorlesungen der *Ring*-Dichtungen in Zürich.
Wagner dirigiert drei Konzerte in Zürich, mit Auszügen aus *Rienzi, Der fliegende Holländer, Tannhäuser* und *Lohengrin*.
Kompositionen: *Polka für Mathilde Wesendonck*
  Klaviersonate für Mathilde Wesendonck
Alpentour mit Georg Herwegh.
Erste Begegnung mit der sechzehnjährigen Cosima in Paris.
Kompositionsskizze des *Rheingold* begonnen.

1854
Rheingold vollendet.
Kompositionsskizze der *Walküre* begonnen.
Minna auf Besuchsreise in Deutschland.
Tristan und Isolde konzipiert. (»Von einem Spaziergange heimkehrend, zeichnete ich eines Tages mir den Inhalt der drei Akte auf, in welche zusammengedrängt ich mir den Stoff für künftige Verarbeitung vorbehielt.« *Mein Leben*)

1855
Faust-Ouvertüre (zweite Fassung) vollendet.

Wagner dirigiert acht Konzerte in London und wird von Königin Victoria empfangen.
Längerer Erholungsaufenthalt mit Minna am Vierwaldstätter See.
Häufige Anfälle von Gesichtsrose.

1856
Walküre vollendet.
Prosaskizze zu *Die Sieger* (buddhistisches Drama).
Erfolgreiche Wasserkur für Gesichtsrose.
Kompositionsskizze zu *Siegfried* begonnen.
Zur Feier von Liszts 55. Geburtstag gibt Wagner eine Privatvorführung des ersten Aktes der *Walküre;* er selbst singt Siegmund und Hunding, mit Liszt am Flügel.

1857
Parsifal konzipiert. (»... sagte ich mir plötzlich, daß heute ja ›Karfreitag‹ sei, und entsann mich, wie bedeutungsvoll diese Mahnung mir schon einmal in *Wolframs Parzival* aufgefallen war; ... jetzt trat sein idealer Gehalt in überwältigender Form an mich heran, und von dem Karfreitags-Gedanken aus konzipierte ich schnell ein ganzes Drama.« *Mein Leben*)
Otto Wesendonck stellt eine Villa auf seinem Grundstück zu Wagners Verfügung; er nennt es sein ›Asyl‹.
Die Arbeit am *Siegfried* wird unterbrochen und erst nach zwölf Jahren wieder aufgenommen.
Hans von Bülow heiratet Cosima Liszt (18.8.). Das Paar verbringt drei Flitterwochen mit Richard und Minna im ›Asyl‹. Somit sind die drei bedeutendsten Frauen in Wagners Leben erstmalig zusammen: Minna, Mathilde und Cosima.
Dichtung von *Tristan und Isolde* (erste Fassung) beendet.
Wagners Liebesverhältnis mit Mathilde Wesendonck.
Kompositionen: drei der *Wesendonck-Lieder* (›Der Engel‹, ›Träume‹, ›Schmerzen‹).
Komposition von *Tristan und Isolde* begonnen.

1858
Wachsender Konflikt zwischen Minna und Mathilde. (»... mußte ich (meiner Frau) eines Abends... unsere Lage genau und

bestimmt dahin zur Erkenntnis bringen, daß durch die Folgen ihres Ungehorsams und ihres törichten Benehmens gegen unsre Nachbarin die Möglichkeit unsres Verbleibens auf dem mit solcher Mühe kaum erst hergerichteten Grundstücke von mir in den allerernstlichsten Zweifel gezogen werde und ich sie eben darauf vorbereiten müsse, die Notwendigkeit unsrer Trennung in das Auge zu fassen.« *Mein Leben*)

Wagner reist nach Paris und erhält einen Erard-Flügel als Geschenk von Madame Erard.
Rückkehr in das ›Asyl‹.
Kompositionen: zwei weitere Wesendonck-Lieder (›Sausendes, brausendes Rad der Zeit‹ und ›Im Treibhaus‹).
Minna fängt einen Brief von Wagner an Mathilde ab und macht damit dem Leben auf dem ›Asyl‹ ein Ende. Sie begibt sich auf eine dreimonatige Kur.
Bülow und Cosima sind Wagners Gäste im ›Asyl‹ und bleiben drei Wochen.
Wagner verläßt das ›Asyl‹ (17. 8.) und reist nach Italien.
Die Arbeit an *Tristan und Isolde* wird in Venedig wieder aufgenommen.

1859
Wagner reist von Venedig nach Mailand und Luzern und verbringt vierundzwanzig Stunden als Gast der Wesendoncks in Zürich.
Rückkehr nach Luzern und Weiterarbeit an *Tristan und Isolde*.
Tristan und Isolde vollendet.
Wagner verbringt vier Tage als Gast der Wesendoncks.
Die Pariser *Tannhäuser*-Aufführung wird geplant.
Wagner reist nach Paris und nimmt dort die Ehegemeinschaft mit Minna wieder auf.

1860
Wagner dirigiert drei Konzerte in Paris, mit Auszügen aus *Der fliegende Holländer*, *Tannhäuser*, *Lohengrin* und *Tristan und Isolde*. Unter den Zuhörern sind Berlioz, Meyerbeer, Auber und Gounod.
Wilhelmine Schröder-Devrient stirbt im Alter von 55 Jahren.
Minna reist nach Bad Soden zur Kur.

Wagner erhält eine Teil-Amnestie: er darf wieder nach Deutschland, aber nicht nach Sachsen. Er reist nach Bad Soden, Frankfurt, Darmstadt, Heidelberg, Baden-Baden, Mannheim und Köln, dann mit Minna zurück nach Paris.
Aufsatz: *Zukunftsmusik*.
Die Pariser Oper beginnt mit den Proben zum *Tannhäuser*.
Daniela, Bülows und Cosimas erstes Kind, in Berlin geboren (12.10.).
Die *Tannhäuser*-Proben kommen ins Stocken: Wagner hat typhöses Fieber und erholt sich erst nach fünf Wochen.

1861

Der erste *Tannhäuser*-Akt wird für die Pariser Oper umgeändert: die Venus-Szene wird neu komponiert.
Tannhäuser scheitert in Paris: Wagner zieht das Werk nach drei Vorstellungen zurück. (»Bülow umarmte nach der Vorstellung schluchzend Minna; diese selbst war den Beleidigungen ihrer Nachbarn, die sie in der Eigenschaft meiner Frau erkannt hatten, nicht entgangen; unser treues Dienstmädchen, die Schwäbin Therese, war von einem wütenden Tumulanten verhöhnt worden, da sie aber merkte, daß dieser Deutsch verstand, hatte sie ihn mit einem kräftigen ›Schweinehund‹ für einige Zeit zur Ruhe zu bringen vermocht.« *Mein Leben*)
Anläßlich der Wiener *Lohengrin*-Aufführung wird Wagner vom Publikum umjubelt.
Er feiert seinen 48. Geburtstag mit den Wesendoncks in Zürich.
Minnas zweite Kur in Bad Soden.
Wagner assistiert bei der Einstudierung von *Tristan und Isolde* in Wien.
Er liest im Freundeskreis seinen Prosaentwurf zu den *Meistersingern von Nürnberg* im Haus Schott in Mainz.

1862

Wagner nimmt eine Wohnung in Biebrich am Rhein, wo ihn Minna besucht. (»Es waren zehn Tage der Hölle«, Wagner an Peter Cornelius.)
Der König von Sachsen gewährt Wagner unbeschränkte Amnestierung.

Kompositionsskizze der *Meistersinger* begonnen.
Erste Begegnung mit Mathilde Maier, und eng freundschaftliche Beziehung zu der ›zweiten Mathilde‹.
Bülow und Cosima besuchen Wagner in Biebrich.
Mit Bülows Hilfe erarbeitet Wagner die Partien des Tristan und der Isolde mit dem Sängerehepaar Schnorr von Carolsfeld.
Wagner dirigiert den *Lohengrin* in Frankfurt.
Letzte Begegnung mit Minna in Dresden.

1863
Erfolgreiche Konzertreisen nach Wien, Prag, Petersburg und Moskau.
Blandine, Bülows und Cosimas zweites Kind, in Berlin geboren (20.3.).
Er bezieht seine neue Wohnung in Penzing bei Wien und stattet sie luxuriös aus.
Er ersucht Mathilde Maier, ihm das Haus zu führen; sie lehnt ab. (»Sie schien durch meine Aufforderung in die höchste Aufregung gebracht worden zu sein.« *Mein Leben*)
Weitere Konzertreisen nach Budapest, Prag, Karlsruhe, Breslau und Wien.
Er besucht die Bülows in Berlin. (»Da Bülow Vorbereitungen zu seinem Konzerte zu treffen hatte, fuhr ich mit Cosima allein noch einmal in einem schönen Wagen auf die Promenade ... wir blickten uns stumm in die Augen, und ... besiegelten das Bekenntnis, uns einzig gegenseitig anzugehören.« *Mein Leben*)

1864
Ludwig II. (1845–1886) wird König von Bayern.
Wagner stellt ungedeckte Wechsel aus und versucht, seinen Gläubigern – und der Schuldhaft – zu entrinnen.
Erste Begegnung mit König Ludwig II. (4.5.).
Ergebnis: Freundschaft, Schuldentilgung, festes Gehalt und Sonderzuwendungen und einstweilige Überlassung des Landhauses Pellet am Starnberger See.
Cosima besucht ihn mit beiden Töchtern im Haus Pellet und bleibt zwei Monate. Bülow trifft eine Woche nach Cosima ein.
Aufsatz: *Über Staat und Religion*.

Er komponiert den *Huldigungsmarsch* zu Ludwigs 19. Geburtstag.
Wagner zieht nach München (Briennerstraße Nr. 21).
Ludwig erteilt den Auftrag zur Vollendung des *Ring des Nibelungen*.
Bülow wird als ›Vorspieler‹ an den Hof Ludwigs berufen.
Wagner dirigiert den *Fliegenden Holländer* in München.

1865

Isolde, Wagners und Cosimas erstes Kind, in München geboren (10.4.).
Bülow dirigiert die Uraufführung von *Tristan und Isolde* in München. Publikumserfolg, aber feindliche Presse.
Wagner beginnt, seine Autobiographie *Mein Leben* Cosima in die Feder zu diktieren.
Schnorr von Carolsfeld, der Darsteller des Tristan, stirbt plötzlich im Alter von 29 Jahren.
Arbeit am Prosaentwurf zu *Parsifal*.
Wagner beginnt sein Tagebuch, ›Das braune Buch‹, am 10.8. und beendet es am 27.3.1882.
Wachsende Presseangriffe: er wird eines unmoralischen Lebensganges und unerhörter Anforderungen an den Geldbeutel des Königs bezichtigt. Schweren Herzens ersucht der König Wagner, einstweilig München zu verlassen.
Wagner reist in die Schweiz.

1866

Minna stirbt in Dresden (25.1.).
Ludwig will abdanken, aber Wagner überredet ihn, auszuhalten.
Wagner zieht in das vom König gemietete Haus Tribschen am Vierwaldstätter See.
Cosima zieht zu ihm, begleitet von Daniela, Blandine und Isolde.
Einen Monat später trifft Bülow ebenfalls dort ein. Drei Monate später reisen Hans, Cosima und die Kinder wieder ab, aber nach weiteren vier Wochen kommt Cosima zu ihm zurück.
Ludwig besucht Wagner in Tribschen (22.5., Wagners Geburtstag!) und bleibt zwei Tage.
Wagner arbeitet an den *Meistersingern*.

1867

Ludwig verlobt sich mit seiner Cousine, der Herzogin Sophie Charlotte.
Eva, Wagners und Cosimas zweites Kind, in Tribschen geboren (17.2.).
Ludwig ernennt Bülow zum Hofkapellmeister.
Cosima kehrt mit ihren Kindern zu Bülow zurück.
Aufsatzreihe: *Deutsche Kunst und deutsche Politik*.
Ludwig löst seine Verlobung mit Sophie Charlotte.
Die Meistersinger von Nürnberg vollendet: Wagner schenkt Ludwig die Partitur zu Weihnachten.

1868

Aufsatz: *Erinnerungen an Ludwig Schnorr von Carolsfeld*.
Cosima kommt wieder nach Tribschen, reist aber bald nach München zurück.
Wagner überwacht die Münchener *Meistersinger*-Proben und wohnt bei den Bülows.
Ludwig und Wagner unternehmen eine Bootsfahrt auf dem Dampfschiff *Tristan* zur Feier von Wagners 55. Geburtstag (Starnberger See).
Bülow dirigiert die Uraufführung der *Meistersinger von Nürnberg* in München. Ludwig teilt die Königsloge mit dem Komponisten.
Wagner und Cosima fahren auf drei Wochen nach Italien.
Cosima kehrt zu Bülow zurück, diesmal zum letzten Mal.
Dramaentwurf: *Luthers Hochzeit*.
Erste Begegnung mit Nietzsche.
Cosima und Kinder siedeln sich endgültig in Tribschen an.
Aufsatz: *Eine Erinnerung an Rossini*.
Wagner schenkt Ludwig die *Rienzi*-Partitur zu Weihnachten.

1869

Cosimas Tagebücher begonnen: letzte Eintragung am 12.2.1883, einen Tag vor Wagners Tod.
Die Arbeit am *Siegfried* wird wieder aufgenommen.
Nietzsches erster Besuch in Tribschen.
Siegfried, Wagners und Cosimas drittes Kind, in Tribschen geboren (6.6.).

Erste Begegnung mit Judith Gautier (1845–1917), französische Schriftstellerin, die später von Wagner innig geliebt wird.
Ludwig ordnet die Uraufführung von *Rheingold* an, aber Wagner widersetzt sich: der ganze *Ring* soll einst ungeteilt gegeben werden. (»Hand weg von meiner Partitur! Das rat' ich Ihnen, Herr; sonst soll Sie der Teufel holen!« Wagner an den Dirigenten Franz Wüllner.) *Rheingold* wird am 22. 9. aufgeführt.
Komposition der *Götterdämmerung* begonnen.
Aufsatz: *Über das Dirigieren*.
Komposition: *Wahlspruch für die deutsche Feuerwehr*.

1870
Ludwig ordnet die Uraufführung der *Walküre* an, wiederum trotz Wagners Einspruch (26. 6.).
Bülow und Cosima geschieden (18. 7.).
Wagner und Cosima in Luzern getraut (25. 8.).
Abhandlung: *Beethoven*.
Das *Siegfried-Idyll* wird zu Cosimas 33. Geburtstag im Treppenhaus von Tribschen uraufgeführt.

1871
Gedicht: *An das deutsche Heer vor Paris*.
Siegfried vollendet.
Komposition: *Kaisermarsch*.
Abhandlung: *Über die Bestimmung der Oper*.
Wagner dirigiert ein Konzert in Berlin in Anwesenheit des Kaisers und der Kaiserin.
Er kündigt die ersten Bayreuther Festspiele für 1873 an.
Die Stadt Bayreuth stellt Wagner einen geeigneten Bauplatz für das Festspielhaus zur Verfügung.

1872
Übersiedlung von Tribschen nach Bayreuth.
Grundsteinlegung in Bayreuth an Wagners 59. Geburtstag. (»So weit das künstlerische Vermögen der Gegenwart reicht, soll Ihnen im szenischen wie im mimischen Spiele das Vollendetste geboten werden.« Wagners Ansprache). Am Nachmittag dirigiert Wagner im Markgräflichen Opernhaus Beethovens Neunte Sinfonie.

Aufsatz: *Über Schauspieler und Sänger.*
Liszt besucht Richard und Cosima in Bayreuth.
Ausgedehnte Inspektionsreisen mit Cosima: sie halten Ausschau nach geeigneten Künstlern für Bayreuth.

1873

Wagner liest die Dichtung der *Götterdämmerung* in Berlin vor.
Unter den Anwesenden sind Menzel, Moltke und Bleichröder.
Konzertreise nach Hamburg, Berlin und Köln.
Bruckner besucht Wagner in Bayreuth und widmet ihm seine Dritte Sinfonie.
Komposition: *Kinderkatechismus* (Familienmusik für 4 Kinderstimmen und Klavier, in der *die kosende Mama* gefeiert wird).

1874

Der Festspielbau leidet an Kapitalmangel. König Ludwig hilft großzügig mit Darlehen.
Die Familie bezieht das neuerbaute *Haus Wahnfried* in Bayreuth.
Wagner hält die ersten *Ring*-Proben mit seinen Hauptdarstellern im Haus Wahnfried unter Assistenz Hans Richters.
Götterdämmerung, und somit der gesamte *Ring des Nibelungen*, nach insgesamt 26 Jahren beendet.

1875

Zur Finanzierung der technischen Einrichtungen im Festspielhaus unternimmt Wagner ausgedehnte Konzertreisen.
Gesamtproben zu *Der Ring des Nibelungen* im Festspielhaus, mit abschließendem Gartenfest für 140 Künstler.
Wagners Neueinstudierungen des *Tannhäuser* und *Lohengrin* werden in Wien unter Richter aufgeführt.

1876

Komposition: *Großer Festmarsch zur Feier des 100jährigen Jubiläums der amerikanischen Selbständigkeit.*
(»... klagt darüber, daß er sich bei dieser Komposition gar nichts vorstellen könne, ... außer den 5000 Dollars.« *Cosimas Tagebücher*)

Intensive Bayreuther Festspielproben (3.6. bis 9.8.).
Der erste Bayreuther *Ring*-Zyklus (13.8. bis 17.8.), gefolgt von zwei weiteren (20.8. bis 23.8. und 27.8. bis 30.8.). Mathilde Maier, Mathilde Wesendonck, Judith Gautier, Franz Liszt, König Ludwig II., Kaiser Wilhelm I., der König von Württemberg und der Kaiser von Brasilien sind dabei.
Liebesverstrickung mit der dreißig Jahre jüngeren Judith Gautier.
Der künstlerische Erfolg der Festspiele ist immens, aber das finanzielle Defizit ist schreckenerregend.
Alle Wagners fahren zur Erholung nach Italien und bleiben drei Monate dort.

1877
Die Bayreuther Schulden machen eine Wiederholung der Festspiele vorerst unmöglich.
Erstaufführung des *Fliegenden Holländers* in New York.
Wagner arbeitet am *Parsifal*.
Er fährt mit Cosima nach London, wo er acht Konzerte dirigiert (7.5. bis 29.5.).
Königin Victoria empfängt Wagner in Windsor.
Ernste amerikanische Auswanderungspläne.
Rückkehr nach Deutschland und Vorlesung der Dichtung zum *Parsifal* in Heidelberg.
Wagner plant, alle Werke, vom *Fliegenden Holländer* zum *Parsifal*, in den Jahren 1880, 1881, 1882 und 1883 aufzuführen (er erlebt nur noch das Festspieljahr 1882).

1878
Wagner bricht mit Nietzsche.
Aufsätze: *Publikum und Popularität.*
Das Publikum in Zeit und Raum.
Ein Rückblick auf die Bühnenfestspiele des Jahres 1876.
Wagner dirigiert das Vorspiel zu *Parsifal* erstmalig im Haus Wahnfried mit dem Meininger Hoforchester.

1879
Aufsätze: *Wollen wir hoffen?*
Über das Dichten und Komponieren.

Die für das kommende Jahr angekündigten Festspiele werden verschoben.
Liszt besucht Wahnfried und bleibt zehn Tage.

1880
Die Familie Wagner verbringt ein dreiviertel Jahr in Italien: Neapel, Ravello, Rom, Perugia, Siena und Venedig.
Aufsatz: *Religion und Kunst*.
König Ludwig stellt Chor und Orchester seines Hoftheaters für die nächsten Festspiele zu Wagners Verfügung.
Richard und Cosima besuchen Münchener Vorstellungen von: *Lohengrin, Der fliegende Holländer* und *Tristan und Isolde*.
Wagner dirigiert das Vorspiel zu *Parsifal* in München mit Ludwig als einzigem Zuhörer: dies ist das letzte Zusammentreffen des Königs mit dem Komponisten.
Fortgesetzte Arbeit am *Parsifal*. (»Ich freue mich, wenn der Pars. fertig ist und ich Symphonien und Aufsätze schreibe.« *Cosimas Tagebücher*)

1881
Aufsatz: *Erkenne dich selbst*.
Wagner und Cosima besuchen die Berliner Erstaufführung des *Ring des Nibelungen*.
Aufsatz: *Heldentum und Christentum*.
Herbstgäste in Wahnfried: Liszt und Judith Gautier.
Häufige Indispositionen (Herzkrämpfe) unterbrechen die Arbeit am *Parsifal*.
Im November reist die Familie nach Italien und kommt erst ein halbes Jahr später zurück.

1882
Parsifal in Palermo vollendet (13.1.).
Wagner sitzt Renoir zu einer Porträtskizze, die der Maler später als Porträt ausführt.
Parsifal-Proben im Festspielhaus.
Wagners letzte (platonische?) Verstrickung: die Engländerin Carrie Pringle, ein Blumenmädchen im *Parsifal*. Einzelheiten sind nicht mit Sicherheit festzustellen.

Wagners letzter Festspielsommer: 16 Aufführungen von *Parsifal*, dirigiert von Hermann Levi und Franz Fischer, mit Wagner am Dirigentenpult in der letzten Vorstellung (letzte Szene, dritter Akt).
Vierzehn Tage nach dem Ende der Festspiele reisen Wagner und Familie nach Italien.
Liszt ist Wagners Hausgast in Venedig und bleibt acht Wochen.
Im Teatro la Fenice dirigiert Wagner seine Sinfonie in C-Dur, zur Feier von Cosimas Geburtstag.

1883
Pläne zur Umarbeitung des *Tannhäuser*.
Hermann Levi besucht Wagner in Venedig und bleibt bis einen Tag vor Wagners Tod.
Fragment: *Über das Weibliche im Menschlichen*.
Nach den Worten »Liebe – Tragik« gleitet ihm die Feder aus der Hand (13. 2.).

1884 bis 1906
Cosima übernimmt die Leitung der Bayreuther Festspiele.

1886
König Ludwig ertrinkt im Starnberger See.
Daniela heiratet Henry Thode.
Liszt stirbt in Bayreuth.

1894
Bülow stirbt in Kairo.

1900
Nietzsche stirbt in Weimar.
Isolde heiratet Franz Beidler.

1902
Mathilde Wesendonck stirbt in Traunblick in Österreich.

1907 bis 1930
Siegfried übernimmt die Leitung der Bayreuther Festspiele.

1908
Eva heiratet Houston Stewart Chamberlain.

1910
Mathilde Maier stirbt in Mainz.

1914
Daniela und Thode geschieden.

1915
Siegfried heiratet Winifred Williams.

1917
Judith Gautier stirbt in St. Enoyat.

1919
Isolde stirbt in München.

1930
Cosima stirbt in Bayreuth.
Siegfried stirbt in Bayreuth.

1940
Daniela stirbt in Bayreuth.

1941
Blandine stirbt in Berlin.

1942
Eva stirbt in Bayreuth.

Der wahre Wagner

Einführung

Ein provozierender Titel. Woher will der Autor wissen, wer Wagner wirklich war? Hat das denn Wagner selbst gewußt? Was heißt überhaupt »wahr«?

In seinen elf Kapiteln forscht das Buch nach Antwort. Es handelt sich hier weder um eine Lebensgeschichte, noch um eine Dokumentarbiographie. Von den ersten gibt es eine sattsame Überfülle, und die zweiten sind ein waghalsiges Unterfangen. Auswahl und Auslassen der Dokumente charakterisiert wohl den Schreiber, nicht aber unbedingt den, um den es geht. Beide Kategorien sind auf Briefe von und an Wagner, auf die Zeugnisse seiner Zeitgenossen, auf Presseberichte, auf Tagebuchnotizen und so weiter angewiesen, und jeder, der über Wagner schreibt, muß entscheiden, was benutzt wird, was nicht.

So kann er, wenn er will – und manche wollten das –, Richard Wagner als bedeutenden Künstler und unbedeutenden Menschen, oder als bedeutenden Künstler und bedeutenden Menschen, oder als unbedeutenden Künstler und unbedeutenden Menschen sehen. Oder er kann sein Steckenpferd satteln und Wagner als Nationalisten oder Sozialisten, als Judenfeind oder Judenfreund, als treuen oder ungetreuen Ehegatten, als Bahnbrecher Lenins oder Hitlers sehen.

> »Richard sagt, er hoffe, daß Paris, ›diese Femme entretenue der Welt‹, verbrannt würde, er habe Blücher in der Jugend nicht verstanden, der das gewollt, und habe es mißbilligt, jetzt verstünde er ihn, der Brand von Paris würde das Sym-

bol der endlichen Befreiung der Welt von dem Druck alles Schlechten.«

(Cosimas Tagebücher)[1]

Also Nationalist.

»Auch muß ich Dir gestehen, daß mein Wiederbetreten des deutschen Bodens auf mich nicht den mindesten Eindruck gemacht hat, höchstens daß ich mich über die Albernheit und Ungezogenheit der Sprache um mich herum verwunderte. Glaub' mir, wir haben kein Vaterland! Und wenn ich ›Deutsch‹ bin, so trage ich sicher mein Deutschland in mir.«

(An Franz Liszt)[2]

Also doch nicht.

»Ich bin weder Republikaner, noch Demokrat, noch Sozialist, noch Kommunist, sondern – künstlerischer Mensch, und als solcher überall, wohin mein Blut, mein Wunsch und mein Wille sich erstreckt, durch und durch Revolutionär, Zerstörer des Alten im Schaffen des Neuen.«

(Urschrift der ›Mitteilung an meine Freunde‹)[3]

Ach so.

»Schöne Pferde, edel, willig, feurig, dazu ein tüchtiger, guter, ordentlicher ernster Kutscher, drinnen im Wagen als Herr dieser Wesen: ein aufgeschwemmter jüdischer Banquier!«

(Cosimas Tagebücher)[4]

Also Antisemit.

»Du schreibst: ›Könnte ich Wagner nur auch recht gut sein!‹ – Das kannst Du gewiß und sollst es! Er ist der beste und edelste Mensch. ... Auch sein Kampf gegen das, was er ›Judentum‹ in der Musik und in der modernen Literatur nennt, entspringt den edelsten Motiven, und daß er kein

>kleinliches Risches [Judenhaß] hegt, wie etwa ein Landjunker oder ein protestantischer Mucker, beweist sein Verhalten zu mir, zu Joseph Rubinstein und seine frühere intime Beziehung zu Tausig, den er zärtlich geliebt hat.«
(Hermann Levi, Dirigent, an seinen Vater, Oberrabbiner)[5]

Also doch nicht.

Die Sackgassengefahr ist offensichtlich, und mancher Biograph hat wissentlich oder unwissentlich die ungeheure Masse der Dokumente dazu benutzt, Lorbeerkränze zu winden oder dem Wagner eins auszuwischen.

Einseitige Materialauswahl und Materialauswertung ist Glatteis für Autor und Leser. Dort tummelt sich auch die Schar der Besserwisser. Das sind jene Quacksalber, die uns lehren, was Wagner zwar nicht geschrieben, was er aber in Wirklichkeit gemeint hat. Da gab es am Anfang des 20. Jahrhunderts den Gelehrten Moritz Wirth, dessen epochale Entdeckung von Brünnhildes Schwangerschaft damals von vielen ernst genommen wurde. Der Gelehrte beschreibt Siegfrieds Abschied von Brünnhilde im Vorspiel der *Götterdämmerung:*

>»Sie verfolgt den Dahinziehenden, dessen Horn immer ferner tönt, mit den Augen – als sie plötzlich das erste Zeichen ihrer Mutterschaft verspürt.«[6]

Das hat vorher noch keiner gewußt. Aber so steht es in: *Mutter Brünnhilde, Zwei neue Szenen zur Götterdämmerung, entdeckt und bühnentechnisch erläutert, mit einem Gutachten von Dr. Max Korman, prakt. Arzt und Geburtshelfer,* Leipzig 1906. Herr Wirth weiß noch mehr:

>»Brünnhilde liegt im Hintergrunde auf einem steinernen Ruhebett und spielt mit dem ungeborenen Sonnengott.«[7]

Wirths Mitarbeiter, der Geburtshelfer – und der muß es ja wissen –, ermuntert ihn schließlich zu der unwiderleglichen Feststellung:

> »Brünnhildens Mutterschaft ist die nirgends ausgesprochene, doch überall unverkennbare Triebfeder der Handlung der Götterdämmerung.«[8]

Hüten wir uns vor Glatteis und Sackgasse. Das Buch will wissen, wer Wagner war. Was war das für ein Mensch, dessen Werke die Zuhörer beunruhigen, erschüttern, brüskieren, berauschen?

> »Dieser schnupfende Gnom aus Sachsen mit dem Bombentalent und dem schäbigen Charakter.«
> *(Thomas Mann)*[9]

> »Die Passion für Wagners zaubervolles Werk begleitet mein Leben, seit ich seiner zuerst gewahr wurde und es mir zu erobern, es mit Erkenntnis zu durchdringen begann. Was ich ihm als Genießender und Lernender verdanke, kann ich nie vergessen, nie die Stunden tiefen, einsamen Glückes inmitten der Theatermenge, Stunden voll von Schauern und Wonnen der Nerven und des Intellektes, von Einblicken in rührende und große Bedeutsamkeiten, wie eben nur diese Kunst sie gewährt.«
> *(Thomas Mann)*[10]

Was war das für ein Mensch, dem Treue und Dankbarkeit fremd waren, dem dennoch Dankbarkeit und Treue von allen Seiten zuteil wurde? Was war das für ein Mensch, der einen Zeitungsartikel über antijüdische Demonstrationen liest und dem es möglich ist, zu erklären:

> »Das ist das einzige, was sich tun läßt, die Kerle hinauswerfen und durchprügeln.«
> *(Cosimas Tagebücher)*[11]

Was war das für ein Mensch, der so viel Licht ausstrahlte, und der solch leidigen Schatten warf?

Eine umfangreiche Dokumentation soll es dem Leser ermöglichen, dem wahren Wagner auf den Grund zu gehen. Ohne Auswählen und Auslassen geht dies freilich nicht an, doch muß die Auswahl so unparteiisch, so umfassend, so ausgewogen sein, daß keiner sich beklagen kann – am wenigsten Wagner selbst –, man habe Wichtiges unterschlagen, man habe beschönigt oder verschlimmert.

In seinen ersten Kapiteln betrachtet dies Buch die Experimente und Erfahrungen der ersten Lebenshälfte und untersucht ihren Einfluß auf Wagners Charaktereigenschaften. Später, in den Kapiteln 4 bis 9, wird sein vielgestaltiges, widerspruchseliges Wesen erörtert, wie es sich im Leben offenbart. Wagner und seine Zeitgenossen zeugen in ihren mündlichen und schriftlichen Äußerungen für sein außergewöhnliches Selbstbewußtsein, für sein Talent zum Ausfindigmachen von Protektion und Subvention, für die Vielfalt seiner künstlerischen Anlagen, für seine Überredungskunst, sein Luxusbedürfnis, sein Gefallen am Absurden, seinen Glauben an die Realität der Kunst und das Artifizielle des Lebens, seine Beharrlichkeit, mit der er bedeutende wie triviale Zwecke gleich eifrig verfolgte, und für seine erschreckende Neigung zum Fallenlassen von ergebenen Freunden.

Mit seinem zehnten Kapitel, GERICHT IN WALHALL, sprengt das Buch seinen Rahmen. Dort steht:

> Eine Annahme: man ist sich immer noch nicht schlüssig, ob Richard Wagner ein böser oder ein guter Mensch sei.
>
> Eine Annahme: Juristen und Begutachter werden zu einer gerichtlichen Verhandlung über den Fall Wagner gebeten.
>
> Eine Annahme: um verstorbenen Zeugen die Aussage zu ermöglichen, beraumt man ein *Gericht in Walhall*.
>
> Als Zeugen werden aufgerufen:
>
> | | |
> |---|---|
> | Mathilde Wesendonck | Myrrha Wesendonck |
> | König Ludwig II. | Hans von Bülow |
> | Julie Ritter | Siegfried |
> | Robert Donington | Wolfram von Eschenbach |

Elisabeth Förster-Nietzsche · Ein Hirtenknabe
Friedrich Nietzsche   Brünnhilde

Im NACHSPIEL finden sich Meinungsäußerungen von Kennern und Könnern, von Geschmacksrichtern und Andersgläubigen, von Nörglern und Schleppenträgern. Friedrich Nietzsche, Richard Strauss, Oscar Wilde, Peter Tschaikowski, George Bernard Shaw, Thomas Mann, Alban Berg, Bruno Walter, Eduard Hanslick, Theodor Fontane, Hans von Bülow, Hartmut Zelinsky und Leo Tolstoi winden in unvermutetem Verein ihren Kranz von Lorbeer und Belladonna.

Wenn von Wagners Charaktereigenschaften, von seinen Gewohnheiten und Ansichten die Rede ist, darf man auf biographische Kontinuität verzichten. Die umfangreiche ZEITTAFEL leistet da Hilfestellung. Kapitel 1 und 6 enthalten außerdem die Stammbäume der Familien Wagner und Bülow. Das 4. Kapitel befaßt sich mit Wagners finanziellen Errungenschaften und erwähnt eine Anzahl von damals gebräuchlichen Geldwährungen wie Louisdor, Friedrichsdor, Gulden, Thaler, Dukaten und Franken. Der Leser findet eine Tabelle mit den ungefähren Geldwerten der heutigen Zeit am Anfang jenes Kapitels.

Der Biograph sichtet die Fülle des Materials und schafft erst sich, dann seinem Publikum ein Bild des Menschen, den er beschreibt. Hier geht es anders zu. Der Leser greift selbst zu den Dokumenten und gelangt – so hofft der Verfasser – am Ende zum eigenen Urteil. Der Leser sitzt auf der Geschworenenbank. Der Autor liefert zwar das Beweismaterial, er kommentiert, verbindet, regt an, erlaubt sich auch zuweilen den Luxus der eigenen Stellungnahme, will aber kein abschließendes Urteil fällen. Das bleibt dem Leser überlassen.

I.

Der junge Wagner
oder
Nie krümmt sich

Wagner's Familie

Mutter
Johanna Rosine Pätz
1774-1848

Erste Ehe (2. Juni 1798)

Friedrich Wagner
Polizeiaktuar
1770-1813

Kinder

Albert, Sänger, Schauspieler, Regisseur
1799-1874

Gustav
1801-1802

Rosalie, Schauspielerin
1803-1837

Julius, Goldschmied
1804-1862

Luise, Schauspielerin
1805-1872

Klara, Sängerin
1807-1875

Maria Theresia
1809-1814

Ottilie
1811-1883

Wilhelm Richard
22. Mai 1813 - 13. Februar 1883

Zweite Ehe (28. August 1814)

Ludwig Heinrich Christian Geyer
Schauspieler, Maler, Schriftsteller
1779-1821

Kind

Cäcilie
1815-1893

Leipzig, den 6ten Oktober
1830.

Wohlgeborner Herr,

Schon lange habe ich mir vorgenommen Ihre herrliche Sinfonie zum Gegenstand meines tiefsten Studiums zu machen, und je mehr ich mit dem hohen Werthe des Werkes bekannt wurde, desto mehr betrübte es mich, daß dies nur einem geringen Theile des musikalischen Publikums so sehr verdient, so sehr zu beachtet sei. Um den Weg, dieses Werk recht eingängiger zu machen, ist eine zweckmäßige Einrichtung für das Klavier, die ich zu meinem großen bedauern noch nicht antraf: (denn Herrn Herzog'sche vierhändige Arrangement kann doch füglich nicht genügen) zu wiederholen. — Daher kam ich nicht auf sich selbst an einen Versuch, diese Sinfonie nur für zwei Hände einzurichten, und ist es mir letzt gelungen den ersten, und fast schwierigsten Satz mit möglicher Eleganz und Treue zu arrangieren. Ich wende mich daher jetzt mit diesem Anliegen an die rechte Verlagshandlung, indem ich frage ob Sie geneigt sein würden ein solches Arrangement aufzunehmen (denn natürlich möchte ich mich jetzt nicht gerne einer so mühevollen Arbeit ohne dieser Gewißheit unterziehen.) Sobald ich diesen versichert sein werde, setze ich mich unverzüglich an die Arbeit, um das Angefangene zu vollenden. Daher bitte ich ergebenst um schleunige Antwort, wo mich betrifft soll das Wohlgef. des geistvollen Lebens versichert sein.

Ihr W.Wgd.

Meine Adresse: ergebener Diener
Leipzig, im Pichhof neben   Richard Wagner.
Fallischen Thor N° .

Wohlgeborner Herr,
Schon lange habe ich mir Beethoven's letzte herrliche Sinfonie zum Gegenstand meines tiefsten Studium's gemacht, und je mehr ich mit dem hohen Werthe des Werkes bekannt wurde, desto mehr betrübte es mich, daß dies noch vom größten Theile des musikalischen Publikum's so sehr verkannt, so sehr unbeachtet sei. Der Weg nun, dieses Meisterwerk eingängiger zu machen, schien mir eine zweckmäßige Einrichtung für den Flügel, die ich zu meinem großen Bedauern noch nie antraf; (denn jenes Czerny'sche vierhändige Arrangement kann doch füglich nimmer genügen.) In großer Begeisterung wagte ich mich daher selbst an einen Versuch, diese Sinfonie für *zwei Hände* einzurichten, und so ist es mir bis jetzt gelungen den ersten, und fast schwierigsten Satz mit möglichster Klahrheit und Fülle zu arrangieren. Ich wende mich daher jetzt mit diesem Antrag an die resp. Verlag'shandlung, indem ich frage ob sie geneigt sein würde ein solches Arrangement aufzunehmen? (denn natürlich möchte ich mich jetzt nicht ferner einer so mühvollen Arbeit ohne dieser Gewißheit unterziehen.) So bald ich dieser versichert sein werde, setze ich mich unverzüglich an die Arbeit, um das Angefangene zu vollenden. Daher bitte ich ergebenst um schleunige Antwort, was mich betrifft soll Ew. Wohlgeb. des größten Eifer's versichert sein.
                    Ew. Wohlgeb.
                                ergebener Diener
                                Richard Wagner.[13]

So schreibt der völlig unbekannte Siebzehnjährige an den Mainzer Musikverlag SCHOTT'S SÖHNE, am 6. Oktober 1830. Eine Antwort bekam er damals nicht. Aber der junge Mann hat Ausdauer. Auf seinen Mahnbrief erfolgt eine Absage. Wagner ist unbeirrt. Der investierte Aufwand darf nicht umsonst gewesen sein. Zwei Jahre sind inzwischen vergangen, aber er wendet sich zum dritten Mal an Schott:

Leipzig, den 15.6.1832
Ew. Wohlgeboren übersende ich hiermit einen zweihändigen Klavierauszug der Beethovenschen Sinfonie Nr. 9, den Sie voriges Jahr schon einmal bei sich hatten, und mir, wegen Überfüllung mit Manuskripten, wieder zurückschickten. Ich biete selbigen Ihnen hiermit nochmals zu Ihrem beliebigen Gebrauch an, indem ich Ihnen denselben für jede Zeit und Benutzung übergebe. Ich verlange dafür kein Honorar; wollten Sie mir aber ein Gegengeschenk an Musikalien machen, so würden Sie mich Ihnen dankbarst verpflichten. Dürfte ich Sie demnach wohl ersuchen, mich durch Herrn Wilhelm Härtel: BEETHOVEN'S: 1.) MISSA SOLENNIS (D Dur) PARTITUR und Klavieraus: 2.) BEETHOVEN'S SINFONIE No:9. PARTITUR; 3.) IDEM: 2 QUARTETTEN: PARTIT: und 4.) die von HUMMEL arrangirten SINFONIE'N BEETHOVEN'S – beziehen zu lassen? Je eher, desto angenehmer würden Sie durch die Erfüllung dieser Bitte erfreuen
  Ew. Wohlgeboren unterthänigsten Diener
      Richard Wagner.[14]

Schott kann nicht widerstehen. Wagners Klavierbearbeitung wird nicht veröffentlicht, aber das gewünschte Notenmaterial bekommt er.

Hier zeigen sich charakteristische Züge. Wagner weiß, was er will. Seiner Überredungskunst erliegt heute ein Verleger, und morgen und übermorgen werden ihr Geldgeber, Frauen, Künstler und ein König erliegen. Er muß Musiker werden. Beethoven vor allem hat es ihm angetan. Er hört die Siebente Symphonie in Leipzig. In seiner Autobiographie *Mein Leben* heißt es:

> Die Wirkung hiervon auf mich war unbeschreiblich. Dazu kam der Eindruck, den Beethovens Physiognomie, nach den damals verbreiteten Litographien, auf mich machte, die Kenntnis seiner Taubheit, seines scheuen zurückgezogenen Lebens. In mir entstand bald ein Bild erhabenster überirdi-

scher Originalität, mit welcher sich durchaus nichts vergleichen ließ. Dieses Bild floß mit dem Shakespeares in mir zusammen: in ekstatischen Träumen begegnete ich beiden, sah und sprach sie; beim Erwachen schwamm ich in Tränen.[15]

Dann erlebt er die Neunte Symphonie, und nun hat es ihn endgültig gepackt. Er schreibt die ganze Partitur sorgfältig ab, und er lernt dabei etwas vom Handwerk des Komponisten: Umfang und Eigenheiten der einzelnen Instrumente, harmonische Sachverhalte, Führung der menschlichen Stimme, und – das ist die Hauptsache – er kommt Beethoven näher:

> Diese Neunte Symphonie Beethovens ward zum mystischen Anziehungspunkt all meines phantastisch-musikalischen Sinnens und Trachtens... Diese Symphonie mußte das Geheimnis aller Geheimnisse enthalten.[16]

Das Geheimnis aller Geheimnisse. Wagner findet es in Beethoven, und Generationen von Menschen, zu denen Musik spricht, entdecken es in Wagner.

Auf die Reihenfolge kommt es bei Wagner an. Zuerst findet ein tiefgehendes Erlebnis statt – Beethovens Musik, Shakespeares Dramen. Dann wird zielbewußt reagiert.

> Einmal lernte ich auch Englisch, und zwar bloß um Shakespeare ganz genau kennen zu lernen: ich übersetzte Romeos Monolog metrisch. Das Englische ließ ich bald wieder liegen, Shakespeare aber blieb mein Vorbild.[17]

Shakespeare und Beethoven bestimmen nun die Entwicklung und Laufbahn des jungen Wagner. Sie spuken auch in der unbewußten Welt seines Traumlebens. Eliza Wille, Schriftstellerin und Freundin Mathilde Wesendoncks, erzählt:

> Ich entsinne mich, sagte Wagner, aus meinen ersten Jünglingsjahren eines Traumes, wo ich träumte, Shakespeare lebte, und ich sähe ihn und spräche mit ihm, wirklich, leib-

haftig; der Eindruck hiervon ist mir unvergeßlich und ging in die Sehnsucht über, Beethoven noch zu sehen, der doch auch schon tot war.[18]

Der Geist Shakespeares, oder was der Fünfzehnjährige für einen solchen ansieht, weist ihn ins Drama. Er entwirft ein Trauerspiel in fünf Akten, *Leubald,* und führt es tatsächlich innerhalb eines Jahres zu Ende. Er zeigt, daß es ihm ernst ist mit dem Dichten. Er zeigt die ruhige, unbeirrte Ausdauer, die später zum Riesenbau des *Ring des Nibelungen* erforderlich sein wird. Das Personenverzeichnis des Trauerspiels gibt einigen Aufschluß über die turbulente Phantasie des Untersekundaners:

> Leubald
> Werdulst, der Freund von Leubalds verstorbenem Vater Siegmar
> Roderich
> Bärting, ein Raubgraf
> Astolf, Bräutigam von Roderichs Tochter
> Albert
> Lothar, Kastellan auf Leubalds Schlosse und der Erzieher jenes
> Breischald, Gesell des Bärting
> Wulst, ein Knecht des Leubald
> Ein Klausner
> Der Geist von Leubalds Vater Siegmar
> Flamming, ein Landstreicher
> Bäringer
> Schrammenbald
> Schenk, der Wirt
> Agnes, Gattin des Roderich
> Adelaide, Roderichs Tochter
> Gundchen, ihre Vertraute
> Siegfried und Albrecht, Söhne des Roderich, 10–12 Jahre alt
> Eine Hexe
> Geister derselben
> Knechte und Boten[19]

In *Mein Leben* gesteht Wagner, daß außer Goethes *Götz von Berlichingen*, Shakespeares *Hamlet, Macbeth* und *König Lear* Patendienste getan hätten.

> Die Handlung begründete sich eigentlich auf eine Variation des *Hamlet:* die Veränderung bestand darin, daß mein Held, durch die Erscheinung des Geistes seines unter ähnlichen Umständen gemordeten Vaters und dessen Aufforderung zur Rache, zu so ungestümer Aktion hingerissen wird, daß er durch eine Reihe von Mordtaten zum Wahnsinn gelangt.[20]

Unter Shakespeares beflügelndem Einfluß geht ihm das Versifizieren leicht voran:

> Sieh', dort kommt Leubald,
> feuerglüh'nden Blick's!
> Bei Gott, so sah ich niemals ihn;
> vom Leuen
> scheint er die Augen
> sich gelieh'n zu haben;
> der Wange Glut
> versengt ihm fast den Bart,
> die Sünde, meint man,
> stampf' er mit den Füßen![21]

Zuweilen findet sich eine Vorahnung späterer Werke. An die Karfreitagsszene im *Parsifal* erinnert dies:

> Der Wald mit der Klause
> Klausner (kommt):
>
> Schon wankt die Sonn' hinab den Himmelslauf;
> der Greis muß hin ans Kreuz des Herren knien,
> daß gleich der Sonne nicht sein Glaube sinke.[22]

Manchmal bricht eine eigene Formulierung durch, die den künftigen Künstler ahnen läßt. Von Adelaides Liebe zu Leubald berichtet der Klausner:

> Nichts war ihr Mund,
> als Wohnung jenes Namens.[23]

Und gleich danach:

> Wo nichts als Leubald ist,
> kannst du nicht sein![24]

Das Trauerspiel endet etwas unbeholfen:

> Astolf:
> Ein Mann, der geliebt und gehaßt,
> im Morde gerast;
> doch machte ihn Reue verrückt,
> Qual hat ihm Wahnsinn geschickt.[25]

Hier hört man etwas von Kurwenal, der um Tristan trauert:

> Hier liegt er nun,
> der wonnige Mann,
> der wie keiner geliebt und geminnt.[26]

Die Rezeptionsgeschichte des *Leubald* ist kurz. Wagner schildert sie selbst, 40 Jahre später:

> Meine Vernachlässigung der Schule erreichte den Grad, daß es notwendig zu einem Bruche mit ihr führen mußte. Während meine gute Mutter hiervon keine Ahnung hatte, sah ich weniger mit Bangen als mit Verlangen der Katastrophe entgegen. Um dieser in würdiger Weise zu begegnen, beschloß ich endlich, meine Familie mit der Entdeckung meines nun vollendeten Trauerspieles zu überraschen... Somit übersandte ich (meinem Onkel) das voluminöse Manuskript mit einem ausführlichen Brief, in welchem ich ihm meine

Lebenstendenz im Betreff der Nikolaischule sowie meinen festen Entschluß, fortan durch keinen Schulpedantismus mehr in meiner freien Entwickelung mich hemmen zu lassen, wie ich vermutete zu seiner großen Freude, mitteilte. Es kam anders. Der Schreck war groß. Mein Onkel, sich völlig einer Schuld bewußt fühlend, erschien bei meiner Mutter und meinem Schwager, um mit Entschuldigungen seines vielleicht übel zu deutenden Einflusses auf mich Bericht von dem Unglück zu geben, welches die Familie betroffen habe.[27]

Der Schuldirektion kann Wagners Abgang kaum leid getan haben. Das Schüleralbum berichtet seine Entlassung, und unter »Fernere Schicksale« steht nichts als »gest. 13. 2. 83 in Venedig«.[28]

Den eingeschlagenen Weg weiterzugehen, schuldet er nun Shakespeare, Beethoven und sich selber. Zunächst muß der *Leubald* seine Musik bekommen. Beethoven hatte Goethes *Egmont* durch Musik veredelt; sollte dem *Leubald* nicht ein gleicher Liebesdienst zuteil werden? Einer fremden Hand sein Drama zum Vertonen zu überlassen, kommt natürlich nicht in Frage. Er weiß damals schon, was er 34 Jahre später in den *Meistersingern* formuliert, wenn Walther fragt:

»Wer wird Meister genannt?«

und David antwortet:

(mit sehr tiefsinniger Miene)
»Der Dichter, der aus eignem Fleiße
zu Wort und Reimen, die er erfand,
aus Tönen auch fügt eine neue Weise.«[29]

Aber wie macht man das, wie fügt man eine neue Weise? Das Abschreiben der *Neunten Sinfonie* hatte ihn manches gelehrt, doch daß zum Erlernen des Komponierens ein Lehrmeister vonnöten ist, das sagt ihm sein gesunder Gymnasiastenverstand. Also muß ein Lehrer gefunden werden.

Christian Gottlieb Müller, nur 13 Jahre älter als Wagner, ist

Komponist, Dirigent, Geiger und Organist. Bei ihm nimmt der Fünfzehnjährige Stunden in der Harmonielehre, zunächst heimlich und gratis; was einen künftigen Charakterzug deutlich macht. Bald wird Müller sein offizieller und bezahlter Lehrer, doch des Schülers Kompositionsversuche bekommt er nicht zu sehen. Auf eigenes Gutdünken komponiert Wagner zwei Klaviersonaten und ein Streichquartett, während er brav Müllersche Harmonieaufgaben bewältigt. Dem eigenen Genius vertraut der Junge, aber er weiß wohl, daß es ohne Regeln nicht geht. Er komponiert sozusagen auf Vorschuß und verläßt sich darauf, daß die zu erlernende Technik der Harmonie, des Kontrapunkts und des Instrumentierens seine ahnungsvollen Versuche bestätigen werden. Nach dreieinhalb Jahrzehnten wird Hans Sachs dem unbelehrten Dichter-Komponisten Walther von Stolzing zurufen:

> Die Meisterregeln lernt beizeiten,
> daß sie getreulich Euch geleiten
> und helfen wohl bewahren,
> was in der Jugend Jahren
> mit holdem Triebe
> Lenz und Liebe
> Euch unbewußt ins Herz gelegt,
> daß Ihr das unverloren hegt![30]

Meisterregeln und holde Triebe. Die ersten lernt man bei Herrn Christian Gottlieb Müller, den holden Trieben folgt der Schüler und komponiert im Jahre 1830 ein Trio für Frauenstimmen, eine Tenorarie, eine Sopranarie und sein erstes Orchesterwerk, die *Ouvertüre in B-Dur*. Das zeigt er dem Leipziger Kapellmeister Heinrich Dorn, aber verschweigt es seinem Lehrer. Dorn führt das Werk am Weihnachtstag auf. Das Orchester war in den Proben rebellisch geworden und hielt die Ouvertüre für das Gesellenstück eines Wahnsinnigen. Wagner schildert die Uraufführung:

> Als erste Nummer des Programmes figurierte die aufreizende Benennung »Neue Ouvertüre«; nichts weiter. Ich hatte unter großen Besorgnissen der Probe beigewohnt und von der Kaltblütigkeit Dorns eine vorteilhafte Meinung

gewonnen, welcher der bedenklichen Bewegung der Orchestermusiker gegenüber, als sie mit dem Vortrag der rätselhaften Komposition sich befaßten, eine außerordentlich sichere Fassung bewährte. Das Hauptthema des Allegros war viertaktiger Natur; nach jedem vierten Takt war jedoch ein gänzlich zur Melodie ungehöriger fünfter Takt eingeschaltet, welcher sich durch einen besonderen Paukenschlag auf das zweite Taktviertel auszeichnete. Da dieser Schlag ziemlich vereinzelt stand, wurde der Paukenschläger, welcher sich stets zu irren glaubte, befangen und gab dem Akzente nicht die in der Partitur vorgeschriebene Schärfe, womit ich, über meine Intention selbst erschrocken, in meiner Unsichtbarkeit recht zufrieden war. Zu meinem wahren Mißbehagen zog jedoch Dorn den verschämten Paukenschlag an das helle Licht und bestand darauf, daß der Musiker ihn stets mit der vorgeschriebenen Stärke zur Ausführung brächte ... die längere Zeit andauernde Wiederkehr dieses Effektes erregte bald die Aufmerksamkeit und endlich die Heiterkeit des Publikums. Meine Nachbarn hörte ich diese Wiederkehr im voraus berechnen und ankündigen: was ich, der ich die Richtigkeit ihrer Berechnung kannte, hierunter litt, ist nicht zu schildern. Mir vergingen die Sinne. Ich erwachte schließlich, als die Ouvertüre, zu welcher ich alle banalen Schlußformen verschmäht hatte, ganz unversehens abbrach, wie aus einem unbegreiflichen Traum ... Ich hörte keine Mißfallsbezeugung, kein Zischen, kein Tadeln, selbst nicht eigentliches Lachen, sondern nahm nur die größte Verwunderung aller über einen so seltsamen Vorfall wahr, der jedem gleich wie mir wie ein unerhörter Traum vorzukommen schien.[31]

»Seltsamer Vorfall.« »Unerhörter Traum.« Das klingt wie Zitate aus der Aufführungsgeschichte der späteren Werke. Jedes ist ein seltsamer Vorfall, und immer erlebt das Publikum einen unerhörten Traum.

Das Weihnachtskonzert ist vorbei, und nun gilt es, Schritte zur Informierung und eventuellen Besänftigung des Herrn Müller zu unternehmen, denn Lehrer mögen nicht von ihren Schülern hinters Licht geführt werden. Der vor kurzem von John Deathridge aufgefundene Brief Wagners an Müller zeigt den jungen Diplomaten am Werk:

> Verehrtester Herr Müller,
> Wie unwillig und bös Sie auf mich sein werden, kann ich mir vorstellen; und wahrlich, ich kann es Ihnen nicht verdenken. Sie werden mich anklagen, daß ich Sie, meinen Lehrer, hintergangen, und so auf schmerzliche Weise beleidigt habe, um meiner Eitelkeit zu frönen. Seien Sie aber versichert, daß sich manches anders verhalte, als Sie vermuthen werden. So hören Sie also: – ziemlich vor ¾ Jahr wurde ich mit dem Herrn Musikdirektor Dorn bekannt, und ich kann nicht anders sagen, als daß er sich wie ein gutmeinender Freund gegen mich bewies. Er frug mich unter anderen ob ich nicht einmal etwas von mir hören wollte; ich möchte doch einmal einen Versuch in der Orchesterkomposition machen, welcher Antrag mich dann in meiner jugendlichen Leidenschaft dazu verführte diese Ouvertüre zusammenzuschreiben. Ihnen wagte ich's nicht dieselbe zu zeigen, weil ich glaubte Sie würden mich als mein *Lehrer* darüber auslachen... so vergaß (ich) denn auch die Ouvertüre sammt allen den schlechten Orchesterschreibereien, besuchte auch Herrn Dorn seit vorigem Sommer nicht mehr, bis er mir vor kurzem durch meine Schwester sagen ließ, ob ich dann meine Ouvertüre zu Weihnachten hören wolle? Dieß überraschte mich so sehr, daß ich *Sie* leider nicht dabei bedachte, sondern spornstreichs meine Ouvertüre zu Hr. Dorn brachte, – gestern erst fiel mir eigentlich ein, wie unrecht ich an meinem Lehrer gehandelt, wie unklug an mir selbst gethan hatte. Die Zeit aber war zu kurz meinen Fehler wieder gut zu machen. Ich kann also nicht's weiter thun, als Sie recht herzlich um Verzeihung zu bitten und dieß Vorgefallene nicht für Absicht sondern für Leichtsinn zu halten, und das ganze für eine Jugendsünde zu halten, die jedoch nicht so streng geahndet zu werden verdient... Seien Sie ferner meines liebevollsten Gehorsams versichert, vergessen Sie meinen Leichtsinn, und

schenken Sie als ein schönes Weihnachtsgeschenk Ihr inniges Verzeihen

Ihrem Dankbaren Schüler
Richard Wagner[32]

Müller verzeiht, und Wagner bleibt sein Schüler, jedenfalls bis zum nächsten Herbst. Die Kunst des Diplomaten, die schon der Siebzehnjährige ausübt, wird ihm von Jahr zu Jahr wichtiger werden, wenn es gilt, Geldgeber zu bezaubern, Gläubiger zu vertrösten, Frauen zu bestricken, Starsängern kleinere Rollen schmackhaft zu machen, Operndirektoren ihre besten Kräfte zu entführen, und beleidigte Primadonnen zu überreden, ihre schon gepackten Koffer wieder auszupacken.

Der französische Juli-Aufstand von 1830 gibt allerdings der Diplomatie wenig Spielraum. Soziale Gerechtigkeit und Bürgerfreiheit sind die Begriffe, um die gekämpft wird. Der revolutionäre Waldbrand dringt bis nach Polen, ergreift dabei Sachsen und entflammt den jungen Wagner:

> Mit Bewußtsein plötzlich in einer Zeit zu leben, in welcher solche Dinge vorfielen, mußte natürlich auf den siebzehnjährigen Jüngling von außerordentlichem Eindruck sein. Die geschichtliche Welt begann für mich von diesem Tage an; und natürlich nahm ich volle Partei für die Revolution, die sich mir nun unter der Form eines mutigen und siegreichen Volkskampfes, frei von allen den Flecken der schrecklichen Auswüchse der ersten französischen Revolution, darstellte.[33]

Mit dem Komponieren ist es fürs erste vorbei.

> Mit einem Schlage wurde ich Revolutionär und gelangte zu der Überzeugung, jeder halbwegs strebsame Mensch dürfe sich ausschließlich nur mit Politik beschäftigen.[34]

Hier begegnet man Wagners künftigem Lebensprinzip. Er ist mitten im Schaffen, da passiert etwas in der politischen, sozialen, kulturellen oder militärischen Arena, das sein Gemüt erregt, und aus ist es mit dem Schaffen. Erst muß dies besondere Problem gelöst werden, und zwar von Richard Wagner gelöst werden. Das geschieht entweder im lauten Denken mit Freunden oder Hausgenossen oder in schriftlicher Form, und wenn das letztere seine Spannkraft auf Tage, Wochen oder Monate beansprucht, so sei es. Das ist der Zwang, aus dem zahllose Schriften erwachsen:

>Der Künstler und die Öffentlichkeit   *1841*
>Bericht über die Heimbringung der sterblichen Überreste Karl Maria von Webers aus London nach Dresden   *1844*
>Wie verhalten sich republikanische Bestrebungen dem Königtume gegenüber?   *1848*
>Die Revolution   *1849*
>Der Mensch und die bestehende Gesellschaft   *1849*
>Entwurf zur Organisation eines deutschen Nationaltheaters für das Königreich Sachsen   *1849*
>Die Kunst und die Revolution   *1849*
>Das Judentum in der Musik   *1850*
>Das Wiener Hofoperntheater   *1863*
>Über Staat und Religion   *1864*
>Deutsche Kunst und deutsche Politik   *1867/8*
>An das deutsche Heer vor Paris (Gedicht)   *1871*
>Was ist deutsch?   *1865 + 1878*
>Publikum und Popularität   *1878*
>Das Publikum in Zeit und Raum   *1878*
>Religion und Kunst   *1880*
>Erkenne dich selbst   *1881*
>Heldentum und Christentum   *1881*
>Über das Weibliche im Menschlichen (Fragment)   *1883*

Wagners Begeisterung für die Revolution tut diesmal das Vernünftigste für einen Menschen seines Schlages, sie sublimiert sich ins Schöpferische. In den Jahren 1830 und 1831 komponiert er:

> Ouvertüre zur *Braut von Messina*
> Klaviersonate in B-Dur zu 4 Händen
> Ouvertüre in C-Dur
> Ouvertüre in Es-Dur

Diese drei Ouvertüren sowie die Klaviersonate sind verschollen. Andere Kompositionen aus diesen Jahren überleben ihren Schöpfer, darunter:

SONATE
FÜR DAS PIANOFORTE
componirt und
HERRN THEODOR WEINLIG
HOCHACHTUNGSVOLL GEWIDMET
von
RICHARD WAGNER

Christian Theodor Weinlig (1780–1842) ist Kantor an der Thomasschule in Leipzig, also später Nachfolger Johann Sebastian Bachs. Er wird im Herbst 1831 Wagners nächster Lehrer, und auf seine Veranlassung komponiert der Schüler das Widmungswerk, das ebenfalls dank Weinligs Einfluß von Breitkopf & Härtel gedruckt wird. Weinligs Buch *Theoretisch-praktische Anleitung zur Fuge* wird vom Schüler durchgearbeitet, und ohne dieses Studium wäre die Prügelfuge aus dem zweiten *Meistersinger*-Akt kaum denkbar. Dabei war es gar nicht so einfach, den Kantor zum Lehrer zu gewinnen.

> Nachdem er allem herzlichen Zureden lange widerstanden hatte, schien ihm endlich der Zustand meiner mangelhaften musikalischen Ausbildung, wie er diesen aus einer von mir mitgebrachten Fuge erkannte, zu einem mir günstigen, freundlichen Mitleiden zu stimmen; er sagte mir unter der Bedingung, daß ich ein halbes Jahr lang allem Komponieren entsage und geduldig nur seine Vorschriften ausführen wollte, seinen Unterricht zu.[35]

Der Schüler bewährt sich, und Weinlig findet, daß sich der Unterricht lohnt.

> Nun bestellte mich *Weinlich* eines Morgens um 7 Uhr zu sich, um unter seinen Augen bis Mittag das Gerippe einer Fuge auszuarbeiten; er widmete mir wirklich den vollen Vormittag, indem er jedem Takt, den ich aufzeichnete, seine ratende und belehrende Aufmerksamkeit widmete. Um 12 Uhr entließ er mich mit dem Auftrag, den Entwurf durch Ausfüllung der Nebenstimmen zu Hause vollends auszuarbeiten. Als ich ihm dann die fertige Fuge brachte, überreichte er mir dagegen eine von ihm verfaßte Ausarbeitung desselben Themas zum Vergleich. Diese gemeinsame Fugenarbeit begründete zwischen mir und dem liebenswürdigen Lehrer das ergiebigste Liebesverhältnis, indem von nun an sowohl ihm wie mir die ferneren Studien zur angenehmsten Unterhaltung wurden.[36]

Solch *ergiebiges Liebesverhältnis* zwischen Lehrer und Schüler, solch pädagogischer Eros durchweht die zweite Szene des dritten *Meistersinger*-Aktes:

> SACHS. ... will ich die Regeln Euch lehren,
> sollt Ihr sie mir neu erklären. –
> Seht, hier ist Tinte, Feder, Papier:
> ich schreib's Euch auf, diktiert Ihr mir!
> WALTHER. Wie ich begänne, wüßt ich kaum.
> SACHS. Erzählt mir Euren Morgentraum.
> WALTHER. Durch Eurer Regeln gute Lehr
> ist mir's, als ob verwischt er wär.
> SACHS. Grad nehmt die Dichtkunst jetzt zur Hand:
> mancher durch sie das Verlor'ne fand.
> WALTHER. So wär's nicht Traum, doch Dichterei?
> SACHS. 's sind Freunde beid, stehn gern sich bei.
> WALTHER. Wie fang ich nach der Regel an?
> SACHS. Ihr stellt sie selbst und folgt ihr dann.
> Gedenkt des schönen Traums am Morgen:
> fürs Andre laßt Hans Sachs nur sorgen.

WALTHER *hat sich zu Hans Sachs am Werktisch gesetzt,
wo dieser das Gedicht Walthers nachschreibt.*
»Morgendlich leuchtend in rosigem Schein
von Blüt und Duft
geschwellt die Luft,
voll aller Wonnen
nie ersonnen,
ein Garten lud mich ein,
Gast ihm zu sein.«
SACHS. Das war ein »Stollen«; nun achtet wohl,
daß ganz ein gleicher ihm folgen soll.
WALTHER. Warum ganz gleich?
SACHS. Damit man seh,
Ihr wähltet Euch gleich ein Weib zur Eh'! –
WALTHER. »Wonnig entragend dem seligen Raum,
bot goldner Frucht
heilsaft'ge Wucht,
mit holdem Prangen
dem Verlangen,
an duft'ger Zweige Saum,
herrlich ein Baum.« –
SACHS. Ihr schlosset nicht im gleichen Ton:
das macht den Meistern Pein;
doch nimmt Hans Sachs die Lehr davon,
im Lenz wohl müss es so sein. –
Nun stellt mir einen »Abgesang«.
WALTHER. Was soll nun der?
SACHS. Ob Euch gelang,
ein rechtes Paar zu finden,
das zeigt sich an den Kinden;
den Stollen ähnlich, doch nicht gleich,
an eignen Reim und Tönen reich;
daß man's recht schlank und selbstig find,
das freut die Eltern an dem Kind;
und Euren Stollen gibt's den Schluß,
daß nichts davon abfallen muß. –
WALTHER. »Sei euch vertraut,
welch hehres Wunder mir geschehn :

> an meiner Seite stand ein Weib,
> so hold und schön ich nie gesehn:
> gleich einer Braut
> umfaßte sie sanft meinen Leib;
> mit Augen winkend,
> die Hand wies blinkend,
> was ich verlangend begehrt,
> die Frucht so hold und wert
> vom Lebensbaum.«
> SACHS *gerührt.* Das nenn ich mir einen Abgesang!
> Seht, wie der ganze Bar gelang!
> Nur mit der Melodei
> seid Ihr ein wenig frei:
> doch sag ich nicht, daß das ein Fehler sei;
> nur ist's nicht leicht zu behalten, –
> und das ärgert unsre Alten.
> Jetzt richtet mir noch einen zweiten Bar,
> damit man merk, welch der erste war.
> Auch weiß ich noch nicht, so gut Ihr's gereimt,
> was Ihr gedichtet, was Ihr geträumt.[37]

Ähnlich muß es in Weinligs Studierzimmer zugegangen sein, und eines Tages ist es soweit:

> Nachdem ich im Laufe zweier Monate, außer einer Anzahl der künstlichsten Fugen, jede Art der schwierigsten kontrapunktischen Evolutionen schnell durchgearbeitet hatte und ich dem Lehrer eines Tages eine besonders reich ausgestattete Doppelfuge brachte, war ich wirklich erschrocken, da er mir sagte, ich könnte mir dieses Stück hinter den Spiegel stecken, er hätte mich jetzt nichts mehr zu lehren. Da ich mir irgendwelcher Mühe hierbei gar nicht bewußt geworden war, ward ich in der Folge wirklich oft bedenklich darüber, ob ich in Wahrheit ein ordentlich gelernter Musiker sei. Weinlig selbst schien auf das von ihm Erlernte an sich keinen großen Wert zu legen; er sagte: »Wahrscheinlich werden Sie nie Fugen und Kanons schreiben; was Sie jedoch sich angeeignet haben, ist *Selbständigkeit*. Sie stehen jetzt

auf Ihren eigenen Füßen und haben das Bewußtsein, das Künstlichste zu können, wenn Sie es nötig haben.«... Von nun an erlaubte er mir alles. Als erste Belohnung durfte ich ganz nach meinem Belieben eine Phantasie fürs Klavier in fis-Moll ausführen, in welcher ich mich formell gänzlich frei, rezitativ-melodisch bewegte und mir ein wohltätiges Genüge tat, indem ich mir zugleich Weinligs Lob erwarb.[38]

Es ist gut, daß diese Klavierfantasie erhalten ist, denn mit ihr hat es eine besondere Bewandtnis. Recht spät veröffentlicht, 22 Jahre nach des Komponisten Tod, blickt dies Klavierwerk mit seinen Janusaugen zurück auf Beethoven und in die Zukunft, auf den *Tannhäuser*, den *Tristan* und den *Ring des Nibelungen*. »Schlimme, lüderliche Zeit im Sommer (1831)«[39], heißt es in den Stichworten der *Roten Brieftasche*.

Aber gleich danach schreibt er: »Ich verlasse Müller und gehe zu Weinlig. Bin fleißig... Fantasia aus Fis Moll.«[40] Die lüderliche Zeit ist vorbei, und die *Fantasia* wird am Ende November 1831 abgeschlossen. Beethoven geistert durch die Rezitative, die Akkordfolgen, das Adagio molto e cantabile und das Allegro agitato. Doch schon im 4. Takt findet man:

23 Jahre später kehrt das wieder, notengetreu, im gleichen Schlüssel, als *Wotans Unmut-Motiv* im zweiten *Walküren*-Akt:

Das *Ringmotiv* wird im 12. Takt vorweggenommen, und im unendlich langen 60. Takt – ein ganzes Rezitativ für sich – steht:

Das wandelt sich später zum *Liebesmotiv* in *Tristan und Isolde:*

Im gleichen Rezitativ der *Fantasie* heißt es:

In 27 Jahren wird Tristan fragen: »Wie lenkt' ich sicher den Kiel zu König Markes Land?«:

Im Rezitativ-Takt 213 der *Fantasie* kommt folgendes vor:

In der *Walküre* fleht Brünnhilde:

An den *Rienzi* mahnt Melodie, Tonart und Doppelschlag im Thema des Adagio (Takt 220):

In der *Rienzi*-Ouvertüre spielen Streicher und Bläser:

Die *Fantasie* schließt in fis-Moll:

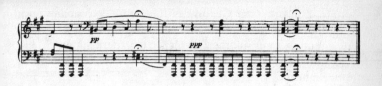

Das findet sich dann auch wieder in der Rom-Erzählung im *Tannhäuser*:

Wie heißt es doch in den *Meistersingern?*:

>...wohl bewahren,
>was in der Jugend Jahren
>mit holdem Triebe
>Lenz und Liebe
>Euch unbewußt ins Herz gelegt,
>daß Ihr das unverloren hegt.[41]

Unverloren!

Weinlig muß es verstanden haben, den Schüler belehrend zu begeistern, ganz wie es Sachs mit Walther versteht. Walther fragt: »Wie fang' ich nach der Regel an?« Sachs antwortet: »Ihr stellt sie selbst und folgt ihr dann.«[42]

So lehrt Weinlig. Die Regeln der Komposition seien wichtig, doch:

> ... behauptet der Genius des Tonsetzers doch immer noch die angestammte Freiheit, seinen eignen Gang zu gehen, wenn dies nur wahrhaft im Geiste der anerkannten Grundsätze geschieht. Auf den Buchstaben der Regel kommt's nie allein an.

Das steht in der *Theoretisch-praktischen Anleitung zur Fuge für den Selbstunterricht verfaßt und allenthalben durch Notenbeispiele vollständig erläutert, von Christian Theodor Weinlig, weiland Kantor und Musikdirektor der Thomasschule zu Leipzig, und Meister der Academia dei Filarmoniei zu Bologna*[43], und Wagner hört das gern.

So schreibt er seiner Schwester Ottilie im März 1832:

> Ach, wie schmerzt es mich Dir sagen zu müssen, daß ich wohl eine Zeitlang recht liederlich war, und durch den Umgang mit Studenten sehr von meinem Ziel entfernt worden war, und deßhalb der guten Mutter recht viel Sorgen und Noth machte; bis ich mich endlich ermannte, und durch meinen neuen Lehrer so in meiner Besserung befestigt wurde, daß ich jetzt auf *dem* Punkte stehe, von dem aus ich meinen höheren Lebensplan schon für fest betreten halten kann. Du mußt nämlich wissen, daß ich schon über ein halbes Jahr her der Schüler des hiesigen Cantor's *Weinlig* bin, den man wohl mit Recht für den *größten jetzt lebenden Contrapunktisten* halten kann, und der dabei als Mensch so ausgezeichnet ist, daß ich ihn durchaus wie einen Vater liebe. Er hat mich mit einer solchen Liebe herausgebildet, daß ich schon jetzt meine Lehrzeit, nach seinem eigenen Ausspruche, für beendet betrachte, und er mir jetzt nur noch als rathender Freund zur Seite steht. Wie sehr er mich selbst liebt, kann Dir das beweisen, daß er, als ihn die Mutter nach halbjährigem Unterricht, um die Bestimmung des Honorar's fragte, äußerte: es würde unbillig von ihm sein, wenn er für die Freude, mich unterrichtet zu haben, noch Bezahlung anneh-

men wollte; mein Fleiß und seine Hoffnungen von mir belohnten ihn hinlänglich.⁴⁴

Weinlig stirbt 1842 und erlebt den bevorstehenden *Rienzi*-Triumph seines Schülers nicht mehr. Doch ein Jahr später widmet Wagner sein Chorwerk, *Das Liebesmahl der Apostel*, »Frau Charlotte Emilie Weinlig, der Witwe seines unvergeßlichen Lehrers«. Dankbarkeit ist eine Tugend, die bei Wagner nicht oft zu finden ist. Tritt sie in Erscheinung, dann sollte man den Seltenheitswert genießen.

Im zuvor zitierten Brief an die Schwester Ottilie berichtet Wagner über die Aufführung seiner *Ouvertüre in d-Moll* im Leipziger Gewandhaus, im Februar 1832:

> ...ich verging fast vor Angst und Zagen; (Ach, wärst Du nur da gewesen!). Denke Dir also mein freudiges Erstaunen, als nach dem Schluß meiner Ouvertüre der ganze Saal zu applaudiren anfängt, und zwar so, als ob sie das größte Meisterwerk gehört hätten; – ich wußte nicht wie mir zu Muthe war, das kann ich dir versichern! – Luise war so ergriffen, daß sie weinte: – Wie hab' ich mir da gewünscht, daß Du zugegen wärst gewesen, Du hättest Dich gewiß auch ein wenig gefreut! –⁴⁵

Und im gleichen Brief:

> Neuerdings habe ich auch zu *König Enzio,* einem neuen Trauerspiele von Raupach, eine Ouvertüre komponirt, die bei jedesmaliger Darstellung des Stückes, im Theater aufgeführt wird. Sie gefällt allen. –⁴⁶

Raupach? Raupach? In der ersten Hälfte des 19. Jahrhunderts feierte man ihn auf Deutschlands Bühnen. Benjamin Ernst Salomo Raupach (1784–1852) schrieb 117 Dramen, unter ihnen den *König Enzio*. Im unterirdischen Verlies schmachtet der gefangene König, vereint mit seiner Geliebten, Lucia, die verkleidet zu ihm in den Kerker hinabgestiegen war. Das war so im Geiste des *Fidelio,* daß Wagner eine Ouvertüre dazu schrieb, in der gleichen Tonart wie Beethovens Ouvertüre, E-Dur. Und da Schwester Rosalie die Lucia spielte, komponierte er noch eine Schlußmusik für das Ende des 5. Aktes.

Es ist nicht Beethoven allein, der den Komponisten inspiriert, sondern diejenige, die der Jüngling als Fidelio erlebte und die später als Adriano den *Rienzi* aus der Taufe hebt, dann als Senta den *Fliegenden Holländer* und schließlich als Venus den *Tannhäuser*. Was muß diese Frau, diese Wilhelmine Schröder-Devrient, für einen Zauber auf Wagner ausgeübt haben. Er gibt sich Rechenschaft über die Sternstunde der ersten Begegnung:

> (1829)
> Sie trat in *Fidelio** auf. Wenn ich auf mein ganzes Leben zurückblicke, finde ich kaum ein Ereignis, welches ich diesem einen in betreff seiner Einwirkung auf mich an die Seite stellen könnte. Wer sich der wunderbaren Frau aus dieser Periode ihres Lebens erinnert, muß in irgendeiner Weise die fast dämonische Wärme bezeugen können, welche die so menschlich-ekstatische Leistung dieser unvergleichlichen Künstlerin notwendig über ihn ausströmte. Nach der Vorstellung stürzte ich zu einem meiner Bekannten, um dort einen kurzen Brief aufzuschreiben, in welchen ich der großen Künstlerin bündig erklärte, daß von heute ab mein Leben seine Bedeutung erhalten habe, und wenn sie je dereinst in der Kunstwelt meinen Namen rühmlich genannt hören sollte, sie sich erinnern möge, daß sie an diesem Abend mich zu dem gemacht habe, was ich hiermit schwöre werden zu wollen. Diesen Brief gab ich im Hotel der Schröder-Devrient ab und lief wie toll in die Nacht hinaus. Als ich im Jahre 1842 nach Dresden kam, um mit dem *Rienzi* zu debütieren, und nun mich oft im Hause der freundlich gewogenen Künstlerin aufhielt, überraschte sie mich eines Males durch treue Rezita-

---

* Wagners Erinnerungsvermögen spielt ihm hier einen Streich. Es ist kaum anzunehmen, daß er schon 1829 *Fidelio* erlebte. Dagegen sah er die Schröder-Devrient fünf Jahre später in Bellinis *I Capuleti ed i Montecchi*.

tion jenes Briefes, welcher auch auf sie Eindruck gemacht zu haben schien, da sie sich ihn wirklich aufbewahrt hatte.[47]

Das ist die Magie, der in der zweiten Hälfte unseres Jahrhunderts zahllose Menschen verfielen, wenn eine Maria Callas, eine Anja Silja auf der Bühne standen. Wagner selbst erlebt ähnliches nur noch einmal in seinem Leben, mit seinem ersten Tristan, Ludwig Schnorr von Carolsfeld.

»Singende Darsteller« will er. Nur solche könnten seine todernsten, alle Effekthascherei verwerfenden Intentionen begreifen und wiedergeben. So graut es ihn noch ein halbes Jahr vor seinem Tod, daß sein Sängerpersonal, und darum auch sein Bayreuther Publikum, den *Parsifal* nicht verstehen werden. Cosima notiert in ihrem Tagebuch:

> ... die große Scene zwischen Kundry und Pars. wird wohl kaum je so wiedergegeben werden, wie er sie schuf. R. klagt es, wie ahnungslos die Darsteller dessen, was darin sei, blieben, und gedenkt der Schröder-Devr., wie sie würde das gesprochen haben: »So war es mein Kuß, der hellsichtig dich machte.« Nun müsse die Musik alles übernehmen.[48]

Sie geht ihm nie aus dem Kopf. »Ich hätte mögen ein Werk schreiben, welches der Schröder-Devrient würdig gewesen wäre.«[49]

Dreifach tut er dies. Sie ist der erste Adriano, die erste Senta und die erste Venus.[50]

Im *Fidelio* ruft sie als Leonore: »Vergiß nicht, daß überall eine Vorsehung herrscht. Ja, es *gibt* eine Vorsehung!« Im *Lohengrin* findet das sein Echo:

> *Elsa:* Laß zu dem Glauben dich bekehren:
> es *gibt* ein Glück.

Die Schröder-Devrient stürzt im *Fidelio* hervor und »bedeckt Florestan mit ihrem Körper«:

> Zurück! Durchbohren mußt du erst diese Brust ... Töt' erst sein Weib!

Im *Tannhäuser*, 11 Jahre nach dem Schröder-Devrient-Erlebnis, »stürzt Elisabeth dazwischen, Tannhäuser mit ihrem Körper deckend«:

> Zurück! Des Todes achte ich sonst nicht!

Seinem Jugendfreund Ernst Benedikt Kietz gesteht er:

> ». . . eine solche stürmische Heftigkeit des inneren Dämons neben einer so ächten Weiblichkeit, Liebenswürdigkeit u. einer solchen Güte des Herzens wird wohl unser Schöpfer nicht so bald wieder produzieren.« (6. 4. 1843)[51]

Das elementare Zusammentreffen findet 1834 statt. Schröder-Devrient ist Romeo in Bellinis *I Capuleti ed i Montecchi*. »Die Wirkung hiervon war aber auch mit gar nichts zuvor Erlebtem zu vergleichen.«[52]

Bellinis Musik hält er für »seicht und leer«, aber immerhin basiert der Text auf seinem angebeteten Shakespeare. Und sie, diese Schröder-Devrient, hat ihm nun für immer sowohl Shakespeare wie Beethoven ins Herz gelegt. Seltsam, daß sie 1849 das gleiche Schicksal teilen. Beide nehmen, unabhängig voneinander, an der Dresdener Revolution teil und beide fliehen aus der Heimat. Wagner in die Schweiz und dem *Ring*, dem *Tristan* entgegen, den *Meistersingern* und dem *Parsifal*. Die Sängerin talabwärts, in katastrophale Ehen und andere Bündnisse und in den Tod, im gleichen Jahre, 1860, in dem Wagner der Pariser *Tannhäuser*-Skandal widerfährt. Später widmet er seine Schrift *Über Schauspieler und Sänger* ihrem Andenken, und die Gestalt der *Tragödie* über der Pforte seines Hauses in Bayreuth trägt ihre Züge.

»Hier, wo mein Wähnen Frieden fand«, steht auf der Fassade, »Wahnfried sei dieses Haus von mir benannt.« Die ihm diesen Frieden schafft, ist Cosima. Im Haus Wahnfried schreibt sie ihre Tagebücher. Am 30. Mai 1871 hält sie fest, was er ihr beim Frühstück sagt:

> Du bist schöner als früher: früher sah dein Gesicht ernst und streng aus, jetzt hast du in den Augen den Strahl der Freude,

den ich auf so wenigen Gesichten gefunden; dein Vater (Liszt) hat Wohlwollen, Güte, Herzlichkeit, die Freude hat er nicht, und das ist das Göttlichste auf dem Menschenantlitz. Auf der Bühne habe ich es nur einmal gesehen, bei der Schröder-Devrient.[53]

Shakespeare und Beethoven berauschen ihn. Von der Schröder-Devrient ist er verhext. Mädchen aller Arten berücken sein ach so sensibles Gemüt. Aus solchen Erschütterungen der Sinne erwachsen seine Bühnenwerke der Jugend. *Die Hochzeit* soll seine erste Oper werden. Den Text schreibt der Neunzehnjährige in Pravonin, in der Nähe von Prag. Da hausen Jenny und Auguste, die holdseligen Töchterlein des Grafen Pachta, die ihn schon früher einmal betört hatten, als der Dreizehnjährige ihnen zum ersten Mal begegnet war.

Mir waren solche Wesen ... etwas ganz Neues und Bezauberndes.[54]

Das war im Winter 1826. Jetzt, im Herbst 1832, begegnet er ihnen zum zweiten Mal. Hören wir, was er seinem Freund Theodor Apel darüber am 16.12.1832 zu sagen hat:

Denke Dir unter Jenny ein Ideal von Schönheit, und meine glühende Fantasie, so hast Du alles. In ihrer Schönheit glaubte meine Leidenschaft alles andre zu sehen, was sie zu einer herrlichen Erscheinung erheben konnte. Mein idealisirendes Auge erblickte in ihr alles das, was es zu erschauen wünschte, und dieß war das Unglück! – Ich glaubte Erwiederung zu gewahren, und in der That fehlte es nur von meiner Seite meinem kühnen Entgegenkommen, um mich ihrer Erwiederung zu versichern! Aber welche Erwiederung! – Ein bange Ahnung hielt mich davon ab; – und dennoch, welchen Kampf habe ich mit meinen ungestümen Leidenschaften zu bestehen gehabt. Meine nächtlichen Träume wurden unruhvoll; – wiederholt erwachte ich, wenn ich von einem Geständniß meiner Liebe geträumt, und gewahrte nichts, als die Nacht, die mich mit schmerzlicher Ahnung erdrückte. – Da endlich, – es konnte ja nicht mehr länger währen! – endlich mußte mir es klar werden! – Wir reisten (nach) Prag, – ach und – Du wirst Dir alles, was eine glühende Liebe verwunden kann, denken können; – was sie aber töden kann, ist fürchterlicher als Alles! – Vernimm es denn und schenke mir Dein Mitleiden: – sie war meiner Liebe nicht werth! – Eine Todes-Kälte kehrte in mein Gemüt ein. O aber, hätte ich sogleich allen schönen Hoffnungen entsagen können, und wär ich erstarrt vor Kälte, so hätte ich mich glücklich geschätzt! – Aber jeden Funken der einst so hellen Flamme einzeln verlöschen zu fühlen, jedes Athom einer blühenden Hoffnung nach und nach hinsterben zu sehen, Stunde für Stunde den Nimbus geistiger Schönheit zerfließen zu sehen, ach! das zwingt Thränen ab, deren Herbheit nur gefühlt, nie ausgesprochen werden kann! – Wenn ich mich noch mit dem letzten Überrest meiner Gluth erwärmen wollte, und fühlte sie so immer mehr vom Hauche des Todes verlöschen, wie gelähmt schauten dann meine Blicke in den Feuerstrom der Vergangenheit, in die Eisgruften der Zukunft! – Genug, – genug, und schon allzuviel! – Denn trotz der unendlichen Leere in meinem Busen, finde ich noch ein Verlangen nach Liebe in mir; – und was mich am meisten empört, ist, daß ich so überaus wohl und gesund aussehe! – Unter solchen Verhältnissen nun setzte ich die Dichtung zu meiner Oper *(Die Hochzeit)* auf, und kam damit fertig vor etwa 14 Tagen nach Leipzig zurück.[55]

Am 3. Januar 1833, also 2½ Wochen später, schreibt er nochmals an Apel:

Den Operntext habe ich kassirt und zerrissen.[56]

Wie geschah das?
 Graf Pachta, ein ansehnlicher Musiker, hatte Wagners Stiefvater – oder leiblichen Vater – Ludwig Geyer gekannt. Im Herbst 1832 macht der junge reisende Wagner bei ihm Station. Auguste und er sind gleichaltrig, Jenny ist vier Jahre älter.

> Von dem alten Herrn und seinen schönen Töchtern auf das freundlichste aufgenommen, genoß ich dort bis in den Spätherbst eine mannigfaltig anregende Gastfreundschaft. Als neunzehnjähriger junger Mensch mit bereits kräftig entwickeltem Bartwuchs, auf welchen die jungen Damen durch den Empfehlungsbrief meiner Schwester bereits aufmerksam gemacht worden waren, konnte der stete nahe Umgang mit so schönen und guten Mädchen unmöglich ohne Eindruck auf meine Phantasie bleiben. Jenny, die ältere, war schlank, mit schwarzem Haar, dunkelblauen Augen und wunderbar edlem Schnitt des Gesichts; die jüngere, Auguste, war etwas kleiner und üppiger, von blendendem Teint, blondem Haar und braunen Augen. Die große Unbefangenheit und schwesterliche Gutmütigkeit, welche in ihrem Umgang mit mir fortgesetzt sich aussprach, irrten mich nicht in der Annahme, daß ich mich in eine derselben zu verlieben hätte.[57]

Er umwirbt beide, aber die dunkle Jenny hat es ihm besonders angetan. Nun begeht er einen Fehler. Oder vielmehr, er läßt einer Charaktereigenschaft freien Lauf, die immer wieder seinen Freunden Leid bereiten wird. Er erzieht an ihnen herum.

> Ich eiferte gegen die schlechten Leihbibliothek-Romane, welche ihre einzige Lektüre bildeten, gegen die italienischen Opernarien, welche Auguste sang, und endlich gegen die pferdepflegenden geistlosen Kavaliere, welche zu Zeiten sich einstellten, um beiden, Jenny wie Auguste, auf eine mich verletzende unzarte Art den Hof zu machen. Namentlich mein Eifer gegen den letzteren Punkt brachte bald große Ärgernisse zuwege; ich ward hart und beleidigend, verlor mich in Erläuterungen des Geistes der Französischen Revolution bis zur Erteilung väterlich klingender Ratschläge, sich um Gottes willen doch lieber an gutgebildete Bürgerliche zu halten und die übermütigen rohen Herren aufzugeben, deren Umgang nur ihren Ruf untergraben könnte. Die Entrüstungen, die ich durch solche Ermahnungen erweckte, mußte ich manchmal durch harte Zurechtwei-

sungen zu ertragen suchen: um Verzeihung bat ich jedoch nie, sondern suchte durch vorgebliche oder wirkliche Eifersucht, welche mich beherrschte, das verdrießliche meiner Wutausbrüche in ein schließlich noch erträglich schmeichelndes Geleise zu bringen. So unentschieden, ob verliebt oder ärgerlich, immerhin aber in freundlichem Einvernehmen, schied ich von den schönen Kindern an einem kalten Novembertag.[58]

Ungebetene Erziehungsversuche und Wutausbrüche sind Teil seines vielschichtigen Wesens. Juden versucht er zu taufen, völlig Gesunden rät er zu Wasserkuren, und sogar seine Cosima kann ihm den Frieden nicht bringen, wenn der Wahn ihn packt. Sie notiert:

> Leider kommt R. sehr verstimmt von seinem Spaziergange heim, und bei Gelegenheit eines Briefes von Claire (Cosimas Halbschwester) stellt er mich zur Rechenschaft in einer Art und Weise, die mich bald zur heftigsten Ungeduld bringt, da ich mir bewußt bin, niemals in etwas gegen ihn gefehlt zu haben und seine Ehre eifersüchtiger gewahrt zu haben als meine eigene. Diese meiner Natur so zuwidere Ungeduld greift mich entsetzlich an, und indem ich dies schreibe, zittert und bebt mein ganzer Leib, und ich fühle mich wie aus allen Fugen.[59]

Sie verreisen. Zum Haushalt gehören die Kinder, eine Erzieherin, ein Kindermädchen, eine Haushälterin, zwei Knechte, ein Stubenmädchen, eine Köchin, mehrere Hunde, Pfauen und Goldfasane. Natürlich kommt nicht alles mit, aber Wagner bestellt einen Salonwagen. Cosimas Tagebuch:

> 29.10.1880: Er geht dann zur Eisenbahn, ... um den Salon-Wagen zu bestellen.
> 30.10.1880: ... R., der große Unruhe und Mißbehagen empfindet, welches sich bis zur Wut steigert, als er in Wind und Wetter den Salon-Wagen besehen hat, der ihm sehr mißfällt.... Um 6 Uhr Abfahrt ... Der Salon-Wagen ist viel besser, als man geglaubt hat.[60]

Wenn die Wut sich legt, wird Karten gespielt:

> 28.12. 1881: Ich weiß so genau, daß, wenn er so heftig und böse wird und wie er sucht, dem einen oder dem andren wehzutun, das Unbehagen bei ihm übermächtig ist und daß jede Rede, auch eine beschwichtigende, nur Öl in das Feuer ist, daß ich mich auf eine Weile entferne. Er kommt mir nach, ist bald besänftigt, erklärt seine nur zu triftigen Gründe zur Bitterkeit, und wir spielen Whist.[61]

Zurück nach Pravonin. Die Irrungen und Wirrungen um die schmucken Gänslein des Grafen Pachta sind bald überwunden. »Sie war meiner Liebe nicht wert.« Er entsagt. Das heißt, er braucht die leibliche Jenny oder Auguste nicht weiter. Die Gefühle, die ihm diese Menschenkinder einbringen, sind unverloren. Die Menschenkinder haben ihre Schuldigkeit getan, und seine kummervolle Entsagung wird ihm helfen, ähnliche Situationen im Leben wie im Werk zu meistern. So entsagt er später der Jessie Laussot, der Mathilde Wesendonck, der Mathilde Maier, der Judith Gautier. So entsagt der Holländer seiner Senta, der Lohengrin seiner Elsa, der Wolfram seiner Liebe zu Elisabeth, Sachs seinem Evchen und Wotan der Welt.

In Pravonin schreibt er den Text zu seiner geplanten Oper *Die Hochzeit,* und in Pravonin passiert die Hasenepisode. Über die letztere berichtet Cosima nach 41 Jahren. Sie sind bei Tisch in Haus Wahnfried und essen Hasenbraten. Da erzählt Wagner sein damaliges Jagderlebnis:

> ...auf den Gütern des Grafen Pachta in Böhmen, in der Jugend. Von ungefähr habe er geschossen, ohne zu zielen, es wurde ihm gesagt, er habe das Hinterbein eines laufenden Hasen getroffen. Am Schluß der Jagd habe ein Hund das arme Tier aufgefunden und dieses herbeigezerrt, das Angstgeschrei habe ihm Mark und Bein durchdrungen; »das ist Ihr Hase«, habe man ihm gesagt, da habe er sich geschworen, nie wieder ein solches Vergnügen mitzumachen.[62]

Das Mitleid mit der stummen Kreatur ist ihm lebenswichtig und mag die mangelnde Sympathie mit zahllosen Mitmenschen kompensieren.

In seinem Aufsatz *Der Freischütz in Paris* (1841) liest man:

> Glücklich der Jüngling, der im Herzen eine fromme, treue Liebe trägt; sie allein mag jenes Grauen, dem er sich verfallen dünkt, verscheuchen! Ist nicht die Geliebte sein Schutzgeist, der Gnadenengel, der ihm überall folgt, in ihm strahlt und über sein inneres Leben den Frieden und die Heiterkeit verbreitet? Seitdem er liebt, ist er nicht mehr der rauhe, unerbittliche Jäger, der beim Abschlachten des Wildes sich am Blute berauschte; sein Mädchen hat ihn das Göttliche der Schöpfung zu erkennen und die geheimnisvoll aus der Waldstille zu ihm redenden Stimmen zu vernehmen gelehrt. Jetzt fühlt er sich oft vom Mitleid ergriffen, wenn leicht und zierlich das Reh durch die Gebüsche hüpft; dann erfüllt er mit widerwilligem Zagen seine Berufspflicht, und er kann weinen, wenn er die Träne im Auge des gemordeten edlen Wildes zu seinen Füßen gewahrt.[63]

Bald wird es in den *Feen* heißen:

> Ihr Jäger herbei!
> Du, Waidmann, wandre voran!
> Juchhe, es schmettert das Horn!
> O seht, schon müde wird das Tier!
> Packt an! Ich sende den Pfeil!
> Seht wie er fliegt! Ich zielte gut!
> Haha! Das traf in's Herz!
> O seht, das Tier kann weinen!
> Die Träne glänzt in seinem Aug'!
> O, wie's gebrochen nach mir schaut![64]

Das schreibt er 1832. 50 Jahre später belehrt Gurnemanz auf der Bayreuther Bühne den jungen Parsifal, der soeben einen Schwan aus der Luft geschossen:

> Du konntest morden, hier, im heil'gen Walde,
> des stiller Friede dich umfing?
> Des Haines Tiere nahten dir nicht zahm?
> Grüßten dich freundlich und fromm?
> Aus den Zweigen was sangen die Vöglein dir?
> Was tat dir der treue Schwan?
> Sein Weibchen zu suchen flog der auf,
> mit ihm zu kreisen über den See,
> den er so herrlich weihte zum Bad. –
> Dem stauntest du nicht? Dich lockt es nur
> zu wild kindischem Bogengeschoß?
> Er war uns hold: was ist er nun dir?
> Hier, – schau her! – hier trafst du ihn; –
> da starrt noch das Blut, matt hängen die Flügel; –
> Das Schneegefieder dunkel befleckt?
> Gebrochen das Aug' – siehst du den Blick?
> *Parsifal hat Gurnemanz mit wachsender Ergriffenheit zugehört; jetzt zerbricht er seinen Bogen und schleudert die Pfeile von sich*
> Wirst deiner Sündentat du inne?
> *Parsifal führt die Hand über die Augen*
> Sag, Knab' – erkennst du deine große Schuld?
> Wie konntest du sie begehn?
> *Parsifal* Ich wußte sie nicht.[65]

In Cosimas Tagebüchern wimmelt es von Zeugnissen des Wagnerschen Gewissens den Tieren gegenüber:

> Am Morgen fanden die Kinder zwei Vögelchen, die sie tot glaubten; bald sahen wir, daß die Kleinen noch lebten und wahrscheinlich durch irgend einen andren Vogel aus ihrem Nest geworfen sind. Nun liegen sie in Watte und werden von uns genährt, ob wir sie aber durchbringen, weiß Gott. Es sind Rotkehlchen.[66]

Die Illustrirte Zeitung bringt Bilder aus dem Krieg, und wir besprechen dabei das Los der Pferde; R. sagt, an diesem könne man die Schlechtigkeit der Menschen am deutlichsten ermessen, man müsse solch einen Lebenslauf verfolgen, zuerst stolz im Stall des Kavaliers, und zuletzt alt und müde einen Karren ziehend, um vor der Grausamkeit des Herrn der Schöpfung zu schaudern![67]

Gestern schrie er auf, als er ein armes Droschkenpferd erblickte, das vor Elend und Mattigkeit gar nicht langsam mehr gehen konnte, sondern in traurigstem Galopp hin und her wankte... »Nie würde ich in einer großen Stadt leben können.«[68]

Die erstarrenden Mücken und Fliegen erregen R.'s Mitgefühl, er entsinnt sich nicht, daß Dichter dies besungen, sie sprechen gewöhnlich nur von den welkenden Blumen.[69]

R. ist auch wehmütig gestimmt, doch erzählt er mir, wie er vom Spaziergang heimkommt, daß er durch Johanniswürmchen, die er im Walddunkel habe schwärmen sehen, merkwürdig getröstet worden sei; er habe vor Rührung darüber im Walde geweint.[70]

1 Uhr 30 sind wir auf dem Bahnhof, wo leider R. einen armen Fisch aus dem Korb einer Frau sich herauswinden sieht, er geht zu ihr, sagt ihr, doch den Fisch um Gottes willen töten zu lassen, stupid und herzlos antwortet sie, es dauere nicht lang bis zur nächsten Station; R. außer sich, »o nur keine Kunst treiben«, ruft er aus, »durch die Straßen wandeln, ruhigen Blickes alles beobachten, ermahnen und helfen! Schöne Kirchen, schöne Predigten, da sähe man, was diese helfen.«[71]

Anläßlich der Hundesteuer:

Ganz wohlhabende Leute entledigen sich der treuen Tiere, um nicht die Steuer zu zahlen – grauenhaft. Wir bilden einen Verein zur Rettung der armen Wesen.[72]

> »Kein Tier ist so grausam wie der Mensch, das Vergnügen am Peinigen hat nur der Mensch, die Katze, welche spielt, weiß nicht, wie es der Maus tut, der Mensch aber weiß.«[73]

Was man so allgemein Tierliebe nennt, ist bei Wagner eine Sache des Gewissens. Vielleicht fiebert es auch unter der Schwelle des Bewußtseins und mahnt: den Menschen warst du nicht immer gut, sei es den Tieren.

In Pravonin, wo er den Hasen erlegt, beginnt die Niederschrift der *Hochzeit*. Zunächst als Novelle gedacht, wächst der Stoff zum Operntext. *Mein Leben* bietet eine detaillierte Inhaltsangabe:

> Zwei große Geschlechter hatten lange in Familien-Feindschaft gelebt und waren nun dazu vermocht worden, sich Urfehde zu schwören. Zu den Festen der Vermählung seiner Tochter mit einem treuen Parteigänger lud das greise Haupt der einen Familie den Sohn des bisherigen Feindes ein. Die Hochzeit wird mit einem Versöhnungsfeste verbunden. Während die Gäste mit Mißtrauen und Furcht vor Verrat erfüllt sind, hat in dem Herzen ihres Führers eine düstre Leidenschaft für die Braut seines neuen Bundesfreundes Raum gewonnen. Sein düstrer Blick schneidet auch ihr in das Herz, und als sie, im festlichen Zuge nach der Brautkammer geleitet, der Ankunft des Geliebten harrend, plötzlich am Fenster ihres hohen Turmgemaches diesen selben Blick mit furchtbarer Leidenschaft auf sich blitzen sieht, erkennt sie sofort, daß es sich um Leben und Tod handelt. Den Eingedrungenen, der sie mit wahnsinniger Glut umfaßt, drängt sie zum Balkon zurück und stürzt ihn über die Brüstung in die Tiefe hinab, wo der Zerschmetterte von seinen Genossen aufgefunden wird. Diese scharen sich sofort gegen den vermeintlichen Verrat und schreien nach Rache: ungeheurer Tumult erfüllt den Schloßhof; das furchtbar gestörte Hochzeitsfest droht zur Mordnacht zu werden. Den Beschwörungen des ehrwürdigen Familienhauptes gelingt es jedoch, das Unheil abzuwenden; Boten werden an die Familie des rätselhaft Verunglückten ausgesandt; die Leiche selbst soll zur Sühne des unbegreiflichen

Vorganges mit höchster Feierlichkeit, unter dem Beileid des ganzen Geschlechtes der verdächtigen Familie, begangen und hierbei durch Gottes Urteil ergründet werden, ob irgendein Glied derselben die Schuld des Verrates treffe. Während der Vorbereitungen zu dieser Leichenfeier zeigen sich an der Braut Spuren eines schnell sich steigernden Wahnsinns; sie flieht ihren Bräutigam, verschmäht die Verbindung mit ihm und verschließt sich unnahbar in ihr Turmgemach. Nur zur Totenfeier, als diese mit höchster Pracht zur Nachtzeit begangen wird, stellt sie sich ein, bleich und schweigend an der Spitze ihrer Jungfrauen, dem Seelenamte beizuwohnen, dessen düstrer Ernst durch die Kunde vom Heranzug feindlicher Scharen und endlich vom Waffensturm der herandrängenden Verwandten des Erschlagenen unterbrochen wird. Als die Rächer des vermeintlichen Verrats endlich in die Kapelle dringen und den Mörder des Freundes aufrufen, deutet der entsetzte Burgherr auf die entseelte Tochter, welche, dem Bräutigam abgewandt, am Sarge des Erschlagenen hingesunken ist.[74]

Im festlichen Zuge nach der Brautkammer geleitet: 13 Jahre später wird ein festlicher Zug Lohengrin und Elsa in ihre Brautkammer geleiten. *Die nach Rache schreienden Genossen* erinnern an den ersten *Walküren*-Akt:

Der Erschlag'nen Sippen
stürmten daher;
übermächtig
ächzten nach Rache sie.

Das furchtbar gestörte Hochzeitsfest kehrt vielfach wieder. Im *Fliegenden Holländer,* 3. Aufzug, im *Lohengrin,* 2. Akt, 4. Szene, in der *Götterdämmerung,* 2. Aufzug, 4. Szene. Isoldes Liebestod in *Tristan und Isolde* und Brünnhildes Feuertod in der *Götterdämmerung* nimmt der Schluß der *Hochzeit* vorweg, wenn *die entseelte Tochter... am Sarge des Erschlagenen hingesunken ist.*

Anregungen für den Text findet Wagner in Johann Büschings Abhandlung *Ritterzeit und Ritterwesen* (1823). Hier erhält er Hinweise, die dem Libretto das rechte Kolorit verleihen sollen. Aber auch Einzelheiten viel späterer Werke sind hier vorweggenommen. So liest er im Büsching über einen Zweikampf, in dem der eine »so mit dem Speer auf ihn stach, daß das Eisen im Leibe des Ritters abbrach und darin steckenblieb. Obgleich geheilt, verursacht diese Wunde doch bald seinen Tod.«[75] Das abgebrochene Eisen kehrt im *Tristan* wieder, und im *Parsifal* die nie sich schließende Wunde.

Als Inspirationspaten melden sich weiterhin an: Heines Tragödie *William Ratcliff* (1822), Immermanns Trauerspiel *Cardenio und Celinde* (1825) und Schillers *Braut von Messina* (1803). Die Szene in Hérolds Oper *Zampa*, in der Gräfin Camilla ihren Gatten zur Nacht im Brautzimmer erwartet, aber von dem eindringenden Alfonso überrascht wird, den sie von sich stößt, braucht Wagner nicht beeinflußt zu haben. Aber was liest man in *Mein Leben*?

> Auf den eigentlichen Lebensnerv des Wiener Theatergeschmackes traf ich jedoch bei der Oper *Zampa*, welche damals das fast tägliche Repertoire an beiden Opernheatern ... erfüllte. Beide Theater wetteiferten im Feuer für diese außerordentlich beliebte Leistung: hatte das Publikum sich den Anschein gegeben in *Iphigenie* zu schwelgen, so *raste* es mit voller Wahrhaftigkeit in *Zampa;* und trat man aus dem Theater der Josephstadt, in welchem soeben *Zampa* alles in Ekstase versetzt hatte, in die unmittelbar daran gelegene Tabagie von *Sträußlein,* so brannte mir unter Strauß' fieberhaftem Vorspiel ein Potpourri aus *Zampa* entgegen, welches die gesamte Zuhörerschaft fast ersichtlich in Flammen setzte.[76]

Und wann sah er *Zampa* in Wien? Im Spätsommer 1832, auf dem Weg nach Pravonin.

In der *Hochzeit* singt der Brautchor:

> Seht, o seht, dort nahet schon
> In Jugendfülle und hoher Pracht
> Neuvermählt das edle Paar,
> In Lieb' und ewiger Treu' vereint.

Im *Lohengrin* singt der Brautchor:

> Treulich geführt, ziehet dahin,
> wo euch in Frieden die Liebe bewahr!
> Siegreicher Mut, Minnegewinn
> eint euch in Treue zum seligsten Paar.

In der *Hochzeit* heißt es:

> Mein Gatte, sprich, wer ist der fremde Mann?

Im *Fliegenden Holländer* wird Senta fragen:

> Mein Vater, sprich! Wer ist der Fremde?

In der 2. Szene der *Hochzeit* findet man:

> *Hadmar:* Willkommen sei mir, Morars Sohn,
> Gegrüßt, du Bürge ew'gen Friedens;
> Dies Fest, der Liebe nur geweiht,
> Sei auch des Streites Ziel und Ende.
>
> *Cadolt:* O wär ich nimmer hierher gezogen,
> O hätt' ich nimmer dies Fest gesehn!
> Dies Fest verspottet meine Schmerzen,
> Der Jubel höhnt frech meine Qual.
>
> *Admund* (zu *Cadolt*): Trau' ihnen nicht,
> Ich kann's nicht glauben,
> Daß man es redlich mit uns meint;
> Verrat seh' ich, wohin ich blicke,
> Und Meineid höhnt unsrer Treue.

Das klingt sehr nach Shakespeares *Romeo und Julia*. Dort grüßt auch der alte Capulet Romeo als Festgast. Romeo spricht:

> Haß gibt hier viel zu schaffen, Liebe mehr.

In der obigen Szene der *Hochzeit* bekennt Cadolt:

> Von Haß ist leer mein Busen,
> Doch etwas anderes hat ihn ersetzt.

Im Personenverzeichnis der *Hochzeit* finden sich Ada, Arindal, Harald und Lora. Alle vier Namen benutzt er ein zweites Mal in seiner nächsten Oper, *Die Feen*. In seiner Autobiographie fällt Wagner sein Urteil über *Die Hochzeit:*

> Dieses vollkommene Nachtstück von schwärzester Farbe, in welches aus weiter Jugendferne *Leubald und Adelaïde* veredelt hineinklangen, führte ich mit Verschmähung jedes Lichtscheines und namentlich jeder ungehörigen opernhaften Ausschmückung schwarz auf schwarz aus. Zarte Saiten wurden jedoch bereits berührt; und die Introduktion des ersten Aktes brachte mir (durch ein Adagio für Vokal-Septett, in welchem die Versöhnung der streitenden Familien, die Empfindungen des Brautpaares, mit der düstren Glut des heimlich Liebenden zugleich sich ausdrückten) von Weinlich, dem ich hiermit den Beginn der Komposition meines Werkes schon bei meiner Heimkehr nach Leipzig zeigen konnte, ob der darin sich kundgebenden Klarheit und Sangbarkeit sehr ermutigende Lobsprüche ein. Hauptsächlich lag mir jedoch daran, den Beifall meiner Schwester Rosalie für mein Unternehmen zu gewinnen. Diese konnte sich jedoch mit meinem Gedicht nicht befreunden: sie vermißte alles das, was ich eben fast mit Absichtlichkeit ausgelassen hatte, und wünschte Ausschmückung und Ausbildung der einfachen Verhältnisse zu mannigfaltigeren und möglichst freundlicheren Situationen. Schnell war ich entschieden, ergriff ohne alle Leidenschaftlichkeit mein Manuskript und vernichtete es spurlos.[77]

Nicht ganz spurlos. Introduktion (maestoso), Chor (vierstimmiger Männer- und dreistimmiger Frauenchor) und Septett wurden gegen Ende des letzten Jahrhunderts von Wilhelm Tappert, einem frühen Wagner-Biographen, in Würzburg entdeckt und als Fragment 1938 in Leipzig aufgeführt. Der Chorsatz ist noch recht farblos:

1. Szene. Der Hof in Hadmars Burg.

Cadolt und *Admund* ziehen mit Gefolge ein und werden von dem festlich geschmückten Volke begrüßt.

Doch im Orchester findet sich eine Figur, die mehrmals auftritt und seine spätere Leitmotivtechnik voraussahnen läßt:

Hier sind zwei spätere *Ring*-Motive vorgebildet.
  (A) erinnert sowohl an Brünnhildes Bitte in *Die Walküre*

wie an das Siegfried-Motiv:

während (B) als Wehe-Motiv den ganzen *Ring des Nibelungen* durchzieht.

Im übrigen verlangt Wagner ein Orchester mit 4 Hörnern und 3 Posaunen, was für Opernorchester der damaligen dreißiger Jahre recht ungewöhnlich ist. Für seine späteren Werke setzt dies dann die Norm.

Am 3. Januar 1833 hat Wagner den Text der *Hochzeit* vernichtet. 14 Tage später begibt er sich nach Würzburg und nimmt eine Stelle als Chordirektor an. Und nun wird es ernst mit dem Opernkomponieren. In den nächsten zwei Jahren schreibt er zwei Opern, und keine wird mehr vernichtet. Der Würzburger Engagementsvertrag hat es in sich:

> Unter Bürgschaft der Frau Johanna Geyer, Rosalie Wagner, Schauspielerin, im Pichhof in Leipzig seßhaft, und des Herrn Albert Wagner, Sänger, Schauspieler und Regisseur, in Würzburg seßhaft, für Pünktlichkeit, Gehorsam des minorennen Richard Wagner, bisher Student der Musik in Leipzig, Sohn der Schauspielerswitwe Johanna Geyer, wird derselbe vom Tage der ersten Tätigkeit bis Sonntag vor Palmarum 1834 als Choreinstudierer für das Stadttheater in Würzburg angenommen. Richard Wagner wird hauptsächlich als Choreinstudierer beschäftigt werden. Derselbe hat aber, wozu er und die Bürgen für seinen Fleiß Genehmigung und Zusicherung erteilen, nötigenfalls auch als Mitwirkender sprechender und stummer Rollen in Schauspielen, Tragödien und ... im Ballette, soweit erforderlich, sich nützlich zu machen. Im Falle von Ungehorsam, Unbotmäßigkeit steht der Direktion zu, Herrn Richard Wagner nach den

Theatergesetzen zu strafen. Sollte erforderlichenfalls das Einkommen des Richard Wagner die über ihn verhängten Strafen nicht decken, so verpflichten sich die obengenannten Bürgen, der Direktion die Bußen für Richard Wagner zu bezahlen. Richard Wagner hat seine ganzen Kräfte und Dienste, soweit sie gebraucht werden, zu jeder Zeit der Direktion des Stadttheaters zur Verfügung zu überlassen, wofür ihm nach pünktlicher Erfüllung allmonatlich 10 Gulden, sage schriftlich zehn Gulden Rheinisch, von der Direktion als Verdienst ausgezahlt wird.[79]

Immerhin läßt ihm die angedrohte Überbeschäftigung Muße genug, fleißig an seiner ersten Oper zu arbeiten. Nach 12 Monaten, am 6. Januar 1834, setzt er »Finis. Laudetur Deus« auf die letzte Partiturseite der *Feen*.

E. T. A. Hoffmann lobt in den *Serapionsbrüdern* die dramatischen Märchen des Carlo Gozzi (1720 –1806) und findet es unbegreiflich, daß noch kein Komponist diese Goldgrube entdeckt hat. Wagner liest das, beschafft sich Gozzis *La donna serpente* (Die Frau als Schlange) und begeistert sich an der eigentümlichen Mischung von Märchen und Commedia dell' arte, von Jenseits und Diesseits. Mitte Januar 1833 ist sein eigenes Libretto fertig. Sofort beginnt er zu komponieren. Im August ist der erste Akt, im Dezember der zweite und im Januar 1834 das Ganze beendet.

> Nach einem Gozzi'schen Märchen dichtete ich mir einen Operntext *Die Feen*. Die damals herrschende *romantische* Oper Webers und auch des gerade an meinem Aufenthaltsorte Leipzig zu jener Zeit neu auftretenden Marschner bestimmte mich zur Nachahmung. Was ich mir verfertigte, war durchaus nichts anderes als was ich eben wollte, ein Operntext: nach den Eindrücken Beethovens, Webers und Marschners (den man sehr mit Unrecht *nur* für einen Nachahmer Weber's hält) auf mich setzte ich ihn in Musik. Dennoch reizte mich an dem Gozzi'schen Märchen nicht bloß die aufgefundene Fähigkeit zu einem Operntexte, sondern

der Stoff selbst sprach mich lebhaft an. Eine Fee, die für den Besitz eines geliebten Mannes der Unsterblichkeit entsagt, kann die Sterblichkeit nur durch die Erfüllung harter Bedingungen gewinnen, deren Nichtlösung von Seiten ihres irdischen Geliebten sie mit dem härtesten Lose bedroht; der Geliebte unterliegt der Prüfung, die darin bestand, daß er die Fee, möge sie sich ihm (in gezwungener Verstellung) auch noch so bös und grausam zeigen, nicht ungläubig verstieße.[80]

Und nun berichtet er, wie er den Schluß umgestaltet:

Im Gozzi'schen Märchen wird die Fee nun in eine Schlange verwandelt; der reuige Geliebte entzaubert sie dadurch, daß er die Schlange küßt: so gewinnt er sie zum Weibe. Ich änderte diesen Schluß dahin, daß die in einen Stein verwandelte Fee durch des Geliebten sehnsüchtigen Gesang entzaubert, und dieser Geliebte dafür vom Feenkönig – nicht mit der Gewonnenen in sein Land entlassen –, sondern mit ihr in die unsterbliche Wonne der Feenwelt selbst aufgenommen wird. – Dieser Zug dünkt mich jetzt nicht unwichtig: gab mir ihn damals auch nur die Musik und der gewohnte Opernanblick ein, so lag doch hier schon im Keime ein wichtiges Moment meiner ganzen Entwickelung kundgegeben.[81]

»Ein wichtiges Moment meiner ganzen Entwickelung.« Ganz recht. Die Erlösung vom Irdischen, das Vereintsein im Jenseits genießen Senta und der Holländer, Brünnhilde und Siegfried, Isolde und Tristan.

Es wurde bereits erwähnt, daß vier Gestalten der *Hochzeit* sich in das Personenverzeichnis der *Feen* gerettet hatten. Unter den Personen der *Feen* finden sich zwei weitere, deren Namen man wiederbegegnen wird: Gunther (in *Götterdämmerung*) und Morald (als Morold in *Tristan und Isolde*).

Der 1. Akt nimmt das Frageverbot im *Lohengrin* vorweg:

Die Feen	*Lohengrin*
Ich liebe dich, wie du mich liebst,	Nie sollst du mich befragen,
Doch eh' ich ganz dein Eigen bin,	noch Wissens Sorge tragen,
Hast Du noch viel zu übersteh'n.	woher ich kam der Fahrt,
Vor Allem magst acht Jahre lang	noch wie mein Nam' und Art!
Du nimmer fragen, wer ich sei!	

In beiden Opern wird die verbotene Frage gestellt:

Die Feen	*Lohengrin*
Bis gestern der verliebte Prinz,	ELSA: Nichts kann mir Ruhe geben,
Von heftiger Begier getrieben,	dem Wahn mich nichts entreißt,
In seine Gattin drang, zu sagen,	als – gelt es auch mein Leben –
Wer, und woher sie sei.	zu wissen, wer du seist!
Da hörten plötzlich Donner wir erschallen,	LOH.: Elsa, was willst du wagen?
Verschwunden war sie, und mit ihr	ELSA: Unselig holder Mann, hör, was ich dich muß fragen!
Das Schloß und ihre Dienerinnen.	Den Namen sag mir an!
	LOH.: Halt ein!
	ELSA: Woher die Fahrt?
	LOH.: Weh dir!
	ELSA: Wie deine Art?
	LOH.: Weh uns! Was tatest du
	... nun ist all unser Glück dahin!

Unter Beethovens Einfluß schreibt er Zeilen wie:

Die Feen	*Fidelio*
Bei dir allein ist Leben.	Nur hier, nur hier ist Leben.
Die Feen	*Fidelio*
Welch' unnennbare Freude!	O namenlose Freude!

Wenn Morald im 1. Akt der *Feen* ausruft:

> Dein Vater bin ich nimmermehr,
> Ich bin nur deines Vaters Geist,

so stehen da *Hamlet* sowie Wagners *Leubald* zu Gevatter. Der unbekannte Vater wird häufig wiederkehren. Siegmund, Sieglinde, Siegfried, Tristan, Parsifal, sie alle sind vaterlos.

Den Tonfall einzelner Zeilen in den *Feen* entdeckt man in späteren Werken, zum Beispiel:

Die Feen	*Tannhäuser*
Den Busen fühl ich hoch sich heben	Wie jetzt mein Busen hoch sich hebet

Die Feen	*Tannhäuser*
Allmächtiger! In Deine Himmel Send' ich mein brünstig Fleh'n hinauf. Laß weichen aus des Bruders Sinnen Des Wahnes schreckensvolle Macht! Ein Strahl aus Deinem Glanz Erleuchte seiner Seele Nacht!	Allmächt'ge Jungfrau, hör mein Flehen! Zu Dir, Gepries'ne, rufe ich! Laß mich im Staub vor dir vergehen, o! nimm von dieser Erde mich! Mach, daß ich rein und engelgleich einkehre in dein selig Reich!

Das Duett im 2. Aufzug der *Feen* zwischen Gernot und Drolla ist undenkbar ohne das Papageno-Papagena-Duett der *Zauberflöte*, und die große Arie der Ada in den *Feen* ist eine Kopfgeburt der Leonoren-Arie im ersten *Fidelio*-Akt. Adas Erzählung im 2. Akt findet ihren späteren Widerpart in Lohengrins Erzählung, und die Hornstöße in Arindals Jagdbericht (»Halloh! Laß alle Hunde los!«) kehren in der *Walküre* wieder, in Sieglindes Vision von der bellenden Meute. Die große Prüfungsszene im 3. *Feen*-Akt dankt ihre Existenz den Prüfungen der *Zauberflöte*. Sowohl *Orpheus* wie Shakespeares *Wintermärchen* spielen in Arindals Worten, wenn es gilt, die versteinerte Ada ins Leben zurückzurufen:

Die Feen	*Ein Wintermärchen*
Du, heiße Liebe und Verlangen, Entzaubert denn in Tönen diesen Stein!	Wecke sie, Musik!

Wäre das Ende der *Feen* möglich ohne das Ende des *Fidelio?*

Die Feen	*Fidelio*
Ein hohes Los hat er errungen, Dem Erdenstaub ist er entrückt! Drum sei's in Ewigkeit besungen, Wie hoch die Liebe ihn beglückt!	Wer ein holdes Weib errungen, Stimm' in unsern Jubel ein! Nie wird es zu hoch besungen, Retterin des Gatten sein.

Das bedeutendste Ergebnis dieser ersten Opernkomposition ist wohl das Erscheinen eines regelrechten Wagnerschen Leitmotivs. Gernot singt seine Hexenromanze im 1. Aufzug (»War einst 'ne böse Hexe wohl, Frau Dilnovaz genannt«). Dazu tönt im Orchester ein zweitaktiges Motiv:

Es erklingt, wenn der Verdacht ausgesprochen wird, daß Ada eine Hexe sei, und es huscht durch die ganze Szene, in verschiedenen Tonarten. Das Motiv erscheint mehrmals im Verlauf der weiteren Handlung, wenn es – wie später bei Wagner üblich – ohne erklärende Worte direkt aus dem Orchester zum Publikum spricht.

Musikalisch höchst bemerkenswert ist die Violinphrase im 441. Takt der Ouvertüre:

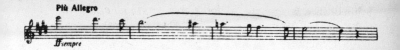

Im 2. Akt der *Feen* wird die Phrase, Adas Trauer besänftigend, von der Flöte gespielt:

Und nun geht sie ihm nicht mehr aus dem Kopf, diese Feenweise. Im 2. *Rienzi*-Akt singt die Flöte, zusammen mit Holzbläsern und Streichern:

Der 2. Akt des *Fliegenden Holländers* endet:

Schließlich erscheint die Melodie auch im *Tannhäuser,* am Ende des 1. Aktes:

Kurz vor Abschluß der Partitur berichtet Wagner in einem Brief an seine Schwester Rosalie über die Probe eines Würzburger Konzertes, das Stücke aus den *Feen* aufführen soll. Noch ganz vom Schaffensfieber gepackt, erzählt er, wie sein Bruder Albert vor Rührung nicht weitersingen konnte. Er fährt fort:

> Was sprech' ich Dir doch da von all den Sachen! – Es ist nur die Sehnsucht, Dir Alles ganz mit zu theilen! – Gott, Gott, die Zeit ist ja nicht mehr so fern, – bald bin ich ja bei Euch, – bei Dir! – Doch ich darf mich dem nicht so ganz hingeben, sonst kann ich kein Wort mehr schreiben, – und ich hätte Dir ja noch so viel zu sagen, wenn ich nur Alles ordnen könnte! – – Ich bin jetzt immer in einem so aufgeregten Zustande, – – diese Nacht habe ich wieder nicht geschlafen; – ach, was sage ich denn, – – die Ruhe der Nächte habe ich jetzt schon lange aufgeben müssen, – – immer denke ich an Euch – und – unbeschied'ner Weise an meine Oper! – –[82]

Unbescheidener Weise an seine Werke zu denken verlernt er bald. Der Dschungel, in dem ein Komponist seine Opern den Direktoren, den Sängern, dem Orchester und dem Publikum vorzusetzen gesonnen ist, erfordert die Dickhäutigkeit eines Elefanten, die Verschlagenheit des Fuchses und die Schonungslosigkeit eines bengalischen Tigers. Schade.

Vorläufig ist er noch der sorgende Bruder, der zärtliche Sohn:

Was macht die Mutter, was macht Ihr Alle? – – Ach, ich werde Euch ja Alle bald wiedersehn: – Ich bin doch ein recht verzogenes Kind, es thut mir jeder Augenblick wehe, den ich von Euch weg bin! – – Ich hoffe, meine Rosalie, wir zwei werden in diesem Leben noch *recht viel* beisammen sein! – Willst Du das? – – ... es schwirrt mir Alles durcheinander vor den Sinnen, und es ist die höchste Zeit, daß ich mit meiner Oper fertig bin, sonst würde es mit meiner Objektivität schlimm aussehen. – Also, mit Gott bin ich in 3–4 Wochen fertig, – und dann zu Euch! ... Ich kann nichts weiter thun, als Euch innigst bei Allem um Eure Güte und Nachsicht zu bitten! – Gott, ich bin ja erst 20 Jahre alt! – – – Grüße nochmals Alles, und meine gute Mutter vor Allen herzlichst, herzlichst von mir, und erzähle Ihnen recht viel von Ihrem Richard, der ihnen so viel Noth u. Kummer macht. Du aber – bleibst mein Engel, meine gute, einzige Rosalie! Bleibe es immer!

                                    Dein Richard.[83]

Wie der Brief endet, so herzlich, so bescheiden, so möchte man sich zuweilen den älteren Wagner wünschen. Aber vielleicht wären dann seine Werke dementsprechend, herzlich und bescheiden.

Die Feen sind geschrieben, jetzt sollen sie aufgeführt werden. Wagner besucht Leipzig. Dort werden alle eingereichten Partituren vom Regisseur und Opernsänger Franz Hauser begutachtet. Hauser lehnt ab. Melodieführung, Harmonik und Instrumentation seien zu unsolide. Nun stößt Wagner nach. Wie verfährt ein junger, unbekannter Komponist von noch nicht 21 Jahren, wenn er das bereits gefällte Vernichtungsurteil eines Mächtigen ins Gegenteil umzukehren sucht? Er bedient sich der Sprache des Diplomaten, in der er sich schon als 15jähriger geübt, als es galt, Herrn Gottlieb Müllers Verzeihung zu erlangen (s. S. 53). Im März 1834 schreibt er an Hauser:

Verehrtester Herr,
Ich wähle hiermit den jüngst von Ihnen selbst vorgeschlagenen Weg, meine Ideen, Erwiderungen und Entschlüsse in Bezug auf das, was Sie mir in den letztverflossenen 3 Tagen hinsichtlich meiner Oper mit ebenso tiefverständigem Urtheile mittheilten, als mit warmer Offenherzigkeit anriethen, – schriftlich und zwar mit der dabei weit eher zu gewinnenden Ruhe u. Klarheit vor zu legen. Zuvor aber kann ich nicht anders, als meinen herzlichsten und tiefgefühltesten Dank für eben jene vortrefflichen Urtheile und Bezeugungen der offensten Freundschaftsliebe auszusprechen, mit denen Sie mich auf immerdar Ihnen verpflichtet halten.[84]

Dann versichert er Hauser, daß Weinlig, sein früherer Lehrer, ihm Harmonie und Kontrapunkt gründlichst beigebracht und ihn mit folgenden Worten in die Welt geschickt habe:

»Ich thue Sie hiermit aus der Lehre, wie der Meister seinen Lehrling, wenn dieser das gelernt hat, was jener ihn lehren konnte.« ... So wurden während u. nach jener Zeit mehrere Ouvertüren, und zuletzt eine Symfonie, von mir in unseren Abonnements-Conzerten aufgeführt, und freue mich sagen zu können, mir nie dadurch geschadet zu haben, sondern neben dem großen Vortheile, mich durch Anhörung jener Sachen immermehr über die Mittel klarer gemacht zu haben, die zur Erreichung meines Zweckes nöthig sind, auch noch *den* genossen zu haben, die Augen des Publikum's mit Theilnahme auf mich zu richten. Dieselbe Meinung und dasselbe Verlangen hege ich nun auch in Bezug auf meine Oper. Sie, verehrtester Freund, wünschen nun, wie mich dünkt, Ihrer innigsten Überzeugung nach, mir diese Meinung u. dieses Verlangen durchaus zu benehmen. Ihnen gefällt meine Oper nicht, noch mehr, Ihnen gefällt meine ganze Richtung nicht, indem Sie dieselbe Ihrer eigenen Kunstansicht für zuwider erklären. ... Sie fragen mich, warum ich nicht instrumentire wie Haydn? Aber noch mehr; – Sie finden in alledem, was diesem entgegen ist, nicht nur die Einwirkungen desjenigen, was man in unserer Zeit für etwas Angenommenes hält, (wiewohl ich mich bestrebt zu haben glaube, mich von den Ausschweifungen derselben noch so fern wie möglich zu halten, und z. B. vermuthe, mich dem, was sich z. B. ein *Marschner* erlaubt, noch enthalten zu haben), – wie gesagt, – Sie schreiben dieß nicht nur diesen Einwirkungen zu, sondern dem Mangel eines inneren Haltes; – Sie werfen mir gänzliche Unkenntnis der Handhabung der Mittel, Unkenntnis der Harmonie, den Mangel des gründlichen Studium's vor; – Sie finden nichts aus dem Herzen gedrungenes, Sie gehen auf nichts ein, was von einer innigen Begeisterung geschaffen sein könnte ... Die Bemühung den Tadel zu widerlegen, selbst nur sich gegen ihn zu entschuldigen, ist für den Getadelten wohl unzulässlich u. unmöglich! – Ich schweige, – denn jedes Auflehnen erscheint mir Anmaßung.

Da es aber dennoch mein Entschluß und Wunsch ist, in den angefangenen Weg der Unterhandlungen wegen der Aufführung meiner Oper nicht einzuschreiten, ja da es meine Ueberzeugung ist, daß eben grade nur durch eine Aufführung derselben der Zweck erreicht wird, den ich mir gesetzt habe, so fühle ich mich durchaus in der bescheidensten Stimmung, Ihnen über die Ansicht der Praktikabilität derselben so viel mir möglich ist zu entgegnen. ... Ich hatte an meinem Bruder, auf den ich hierbei nur als praktischen Sänger Rücksicht nehme, den strengsten, ich möchte sagen den grausamsten Kritiker: er bekämpfte lebhaft die theilweise Unausführbarkeit meines Gesanges, unter seinen Augen habe ich verbessert und eingerichtet, was ich grade konnte, und ich erkläre Ihnen hiermit, daß ich mich in diesem Bezug zu jedweder Veränderung bereit halte, die der Sänger von mir wünscht ... Daß die Oper sich sehr schwer einstudiren lassen wird, ist gewiß; ob aber schwerer als Marschner's Opern, die doch an vielen Orten die Aufführung erleben, wage ich wohl zu bezweifeln ... Auch ich habe darin schon eine kleine Praxis mitgemacht; – ich übernahm es aus Gefälligkeit, im Würzburger Theater die Chöre einzustudiren; ich habe dabei oft mit auf das Studiren, der ganzen Oper gewirkt; – wir führten Marschner's Vampyr, Hans

Heiling, Meierbeer's Robert unter andern auf, – worin ich allerdings die ungemeinen Schwierigkeiten ebenfalls fand, über die diejenigen meiner Oper gewiß nicht gehen... Ich habe aber auch schon einige Nummern meiner Oper einstudirt u. aufgeführt, – ein Terzett u. eine Arie, – wir haben es mit nicht zu großer Mühe zu Stande gebracht und es mit glücklichem Erfolg im Conzert hören lassen... Sie werden, verehrtester Freund, auf keinem Fall, in dieser kleinlichen Aufzählung meiner geringen Erfahrungen, Züge einer erbärmlichen Eitelkeit entdecken wollen; – aber jetzt, da es in meiner Stellung zu Ihnen auf die Lebens-Frage meiner Oper ankommt, können Sie mir wohl auch keines Falls verdenken, wenn ich wie der Schiffbrüchige den kleinsten Balken, der mein Leben u. meine Hoffnung rettet, heranziehe. So klein u. unbedeutend jene geringen Erfahrungen sind, so lassen sie mich doch, wenn ich den Maßstab von dem Kleinen auf das Große anlege, einigermaßen Hoffnung schöpfen, und eine Aufführung meiner Oper nicht für unmöglich halten... Legen Sie, ich bitte, dem jetzt betretenen Weg der Unterhandlungen kein entschiedenes Hinderniss in den Weg, und genehmigen Sie, um auf der gleichsam amtlichen Bahn ruhig fortzufahren, daß ich die Partitur abholen lasse, um sie in die offiziellen Hände des Herrn Capellmeister's zu legen. Lassen Sie mich diesmal noch Gott versuchen.

Gar sehr sollte es mich indeß schmerzen, wenn Sie glaubten, daß ich leichtsinnig über alles das hinwegschlüpfe, was Sie mir so innig überzeugt mittheilten, – es ist Alles tief in mir aufgenommen, und ich hoffe, daß auf Ihre mitgetheilten Aussprüche gegründet, mir ein ganz neues, sicheres und reineres Kunststreben aufgehen wird. Es würde mich untröstlich machen, wenn Sie meine hier niedergelegte Ansicht, und die Offenheit, zu der mich die herzliche Art antrieb, mit der Sie mich belehrten, irgend übel deuteten. Ich sehe diese Zeilen als eine Grundlage an, auf die sich ein ebenso offenes Verhältnis der Belehrung als des willigen Eifers, sie anzunehmen, gründen soll. Nur in dieser Hoffnung u. Ueberzeugung wage ich es, Ihnen diesen Brief zuzusenden, und verbleibe W[85]

Hauser bleibt kalt. Des jungen Mannes Kompositionen mögen noch unreif sein, der Brief an Hauser zeugt von Takt, Menschenkenntnis und Verschlagenheit. Solch Gebräu erlernt man, wenn überhaupt, gewöhnlich spät im Leben. Wagner erlebt die Uraufführung 1888 nicht mehr. Sie findet in München statt, fünf Jahre nach Wagners Tod. Der Dirigent ist nicht Hermann Levi, wie fast alle Biographen behaupten, sondern Franz Fischer[86], und das Publikum ist begeistert. Zwischen 1888 und 1899 spielt man in München *Die Feen* siebzigmal. Prag, Köln, Zürich, Stuttgart und Leipzig geben einzelne Vorstellungen am Ende des letzten und in der ersten Hälfte des 20. Jahrhunderts. In Bayreuth wird die Oper 1967 im Rahmen der Jugendfestspiele aufgeführt, allerdings nicht auf Wagners Bühne. 1981 wird sie in Wuppertal gespielt, und 1983, im 100. Todesjahr, kommt es zur konzertanten Aufführung in München. Und die Original-Handschrift? Sie ist seit 1945 verschwunden, denn ihr letzter Eigentümer war Adolf Hitler.

In Würzburg bleibt Wagner ein Jahr, dann hat er genug. Im Juli 1834 avanciert er zum Musikdirektor in Lauchstädt, vertauscht also klüglich die Position des kleinen Fisches im großen Teich mit der des großen Fisches im kleinen. Das Bethmannsche Ensemble siedelt nach Rudolstadt und dann nach Magdeburg über, und Wagner zieht mit ihnen. Im Sommer dieses Jahres – er ist jetzt 21 – beginnt er mit der Dichtung seiner neuen Oper, *Das Liebesverbot*, nach Shakespeares *Maß für Maß*. Einen solchen erstaunlichen Sprung wie den von den *Feen* zum *Liebesverbot* macht er nie wieder. Die erste Oper ist Romantik, wie sie lebt und webt, die zweite kehrt der Märchenwelt den Rücken und verherrlicht Freiheit von moralischem und politischem Gesetz, verherrlicht Sinnenlust und Rebellion. Wie kommt es zu solchem Widerspiel? In seiner Autobiographie gibt er sich selber Rechenschaft. Die Bewegung *Junges Deutschland* hatte es ihm damals angetan, mit ihrer anti-klerikalen, anti-romantischen, anti-konventionellen Gesinnung. Statt einer idealisierten Vergangenheit nachzutrauern, huldigt *das Junge Deutschland*, huldigen Karl Gutzkow, Heinrich Heine, Ludwig Börne, Heinrich Laube, Herausgeber der *Zeitung für die elegante Welt* und Autor des Romans *Das junge Europa*, und huldigt jetzt Richard Wagner dem heutigen Diesseits und seinen Verheißungen irdischer Wonnen:

> Ich hatte mich ... des Sujets von Shakespeares *Maß für Maß* bemächtigt, welches ich, meiner jetzigen Stimmung angemessen, in sehr freier Weise mir zu einem Opernbuch, dem ich den Titel *Das Liebesverbot* gab, umgestaltete. Das *junge Europa* und *Ardinghello*,[87] geschärft durch meine sonderbare Stimmung, in welche ich gegen die klassische Opernmusik geraten war, gaben mir den Grundton für meine Auffassung, welche besonders gegen die puritanische Heuchelei gerichtet war und somit zur kühnen Verherrlichung der *freien Sinnlichkeit* führte.[88]

Wo Shakespeare weise abwägt, dringt Wagner ungestüm ins Extrem:

> Isabella war es, die mich begeisterte: sie, die als Novize aus dem Kloster schreitet, um von einem hartherzigen Statthalter Gnade für ihren Bruder zu erflehen, der wegen des Verbrechens eines verbotenen und dennoch von der Natur gesegneten Liebesbundes mit einem Mädchen nach einem drakonischen Gesetze zum Tode verurteilt ist. ... Shakespeare schlichtet die entstandenen Konflikte durch die öffentliche Zurückkunft des bis dahin im verborgenen beobachtenden Fürsten: seine Entscheidung ist eine ernste und begründet sich auf das »Maß für Maß« des Richters. Ich dagegen löste den Knoten ohne den Fürsten durch eine Revolution. Den Schauplatz hatte ich nach der Hauptstadt Siziliens verlegt, um die südliche Menschenhitze als helfendes Element verwenden zu können; vom Statthalter, einem puritanischen Deutschen, ließ ich auch den bevorstehenden Karneval verbieten; ein verwegener junger Mann, der sich in Isabella verliebt, reizt das Volk auf, die Masken anzulegen und das Eisen bereitzuhalten: »Wer sich nicht freut bei unsrer Lust, dem stoßt das Messer in die Brust!« Der Statthalter, von Isabella vermocht, selbst maskiert zum Stelldichein zu kommen, wird entdeckt, entlarvt und verhöhnt, –

der Bruder, noch zur rechten Zeit vor der vorbereiteten Hinrichtung, gewaltsam befreit; Isabella entsagt dem Klosternoviziat und reicht jenem wilden Karnevalsfreunde die Hand: in voller Maskenprozession schreitet alles dem heimkehrenden Fürsten entgegen, von dem man voraussetzt, daß er nicht so verrückt wie sein Statthalter sei.[89]

Die Feen und *Das Liebesverbot* sind zwei entgegengesetzte Lebensräume, die Wagner beinahe gleichzeitig bewohnt, und die ihm beide unerläßlich sind:

> Vergleicht man dieses Sujet mit dem der *Feen,* so sieht man, daß die Möglichkeit, nach zwei grundverschiedenen Richtungen hin mich zu entwickeln, vorhanden war: dem heiligen Ernste meines ursprünglichen Empfindungswesens trat hier, durch die Lebenseindrücke genährt, eine kecke Neigung zu wildem sinnlichen Ungestüme, zu einer trotzigen Freudigkeit entgegen, die jenem auf das lebhafteste zu widersprechen schien. ... Wer diese Komposition mit der der *Feen* zusammenhalten würde, müßte kaum begreifen können, wie in so kurzer Zeit ein so auffallender Umschlag der Richtungen sich bewerkstelligen konnte: die Ausgleichung beider sollte das Werk meines weiteren künstlerischen Entwicklungsganges sein.[90]

In der Dichtung des *Liebesverbotes* wimmelt es von Echos aus der Vergangenheit und von Vorahnungen der Zukunft. Besonders auffallend ist die Verwandtschaft mit Mozarts *Hochzeit des Figaro.* In beiden Opern spielt das *jus primae noctis* eine wichtige Rolle. Im *Figaro* beabsichtigt Graf Almaviva, die Kammerjungfer Susanna zu entjungfern, um sie dann ihrem soeben angetrauten Figaro zu übergeben. Im *Liebesverbot* beabsichtigt der Statthalter Friedrich, die Novize Isabella zu entjungfern, um sie dann ins Kloster zurückzuschicken. In beiden Opern werden die Männer überlistet und um ihr nächtliches Vergnügen gebracht:

Das Liebesverbot	*Figaro*
ISABELLA: Ich bin ein Weib, und freue mich auf morgen Nacht!	GRAF: So treff' ich dich im Garten?
FRIEDRICH: O Seligkeit! Schon morgen Nacht!	SUSANNA: Um die bestimmte Zeit.
ISABELLA: So sei's, ich schick' euch das Billet, es sag' euch sicher, wie und wo? Stellt euch nur ein!	GRAF: Laß mich umsonst nicht warten. SUSANNA: Sie finden mich bereit.

Dem Grafen sowie dem Statthalter steckt man heimliche Briefschaften zu, und beide umwerben ihre eigenen maskierten Ehefrauen, anstatt der vermeintlichen jungen Dinger. In beiden Opern kommt es zur Entlarvung und öffentlichen Blamage. Im übrigen erfordern beide Opern drei weibliche Hauptrollen, und alle drei singen Sopran.

Wie in den *Feen* geistert Beethovens *Fidelio* auch im *Liebesverbot* umher:

Das Liebesverbot	*Fidelio*
ISABELLA (bricht sich Bahn): Erst noch mich! Ich bin die Schwester!	LEONORE (stürzt mit einem durchdringenden Schrei hervor): ... Tödt' erst sein Weib!
ISABELLA: Schließ den Gefangnen wieder ein.	PIZARRO: Schließt die Gefangnen wieder ein.
ISABELLA: Triumph! Triumph! Vollendet ist der Plan.	PIZARRO: Triumph! Triumph! Triumph! Der Sieg, der Sieg ist mein.
BRIGHELLA: Mein Haar sträubt sich vor Angst und Graus.	JAQUINO: Mir sträubt sich schon das Haar.

In beiden Opern erscheint am Ende der Stellvertreter des Königs als *deus ex machina*:

ANGELO: Hört mich, der König ist gelandet, noch heute Nacht kehrt er zurück. ALLE: Der König soll willkommen sein, in Freud' und Jubel zieh' er ein!	FERNANDO: Des besten Königs Wink und Wille führt mich zu euch, ihr Armen her. ... CHOR: Wer ein holdes Weib errungen, stimm' in unsern Jubel ein!

Wenn Beethovens *Fidelio* häufig im *Liebesverbot* anklingt, so beeinflußt die Shakespearsche Kunst der Metaphorik Wagners Sprache:

> Nicht *warmes* Fleisch, noch *warmes* Blut
> schließt seine *steife* Seele ein.

> Mag er in unsrer *heißen* Luft
> vor *Frost* vergeh'n, wir bleiben *heiß*,
> und fürchten soll er unsre *Glut!*

> ... daß Schwesterfleh'n den *harten* Sinn
> *erweiche* diesem *kalten* Mann!

> Ich hörte oft von euch,
> von eurem *leichten*, tollen Leben.
> Desto *gewicht'ger bin ich jetzt.*

> *Ich will ein Damm sein eurer Leidenschaft,*
> die frevelhafte *Glut* will ich euch *kühlen*,
> die wie ein *Wind* der Wüste euch *versengt*.

> *Dahingeschmolzen* ist das *Eis*,
> vor ihrem *Atem* flieht mein Stolz.

Häufig findet man in der Dichtung Stellen, die in ganz ähnlicher Weise in den späteren Werken wiederkehren:

Das Liebesverbot	*Tannhäuser*
FRIEDRICH: In Rausch und Wollust kennt ihr nur das Leben!	TANNHÄUSER: Und im Genuß nur kenn ich Liebe!

Siegfried

FRIEDRICH: Doch du, die tausendfache Glut mir wecktest, wie löschest du die Flamme mir?

SIEGFRIED: Die Glut, die Brünnhilds Felsen umbrann, die brennt mir nun in der Brust! O Weib, jetzt lösche den Brand!

Götterdämmerung

ISABELLA: Herbei, herbei, Palermos Volk, eilt, eilt herbei!
...
ALLE: Sprich, Isabella, was ist dir? Du riefst nach uns, und wir sind hier.

HAGEN: Hoiho! Hoihohoho! Ihr Gibichs Mannen, machet euch auf!
...
MANNEN: Was tost das Horn? Was ruft es zu Heer? Wir kommen mit Wehr, wir kommen mit Waffen.

Meistersinger

BRIGHELLA: Ein schweres Amt, ich muß gestehn.

BECKMESSER: Ein saures Amt, und heut zumal.

Eine Prügelszene leitet den ersten Akt des *Liebesverbotes* ein und beendet den zweiten Akt der *Meistersinger*. Statthalter Friedrich wird von Isabella »Liebesantipode« genannt. Solchen Verneinern der Liebe begegnet man später in Alberich *(Ring des Nibelungen)* und in Klingsor *(Parsifal)*. Was man in den reifen Werken nicht mehr finden wird, ist die Unbefangenheit, mit der er sich über ein Tabu hinwegsetzt. Die Sizilianer verspotten den deutschen Statthalter:

Der deutsche Narr, auf, lacht ihn aus,
das soll die ganze Antwort sein;

schickt ihn in seinen Schnee nach Haus,
dort laßt ihn keusch und nüchtern sein.

Am »deutschen Schwert« *(Lohengrin)* und an der »heil'gen deutschen Kunst« *(Meistersinger)* wird in der Zukunft nicht mehr gerüttelt.

Gutmütig und gut gelaunt ist die Szene im *Liebesverbot,* in der Bordellwirt Pontio Pilato verurteilt wird:

> BRIGHELLA: Dein Name, Bursche, nenn' ihn schnell!
> PONTIO: Recht gern! Glaubt mir, fürwahr, recht gern:
> Pontio Pilato heiße ich!
> BRIGHELLA: Pontius Pilatus? Fürchterlich!
> Der Tod am Kreuze treffe dich!
> PONTIO: Signor, – ach, ihr verwechselt mich!
> Wenn mich die Eltern so genannt,
> darf euch dies nicht inkommodieren;
> weil dieser Name so verhaßt,
> so sollt' ich ihn purifizieren!
> BRIGHELLA: Purifizieren, – durch solchen Wandel,
> durch schnöden Sauf- und Liebeshandel?
> Auf dir ruht gräßlicher Verdacht,
> du schlossest Eh'n für eine Nacht!
> PONTIO: Ach, glaubt das nicht; für eine Stunde
> und kaum so lang!
> BRIGHELLA: Nur für 'ne Stunde!
> Pontio, du sprichst dich um den Hals;
> geliefert bist du jedenfalls!
> Ich sprech' dich aller Ehren los,
> und die Verbannung sei dein Los!
> PONTIO: Verbannung, aller Ehren los!
> Erlaubt mir, daß ich mich beschwere,
> Signor, was bin ich ohne Ehre?

Rückschau und Vorschau im Text. Anklänge und Vorklänge in der Musik. Es scheint, daß hier Wagner den flotten italienischen und französischen Opernstil des leichteren Genres sich aus dem Kopf schreibt. Im *Rienzi* wird er sich an Meyerbeers heroisches

Pathos anlehnen, und im *Fliegenden Holländer* hat er sich, den wahren Wagner, gefunden. Die Oper *Die Feen* läßt das Entstehen der Leitmotivtechnik verfolgen. Im *Liebesverbot* entwickelt sie sich. In der hitzig erregten Ouvertüre – sie wäre noch heute ein brillantes Konzertstück! – verwendet er Tamburin, Triangel und Kastagnetten, den gleichen Mischklang, der im Bacchanale des *Tannhäuser* (Pariser Fassung) zu hören ist. Im Nonnenchor des *Liebesverbotes* tönt ein »Salve regina coeli«:

Man vergleiche dies mit dem Gnadenthema im dritten *Tannhäuser*-Akt:

Im ganzen ist die Musik sangbar und unterhaltend. Also sollte sie doch damals ein dankbares Publikum gefunden haben. Wagner stößt zunächst auf den Zensor, der den Titel, *Das Liebesverbot,* zu unmoralisch findet. Wagner weiß einen Ausweg. Er tauft das Stück um: *Die Novize von Palermo,* was einen hochmoralischen Klang hat. So kommt es zur Uraufführung in Magdeburg, am 29. März 1836, unter der Leitung des Komponisten:

> Welche eigenthümliche Fähigkeit ich besaß, den Sängern zu helfen und sie, trotz höchster Unsicherheit, in einem gewissen täuschenden Fluß zu erhalten, zeigte sich wirklich in den wenigen Orchesterproben, wo ich durch beständiges Soufflieren, lautes Mitsingen und drastische Anrufe betreffs der nötigen Aktion, das Ganze so im

Geleis erhielt, daß man glauben konnte, es müsse sich ganz erträglich ausnehmen. Leider beachteten wir nicht, daß bei der Aufführung, in Anwesenheit des Publikums, all diese drastischen Mittel zur Bewegung der dramatisch-musikalischen Maschinerie sich einzig auf die Zeichen meines Taktstockes und die Arbeit meines Mienenspiels beschränken mußten. Wirklich waren die Sänger, namentlich des männlichen Personals, so außerordentlich unsicher, daß hierdurch eine vom Anfang bis zum Ende alle Wirksamkeit ihrer Rollen lähmende Befangenheit entstand. Der erste Tenorist, mit dem schwächsten Gedächtnisse begabt, suchte dem lebhaften und aufregenden Charakter seiner Rolle, das Wildfanges *Luzio,* durch seine in *Fra Diavolo* und *Zampa* erlangte Routine, namentlich aber auch durch einen unmäßig dicken und flatternden bunten Federbusch, mit bestem Willen aufzuhelfen. Trotzdem war es dem Publikum nicht zu verdenken, daß es, namentlich da die Direktion den Druck von Textbüchern nicht zustande gebracht hatte, über die Vorgänge der nur gesungenen Handlung gänzlich im unklaren blieb. Mit Ausnahme einiger Partien der Sängerinnen, welche auch beifällig aufgenommen wurden, blieb das Ganze, welches von mir auf kecke, energische Aktion und Sprache abgesehen war, ein musikalisches Schattenspiel auf der Szene, zu welchem das Orchester mit oft übertriebenem Geräusch seine unerklärlichen Ergüsse zum besten gab. Als charakteristisch für die Behandlung meiner Tonfarben erwähne ich, daß der Direktor eines preußischen Militär-Musikkorps, welchem übrigens die Sache sehr gefallen hatte, mir für zukünftige Arbeiten doch eine wohlgemeinte Anleitung zur Behandlung der türkischen Trommel zu geben für nötig hielt.[91]

Die zweite Vorstellung ist eine Sensation, weniger für Wagner als für die Nachwelt:

> Ob bis zum Beginn der Ouvertüre sich einige Menschen im Saale eingefunden haben würden, kann ich nicht genau

ermessen: ungefähr eine Viertelstunde vor dem beabsichtigten Beginn sah ich nur Frau Gottschalk mit ihrem Gemahl und sehr auffallenderweise einen polnischen Juden im vollen Kostüm in den Sperrsitzen des Parterres. Dem ohngeachtet hoffte ich noch auf Zuwachs, als plötzlich die unerhörtesten Szenen hinter den Kulissen sich ereigneten. Dort stieß nämlich der Gemahl meiner ersten Sängerin (der Darstellerin der »Isabella«), Herr Pollert, auf den zweiten Tenoristen, Schreiber, einen sehr jungen hübschen Menschen, den Sänger meines »Claudio«, gegen welchen der gekränkte Gatte seit längerer Zeit einen im verborgenen genährten eifersüchtigen Groll hegte. Es schien, daß der Mann der Sängerin, der mit mir am Bühnenvorhange sich von der Beschaffenheit des Publikums überzeugt hatte, die längst ersehnte Stunde für gekommen hielt, wo er, ohne Schaden für die Theaterunternehmung herbeizuführen, an dem Liebhaber seiner Frau Rache zu üben habe. *Claudio* ward stark von ihm geschlagen und gestoßen, so daß der Unglückliche mit blutendem Gesicht in die Garderobe entweichen mußte. *Isabella* erhielt hiervon Kunde, stürzte verzweiflungsvoll ihrem tobenden Gemahl entgegen und erhielt von diesem so starke Püffe, daß sie darüber in Krämpfe verfiel. Die Verwirrung im Personal kannte bald keine Grenze mehr: für und wider ward Partei genommen, und wenig fehlte, daß es zu einer allgemeinen Schlägerei gekommen wäre, da es schien, daß dieser unglückselige Abend allen geeignet dünkte, schließlich Abrechnung für vermeintliche gegenseitige Beleidungen zu nehmen. Soviel stellte sich heraus, daß das unter dem Liebesverbot Herrn Pollerts leidende Paar unfähig geworden war, heute aufzutreten. Der Regisseur ward vor den Bühnenvorhang gesandt, um der sonderbar gewählten kleinen Gesellschaft, welche sich im Theatersaale befand, anzukündigen, daß »eingetretener Hindernisse« wegen die Aufführung der Oper nicht stattfinden könnte. Dies war das Ende meiner vielverheißenden und mit verhältnismäßig großen Opfern begonnenen Dirigenten- und Komponisten-Laufbahn in *Magdeburg*.[92]

Ein Abend also, an dem der Wahn die Menschen packt. Der gleiche Wahn, vor dem Hans Sachs einmal schaudern wird, wenn er ihm im friedsamen Nürnberg begegnet:

> ... wie bald auf Gassen und Straßen
> fängt der da an zu rasen!
> Mann, Weib, Gesell und Kind
> fällt sich da an wie toll und blind;
> und will's der Wahn gesegnen,
> nun muß es Prügel regnen,
> mit Hieben, Stoß und Dreschen
> den Wutesbrand zu löschen. –
> Gott weiß, wie das geschah? –[93]

Der gleiche Wahn, der das selig unselige Nürnberg noch einmal, im 20. Jahrhundert, heimsucht. Der Wahn, der dem jungen Wagner vorgaukelt, die Eheschließung mit der hübschen Schauspielerin Minna Planer im November 1836 sei eine gute Idee und fürs Leben. Doch davon später.

Zunächst hat er einen genialen Einfall. Er schreibt an Robert Schumann, den derzeitigen Herausgeber der tonangebenden »Neuen Zeitschrift für Musik«:

Magdeburg, den 19. April 1836

Liebster Freund!

Ich schicke Ihnen hier so eine Art Bericht über Magdeburg ... gefällt es Ihnen nicht, so ändern Sie es, wie Sie wollen. Ich konnte es mit dem besten Willen nicht umgehen, einiges über meine eigene Person zu sprechen, – einmal muß ich in einem Musikbericht über Magdeburg als hiesiger Musikdirektor mit erwähnt werden; zweitens wäre es albern, mich selbst, ohne es verdient zu haben, herunter zu reißen, u. daß ich drittens über meine Oper schreibe, hat besonders den Grund, weil sonst Niemand Anderes darüber schreibt, u. ich doch gern will, daß ein Wort darüber gesprochen werde. Es ist ein Jammer, wie man sich durchhelfen muß! Ich glaube übrigens nicht zu viel über mich gesagt zu haben. Trotzdem werden Sie wol finden, daß mein Name nicht, u. gegen Niemand genannt werden darf, sonst wehe mir! –

Ich sehe Sie wahrscheinlich bald wieder einmal in Leipzig, u. freue mich weiß Gott herzlich darauf. Hier gibt es lauter Scheiskerle!

Adieu, liebster Schumann![94]

Schumann druckt den Bericht, den zu lesen noch heute lohnt. Hier schreibt Wagner mit journalistischer Gewandtheit und listiger Selbstreklame. Sein Inkognito wird natürlich gewahrt, denn »sonst wehe mir!«:

Aus Magdeburg.
(Die Verschwörungen. – Die Oper. –)
Magdeburg – – – Sagen Sie offen und ehrlich, wie nimmt sich Magdeburg in einer musikalischen Zeitschrift aus? Ich habe noch selten Gelegenheit gehabt, es beobachten zu können, und das ist eben das Miserere, denn ich kann es Ihnen in's *Geheim, – die Oeffentlichkeit* würde es doch nicht glauben – versichern, daß hier manchmal tüchtig musicirt wird; daß dies aber nicht einmal die Magdeburger, geschweige denn die andern Leute bemerken, das ist eben der Fluch, der auf jeden hieher gebannten Geigenstrich, Gesangston u. dergl. geschleudert zu sein scheint. Der Indifferentismus der Hiesigen ist entschieden Polizeiwidrig und sollte meiner Meinung nach von Polizei wegen aufgehoben werden, denn er wird sogar staatsgefährlich. Ich wette, es stecken hinter dieser Gleichgültigkeit verderblich politische Machinationen und es wäre ein wahres Verdienst, die obersten Behörden auf alle die geschlossenen Gesellschaften, Casinos u. s. w. aufmerksam zu machen, und dieselben gelegentlich etwas zu verdächtigen; denn was kann Gutes in ihnen ausgebrütet werden? – Die Leute verbergen aber die eigentlichen gefährlichen Zwecke ihrer Zusammenkünfte dem Auge des Uneingeweihten mit solchem Geschick, daß man sie bewundern muß. Denken Sie, daß man jede dieser staatsgefährlichen Zusammenkünfte mit einem Concerte eröffnet. Ist die List nicht fein? Man ladet demnach gutartige Menschen, wie

mich, zum Concert ein. Ich trete in einen erleuchteten Saal, alles ist nach der Norm der Concerte eingerichtet, man spielt Symphonieen, Concerte, Ouverturen, singt Arien und Duetten, und erhält einen so im guten Glauben, man sei in einem ehrlichen Concert. Aber einem politischen Blicke kann die Gleichgültigkeit, die Langeweile, die Unruhe des Auditoriums nicht entgehen; man sieht deutlich, das Ganze ist eine Maske, die Späherblicke zu trügen; – je näher das Concert seinem Ende ist, desto sehnsüchtiger richten sich die Blicke der Verschworenen nach einer großen verschlossenen Thür. Was soll das? – Man hört während des Adagios der Symphonie nebenan Teller klappern u. s. w. Die Unruhe nimmt überhand; – zum Glück macht jetzt das Orchester einen tüchtigen Skandal; es scheint angestellt zu sein, dadurch das Scharren mit den Füßen, das Husten und Nießen der Verschworenen zu übertäuben, um diese geheimen Signale dadurch unserer Aufmerksamkeit zu entziehen. Das Concert ist zu Ende, – Alles bricht auf, ehrsame Leute wie ich nehmen den Hut, – da öffnet man jene verdächtige Thür, verrätherische Düfte quillen hervor, – die Verschworenen rotten sich zusammen, – man strömt in den Saal, – man weist mich höflich von dannen, – die Heuchelei wird mir klar. – Nun leugne einer, daß hier nicht etwas Gefährliches versteckt sei! Ich für mein Theil bewundre die Langmuth der Polizei. Was hilft aber meine Warnung, – die Polizei liest keine musikalischen Zeitungen, also auch diese Warnung nicht!

Ich versichre Ihnen aber nochmals, daß dann und wann in diesen Concerten tüchtig musicirt wird. Ein stark besetztes Orchester, das, wenn es sich zusammen nimmt, Vortreffliches leistet, eine bedeutende Sängerin, die Pollert, die der gute Theaterdirektor diesen verdächtigen Concerten überließ, – ein Dirigent, voll Feuer und hochzeitlicher Wonne, – was wollen Sie mehr? ... Rechnet man nun noch hinzu, daß ein junger, gewandter Künstler, wie der Musikdirektor Richard Wagner, mit Geist und Geschick bemüht war, das Ensemble tüchtig herzustellen, so konnte es gar nicht fehlen, daß durch dies Zusammenwirken uns wahre Kunstgenüsse geboten wurden. Unter diese rechnen wir zumal die Vorstellungen der neu einstudirten Opern, wie: Jessonda, Lestocq und Norma. Den Schluß machte eine neue Oper von R. Wagner – »Das Liebesverbot oder die Novize von Palermo.« – Das Malheur war schon eingetreten, die Oper in der Auflösung und nur mit Qual und Noth konnte der Componist diese Oper noch in der größten Eile einstudiren. Die Aufführung war also übereilt und über's Knie gebrochen, aber auch wenn dies nicht der Fall gewesen wäre, kann ich demohngeachtet noch nicht begreifen, was den Componisten bewegen konnte, ein Werk wie diese Oper zum erstenmale in Magdeburg aufzuführen. Es thut mir übrigens leid, mich über diese Oper noch nicht ganz aussprechen zu können; – was ist eine einzige Aufführung und diese nicht einmal klar und deutlich? – die Leute auf dem Theater konnten noch zu wenig auswendig. – So viel aber weiß ich, daß sie, wenn es dem Componisten glückt, sie an guten Orten gut aufführen lassen zu können, durchdringen wird. Es ist Viel darin, und was mir gefällt, es klingt Alles, es ist Musik und Melodie drin, was wir bei unsren deutschen Opern jetzt so ziemlich suchen müssen.[95]

Der erhoffte Widerhall bleibt aus. Deutsche Bühnen wollen die Oper nicht. Leipzig findet sie unmoralisch. Wagner fährt nach Berlin, wo man ihn sechs Wochen hinhält, ihm Versprechungen macht, Ausflüchte findet und ihn lehrt, wie es in der Opernwelt um Zuverlässigkeit bestellt ist. Man schickt ihn von Amtszimmer zu Amtszimmer, und täglich lernt er, wie man sich Machthabern gegenüber zu verhalten habe. Das wird ihn später einmal recht wurmen. Zum Antichambrieren war er ja auch eigentlich nicht geschaffen.

Die Partitur des *Liebesverbotes* wird er 1866 König Ludwig zu Weihnachten schenken. Auf die Titelseite schreibt er:

Ich irrte einst, und möcht' es nun verbüßen;
Wie mach' ich mich der Jugendsünde frei?

>Ihr Werk leg' ich demütig Dir zu Füßen,
>Daß Deine Gnade ihm Erlöser sei.[96]

Im Februar 1879 spricht er mit Cosima über seine zweite Oper. Sie notiert:

>(Richard) sagt, er sei erstaunt gewesen, wie schlecht es sei; »welche Phasen man durchmacht! Man kann kaum glauben, daß man derselbe Mensch sei.«[97]

Erst 1923 wird *Das Liebesverbot* in München aufgeführt, dann in Hamburg, Stuttgart, Berlin, Leipzig, Magdeburg, Bremen, Bayreuth (Jugendfestspiele) und mehrfach im Wagner-Jahr 1983.

Wagner hat nun die Erfahrung gemacht, daß es einfacher ist, eine Oper zu dichten und zu komponieren, als sie aufgeführt zu sehen. Da er sein Ziel kennt, ziehen sich die Folgerungen von selbst. Die Opern müssen besser, das heißt wichtiger werden, und seine Überredungskunst muß an Unwiderstehlichkeit seinen zu schaffenden Werken ebenbürtig sein. *Rienzi, Der fliegende Holländer, Tannhäuser, Lohengrin, Der Ring des Nibelungen, Tristan und Isolde, Die Meistersinger, Parsifal* – die Titel kennt er noch nicht – müssen auf die Bühnen kommen, wenn nicht in Deutschland, dann in Frankreich, wenn nicht in Frankreich, dann in seinem eigenen Opernhaus. Er wird es bauen, die Welt soll dann zu ihm pilgern. Den Pilgern wird er geben, was Kirche, Staat und Kunst ihnen bisher versagten. In seinen Werken wird er zu ihnen sprechen, wie einst aus dem Dornbusch zu Moses gesprochen wurde. Zu diesem Zwecke sei alles heilig, und wenn das eigene Charakterbild dabei zu Schaden kommt, so sei es.

>Noch lebt er ja und steht in der Fülle seiner Kraft, ... erwarten wir, welches Neue sein Genius noch gebiert![98]

Das steht in einem ungedruckten Artikel, den Wagner 1839 für eine französische Zeitschrift vorbereitet. Gemeint ist Giacomo Meyerbeer. Zwei Jahre zuvor versucht Wagner, sich bei dem einflußreichen Komponisten einzuführen. Nach einem Roman von Heinrich König verfertigt er einen Entwurf zu einer vieraktigen Oper, *Die hohe Braut*. Im Herbst 1836 schickt er ihn an Eugène Scribe, dessen Librettos in Paris den Ton angeben. Er bittet Scribe, aus dem Entwurf ein französisches Textbuch herzustellen und ihn, Wagner, mit der Komposition zu beauftragen. Scribe schweigt. Wagner schreibt noch einmal. Um Scribe von seiner musikalischen Fertigkeit zu überzeugen, schickt er ihm sein *Liebesverbot*, mit der Bitte, es Meyerbeer vorzulegen. Scribe schweigt. Jetzt schreibt er an Meyerbeer:

4. 2. 1837

Verehrter Herr,
Möge es Sie nicht zu sehr befremden, wenn Sie aus einer so fernen Gegend u. von einem Ihnen gewiß so unbekannten Menschen, als ich, mit einem Briefe belästigt werden;... Ich bin noch nicht 24 Jahre alt, in Leipzig geboren, u. habe mich, als ich bereits daselbst die Universität besuchte, vor ungefähr 6 Jahren für die Musik bestimmt; mich trieb eine leidenschaftliche Verehrung Beethoven's dazu, wodurch auch meine erste Produktionskraft eine unendlich einseitige Richtung bekam; – seitdem, u. besonders seit ich in das eigentliche Leben u. die Praxis trat, haben sich meine Ansichten über den gegenwärtigen Standpunkt der Musik u. zumal der dramatischen, bedeutend geändert, u. soll ich es leugnen, daß gerade Ihre Werke es waren, die mir diese neue Richtung anzeigten?

Dann kommt er auf Scribe und *Die hohe Braut* und fährt fort:

Bis jetzt erhielt ich noch keine Antwort, u. ich sah wohl ein, daß ich insofern unüberlegt gehandelt hatte, als ich nicht zugleich Hrn. Scribe von meiner Fähigkeit, eine gute u. effektvolle Composition liefern zu können, zu überzeugen gesucht hatte. Ich habe demnach in diesen Tagen ihm die Partitur einer von mir komponirten großen komischen Oper, *Das Liebesverbot*, zugesandt, mit der Bitte, sie Ihnen zur Prüfung vorzulegen ...

Wie unendlich viel für meine ganze Laufbahn, für mein ganzes Leben, demnach von Ihrem Urtheil, falls Sie es der Mühe werth halten, eines über mein schwaches Werk zu fällen, abhängt, können Sie leicht ermessen, wenn ich Ihnen eröffne, daß mein glühendster Wunsch u. all meine Anstrengung dahin geht, nach Paris kommen zu können, denn ich spüre etwas in mir, was dort gute Früchte bringen müßte ...

Künstlerruhm kann Ihnen fast nicht *mehr* zu Theil werden, denn Sie erreichten schon das Unerhörteste; überall, wo Menschen singen können, hört man Ihre Melodien; Sie sind ein kleiner Gott dieser Erde geworden; – wie herrlich ist es nun für den, der diesen Standpunkt erreicht hat, zurückzublicken, u. denen, die er soweit hinter sich ließ, die Hand zu reichen, um auch sie wenigstens in Ihre Nähe zu ziehen.[99]

Meyerbeer schweigt. Doch 2½ Jahre später kommt es zu einer Begegnung. Meyerbeer empfängt Wagner in Boulogne, schreibt ihm Empfehlungsbriefe nach Paris und vermittelt danach die Annahme des *Liebesverbotes* am Théâtre de la Renaissance. Allerdings macht das Théâtre vor der Aufführung bankrott, was aber kaum Meyerbeers Schuld ist. Jetzt sitzt Wagner mit Minna und anderen Hungerleidern in Paris und versucht Aufträge zu bekommen. Er wendet sich an Meyerbeer:

Paris, 18. 1. 1840
Mein innigverehrter Herr und Meister!
Als Sie Paris verließen, gestatteten Sie Ihrem Schützling, Ihnen von seinen Pariser Angelegenheiten Nachricht zu geben. Und Sie, mein teurer Meister, der Sie nur die Güte und das Wohlwollen selbst sind, werden mir weniger als jeder andere zürnen, wenn ich mit meinen vielleicht beängstigenden Hilferufen Sie sogar bis in Ihre stille Zurückgezogenheit verfolge. Ihre Abreise von Paris –! ach, von da beginnt ein Klagelied in meiner Lebens- und Strebensgeschichte, das dereinst, wenn ich, wie ich keineswegs zweifle, erstaunlich berühmt geworden sein werde, gewiß von

irgendeinem großen Poeten in 24 bis 48 Gesängen gefeiert und beweint werden wird...

Ich flehe Sie an, mir durch Empfehlungen und Unterstützungen den Weg in die Pariser Öffentlichkeit zu bahnen, um selbst mit dem Geringsten, was Ihr gütiger Wille beschließen sollte, das Leben wenigstens zur Hälfte zu retten... Mit allen Sünden und Schwächen, Not und Jammer empfehle ich mich Ihnen ehrfurchtsvoll, die Erlösung von allem Übel durch Gott und Sie erflehend. Bleiben Sie mir hold, so ist mir Gott aber auch nahe, deshalb gedenken Sie ein ganz klein wenig
>Ihres in glühender Verehrung ergebenen Dieners
>Richard Wagner.[100]

Meyerbeer läßt Beziehungen spielen, und es kommt jedenfalls zu einer Probe der *Columbus-Ouvertüre* – Wagner schrieb sie in Magdeburg –, gespielt vom Conservatoire-Orchester. Er dankt Meyerbeer:

>Paris, 15. 2. 1840

Mein innigst verehrter Herr und Protector!
Ich strotze von Hilfsbedürftigkeit! Also will ich rasch die Saiten rauschen und die sehr alte und so sehr bekannte Urmelodie erklingen lassen: »Helfen Sie mir!« d. h. in wagnerischer Tonart (– lyrisch, weich und wehmütig –)...

Mit vieler Freude kann ich vermelden, daß es mir dank Ihrer gütigen Fürsprache gelungen ist, Habeneck zu einer Probe meiner Ouvertüre zu veranlassen. Das sämtliche Orchester zeigte mir durch einen wiederholten und anhaltenden Applaus, daß es nicht unzufrieden war... Mein Dankgefühl, das mich gegen Sie, mein hochherziger Protector, beseelt, kennt keine Grenzen. Ich sehe kommen, daß ich Sie von Äonen zu Äonen mit Dankesstammeln verfolgen werde. Die Versicherung kann ich Ihnen geben, daß ich auch in der Hölle noch Dank stammeln werde.
>Ihr mit Herz und Blut
>ewig verpflichteter Untertan
>Richard Wagner[101]

Türen öffnen sich und werden zugeschlagen. Wagner hungert sich durch. Im Mai 1840 kommt es zu einem weiteren Brief an Meyerbeer, von dem man annehmen darf, daß er den Schreiber auf Jahrzehnte seelisch belastete:

> Ich bin auf dem Punkte, mich an Jemand verkaufen zu müssen, um Hülfe im substantielsten Sinne zu erhalten. Mein Kopf u. mein Herz gehören aber schon nicht mehr mir, – das ist Ihr Eigen, mein Meister; – mir bleiben höchstens nur noch meine Hände übrig, – wollen Sie sie brauchen? – Ich sehe ein, ich muß Ihr Sclave mit Kopf und Leib werden, um Nahrung u. Kraft zu der Arbeit zu erhalten, die Ihnen einst von meinem Danke sagen soll. Ich werde ein treuer, redlicher Sclave sein, – denn ich gestehe offen, daß ich Sclaven-Natur in mir habe; mir ist unendlich wohl, wenn ich mich unbedingt hingeben kann, rücksichtslos, mit blindem Vertrauen. Zu wissen, daß ich *nur* für Sie arbeite u. strebe, macht mir Arbeit u. Streben bei weitem lieber u. werthvoller. Kaufen Sie mich darum, mein Herr, Sie machen keinen ganz unwerthen Kauf! – Frei, wie ich noch bin, verkomme ich u. mein Weib mit dazu; u. ist das nicht vielleicht Schade? Sollte man nicht zu etwas Besserem dasein?[102]

Im Juli weist Meyerbeer seinen Sekretär an, Wagner beizustehen:

> Dieser junge Mann interessiert mich, er hat Talent und Eifer, aber das Glück lächelt ihm nicht: er hat mir einen langen sehr rührenden Brief geschrieben, & es ist auf Grund dessen, daß ich Sie bitte ihm die Hilfe zukommen zu lassen, die meinem Briefe beigefügt ist.[103]

Im nächsten Jahr empfiehlt er Wagner dem Dresdener Operndirektor von Lüttichau:

> Herr Richard Wagner aus Leipzig ist ein junger Komponist, der nicht allein eine tüchtige musikalische Bildung, sondern auch viel Phantasie hat und außerdem auch eine allgemeine literarische Bildung besitzt, und dessen Lage wohl über-

haupt die Teilnahme in seinem Vaterlande in jeder Beziehung verdient. Sein größter Wunsch ist, die Oper »Rienzi«, deren Text und Musik er verfaßt hat, auf der neuen königlichen Bühne zu Dresden zur Aufführung zu bringen. Einzelne Stücke, die er mir daraus vorgespielt, finde ich phantasiereich, von vieler dramatischer Wirkung. Möge der junge Künstler sich des Schutzes Ew. Exzellenz zu erfreuen haben und Gelegenheit finden, sein schönes Talent allgemeiner anerkannt zu sehen.[104]

Wenig später ist *Der fliegende Holländer* fertig.
Meyerbeer schreibt an den Berliner Hofopernintendanten:

Hochzuverehrender Herr Graf!
Beifolgend nehme ich mir die Freiheit, die Partitur und den Text (der letztere befindet sich hinter dem Titelblatt eingelegt) der Oper »Der fliegende Holländer« von Richard Wagner zu übersenden. Ich hatte vorgestern bereits die Ehre, Ew. Hochgeboren von diesem interessanten Tondichter zu unterhalten, der durch sein Talent und seine äußerst beschränkte Lage doppelt verdient, daß die großen Hoftheater als offizielle Beschützer deutscher Kunst ihm nicht ihre Szenen verschließen.[105]

1842 sieht Wagner wieder in der Heimat. Im Oktober wird *Rienzi* mit der Schröder-Devrient in Dresden uraufgeführt, und nur 2½ Monate später folgt der *Der fliegende Holländer*, ebenfalls in Dresden, ebenfalls mit Wilhelmine Schröder-Devrient. Im Februar 1843 ist er Königlich Sächsischer Hofkapellmeister. Acht Jahre später schreibt er an Franz Liszt:

Mit Meyerbeer hat es nun bei mir eine eigene bewandnis: ich hasse ihn nicht, aber er ist mir gränzenlos zuwider. Dieser ewig liebenswürdige, gefällige mensch erinnert mich, da er sich noch den anschein gab mich zu protegiren, an die unklarste, fast möchte ich sagen lasterhafteste periode meines lebens; das war die periode der konnexionen und hintertreppen, in der wir von den protektoren zum narren gehalten werden, denen wir innerlich durchaus unzugethan sind. Das ist ein verhältnis der vollkommensten unehrlichkeit: keiner meint es aufrichtig mit dem andern; der eine wie der andere giebt sich den anschein der zugethanheit, und beide benützen sich nur so lange als es ihnen vortheil bringt.[106]

Noch 20 und 30 Jahre später – Meyerbeer ist längst tot – stört der einstige Gönner, der »verehrteste Herr«, der »Herr und Meister«, die unruhigen Nächte des einstigen »in glühender Verehrung ergebenen Dieners«, des »mit Herz und Blut ewig verpflichteten Untertanen«. Cosima berichtet:

26. 9. 1872
Er erzählte mir, daß er die Nacht allerlei »eitle Träume« gehabt, u. a. daß wir mit dem König von Bayern gefahren wären, der uns in der ostensibelsten Weise seine Huld bezeigt hätte; dann wäre er mit Meyerbeer Arm in Arm in Paris gewesen, und M. ebnete ihm die Bahnen des Ruhmes...[107]

3. 4. 1880
R. hat gut geschlafen, aber von Meyerbeer geträumt, den er in einem Theater wiedergesehen und der ihm gesagt: »Ja, ich weiß schon, die lange Nase«, gleichsam als ob R. sich über seine Nase lustig gemacht hätte, worauf R. sich quasi entschuldigt, und das Publikum habe zu der Versöhnung applaudiert.[108]

»Quasi entschuldigt« – »Zu der Versöhnung applaudiert«.

Glaubt mir, des Menschen wahrster Wahn
wird ihm im Traume aufgetan.[109]

Von nun an gibt es keine Meyerbeers mehr in Wagners Leben, und der Rücken wird nie wieder gekrümmt.

II.

Eheweib und Wunderfrau

Minna Wagner   *Mathilde Wesendonck*

Die erste Ehe

Am 20. Oktober 1842 wird *Rienzi* am Dresdener Hoftheater uraufgeführt. Wilhelmine Schröder-Devrient singt den Adriano. Joseph Tichatschek ist Rienzi. Noch ganz in der Begeisterung des soeben Erlebten berichtet Wagner seiner Halbschwester Cäcilie und deren Mann, Buchhändler Eduard Avenarius, am nächsten Tag:

> In aller Eile u. Abspannung muß ich heute Euch doch wenigstens mit einer Zeile melden was gestern vorgefallen ist. Es wäre mit lieber, Ihr erführet es von einem Anderen, – denn ich muß Euch sagen, – daß noch *nie,* wie mir *Alle* versichern, in Dresden zum ersten Male eine Oper mit solchem Enthusiasmus aufgenommen worden ist, als mein *Rienzi.* Es war eine Aufregung, eine *Revolution* durch die ganze Stadt; ich bin *viermal* tumultarisch gerufen. Man versichert mir, daß Meyerbeer's Succes bei seiner hiesigen Aufführung der *Hugenotten* nicht im Vergleich zu stellen sei mit dem meines *Rienzi...* Ich bin furchtbar ermüdet u. abgespannt; ... Die Aufführung war *hinreißend* schön – Tichatschek – die Devrient – Alles – Alles in einer Vollendung, wie man es hier noch nie erlebt. Triumph! Triumph! Ihr guten, treuen, lieben Seelen! Der Tag ist angebrochen! Er soll *auf Euch alle* leuchten!
>
> Euer Richard.

Frau Minna schreibt dazu:
> Die Oper wird noch in mehreren Vorstellungen mit erhöhten Preisen gegeben. Kinder, ich bin zu glücklich meine höchsten Wünsche sind erreicht! –[110]

Die Ehe läßt sich also gut an. Doch materieller Zerfall begleitet Wagners künstlerische Entwicklung. Minna leidet unter dem einen und kann dem andern nicht recht folgen. Bald geht es bergab mit der Ehe.

> *Wenn man lebt,*
> *stirbt die Liebe,*
> *wenn man liebt,*
> *stirbt das Leben.*[111]

Wie ging das an?
 Wagner ist 21, als er in Bad Lauchstädt Musikdirektor wird. Er verliebt sich in die hübsche Schauspielerin Minna Planer. Sie ist vier Jahre älter als er. Das macht ihm nichts aus. Ihre geistigen Ansprüche sind bescheiden. Das stört ihn auch nicht. Sie hatte einst einen Liebhaber, den Hauptmann Ernst Rudolf von Einsiedel. Von ihm bekam die Fünfzehnjährige ein Kind, Natalie. Dann suchte er das Weite. Auch das nimmt Wagner in Kauf, denn er ist verliebt wie noch nie. Daß Minna ihr Kind vor der Welt als ihre jüngere Schwester ausgibt – und nicht nur vor der Welt, sondern vor dem Kind selbst –, findet er genial. Zwei Jahre lang wird feurig gefreit.

> Berlin, den 21. Mai 1836
> Meine arme, arme Minna! O könntest Du den Ausdruck fühlen, mit dem ich Dir diese Worte zurufe! Sieh, die Thränen überströmen mein Auge, vor Wehmuth ist meine ganze Mannheit gebrochen! – So weit, so weit, so weit bist Du, unter fremden, rauhen Menschen... Ich weine fortwährend, u. schäme mich wahrlich meiner Thränen nicht;... Ach, wie froh würde ich sein, wenn *ich* zu unsrem Glücke etwas beitragen könnte, damit *Du* endlich auch *mir* einmal etwas zu verdanken hättest, da ich bis jetzt doch *Alles, Alles* nur Dir

verdanke. – Mein *armes, armes* Mädchen, – welchen Kummer u. Noth habe ich Dir schon gemacht – ... Und liebst Du mich dennoch? dennoch? Nun denn, Nichts, nichts in der Welt trennt mich von Dir, bei Gott u. Ewigkeit, Nichts, Nichts reißt, meine Minna, Dich von Deinem Richard.

Ich muß schließen, ich kann nicht weiter, Du kennst mich ja, Du kennst mich! –[112]

Ob diese Stimmung wohl in die Ehejahre hineingerettet werden kann?

Doch für liebseligen Ehestand
man andre Wort' und Weisen fand.[113]

Über die Königsberger Trauung am 24. November 1836 erzählt Wagner:

Der Prediger nämlich verwies uns für die leidenvollen Zeiten, denen auch wir entgegengehen würden, auf einen Freund, den wir beide nicht kennten; einigermaßen gespannt, hier etwa von einem heimlichen einflußreichen Protektor, der auf diese sonderbare Weise sich mir ankündigte, Näheres zu erfahren, blickte ich neugierig auf den Pfarrer: mit besondrem Akzent verkündigte dieser wie strafend, daß dieser uns unbekannte Freund – *Jesus* sei, worin ich keineswegs, wie man in der Stadt vermeinte, eine Beleidigung, sondern nur eine Enttäuschung fand, während ich andrerseits annahm, daß derlei Ermahnungen dem Ritus bei Trauungsreden entsprächen.[114]

Was Minna mit Wagner erlebt, ist tieftraurig. Es mangelt an Haushaltsgeld. Es mangelt an Güte seinerseits und an Verständnis ihrerseits. Der Höhepunkt ihres gemeinsamen Lebens ist die Zeit vor Wagners Exil. Dann geht es rapide bergab. Aus Dresden schreibt sie ihm nach Zürich, im August 1849:

Du wirst Dich entsinnen, daß ich fast keine Vorstellung, die Du dirigiertest, versäumte, ich sah nur Dich und war glücklich! Was ich hörte, glaubte ich, ging nur allein von Dir aus. Don Juan war Deine *letzte* Oper hier, sie wird mir noch lange eine wehmüthige Erinnerung sein. Die neunte Sinfonie wird mir aber durch Dich *ewig unvergeßlich sein*. Du erschienst mir wie ein Gott, der alle mächtigen Elemente regierte und die Menschen bezauberte.[115]

Als aktiver Revolutionär mußte Wagner im Mai 1849 aus Dresden in die Schweiz fliehen. Ein Steckbrief war erlassen worden. Jetzt soll Minna ihm folgen. Aber sie weiß nicht so recht. Was kann er ihr bieten?

> Nur darfst Du mir es nicht übel deuten, wenn ich für unsere Existenz besorgt bin, ich kann ja das nicht noch einmal erleben, was ich schon mit Dir ertrug. Denke ich an die kleinlichen Nahrungssorgen, wo ich manchmal nicht wußte, was ich in das kochende Wasser schütten sollte, weil ich nichts hatte, so graust mir allerdings für meine Zukunft, wo Ähnliches zu erwarten steht; ich verhehle es Dir nicht, ich bin kleinmüthig geworden.[116]

Seit langem muß er das hören. Natürlich geht ihm das auf die Nerven. Dabei hat sie recht.

Ein Jahr später zieht Minna zu ihm in die Schweiz. Nun trifft sie ein neuer Schlag. Wagner hat Jessie Laussot entdeckt, die 22jährige Frau eines Weinhändlers in Bordeaux. Er will mit ihr nach Kleinasien entfliehen. Der Weinhändler weiß das zu verhindern, aber Minna muß leiden, wie immer. Sie schreibt im Mai 1850:

> Mein ganzes Thun und Schaffen in unsrer Häuslichkeit war ja nur um Dir es recht zu machen, Dir zu gefallen und so von frühester Zeit an, that ich ja *Alles* aus *Liebe,* sogar meine *Selbständigkeit* die ich so hoch hielt, gab ich freudig auf, um Dir *ganz angehören* zu *können*. Was Dein geistiges Gedeihen betrifft, beglückt mich das Bewußtsein, daß Du *Alles* was Du *Schönes* geschaffen, nur in *meiner Umgebung* schufst, und *darin* verstand, begriff ich Dich vollkommen. Du machtest mich ja auch immer so glücklich, sangst und

spieltest mir fast jede neue Scene vor. Nur wiederum seit *zwei Jahren*, als Du mir jenen Aufsatz vorlesen wolltest, worin Du ganze *Geschlechter schmähtest*[117] die Dir doch im Grunde liebes gethan, seit jener Zeit grolltest Du mir und straftest mich damit so hart, daß Du mir nie etwas allein von Deinen Arbeiten mehr zu hören gabst.[118]

Jessie Laussot bleibt bei ihrem Mann, aber Minna teilt Wagner mit:

> ... ich würde mir es zum ewigen Vorwurf machen müssen, wenn ich Deinem Entschluß störend entgegen treten wollte und auf eine Wiedervereinigung mit Dir dringen ... Wie lange jedoch mein Bleibens hier sein wird, kann ich nicht bestimmen, eben so wenig *wohin* ich dann gehe, um mein kummervolles Leben zu beschließen, gehe ich nach Deutschland, so habe ich keinen Grund unsre Trennung der Welt zu verschweigen, ich habe nichts gethan, daß sie mich verdammen könne.[119]

Der Welt, und besonders Dresden, wird nichts verschwiegen. Wagners Bordeaux-Eskapade ist Stadtgespräch, und man sieht Minna bereits als geschiedene und wieder heiratsfähige Dame. Ein Herr E. – mehr weiß man nicht über ihn – macht ihr einen schriftlichen Antrag, wahrscheinlich im Juni 1850:

> Hochverehrteste Frau!
> Obgleich ich nur zweimal das Vergnügen hatte, Sie in Gesellschaft zu sehen und mit Ihnen zu sprechen, vielleicht kaum so glücklich bin, daß Sie sich meiner noch erinnern, so wage ich es dennoch mich Ihnen heute in einer Angelegenheit zu nahen, von wo mein ganzes Lebensglück abhängen wird.
> Es ist mir nicht unbekannt geblieben, daß Ihr Mann Sie verlassen hat, und es kommt mir nicht zu zu erörtern, wer endlich der beklagenswerthe Theil von Ihnen sein wird, –
> Erlauben Sie mir nun, Ihnen versichern zu dürfen, daß er hier allgemein hart getadelt wird, da man Ihre Vortrefflich-

keit in jeder Hinsicht recht gut zu würdigen weiß und die man so selten bei Frauen findet; nun kann ich wohl begreifen, daß Sie sich kaum entschließen werden können, da Sie so bittere Erfahrungen machen mußten, ein zweites Band zu knüpfen, so fühle ich mich als ein rechtlicher Mann ermuthigt, Ihnen mein Herz und Hand anzubieten. Großes Vermögen besitze ich freilich nicht, doch reicht das, was ich bereits habe und ein gutes blühendes Geschäft vollkommen, für Sie manche Annehmlichkeiten zu verschaffen, die Sie für manche Entbehrung entschädigen dürfte...[120]

Minnas Antwort, wenn sie eine gab, ist nicht erhalten, aber die Kluft zwischen dem ungetreuen Genie und dem Herrn E. mit seinem blühenden Geschäft war wohl zu unüberwindlich. Im Juli wird die Wohngemeinschaft der Gatten wieder aufgenommen.
  Wagner arbeitet am *Ring des Nibelungen*. Er schreibt sein theoretisches Werk *Oper und Drama*. *Rheingold* wird vollendet. Ebenso *Die Walküre*. Er unterbricht seinen *Siegfried* und beginnt *Tristan und Isolde*. Er dirigiert in Zürich und London. Zwei Jahre nach dem Jessie-Laussot-Fiasko hatte er Mathilde Wesendonck lieben gelernt. Im April 1857 zieht er mit Minna in sein *Asyl,* ein Häuschen, das ihm die Wesendoncks auf ihrem Grundstück zur Verfügung stellen. Mathilde begeistert ihren *Meister,* und er verzaubert sie in seine Muse. Minna muß sich das täglich aus nächster Nähe mitansehen. Hält Wagner sie für dümmer oder blinder als sie ist? Oder – und das wäre arg – ist sie seiner Diskretion nicht mehr wert? Im April 1858 begibt sie sich nach Brestenberg am Hallwyler See zur Kur. Dorthin schreibt er ihr:

Zürich, 23. April 1858
Liebe arme Minna!
Nochmals rufe ich Dir zu und widerhole es tausend mal, hab' *Geduld,* und vor allem auch: hab' *Vertrauen!* Wenn Du wüßtest, wie Du mich mit dem Mangel des Letzteren quälst, Du würdest es gewiß bereuen. Kürzlich, als Du mir versichertest, Du liebtest mich doch wirklich, beschwor ich Dich, mir dieß zu beweisen, und jede Begegnung, jedes Rechtverlangen nach jener Seite hin[121] aufzugeben, mindestens bis nach

Deiner Kur, wogegen *ich* Dir versprach, alles, was Du zu Deiner Beruhigung wünschtest, *von mir aus* zu erfüllen. Der Verführer hat sich aber zum zweitenmale Deiner bemächtigt, und diessmal hast Du mir offen Liebe und Glauben gebrochen. Ich verzeihe Dir dieß zunächst um des gräßlichen Gesundheitszustandes willen, der Dich fast unzurechnungsfähig machte, und mehr: ich verzeihe es Dir für alle Zukunft.[122]

Vier Tage später wird er rabiat:

Zürich, Dienstag 27. April 1858

Dieß, liebe Minna, ist der Datum, an dem ich mich entschlossen habe, mich nicht in eine Wasserheilanstalt, sondern in ein Narrenhaus bringen zu lassen; – denn dahin scheine ich einzig noch zu gehören! Mit allem was ich sage oder schreibe, und wenn ich es am besten meine, richte ich nichts wie Unglück und Mißverständnis an. Schweige ich von gewissen Dingen, so mache ich Dich mistrauisch und argwöhnisch, ich wollte Dich hintergehen; schreibe ich dann ernst und offen, und – wie ich Esel eben glaubte – zugleich gründlich beruhigend, so erfahre ich, daß ich damit eine raffinirte Bosheit ausgeheckt, um Dich schnurstracks unter die Erde zu bringen! Zugleich aber auch wird mir gesagt, ich soll ein *Mann* sein! Nun gut, nicht *ein* Mann, sondern *Dein* Mann will ich sein: sag' mir nur immer genau, wie ich sprechen, denken und die Dinge der Welt ansehen soll, ich will mich immer genau darnach richten, und nichts sprechen, denken und sehen, was Dir nicht recht ist: – bist Du so zufrieden? Gieb mir auch immer an, was ich und wie ich componiren, dichten und dirigiren soll: ich will mich ja in allem nach Dir richten, damit Du nicht einen Augenblick mehr an mir zweifeln kannst ... Gott weiß, ob ich Dich nun hiermit guter Laune gemacht, wie es meine Absicht war, oder ob ich Dir von Neuem raffinirt boshaft erscheine ...

Mein Gott im Himmel, was soll ich nur endlich thun, um Dich zufrieden zu stellen? –[123]

Die Gatten haben sich längst auseinandergelebt. Man soll sich nicht wundern, daß Minna in Mathilde den Grund zu ihrer bevorstehenden Trennung sah. Doch wäre es sicher auch ohne sie dazu gekommen. An ihre Dresdener Freundin Frau Schiffner schreibt Minna am 2. August 1858:

> Es ist keine Kleinigkeit, wenn man beinahe 22 Jahre verheiratet ist und eine Trennung bevorsteht; ich wenigstens komme nicht so leicht darüber hinweg. Läge es an mir, so versichere ich Ihnen, geschähe es gewiß nicht. Ich bin, was den Punkt in Nachsicht für die Männer betrifft, ebenso aufgeklärt und habe schon manches nachgesehen und nicht bemerken wollen, sogut wie andere Frauen, ich bin ja sechs volle Jahre blind nebenher gelaufen...
>   R. hat zwei Herzen. Er ist umstrickt von der anderen Seite und hängt aus Gewohnheit an mir, das ist alles! Mein Entschluß ist nun, da dieses Weib es nicht ertragen will, daß ich mit meinem Mann zusammenbleibe und er schwach genug ist, ihr den Willen zu tun, abwechselnd in Dresden bei den Tichatscheks, dann in Berlin, Weimar zu bleiben, bis mich entweder Richard oder der liebe Gott abruft... daß die schwachen Menschen einander solche Qualen bereiten...[124]

Minna löst den Haushalt auf. Am 19. August inseriert sie im *Tagblatt der Stadt Zürich:*

> *Zu verkaufen,* wegen Abreise:
>
> Ein großer eleganter Spiegel mit schöner goldener Rahme, das Glas 4 Schuh 8 Zoll hoch und 2 Schuh 7 Zoll breit.
> Ein neuer nußbaumener Spieltisch mit gestochenem Fuß; ein großer runder dito.
> Ein dito Coulissen-Speisetisch für 14 Personen, 12 dito Stühle.
> Nußbaumene Bettstellen, Federmatrazen, seidene Kanapees, Fauteuils, Zimmerteppiche usw.

Ein Weinschrank, gut 300 Flaschen haltend, zum Verschließen.

> Bei Frau Wagner auf dem Gabler
> in Enge, neben Herrn Wesendonck.[125]

Am 17. August verläßt Wagner allein sein *Asyl*. Die Muse Mathilde hat ihre Schuldigkeit getan: *Die Walküre* ist komponiert – in der Partitur steht ›g. s. M.‹ = gesegnet sei Mathilde, und *Tristan und Isolde* ist im Entstehen.

Vor fünf Jahren hatte er Liszts Tochter, die 16jährige Cosima, zum ersten Mal gesehen. Dann, im August 1857, hatte sie mit ihrem Mann, Hans von Bülow, einen Teil ihrer Hochzeitsreise mit Wagner in Zürich verbracht. Jetzt, in Minnas Elendsherbst des Jahres 1858, schickt ihr die junge Frau von Bülow ein abgelegtes Kleid. Symbolisch? Bissig? Oder einfach wohlgemeint?

> Was mein altes graues Kleid anbetrifft, bin ich Ihnen beste Frau sehr dankbar einen so guten Gebrauch davon gemacht zu haben; ich dachte nicht, daß es zu was bessern dienen konnte als zum Treppen abwischen oder dergleichen und ich bin denn sehr stolz, daß es noch als Kleid fungieren wird.[126]

Wagner reist nach Italien, Minna zurück nach Deutschland. Der *Tristan* wird vollendet. Im November 1859 finden die Gatten nochmals zueinander. Später erleben sie den Pariser *Tannhäuser*-Skandal, doch im Sommer 1861 trennt man sich wieder. Er bittet sie, sich in das Unvermeidliche zu fügen. Das versucht sie, aber im Februar 1862 besucht sie ihn am Rhein. Sie hätte es besser bleiben lassen sollen, denn es ergeben sich die unerbaulichsten Szenen. Ihrer Tochter Natalie schreibt sie am 6. März:

> Richard schrieb mir nehmlich sehr empfindlich, daß er in Biebrich (ein gräßliches Nest) auf jeden Fall bleibe, um seine neue Oper[127] dort ungestört componiren zu können. Niemanden aber habe er, der ihm sein Leben etwas erleichtern und es ihm etwas bequem mache, er müsse sich mühsam ein paar Möbel zusammenborgen, um existieren zu können, kurz er wurde sehr bitter. Da faßte ich den kurzen Entschluß

und reiste hin ... Richard freute sich ungemein, als ich kam, er hätte mir vor Freude beinahe den Kopf abgerissen und war wirklich recht gut. Doch den folgenden Morgen beim Frühstück bekam er einen Brief von der Wesendonck und Alles war vorbei, ohne daß ich nur *ein* Wort sagte. Er tobte, brüllte ohne Grund, daß es mich nichts angienge, er könne correspondieren, mit wem er wolle, u. s. w. den folgenden Tag reisten wir mit der Familie Schott von Mainz nach Darmstadt, wo der *Rienzi* mit Niemann aufgeführt wurde, und kamen erst den darauffolgenden Tag wieder nach B. zurück. Wir saßen eben wieder beim ersten Frühstück, richtig, da kam schon wieder ein dicker Brief von diesem Luder, der W. an. Ich aber sagte wieder kein Wort darüber. Mein Richard jedoch fieng wieder an sich in eine wahre Berserker Wuth hineinzuschreien, ... Ich sagte, daß er mich schmähen könne, wie er wolle, ich würde ihm nichts antworten, so tobte er richtig dreiviertel Stunden fort, bis ich ihm endlich sagte, daß er das Recht einer Frau, welches ich allerdings aus Rücksicht für ihn und aus Bescheidenheit nie geltend gemacht hätte, gar nicht kenne, und daß ich mir allerdings diese Correspondenz von Gottes und des Rechtes wegen verbieten müßte, da sie einen so sichtlich schlechten Einfluß auf ihn ausübe. Dieses Alles sagte ich ruhig, obgleich mich beinahe der Schlag vor Aerger getroffen. Den darauffolgenden Tag ... kam ein Beamteter, der mir ankündigte, daß schon ein paar Tage eine Kiste dastünde, die mit der Post gekommen wäre. Ich meinte es gut, weil ich weiß, daß R. sich mit dergleichen nicht gerne befaßt, ich ließ also das Kistchen öffnen, in der Meinung, daß es Noten wären, um es zu verzollen, da war es aber wieder von diesem M weibe [Mistweibe] ein gesticktes Kissen, Thee, Eau de Câlange, eingewickelte Veilchen. Jetzt hatte ich natürlich wieder einen Skandal zu erwarten, der dann auch nicht ausblieb, ich mag es nicht wiederholen, was ich wieder hören mußte, trotzdem ich ihn himmelhoch bat, mir vor den Leuten die Schande nicht anzuthun.[128]

Wie eifersüchtig muß Minna gewesen sein, daß sie die Kiste aufbrechen ließ, und wie muß die arme Frau an seinen Nerven gezerrt haben, daß er sich so ereifern konnte.

Minna ist wieder in Dresden, aber Sorgen gibt es überall für sie. Natalie, sich noch immer als jüngere Schwester wähnend, findet keinen Mann. Minna rät ihr:

> Dresden, 6. März 1862
> Sollte Dein Türke sich bis Herbst nicht erklärt haben, so erklärt er sich *nie*. Dann kommst Du zu mir und es wird schon gehen. Du giebst zuviel auf ein paar freundliche Worte, ... Doch das will nichts sagen. Dahinter steckt niemals Ernst, ist nichts als Geschwätz um zu hören, wie es mit den Moneten steht. Du bist für T. doch etwas zu alt und ein großes Glück ist es auch nicht, einen Mann mit 320 Thr. Gehalt zu bekommen. Du verstehst das Geld lange nicht genug zusammen zu nehmen. Indessen, wenn Du ihn liebst, würdest Du auch das lernen. Ziere Dich nur nicht, meine gute Natalie, schneide nicht solche häßliche Gesichter, sonst bekommst Du selbst diesen armen Schlucker nicht.[129]

Der arme Schlucker sucht das Weite, und Natalie fährt fort, häßliche Gesichter zu schneiden.

Im Juni 1862 ersucht Wagner den gemeinsamen Freund und Hausarzt, Dr. Pusinelli, bei Minna anzufragen, was sie von einer Ehescheidung halte. Minna ist entsetzt:

> Chemnitz, 16. Juni 1862
> Mein Herz schlug im Galopp, daß ich lange brauchte, ehe ich wieder etwas ruhig wurde. Sie werden mich gewiß entschuldigen, wenn ich nicht nach Dresden komme, was ich vor acht Tagen noch verhieß. Ich bin noch immer nicht kräftig genug, diese kleine Reise jetzt schon wieder zu unternehmen, am allerwenigsten aber eine Besprechung oder Beratung in Bezug Richards, was er über mich verhängt haben mag, zu pflegen ...
> Ich habe Richard wiederholt schon vor Jahren gebeten, er soll machen, was er will, korrespondieren, mit wem er will,

er soll mich nur nicht kränken und menschlich behandeln. Mehr verlange ich nicht und weniger kann ich nicht verlangen...

Meine Antwort auf Richards mögliche Anträge sind diese: Will er eine gänzliche Scheidung, so sage ich Nein. Er soll sich gedulden, bis Gott uns scheidet. Trennung? – er hat sich ja schon getrennt, da ich seit Jahren allein in der Welt herumgestoßen werde. Er kann nach Dresden kommen, wann er will, er soll dann stets sein Asyl finden. Daß ich alles über mich ergehen lasse, bei seinen Zornesausbrüchen schweige, habe ich bewiesen. Folglich soll es bei der Abmachung bleiben, daß er zeitweise zu mir nach Dresden kommen soll und das kann, wenn er will. –

Sie, teurer Freund, bitte ich, ... ihm meine Meinung mitzuteilen und etwas Milde gegen seine alte Lebensgefährtin anzuraten, die ich wohl auch verdient habe. Leben Sie wohl, tausend herzliche Grüße Ihnen und den lieben Ihrigen, besonders Ihrer Frau von Ihrer dankbar ergebenen Freundin M. Wagner.

Entschuldigen Sie meine Schrift. Ich zittere...[130]

Wenn Minna sich nicht scheiden lassen will, dann soll wenigstens die Korrespondenz aufhören. Die gegenseitigen Briefe, Beschuldigungen, vergeblichen Erklärungen machen beide krank, wie er Natalie zu verdeutlichen sucht:

Penzing, 20. 6. 1863

Glaube mir, gute Natalie, seit Jahr und Tag blutet mir das Herz: denn klar und deutlich sehe ich, daß ich mit Minna nicht mehr zusammen leben kann...

Gewiß, ich hasse Minna nicht: ich möchte ihr wohlthun so viel ich kann; aber die Verschiedenheit ist zu groß, und die Zerspaltung durch traurige Erlebnisse ist so offen, daß kein Versuch, sich darüber zu täuschen, glücken kann. So muß ich mich denn nun fragen, zu was ferner es gut sein kann, daß ich die arme Frau in einer Ungewißheit erhalte, die ihr und mir Pein macht? Selbst unsre Briefe können nie ganz harmlos sein: irgend etwas muß immer dem Misverständniss dienen und Erklärungen hervorrufen, welche immer wieder beunruhigen. Ich muß ernstlich glauben, es ist besser auch damit aufzuhören. Wenn ich diess sage, so sei gewiß, daß es mich schreckliche Ueberwindung kostet, und daß mein Herz mehr unter dieser anscheinenden Härte leidet, als Ihr Alle Euch gewiß denken werdet. Besser aber, ich behalte meine Weichheit für mich: wende ich sie Minna zu, so bringt diess nur neue Verwirrung hervor...

Sie ist unbedingte Besitzerin und Eigenthümerin aller der Sachen, die sie gegenwärtig bei sich hat: sie soll darüber schalten und walten, wie sie Lust hat...

Ich werde *nie daran denken, mich von ihr scheiden zu lassen*. Ich werde allein bleiben, und Niemand soll ihren Platz einnehmen. –[131]

Die beiden Unwahrheiten am Ende sind schmerzlich.

Minna muß noch zweieinhalb Jahre aushalten. Doch im Februar 1864 gelingt es Wagner endlich, ihr aufrichtig zu schreiben, wie es um ihre Ehe seit je bestellt war:

Das Leben ist so ernst und so furchtbar schwer: wer sagt immer klar, was das Rechte zu thun ist? Arme Minna! Das Schicksal hat Dich an einen der seltsamsten Menschen gebracht. Täglich mache ich die Erfahrung mehr, wie wenig ich eigentlich begriffen werde, wie allein und verlassen ich stehe! Welch Wunder, daß Du sehr darunter zu leiden hast. –[132]

Hier spricht Wagner, der Verstehende. In seinen Werken begreift er die diffizilsten Eigenheiten seiner Gestalten. Im Privatleben ist es ihm selten besser gelungen als hier.

Vielleicht tat es Minnas strapaziertem Herzen wohl, wenn andere ihr Leiden an Wagner ihr klagten. Cäcilie, Wagners Halbschwester, ist seit Jahren von ihm vernachlässigt. Sie schreibt im Oktober 1864 an Minna:

Habe vielen herzlichen Dank über die Nachrichten die Du mir Richard betreffend mitgetheilt hast. Ich freue mich, daß er nicht krank ist, aber Vieles was Du mir in Bezug über seinem Leben und Treiben mittheilst hat mich grade nicht erfreut. So daß z. B. die Bülowsche Sippschaft richtig auch nach München zieht, da fühle ich ganz mit Dir, daß sein Stern bald wieder erbleichen wird, denn dieses Volk trägt doch entschieden nur zu seinem unsittlichen Wesen, wie überhaupt zu seinem Unglück bei...

Seine Arroganz wird aber noch toller werden durch diese Bülows die ihn noch darin bestärken. Bülow selbst ist ja auch ein unverschämter Lümmel – ich habe den Kerl nie riechen können...

Sage doch, liebe Minna, schreibst Du ihm denn garnicht mehr?... Ja, ja, sein Herz scheint todt zu sein! Wie schade um ihn, denn er hatte ja einst ein so gutes, weiches Herz.[133]

Cäcilie hat recht. Er hatte einst ein gutes, weiches Herz. Aber sie hat auch unrecht. Das Herz ist nicht tot. Seine leidenschaftlichen Schläge werden noch *Die Meistersinger, Siegfried, Götterdämmerung* und *Parsifal* erwecken.

Noch ganz kurz vor ihrem Tod muß die geplagte Frau sich mit Pressegerüchten abgeben. Sie dementiert:

Der Wahrheit die Ehre
In Folge eines irrthümlichen Aufsatzes in dem *Münchner Weltboten,* erkläre ich der Wahrheit getreu hiermit, daß ich bis jetzt von meinem abwesenden Mann Richard Wagner eine Sustentation erhielt, die mir eine anständige sorgenfreie Existenz verschafft.
Frau Minna Wagner geb. Planer
Dresden 9. Januar 1866[134]

Am 25. Januar stirbt sie. Wagner ist in Marseille und kann oder mag nicht zum Begräbnis kommen. In ihrem Testament heißt es:

> Da ich weder Abkömmlinge, noch zur Erbschaft berufene Personen in aufsteigender Linie hinterlasse, insbesondere in Folge des von meinem Ehegatten dem Componisten Richard Wagner, ausgesprochenen unbedingten Verzichtes auf jeden Anspruch auf meinen dereinstigen Nachlaß, in der Verfügung über letzteren völlig unbeschränkt bin, setze ich hiermit als Erbin meines gesammten Nachlasses, es bestehe derselbe worin er nur immer wolle, meine geliebte Schwester Natalie Planer ein.[135]

Das Schwester-Tochter-Versteckspiel vor der Welt wird also noch postum weitergespielt.

Auch Minna ergeht es nach ihrem Tode, wie es sogar Mathilde Wesendonck widerfährt: in Cosimas Tagebüchern wird Minna verunglimpft.

> 15. August 1870
> Abends bringt das Gespräch uns auf Minna, die erste Frau R.'s; einige Mitteilungen von Frl. Meysenbug hatten mich da in einen völligen Abgrund von Gemeinheit blicken lassen.[136]

> 1. Oktober 1870
> Gestern las er mir aus seiner Biographie etwas vor, und ich mußte über die Schamlosigkeit seiner Frau, ihm gegenüber, erbeben.[137]

> 29. Juli 1878
> Von der anmutigen Melodie, die noch jetzt R. erfreut, geht R. zu anderen Erinnerungen über, traurigen; wie »schlecht« Minna gewesen sei, als sie in Dresden ihr Zusammenkommen mit R. nur dazu gebraucht hätte, um mit ihm zum Landesgericht zu gehen und gegen die Einsiedels einen Alimentations-Prozeß für Nathalie einzuleiten, der Mangel an Zartgefühl erschrickt noch jetzt R., während seine Güte ihn damals, und nachdem sie ihn verraten, es gleichsam übersehen ließ.[138]

Gutgemeintes und Schlechtgemeintes auf allen Seiten. Das Leben hatte Wagner zu unerhörten Höhenflügen ausersehen. Minna sah ihn als populären, gut verdienenden Komponisten und Kapellmeister; was ihr kaum zu verargen ist, denn die Dresdener *Rienzi*-Zeit versprach ihr genau das. Doch mag der Adler nicht ständig daran erinnert werden, daß er einmal zu schwach zum Fliegen war.

Die Wunderfrau

Für Mathilde Wesendonck findet Natalie ausgewählte Kosenamen. »Diese nichtswürdige Creatur«[139], »diese aalglatte kalte Schlange«[140], »dieses pflichtvergessene kokette herzlose Geschöpf«[141], so heißt es in Natalies Briefen an die Biographin Mrs. Burrell. Das Haus der Wesendoncks nennt sie den »Zauberpalast der Oberteufelin«[142].

Mrs. Burrell korrespondiert mit beiden Damen, um Dokumente und Details für ihr Buch zu erhalten. Natalie sucht ihre Minna, die schwesterliche Mutter, in das günstigste Licht zu stellen. In ihrem Brief an Mrs. Burrell vom 24. November 1892 erhitzt sie sich mehr, als ihrem Blutdruck guttut:

> Ja, hochverehrte Frau, von all diesen teuflischen Nichtswürdigkeiten, die man, so wohlüberlegt und schlau, Minna bereitet, hat Ihnen dieses gefeierte lammfromme süße Teufelchen, dieses holde Mathildchen wohlweislich nichts erzählt, um sich nicht vor ihren Augen die Krone der Unvergleichlichkeit vom Haupte[143] zu reißen.

Wie teuflisch war Mathilde?

19jährig hat sie den erfolgreichen Kaufmann Otto Wesendonck geheiratet. 1852 begegnet Wagner dem Ehepaar in Zürich. Fünf Jahre später wird ihm das *Asyl* auf dem grünen Hügel überlassen. Er ist 44, Mathilde ist 29. Im Januar 1857 schickt sie Minna ihren Willkommensgruß:

> O möge dieses Häuschen ein wahres Asyl des Friedens und der Freundschaft sein, eine heilige Stätte inmitten einer

Welt voll Neid und Haß und Mißgunst, eine sichere Zuflucht vor allen Sorgen und Mühsalen dieser Erde! Könnte ich dem Häuschen diesen Segensspruch ertheilen, daß nur Schönes, Gutes und Liebes in ihm weilen dürfe, damit seinen Bewohnern die Ruhe und der Friede niemals getrübt werde! ... Ich selbst kann kaum die Zeit erwarten, bis ich mit Ihnen hin kann, und im Geiste habe ich mir Ihre Zimmer dort schon distribuirt... Nun leben Sie für heute wohl! Wie freue ich mich, Sie bald wiederzusehen und mich mit eigenen Augen zu überzeugen, daß Sie der Besitz des Häuschens glücklich macht. Den Namen dafür muß Wagner ausfindig machen. Er hat schon so manchen schönen Namen geschaffen, daß es ihm auch hier nicht fehlen kann. Die Taufe feiern wir zusammen. Adieu, tausend Grüße an Sie und Wagner, und die Versicherung meiner innigsten Freundschaft
Ihre Mathilde Wesendonck[144]

Knappe 16 Monate sind Wagner im *Asyl* beschieden. Am *Siegfried* wird weitergearbeitet und dann ausgesetzt, denn *Tristan* ruft nach seinem Schöpfer. Fünf Lieder zu Mathildes Versen entstehen, *Der Engel, Träume, Schmerzen, Sausendes, brausendes Rad der Zeit* und *Im Treibhaus*. Doch im April 1858 kommt es zur Katastrophe im Asyl. Wagner schickt einen Brief durch den Boten an Mathilde. Die unglückselige Minna fängt Boten und Brief ab. Diesem ergeht es wie dem Kistchen in Biebrich, er wird von ihr geöffnet:

Vorgestern Mittag trat ein Engel zu mir, segnete und labte mich; das machte mich so wohl und heiter, daß ich am Abend ein herzliches Bedürfniß nach Freunden empfand, um ihnen an meinem inneren Glücke Antheil zu gönnen; ich wußte, ich wäre recht lieb und freundlich gewesen. Da höre ich, daß man in Deinem Hause meinen Brief sich nicht an Dich abzugeben getraute, weil De Sanctis bei Dir sei ... Der Glückliche – der hat sie jetzt mir fern gehalten! Und durch welche Gabe? Nur durch ihre Geduld. Ich konnt' es ihm nicht verdenken, es mit Dir so ernst zu nehmen; ein jeder nimmt es ja so ernst, der mit Dir zu thun hat! Wie ernst nehm' ich's doch! bis zur Qual für Dich! ... Am Morgen ward ich nun wieder vernünftig, und konnte recht herzinnig zu meinem Engel beten; und dieß Gebet ist Liebe! Liebe! Tiefste Seelenfreude an dieser Liebe, der Quelle meiner Erlösung! Nun kam der Tag mit seinem üblen Wetter, die Freude auf Deinen Garten war mir versagt; mit der Arbeit wollt' es noch nicht gehen. So war mein ganzer Tag ein Kampf zwischen Mismuth und Sehnsucht nach Dir; und wenn ich mich so recht herzlich nach Dir sehnte, kam mir immer unser langweiliger Pedant dazwischen, der Dich mir raubte, und ich konnte mir nicht anders gestehen, als daß ich ihn haßte ... Aber recht kleinlich war es doch ...

Was fasle ich da für dummes Zeug! Ist's die Lust, allein zu reden, oder die Freude, zu Dir zu reden? – Ja, zu Dir! Aber sehe ich in Dein Auge, dann kann ich doch nicht mehr reden; dann wird doch Alles nichtig, was ich sagen könnte! Sieh, dann ist mir Alles so unbestreitbar wahr, dann bin ich meiner so sicher, wenn dieses wunderbare, heilige Auge auf mir ruht, und ich mich hinein versenke! Dann giebt es eben kein Object und kein Subject mehr; da ist Alles Eines und Einig, tiefe unermeßliche Harmonie! O, da ist Ruhe, und in der Ruhe höchstes, vollendetes Leben! O Thor, wer sich die Welt und Ruhe von da draußen gewinnen wollte! Der Blinde, so hätte er Dein Auge nicht erkannt, und seine Seele nicht in ihm gefunden! Nur Innen, im Innern, nur in der Tiefe wohnt das Heil! – Sprechen und mich erklären kann ich auch gegen Dich nur noch, wenn ich Dich nicht sehe, oder Dich nicht sehen – darf. – Sei mir gut, und vergieb mir mein kindisches Wesen von gestern: Du hast es ganz richtig so genannt! – Das Wetter scheint mild. Heut' komm' ich in den Garten; sobald ich Dich sehe, hoffe ich einen Augenblick Dich ungestört zu finden! – –

Nimm meine ganze Seele zum Morgengruße! – –[145]

Für zwei Augen bestimmt, findet der Brief nun sechs, denn Minna macht beide Wesendoncks mit seinem Inhalt bekannt. Sicherheitshalber schreibt sie auch ihren eigenen Scheidebrief an Mathilde:

Geehrte Frau!

Mit blutendem Herzen muß ich Ihnen vor meiner Abreise noch sagen daß es Ihnen gelungen ist meinen Mann nach beinahe 22jähriger Ehe von mir zu trennen. Möge diese edle That zu Ihrer Beruhigung, zu Ihrem Glück beitragen.

Es ist mir leid, daß Sie mich, durch sehr gehässige Äußerung über mich, zwingen, Ihnen eine wörtliche Abschrift jenes verhängnissvollen Briefes, den mein Mann an Sie zu richten sich erlauben durfte, vorzulegen wo ich mich nach Durchlesung endlich entschloß zu Ihnen zu gehen um mich in *Freundschaft* zu besprechen.

Mögen Sie sich nun selbst fragen was Sie darin an meiner Stelle gethan haben würden. Fest überzeugt daß Sie meine noble gute Absicht nicht verkannt als ich das letzte Mal Sie sah in Bezug meiner Besprechung mit Ihnen, leider aber mußte ich nur zu bald erfahren, daß Sie mein Vertrauen mißbraucht und einen ganz gewöhnlichen Klatsch daraus gemacht hatten. Sie hetzten meinen Mann wiederholt gegen mich auf und verklagten mich sogar ungerecht und unvorsichtig bei Ihrem guten Mann an. Bei meiner Zurückkunft nach dreimonatlicher Abwesenheit erklärte mir mein Mann daß ich mit Ihnen mich in persönlichen Verkehr setzen müßte. Ich gab nach einigen Exzessen auch nach, wollte den Mantel der Vergessenheit über das Vorgefallene decken; nur ein abscheuliches Gerede welches entstanden sein sollte niederzuschlagen und aufrichtig gestanden nur das Asyl zu erhalten doch vergebens, es war jedenfalls zu spät – Sie wollten es nicht und Sie hatten recht daran gethan, es ist das Einzige wofür ich Ihnen zu danken vermag.

Nun wird Wagner auch wieder arbeiten von der er was mich sehr schmerzte lange Zeit so schmählich abgehalten wurde.

Wie ich in letzter Zeit noch erfahren mußte, dies der einzige Wunsch einer unglücklichen Frau.

M. Wagner[146]

Wagner reist – ohne Minna – nach Venedig, wo der zweite *Tristan*-Akt vollendet wird. Mathilde und das Asyl waren vonnöten für den Beginn dieses Wunderwerkes. Von jetzt an geht es auch ohne Paradies und Wunderfrau. Auf die Stimmung allein kommt es an. Diese schafft sich Wagner zuweilen durch Abgeschlossenheit von der Welt, mit Hilfe kostbarer Wand- und Fensterbehänge, gedämpften Lichts, Parfüms, körpernaher Seide – Lockrufe an die Inspiration. Doch jetzt genügt ihm Mathildes Bild in seiner Seele. Dieser zweite *Tristan*-Akt hat es in sich, mit seinem unauslotbaren Liebesnachtduett. So etwas kann nur der in Angriff nehmen, der vom Taumel der Musik wie der Liebe besessen ist. Schafft Mathilde den Taumel, oder schafft der Taumel Mathilde? Hier waltet eine Wechselwirkung, die Geburtshelferin des schöpferischen Aktes. Im Taumel wurde der erste Akt geschaffen, und diesen Rauschzustand rettet Wagner sich nach Italien hinüber. So wie er dichtet und komponiert, so schreibt er noch seine Briefe an die ferne Geliebte. Doch was sind das für Briefe? Sie stehen im Tagebuch, das er in Venedig und Luzern führt. Zwischen August 1858 und April 1859 schreibt er ihr 33 Tagebuchbriefe. So bewahrt er sich das Bild der Wunderfrau und den Rauschzustand, den sie und der sie hervorrief.

Eintragung am 21. August 1858, vier Tage nach der Flucht aus dem Asyl:

> Die letzte Nacht im Asyl legte ich mich nach 11 Uhr ins Bett: andren Morgens um 5 Uhr sollte ich abreisen. Ehe ich die Augen schloß, ging es mir lebhaft durch die Seele, wie ich mich sonst immer an dieser Stelle in Schlaf gebracht durch die Vorstellung, eben da würde ich einst sterben: so würde ich liegen, wenn Du zum letzten mal zu mir trätest, wenn Du offen vor Allen mein Haupt in Deine Arme schlössest, und mit einem letzten Kusse meine Seele empfängest! Dieser Tod war mir die holdeste Vorstellung, und sie hatte sich ganz an der Localität meines Schlafzimmers ausgebildet: die Thüre nach der Treppe zu war geschlossen, Du tratest durch die Gardine des Arbeitszimmers; so schlangest Du Deinen Arm um mich; so auf Dich blickend starb ich. –[147]

Tristan und Isolde
Isolde heftet das Auge auf Tristans Leiche:
> *Mild und leise*
> *wie er lächelt,*
> *wie das Auge*
> *hold er öffnet –*
> *seht ihr's, Freunde?*
> *Säht ihr's nicht?*
> *Immer lichter*
> *wie er leuchtet,*
> *Stern-umstrahlet*
> *hoch sich hebt?*
> ...
> *In dem wogenden Schwall,*
> *in dem tönenden Schall,*
> *in des Welt-Atems*
> *wehendem All –,*
> *ertrinken,*
> *versinken –,*
> *unbewußt –,*
> *höchste Lust!*

Isolde sinkt sanft auf Tristans Leiche.[148]

Eintragung am 3. September 1858:

Dich mir erhalten, heißt mich meiner Kunst erhalten. Mit ihr – Dir zum Troste leben, das ist meine Aufgabe, diess stimmt mit meiner Natur, meinem Schicksale, meinem Willen, – meiner Liebe. So bin ich Dein; so sollst auch Du durch mich genesen! Hier wird der Tristan vollendet – allem Wüthen der Welt zum Trotz. Und mit ihm, darf ich, kehre ich dann zurück, Dich zu sehen, zu trösten, zu beglücken! So steht es vor mir, als schönster heiligster Wunsch. Nun wohlan! Held Tristan, Heldin Isolde! helft mir! helft meinem Engel! Hier sollt ihr ausbluten, hier sollen die Wunden heilen und sich schließen. Von hier soll die Welt die erhabene, edle Noth der höchsten Liebe erfahren, die Klagen der leidenvollsten Wonne.[149]

Eintragung am 31. Oktober 1858:

Alles ist Wahn! Alles Selbsttäuschung! Wir sind nicht gemacht, uns die Welt einzurichten. O Du lieber lautrer Engel der Wahrheit! Sei gesegnet für Deine himmlische Liebe! O ich wußte Alles! Welche bange Tage habe ich verlebt! Welche wachsende tiefe Beklemmung! Die Welt stockte mir: und athmen konnte ich nur noch, wenn ich Deinen Athem fühlte. – O mein süßes, süßes Weib! Ich kann Dich heut' nicht trösten, ich armer, trauriger, zerbrochener Mann! Auch nicht Balsam kann ich Dir geben und – »Heilung« habe ich ja nicht für Dich?? Wie sollte ich Dir Heilung geben können? Meine Thränen fließen in bittren, reichen Strömen –: sollten die Dich heilen können? – Ich weiß, es sind die Thränen der Liebe, die noch nie so geliebt wurde: in ihnen strömt mir aller Jammer der Welt. Und doch, die einzige Wonne, die ich heute, jetzt empfinden möchte, geben sie mir; sie geben mir eine tief, tief innere Gewißheit, ein unveräußerliches, unentreißbares Recht. Es sind die Thränen meiner ewigen Liebe zu Dir. Könnten sie Dich heilen?[150]

Eintragung am 1. Januar 1859:

Ach, noch athme ich ihn, den zauberischen Duft dieser Blumen, die Du mir von Deinem Herzen brachest: das waren nicht Keime des Lebens; so duften die Wunderblumen des himmlischen Todes, des Lebens der Ewigkeit. So schmückten sie einst die Leiche des Helden, ehe sie zu göttlicher Asche gebrannt wurde; in dieses Grab von Flammen und Wohldüften stürzte sich die Liebende, um ihre Asche mit der des Geliebten zu vereinigen. Nun waren sie Eines! Ein Element! Nicht zwei lebende Menschen: ein göttlicher Urstoff der Ewigkeit![151]

Tristan und Isolde
So stürben wir,
um ungetrennt,

> *ewig einig*
> *ohne End',*
> *ohn Erwachen,*
> *ohn Erbangen,*
> *namenlos*
> *in Lieb' umfangen,*
> *ganz uns selbst gegeben,*
> *der Liebe nur zu leben!*[152]

Was Mathilde ihm war, und was der *Tristan* ihrem Dasein zu verdanken hat, steht in den Skizzen zum ersten Akt, die Mathilde von ihm schon zu Silvester 1857 empfangen hatte:

> *Hochbeglückt,*
> *schmerzentrückt,*
> *frei und rein*
> *ewig Dein –*
> *was sie sich klagten*
> *und versagten,*
> *Tristan und Isolde,*
> *in keuscher Töne Golde,*
> *ihr Weinen und ihr Küssen*
> *leg' ich zu Deinen Füßen,*
> *daß sie den Engel loben,*
> *der mich so hoch erhoben!*
>
> R. W.[153]

Jetzt steckt Wagner im dritten Akt. Wenn es zuweilen nicht recht vorwärtsgehen will, wird ein seltsames Stimulans angewendet – Zwieback. Aber kein gewöhnlicher, sondern der von Mathilde sorgsam gestiftete:

> Kind! Kind! Der Zwieback hat geholfen; er hat mich mit einem Ruck über eine böse Stelle hinweggebracht, über der ich seit acht Tagen stockte und nicht weiter konnte...
> Wie der Zwieback kam, merkte ich nun, was mir gefehlt hatte: mein Zwieback hier war viel zu sauer, dabei konnte mir nichts vernünftiges einfallen; aber der süße, altge-

> wohnte Zwieback, in Milch getaucht, brachte auf einmal alles wieder in's rechte Geleise. Und so warf ich die Ausarbeitung bei seite, und fuhr im Componiren wieder fort, bei der Geschichte von der fernen Ärztin. Jetzt bin ich ganz glücklich: der Übergang ist über alle Begriffe gelungen, mit einem ganz wunderbaren Zusammenklang zweier Thema's. Gott, was der richtige Zwieback nicht Alles kann! – Zwieback! Zwieback! du bist die richtige Arzenei für verstockte Componisten, – aber der rechte muß er sein! – Jetzt habe ich schönen Vorrath davon; wenn Sie merken, daß er ausgeht, sorgen Sie nur ja von Neuem: ich merke, das ist ein wichtiges Mittel! ... Herr Gott! Zwieback!![154]

Mathilde schickt emsig weitere Vorräte, mehr als er verzehren kann. Das Schicksal des Zauberlehrlings macht ihn bange. Im Juni schreibt er ihr:

> Viele schöne Zwiebacke kamen gestern an: mein Hausstand wächst dadurch in's Ungeheure; wie soll das einmal mit all' den Schachteln werden? Wir müssen da etwas ausdenken. –[155]

Doch Mathilde ist keineswegs nur Versorgerin. Sie erhält weiterhin die Bekenntnisse seines Herzens. Man lese mit Sorgfalt, was er ihr am 24. August 1859 aus Luzern schreibt. Es ist ein aufschlußreicher Brief, ein Credo:

> Aber Kind, was giebt Ihnen ein, in mir einen »Weisen« sehen oder wünschen zu wollen? Ich bin ja das tollste Subject, das man sich vorstellen kann? Nach dem Maasstabe eines weisen Mannes gemessen, muß ich geradesweges verbrecherisch erscheinen, und zwar grade, weil ich so vieles und manches weiß, und namentlich auch weiß, daß Weisheit so wünschenswerth und vortrefflich ist. Aber das giebt mir ja wieder den Humor, der mir andrerseits über Abgründe hinweghilft, die der weiseste gar nicht einmal gewahr wird. Dafür bin ich eben Dichter, und – was viel schlimmer ist, – Musiker. Nun denken Sie meine Musik, die mit ihren fei-

nen, feinen, geheimnissvoll-flüssigen Säften durch die subtilsten Poren der Empfindung bis auf das Mark des Lebens eindringt, um dort Alles zu überwältigen, was irgend wie Klugheit und selbstbesorgte Erhaltungskraft sich ausnimmt, Alles hinwegschwemmt, was zum Wahn der Persönlichkeit gehört, und nur den wunderbar erhabenen Seufzer des Ohnmachtsbekenntnisses übrig läßt –: wie soll *ich* ein weiser Mann sein, wenn ich nur in solch rasendem Wahnsinn ganz zu Hause bin?

Aber ich will Ihnen etwas sagen. Zum Delphischen Tempel wanderten aus aller Welt Enden Fürsten und Völker, um Aufschluß über sich zu erhalten. Die Priester waren die Weisen, die ihnen diese Aufschlüsse ertheilten, aber sie selbst gewannen sie erst von der Pythia, wenn diese auf dem Dreifuß der Begeisterung bis zum wildesten Krampfe in Verzückung gerieth und mit Wunderstöhnen die Götteraussprüche verkündete, welche die weisen Priester eben nur in die verständliche Sprache der Welt zu übersetzen hatten. – Ich glaube, wer einmal auf dem Dreifuße saß, kann nicht wieder Priester werden: er stand dem Gott unmittelbar nahe. –[156]

So sitzt er, Richard Wagner, Künstler und Verzückter, auf dem Dreifuß. So schafft er seine Werke angesichts der Gottheit. Wie Prometheus hängt er sein Herz an Menschenwesen, die seine Verzückung eine Weile teilen dürfen. Wenn er sie fallenläßt – denn der Rauschzustand will keine dauernden Bindungen –, so fallen sie wie Luzifer, diese Menschenwesen.

Schon seit einiger Zeit unterdrückt er das traute *Du* in seinen vielen Briefen an Mathilde. Die Zeit tut das ihrige, und bald ist es ihm möglich, sie zu necken und vielleicht sogar zu verwunden, wenn er mit neuen Frauenbekanntschaften renommiert:

> 12. Dezember 1861 (Paris)
> Sie frugen mich nach meinem Frauenumgang? Ich habe manche Bekanntschaft gemacht, bin aber mit keiner auch nur in Gewohnheit getreten. Madame Ollivier ist sehr begabt und sogar von blendendem Naturell, wie wohl sanf-

ter als ihre Schwester... Da ist u. a. eine alte, demokratische alte Jungfer, ein Fräulein von Meysenbug, die gegenwärtig als Gouvernante russischer Kinder sich hier aufhält. Sie ist unglaublich garstig, hatte aber, als sie mir zugeführt wurde, das für sich, daß ich vor Zeiten in London sie auf Weltbeglückungsergießungen in einem Anfall böser Laune einmal sehr schlecht behandelt habe. Diese Erinnerung rührte mich nun, und sie befindet sich unter den Wirkungen meiner Reue jetzt wohler in meiner Nähe.

Aus der sogenannten höheren Welt hat diesmal eine Dame, die ich bereits früher oberflächlich kannte, mir größere Aufmerksamkeit abgewonnen, als eben zuvor: dies ist Gräfin Kalergis... Über Fürstin Metternich äußerte ich mich schon einmal. Sie ist jedenfalls ein wunderliches Geschöpf; man sagt mir, sie soll hinreißend tanzen und mit einem ganz originellen Akzent singen. Letzthin frug sie mich, ob ich nicht Fugen geschrieben hätte? Sie spiele so gern welche! Ich sah sie groß an... Frau v. Pourtalés, Preußische Gesandtin, scheint nicht ohne Tiefe zu sein und jedenfalls einen edlen Geschmack zu haben. Eine ganz kernige Natur habe ich in der Frau des sächsischen Gesandten, Frau von Seebach, entdeckt. Sie ist sehr häßlich und grob im Äußeren. Ich war von einem gewissen zarten Feuer überrascht, das hier unter der Lava glimmt. Sie begriff nicht, wie jemand die ungeheure Glut meiner Konzeptionen übersehen könne und hielt es für bedenklich, ihre junge Tochter mit in den Tannhäuser zu nehmen...

Ach! Kind – lassen wir das alles! Und glauben Sie mir, man schleppt sich eben nur so durch, mühsam, mühsam – und gibt sich kaum gern davon Rechenschaft, wie mans tut. Alles Wünschen ist eitel: Tun und sich plagen ist das einzige, worüber man sein Elend vergißt.[157]

Etwas lauwarm ist die Luft, die aus seinem Pariser Brief vom Dezember 1861 weht. Er schreibt über seine *Meistersinger* im Resignationston des vielgeprüften Schusterpoeten:

Das Leben und Alles, was sich darauf bezieht, hat gar keinen Sinn mehr für mich. Wo? und wie? – ist mir gränzenlos gleichgültig. Arbeiten will ich: nichts weiter mehr! – Dann auch Ihnen eben kann ich nur noch ganz für mich etwas sein. Das weiß ich, und das wissen Sie auch! Das Gräßliche, Letzte ist überstanden: Venedig, die Rückreise und die darauffolgenden drei Wochen – schrecklich! – sind hinter mir! – Nun guten Muth! 's muß gehen! –

Ich will Ihnen oft 'was von meiner Arbeit schicken. Was werden Sie für Augen machen zu meinen Meistersingern! Gegen *Sachs* halten Sie Ihr Herz fest: in den werden Sie sich verlieben! Es ist eine ganz wunderbare Arbeit ... Ja, dazu muß man im Paradies gewesen sein, um endlich zu wissen, was in so etwas steckt! – Von meinem Leben erfahren Sie immer nur das Nothwendigste – Äußerlichste. Innerlich – seien Sie das versichert! – geht *gar nichts* mehr vor; nichts als Kunstschöpfung. Somit verlieren Sie gar nichts, sondern das einzige Werthvolle erhalten Sie, meine Arbeiten. Aber auch sehen wollen wir uns dann und wann. Nicht wahr? Dann ohne allen Wunsch! Somit auch gänzlich frei! – So! Das ist ein merkwürdiger Brief! Sie glauben nicht, wie leicht es mir nun ist zu wissen, daß Sie wissen, daß ich weiß, was Sie lang wußten! –[158]

Es lockt zu neuen Begegnungen mit weiblichen Wesen. Da ist eine zweite Mathilde. Das etwas schwerhörige Fräulein Maier aus Mainz ist jung und attraktiv. Es behagt ihr in der Gegenwart des fast 50jährigen, doch tiefergehende Intimitäten lehnt sie ab. Dann gibt es Friederike Meyer, die weltgewandte Schauspielerin, und Cosima bewegt sich von Wagners Horizont zu seinem Herzen. Aber die erste Mathilde ist vorerst kaum ersetzbar. 1858 mußte er sie verlassen. Jetzt, 5 Jahre später, schreibt Mathilde Wesendonck ein Gedicht zu Wagners 50. Geburtstag, den 22. Mai 1863:

> Ich hab' ein Grab gegraben
> und legt' meine Liebe hinein,
> und All' mein Hoffen und Sehnen
> und Alle meine Thränen

> und All' meine Wonne und Pein.
> Und als ich sie sorglich gebettet –
> da legt' ich mich selber hinein.[159]

Hat ihn Mathildes trauriges Gedicht bewegt? Seiner platonischen Freundin und Vertrauten, der älteren Frau Eliza Wille, offenbart er, was in ihm vorgeht, jedenfalls am 5. Juni 1863 vorgeht:

> Wie mir's um das Herz ist, kann ich ihr aber nicht schreiben, ohne Verrath an ihrem Manne zu begehen, den ich innig schätze und werth halte. Was ist da zu thun? Ganz in meinem Herzen verheimlicht kann ich's auch nicht halten: *ein* Mensch wenigstens muß wissen, wie es mit mir steht. Drum sag' ich's Ihnen: sie ist und bleibt meine erste und einzige Liebe! Das fühl' ich nun immer bestimmter. Es war der Höhepunkt meines Lebens: die bangen, schön beklommenen Jahre, die ich in dem wachsenden Zauber ihrer Nähe, ihrer Neigung verlebte, enthalten alle Süße meines Lebens... Ach, Theuerste! Man liebt doch nur einmal, was auch Berauschendes und Schmeichelndes das Leben an uns vorbeiführen mag: ja, jetzt erst weiß ich ganz, daß ich nie aufhören werde, sie einzig zu lieben.[160]

So schreibt er. Aber er weiß auch, daß Wiederbelebungsversuche in der Liebe klüglich unterbleiben sollten. Und was den menschlichen Wahn betrifft, so gilt es, sich von ihm zu befreien. *Wahnfried* wird ja auch sein Bayreuther Haus einmal heißen, und Cosima wird ihm helfen, seine Vergangenheit zu bewältigen. Manches Unergötzliche wird da über Mathilde, seine »erste und einzige Liebe«, den »Höhepunkt seines Lebens« abgeredet:

> Ich schreibe an Frau Wesendonck und frage R., ob er mit dem Brief zufrieden; dieser meint, es sei zu viel, er habe auch poetisch dieses Verhältnis verschleiert, um dessen Trivialität nicht zuzugeben, doch sei ihm selbst das Poetische erstorben, und er würde nicht gerne daran erinnert. Er meint, ich würde eine unschöne Antwort bekommen, ich glaube es aber nicht...[161]

Frau Wesendonck schickt mir ihren *Friedrich der Große;* R. tadelt durchaus, daß Frauen sich so auf den Markt bringen, und findet darin ein Zeichen von Geschmacklosigkeit.[162]

Ich danke Frau W. für die Zusendung ihres Buches; ich vermeide es, das Buch selbst zu loben, spreche aber ernst und warm über den Gegenstand. R., dem ich meinen Brief lese, tadelt mich durchaus und sagt mir: Welche Sprache bleibt uns für das Ächte, wenn wir so das Alberne behandeln? Wie ich ihm erwidere, daß es mir unmöglich ist, Menschen, die ihm Freundliches erwiesen und für die er Teilnahme empfunden, nicht ernst zu behandeln, erwidert [er]: »Wenn es nun gar aus Rücksicht gegen mich geschieht, komme ich mir förmlich degradiert vor. Um hier keinen weichlichen Irrtum bestehen zu lassen, habe ich der Frau ihre Briefe zurückgeschickt und die meinigen verbrennen lassen, wie ich nicht will, daß irgend etwas bestehe, das annehmen lassen könnte, es sei hier eine ernste Beziehung gewesen...«[163]

So erging es vielen, die ihm einmal nahe waren. Nicht, daß das Wesentliche in den menschlichen Beziehungen sich weigert, in Wagners Herz zu dringen. Aber sein Herz, das ganze Herz, vergibt er an sein Werk. Viel bleibt dann freilich nicht übrig für Treue und freundliches Gedenken. Cosima gesteht er:

Ich weiß, ich war hinreißend, ich machte die Menschen verrückt, dann lief ich ihnen weg, das geht durch mein ganzes Leben.[164]

Man lese dies zweimal, man lese dies dreimal.

Dreizehn Jahre nach Wagners Tod notiert Cosima, was sie ihrer Tochter Eva über Mathildes Verhältnis zu Wagner erzählt hat:

Als es sich um die Herausgabe der 5 Gedichte (die aus Not geschah) handelte, sagte mir dein Vater in freundlichem Ton: Mathilde Wesendonck habe es ihm nicht verhehlen können, daß es ihr schmeichele, mit ihm gemeinsam in die Öffentlichkeit zu treten. Später schrieb er mir bitter: »Das, was ihr Heiligstes hätte sein sollen, gab sie preis, so daß mir diese Lieder wertlos sind und ich sie ausgesungenen Sängerinnen schenke.«[165]

Oder, wie es in der *Götterdämmerung* heißt:

Siegfried:
Mehr gabst du, Wunderfrau,
als ich zu wahren weiß.[166]

Im Februar 1896 werden Mathildes *Erinnerungen* in der *Allgemeinen Musikzeitung* veröffentlicht. Dort heißt es:

Richard Wagner liebte sein »Asyl«, wie er sein neues Heim in der Enge bei Zürich nannte. Mit Schmerz und Trauer hat er es verlassen, – freiwillig verlassen! Warum? Müßige Frage! Wir haben aus dieser Zeit das Werk: »Tristan und Isolde«! Der Rest ist Schweigen und sich neigen in Ehrfurcht! –[167]

Mathilde wird wohl bleiben müssen, was sie ihm war: seine Wunderfrau.

III.

Eros

*Die Frauen sind eben
die Musik des Lebens*[168]

Wie das stete Hin und Her von Mangel und Genüge sein Leben durchzieht, so geht es ihm mit der Liebe. Wie Cherubin verschenkt er sein Herz, zielbewußt oder wahllos, um es, je nach Bedarf, früher oder später zurückzufordern.

Noch nicht ganz 20, beginnt Wagner seine Theaterkarriere. Er wird Chordirektor in Würzburg. Dort gibt es Choristinnen.

> *Therese Ringelmann,* eines Totengräbers Tochter, verführte mich durch ihre schöne Sopranstimme zu der Annahme, sie zur großen Sängerin bilden zu müssen. Seitdem ich ihr hierüber Eröffnungen gemacht, kleidete sie sich in den Chorproben mit besondrer Aufmerksamkeit und verstand es namentlich durch eine weiße Perlenschnur, welche sie sich durch das Haar wand, meine Phantasie in angenehme Aufregung zu versetzen. Als ich im Sommer allein zurückgeblieben war, erteilte ich Theresen regelmäßigen Gesangsunterricht nach einer mir bis jetzt noch unklar gebliebenen Methode. Auch besuchte ich sie öfter in ihrer Wohnung, wo ich den unheimlichen Vater zwar nie, wohl aber stets ihre Mutter und Schwester antraf. Wir begegneten uns außerdem in öffentlichen Gärten; doch hielt mich stets eine nicht sehr liebevolle Scham davor zurück, mein Liebesverhältnis vor meinen Freunden einzugestehen. Ob hieran die bescheidene Familienstellung, die wirklich geringe Bildung There-

sens oder mein eigner Zweifel an dem Ernst meiner Liebe schuld war, kann ich nicht genau bestimmen; nur weiß ich, daß als ernstlicher auf eine Erklärung meinerseits gedrungen wurde, und noch dazu eifersüchtiger Argwohn bei mir sich einstellte, das Verhältnis bald sich spurlos löste.[169]

Des Totengräbers Töchterlein mit der Perlenschnur im Haar tritt ab, und der Vorhang öffnet sich vor einem rassigen Italienermädel.

Ein innigeres Liebesverhältnis erzeugte sich zu *Friederike Galvani,* der Tochter eines Mechanikers, von sehr scharf ausgesprochener italienischer Abkunft. Sehr musikalisch und mit lieblicher, leicht bildsamer Stimme begabt... sehr klein von Figur, aber mit großen schwarzen Augen und zärtlichem Naturell, hatte sie bereits einen braven Musiker, den tüchtigen ersten Oboebläser des Orchesters, mit dauernder Liebe an sich gefesselt... Als der Herbst dieses Würzburger Jahres sich herannahte, wurde ich von mehreren Freunden, unter denen auch unser Oboebläser mit seiner Braut sich befand, zu einer ländlichen Hochzeit, einige Stunden von Würzburg, eingeladen. Dort ging es bäuerisch lustig her: es wurde getrunken und getanzt, wobei ich selbst versuchte, mich meiner auf der Geige erlangten Fertigkeit zu erinnern, ohne jedoch die zweite Violine auch nur zu einiger Zufriedenheit meiner Mitmusiker zustande zu bringen. Desto größer waren die Erfolge meiner Person bei der guten Friederike, mit welcher ich einige Male toll durch die Reihen der Bauern tanzte, bis die Gelegenheit es fügte, daß die allgemeine Erhitzung alle persönlichen Rücksichten auch für uns löste und wir, während der offizielle Liebhaber zum Tanz aufspielte, uns unwillkürlich herzten und küßten. Daß der Bräutigam beim Gewahrwerden der zärtlichen Unbefangenheiten, welche Friederike mir zuwendete, sich traurig aber nicht eigentlich verhindernd in sein Los fügte, erweckte mir zum ersten Male in meinem Leben ein schmeichelhaftes Selbstgefühl.[170]

Ob das »schmeichelhafte Selbstgefühl« wirklich an jenem Zeitpunkt geboren wurde, darf man bezweifeln. Es kam wohl mit ihm auf die Welt. Daß der brave Musiker sich »traurig aber nicht eigentlich verhindernd« verhält, wird symptomatisch für Werk und Leben. Traurig, aber nicht eigentlich verhindernd überläßt Wotan Freia dem Riesen, entsagt König Marke der Isolde, Sachs dem Evchen, Bülow seiner Cosima, und Otto Wesendonck – wenn auch nicht für immer – seiner Mathilde.

Wagners Lebensstationen nach Würzburg zeigen ihn als den Unbehausten, der – gleich dem Holländer – sein Heil nicht finden kann. Lauchstädt (Juli 1834) – Rudolstadt (August 1834) – Magdeburg (Oktober 1834) – Berlin (Mai 1836) – Königsberg (Juli 1836) – Riga (Juli 1837) – London (August 1839) – Paris (September 1839) – Dresden (April 1842) – Weimar (Mai 1849) – Zürich (Mai 1849) – Paris (Februar 1850) – Bordeaux (März 1850): HALT! Diese Station ist denkwürdig. Im März 1850 wird er von der schon erwähnten Familie *Laussot* als Gast aufgenommen. Er berichtet:

> Während der junge schöne Mann den größten Teil des Tages über seinen Geschäften nachging, die Mutter aber durch Schwerhörigkeit von unserer Unterhaltung meistens ausgeschlossen wurde, gedieh unsere Verständigung über vieles und Entscheidendes in lebhafter Mitteilung bald zu großer Vertraulichkeit. *Jessie*, damals ungefähr 22 Jahre alt, schien, da sie ihrer Mutter in jeder Hinsicht wenig ähnelte, gänzlich dem Vater nachgeschlagen zu sein. Von diesem erfuhr ich viel Einnehmendes.[171]

Das »während« ist bezeichnend. Erinnert es nicht an seinen vorher zitierten Bericht über sein Abenteuer mit Friederike Galvani, die er herzte und küßte, »*während* der offizielle Liebhaber zum Tanz aufspielte«?

Die 16jährige Jessie erlebt die Uraufführung des *Tannhäuser* in Dresden. Dies entscheidet ihr Verhältnis zu Wagner, so wie es den 15jährigen Ludwig, künftigen König von Bayern, unwiderstehlich zu Wagner zieht, wenn eine Aufführung des *Lohengrin* ihn erschüttert und berauscht. Jessie ist ihm jetzt, was Mathilde Wesendonck ihm später sein wird: begeisterte Schülerin, liebliche Muse. Beide hat das Ehegeschick an die unrechten Partner gekettet. Beide sehen nun die vielleicht nie wiederkehrende Gelegenheit, sich aus den unseligen Verstrickungen zu befreien. Also beschließen sie, gemeinsam zu entfliehen, und so eine noch unseligere Verstrickung heraufzubeschwören. Wie ging das an? Er skizziert in der Autobiographie, wie Jessies künstlerisches Verständnis ihn fasziniert. Allerdings schränkt er auch ein, denn *Mein Leben* wurde ja – erst viel später – Cosima in die Feder diktiert, und war außerdem als offizieller Lebensbericht für König Ludwig gedacht. Also spielt der heutige Leser ein mehrdimensionales Spiel beim Lesen: wie war es wirklich? Wie sollte Cosima es aufnehmen? Wie sollte der königliche Beschützer es aufnehmen? Wie sah es Wagner nach 15 Jahren? (Er beginnt *Mein Leben* am 17. Juli 1865):

> Ihre schnelle Rezeptivität war erstaunlich; alles, was ich kaum berührte, war ihr sogleich und wie es schien genau vertraut. So war es auch mit der Musik der Fall; sie las mit der größten Leichtigkeit und spielte mit bedeutender Fertigkeit, so daß sie mich, von dem sie in Dresden erfahren hatte, daß ich noch immer nach einem Klavierspieler suchte, der mir einmal die große B-Dur-Sonate von *Beethoven* vorspielen sollte, jetzt wirklich durch den vollständigen Vortrag dieses über alles schwierigen Klavierstückes überraschte. Das Gefühl, das mir die Wahrnehmung dieser ungemein leichten Begabung und der Leistung derselben machte, ward mir plötzlich beängstigend, als ich sie auch singen hörte. Ein scharfer, schriller Falsett-Ton, in welchem Heftigkeit, durchaus aber kein eigentliches Gefühl zum Vorschein kam, erschreckte mich so sehr, daß ich nicht umhin konnte, sie zu ersuchen, vom Singen fernerhin abzustehen. Im Vortrag der Sonaten nahm sie willig und eifrig meine Belehrungen über den richtigen Ausdruck an, ohne jedoch in mir das Gefühl zu erwecken, daß sie es dazu bringen würde, dies ganz nach meinem Sinne auszuführen.[172]

Minna wird vorsichtig auf das Abenteuer in Bordeaux vorbereitet. Am 2. März 1850 schreibt er ihr aus Paris nach Dresden:

> Gegen Mittag erhielt ich Deinen Brief: ich habe sogleich die Antwort für Dich aufgesetzt und da diese noch bis 5 Uhr auf die Post muß – weshalb ich auch nicht frankiren kann – so bleibt mir nur noch wenige Zeit, um für diesmal nur einige Zeilen an Dich selbst mit zu richten. Es ist unmöglich, daß ein Mensch liebenswürdiger, edler und zarter handeln kann, als unsre Freundin Laussot! Ich dächte, liebe Frau, es müßte für Dich wirklich erhebend sein zu sehen, welchen tiefen Eindruck die Werke Deines Mannes auf gesunde, unentstellte und edle Herzen hervorzubringen vermögen, daß er im Stande ist, zu solchen aufopferungsvollen Entschlüssen der innigsten Theilnahme zu bestimmen?[173]

Elf Tage später:

> Bist Du mir böse, wenn ich Dir anzeige, daß ich mich schnell entschlossen habe, die dringendste und herzlichste Einladung meiner Freunde in Bordeaux endlich – da sie mir selbst das Reisegeld dazu geschickt haben – angenommen habe, und daß ich demnach morgen früh nach Bordeaux reise?[174]

In Bordeaux angelangt, schreibt er Minna zum dritten Mal, am 17. März:

> Hier bin ich nun in Bordeaux und warte recht von Herzen auf einen Brief von Dir, der mir zumal auch sagen soll, ob Du nicht gar etwa über diesen meinen Ausflug böse seist? ... Hier, in Bordeaux, wo ich vergangenen Sonnabend anlangte, muß ich mich nun wohl wie im Himmel befinden gegen in Paris! Du kannst Dir keinen Begriff von der Liebenswürdigkeit und Ergebenheit dieser Familie machen! ... trotz aller Freude, die ich jetzt genieße, sehne ich mich doch von ganzem Herzen nach Dir und dem Hause zurück! Glaub' mir, ich kenne nun kein Glück, als mit Dir in unsrer kleinen Häuslichkeit ruhig und zufrieden leben zu können:

daß ich jetzt hoffen darf, Deine Sorgen beschwichtigt zu sehen, Lebensmuth u. Heiterkeit in Dein Herz – ja in Deinen Körper wiederkehren zu sehen; – das ist es, was mich selbst wieder gesund und glücklich macht... Du hast keinen Begriff von der himmlischen Güte u. Liebe dieser Menschen! Vielleicht besucht uns wenigstens die Frau einmal in der Schweiz um sich zu überzeugen, daß wir zufrieden sind und es uns an nichts fehlt.[175]

Minna kennt ihren Gatten zu gut, um seine Beteuerungen betreffs ihres häuslichen Glückes höher anzuschlagen, als seine Ankündigung des bevorstehenden Gegenbesuches des weiblichen Teiles dieser himmlischen Menschen. Nach 18 Tagen verläßt Wagner Bordeaux, um Mittel und Mut zur Flucht mit Jessie zu schöpfen. Jessie schreibt ihrerseits an Minna, 7. April 1850:

> Durch seinen Besuch hat uns Herr Wagner die größte Freude verursacht, auch glaub' ich daß ihm der hiesige Aufenthalt nicht nachtheilig gewesen ist; wir haben stets das schönste Wetter gehabt und er wird hoffentlich eine glückliche Erinnerung seines Besuches behalten.[176]

Es ist nicht anzunehmen, daß Minna beim Lesen dieser Zeilen Freudensprünge macht. Am Ende des Briefes findet man die von Minna hinzugekritzelten Worte: »o falsches, verräterisches Geschöpf«.

Wagner sitzt in Montmorency bei Paris und überdenkt die Situation. Mit Entsetzen hat Minna auf seine Bordeaux-Berichte reagiert, und jetzt schreibt er ihr seinen großen Abschiedsbrief, der sage und schreibe 13 Druckseiten lang ist. 16. April 1850:

> Liebe Minna!
> So nenne ich Dich noch trotz der Unterschrift des letzten Briefes, den ich von Dir erhielt, und in dem Du Dir für nächstens wieder Dein »Sie« ausbatest... Dein Brief hat nun Alles zerrissen! Unversöhnlich stehst Du da vor mir, ... Du bist Dir treu! – Daß Du mich nicht liebst, steht klar und deutlich in jeder Deiner Zeilen, denn Du spottest selbst über

Alles, was ich irgend liebe, selbst über das *Du*, mit dem ich – meiner inneren Neigung nach – am Liebsten Jemand nenne, der mir nicht fremd sein soll ... ich habe mit allem Alten gebrochen, und bekämpfe es mit allen meinen Kräften. Du hängst an der Person, ich an der Sache; Du an einzelnen Menschen, ich an der Menschheit. So ist zwischen uns nur Widerspruch: so können wir uns nur gegenseitig aufreiben, ohne uns je zu beglücken: und vielleicht bist der unglücklichste Theil – Du, – denn wohl verstehe ich Dich, nicht aber verstehst Du mich! ... Hier ist die einzige Heilung: *Getrennt leben!* ... Trennen wir unser Schicksal, – vergiß mich, wie ich *jetzt* bin, und sei glücklich ohne mich! Denn *mit* mir kannst Du es unmöglich mehr sein! ... Wohin ich gehe, weiß ich nicht! Forsche nicht nach mir! Doch werde ich stets Alles thun, um zu erfahren ob es Dir wohl ergehe. – ... Tausend schmerzliche Thränen weine ich seit 14 Tagen um dieser jammervollen Trennung willen! Aber es muß sein!¹⁷⁷

Minna mobilisiert die Züricher Freunde, Wilhelm Baumgartner und Jakob Sulzer. Diese übergeben Minna ihr Mahn- und Bittschreiben an Wagner:

Zürich, 21. April 1850

Lieber Freund!
Du kannst Dir leicht denken, welch' bekümmerte Stunden Du Deiner Frau und uns durch Deine letzte Mittheilung gemacht hast ... um Deiner und Deiner eigensten Zukunft willen beschwören wir Dich: prüfe nochmals unbefangen Dich selbst, und die Gründe Deiner letzten Entscheidung, bevor Du dieselben unwiderruflich feststellst. Eine dritte Hand, wenn auch von innigster Theilnahme durchdrungen, kann in solchen Verhältnissen nur störend eingreifen. Wir werden daher durch kein Raisonnement, so sehr sich solches uns aufdrängt, auf Deine endliche Entschließung uns einzuwirken erlauben, aber die Bitte wirst Du von Seite bewährter Freunde gern berücksichtigen, Du mögest den männlichen Vorsatz fassen, den Vorstellungen Deiner Frau keinen unabänderlichen Entschluß entgegen zu stellen, und ihr

daher ein geneigtes Ohr leihen ... Falle übrigens Dein Entschluß, wie er wolle, so vergiß nie, daß Dir in Zürich Freunde weilen, wie Du sie treuer nicht finden kannst.[178]

Minna soll nach Paris fahren, sagen die Freunde, und den Brief ihrem Mann persönlich aushändigen. Nach Paris fährt sie, aber Wagner versteckt sich vor ihr. Er ist nach Genf abgereist. Am 4. Mai schickt er ihr noch einen zweiten Abschiedsbrief:

> Ich kann nicht umhin Dir noch einmal zu schreiben, ehe ich weit fort von Dir gehe ... Soeben stehe ich nämlich im Begriffe nach MARSAILLE abzureisen, von wo ich sogleich mit einem englischen Schiffe nach MALTA abgehe, um von da aus Griechenland und Kleinasien zu bereisen ... Für jetzt ist die moderne Welt hinter mir geschlossen, denn ich hasse sie und mag nichts mehr mit ihr, noch mit dem was man heut zu Tage in ihr »Kunst« nennt, zu thun haben. Deutschland kann für mich erst wieder ein anregendes Feld sein, wenn alle Zustände in ihm gänzlich umgeändert sind: ... Ich faßte so in der letzten entscheidenden Zeit den Plan nach Griechenland und dem Orient, und bin nun so glücklich, von LONDON aus die Mittel, diesen Plan auszuführen, mir zu Gebote gestellt zu sehen. Einen neuen Beschützer habe ich nämlich in LONDON gewonnen, einen der bedeutendsten englischen Advokaten, der meine Werke kennt, und gegen eine gewisse Verpflichtung – nämlich das Urmanuscript von Allem was ich noch schreibe ihm zuzustellen – mir seine Unterstützung zu theil werden läßt ... Laß uns denn so jetzt getrennt sein! Bleiben wir gesund, ändern sich die Zeiten und Verhältnisse, so haben wir ja die Hoffnung, uns wiederzusehen. Gut aber wird uns jetzt die Trennung thun![179]

Obwohl er Jessie nicht ausdrücklich erwähnt, weiß er, daß Minna zwischen den Zeilen lesen kann, was er dort nicht sagt. Der mysteriöse Londoner Beschützer ist Jessies Vater. Wagner verschweigt, daß Mr. Taylor schon tot ist. Da aber Jessie die Reisekosten aus der Hinterlassenschaft bestreitet, spricht er eigentlich nicht die

Unwahrheit, es sei denn, man beanstande die Überweisung von Manuskripten ins Jenseits.

»Ändern sich die Zeiten und Verhältnisse...« Das gibt zu denken. Ahnt ihm etwas? Sollte Jessie sich weniger als himmlisch erweisen? Will er, geborener Diplomat, den eventuellen Rückzug ins häusliche Glück nicht verbauen? Es sei fernerhin zu erwägen, ob es wirklich Jessie ist, die ihn zur Flucht in den Orient bestimmt. 1850 ist das Wendejahr in Wagners Leben. Die Welt kennt ihn als den Komponisten des *Rienzi*, des *Fliegenden Holländers,* des *Tannhäuser* und – bald – des *Lohengrin*. Das Publikum vermag ihn in gängige Kategorien einzuordnen und versteht ihn vorwiegend als Komponisten romantischer Opern, erfreut sich an beliebten Melodien, und genießt Ausstattung sowie dramatisches Bühnengeschehen. Wagner hat all das längst hinter sich. Ein Jahr zuvor, im Mai 1849, flieht der steckbrieflich verfolgte Revolutionär aus Dresden in die Schweiz. Im Reisegepäck befindet sich die Urschrift der Dichtung von *Siegfrieds Tod* (später genannt: *Götterdämmerung*). Sein erstes Prosawerk im Exil hat den bezeichnenden Titel *Die Kunst und die Revolution*. Der Sprung vom *Lohengrin* zum projizierten *Ring des Nibelungen* ist gewaltig. In diesem Werk bricht Wagner mit aller Operntradition. Es wird sich überhaupt nicht mehr um Opern handeln, sondern um Erörterungen über das Woher und Wohin des Lebens, die in dramatisch musikalischer Weise auf die Bühne gebracht werden, und daher dem Publikum glaubhaft machen, sie sähen herkömmliche Opern. Wer einen solchen gewaltigen, gewagten Sprung vom Vorhandenen ins Nichtvorhandene ausführen will, der versichere sich zuvor eines zuverlässigen Sprungbrettes. Gerade dies fehlt Wagner. Heimatlos und mittellos, muß er sich zunächst eine Hilfsheimat und Hilfsmittel in der Schweiz erwerben. Er weiß, was in ihm steckt, was er noch zu schaffen hat, aber er weiß auch, daß die Welt das nicht weiß. Seine eigene Frau mag ihm nicht in die Unermeßlichkeit der Nibelungenwelt folgen. Sie verlangt von ihm, daß er weiterhin populäre Opern komponiere. So ist er ihr und der Welt fremd geworden. In den Abschiedsbriefen heißt es: »... ich habe mit allem Alten gebrochen und bekämpfe es mit allen meinen Kräften« und: »Für jetzt ist die moderne Welt hinter mir geschlossen, denn ich hasse sie und mag nichts mehr mit ihr, noch mit dem was man heut zu Tage in ihr ›Kunst‹ nennt, zu thun haben.« Sollte man diese Aussprüche nicht sehr ernst nehmen? Vielleicht sieht man dann die gute Jessie als *Reisebegleiterin* auf Wagners Weg nach Griechenland und Kleinasien, was wohl einem Weg zu sich selber gleichkommt. Er muß fort, um zu sich selbst zu finden. Wie immer, ist ihm auf solchen Reisen ein verständnisvolles, schönes Wesen vonnöten. Doch zur Not ginge es auch allein. Worauf es ihm vor allem ankommt, ist das Hintersichlassen der alten Welt und ihrer alten Lieder. Seine ersehnte Dresdener Revolution ist fehlgeschlagen. Jetzt schafft er sich seine eigene. Schluß mit Konventionen, sowohl im Theater wie in der Ehe; Schluß mit romantischer Oper: Auf zum Mythos der Götter und Menschen.

Am selben Tage, an dem er den zweiten Abschiedsbrief an Minna schickt, schreibt er an Baumgartner:

> ... in unsrem modernen Europa habe ich – unter den jetzigen verhältnissen – keinen mir entsprechenden boden beglückender thätigkeit mehr: laßt mich eine zeitlang aus ihr verschwinden, um anders wo physische und moralische kräfte zu sammeln, zu seiner zeit rüstig wieder zu erscheinen. So – hätte es mit mir nicht mehr fortgehen können: ich hätte mich vor Euren augen verzehrt.[180]

Die Trennung von Minna beschreibt die Autobiographie in gewählten Worten:

> Ich mußte endlich meiner Frau auf ihr letztes Andringen Antwort geben und erklärte ihr nun in einem sehr ausführlichen, wohlwollend aber unumwunden unser ganzes gemeinsames Leben rekapitulierenden Schreiben, daß ich zu dem festen Entschlusse gekommen sei, sie ferner von der unmittelbaren Teilnahme an meinem Schicksale zu entbinden, da ich dieses nach ihrem Gutfinden einzurichten mich für gänzlich unfähig hielt.[181]

Was geschieht in Bordeaux? Es lohnt sich, Wagner zuzuhören:

Frau *Laussot* zeigte mir in aufgeregtester Weise an, daß sie nicht umhin gekonnt habe, ihrer Mutter ihre Absichten zu eröffnen, daß sie hierdurch sofort die Annahme erweckt habe, daß Absichten meinerseits im Spiele seien, welcher zufolge ihre Eröffnung an Herrn *Laussot* weitergegangen wäre und dieser nun schwöre, mich überall aufzusuchen, um mir eine Kugel durch den Kopf zu schießen. Ich wußte nun, woran ich war, und beschloß, sofort nach *Bordeaux* zu reisen, um die Sache mit meinem Gegner bestimmt in Ordnung zu bringen. Sogleich setzte ich mich hin und schrieb einen ausführlichen Brief an Herrn *Eugène,* um ihm den Stand der Dinge nach ihrem rechten Lichte begreiflich zu machen, wobei ich allerdings die Ansicht nicht zurückhielt, daß ich nicht begriffe, wie es ein Mann über sich bringen könne, eine Frau, die nichts von ihm wissen wolle, mit Gewalt bei sich zurückzuhalten. Schließlich meldete ich ihm, daß ich mit diesem Brief gleichzeitig in Bordeaux selbst eintreffen und sofort nach meiner Ankunft das Hotel anzeigen würde, in welchem er mich aufzufinden habe; außerdem, daß seine Frau von diesem meinem Schritte ausdrücklich unbenachrichtigt bliebe und er somit in voller Unbefangenheit handeln könne... An Frau *Laussot* schrieb ich gleichzeitig wenige Zeilen, in welchen ich ihr allgemeinhin Ruhe und Fassung zurief... Ich stieg im Gasthof der »*Quatre soeurs*« ab, schrieb sofort ein Billet an Herrn *Laussot* und meldete ihm, daß ich den Tag über das Hotel nicht verlassen würde, um ihn zu erwarten. Es war des Morgens um 9 Uhr, als ich ihm diese Zeilen zusendete; ich wartete aber vergebens auf ihren Erfolg, bis ich endlich am späten Nachmittag eine Zitation vom Polizeibüro erhielt, wo ich unmittelbar zu erscheinen hatte. Dort frug man mich zunächst, ob mein Paß in Richtigkeit sei; ich bekannte die Schwierigkeit, in der ich mich deshalb befände, und daß ich um einer dringenden Familienangelegenheit willen mich in dieselbe begeben hätte. Hierauf ward mir eröffnet, daß gerade diese Familienangelegenheit, die mich hierher geführt haben dürfte, der Grund wäre, weshalb man mir den ferneren Aufenthalt in Bordeaux versagen müßte. Auf meine Nachfrage leugnete man nicht, daß dieses Verfahren gegen mich auf ausdrücklichen Wunsch der beteiligten Familie eingeleitet sei. Diese sonderbare Eröffnung gab mir sofort meine gute und freie Laune zurück; der Polizeikommissar, welchem ich vorstellte, daß man mir nach der beschwerlichen Reise wohl etwa zwei Tage zur Ausruhung gönnen werde, gestand mir dies ganz gemütlich zu, da er mir mitteilen konnte, daß ich die Familie, welche heute um Mittag Bordeaux verlassen habe, doch nicht antreffen würde. Wirklich bediente ich mich dieser zweier Tage zu meiner Erholung, setzte aber nun einen längeren Brief an *Jessie* auf, in welchem ich ihr das Vorgefallene sehr genau mitteilte und auch nicht verschwieg, daß ich das Benehmen ihres Mannes, welcher die Ehre seiner Frau durch eine Denunziation an die Polizei preisgegeben habe, für so nichtswürdig halte, daß ich allerdings von jetzt an in keine Art Verkehr mit ihr wieder treten können würde, ehe sie sich aus diesem schmachvollen Verhältnisse nicht gelöst hätte. Es galt nun, diesen Brief sicher seiner Bestimmung zukommen zu lassen; die Angaben des Polizeibeamten waren nicht genügend, um mich über den Vorfall in der Familie *Laussot*, ob sie nur für einen Tag oder für längere Zeit ihr Haus verlassen, aufzuklären. Ich entschloß mich einfach, dieses Haus aufzusuchen; dort zog ich an der Klingel, die Türe sprang auf; ohne jemand anzutreffen, schritt ich in die offene erste Etage, ging von Zimmer zu Zimmer bis zu der Wohnstube *Jessies,* fand dort ihr Arbeitskörbchen und legte dahinein den Brief; darauf ging ich ruhig denselben Weg zurück, ohne auf irgend jemand zu stoßen. Da ich keinerlei Lebenszeichen erhielt, trat ich mit dem mir anberaumten Termin meine Zurückreise auf dem gleichen Wege, welchen ich gekommen, an.[182]

Die Jessie-Episode endet in schöpferischem Schmerz. Tief empfindet er das widrige Schicksal, das ihn der geliebten Gefährtin beraubt. In seinem Brief an Frau Julie Ritter tönt es von Klage und Anklage. Er gefällt sich in Seelennot und Selbstquälerei, die er dermaßen ins Theatralische steigert, daß der Brief seine eigene Medizin enthält:

26. und 27. Juni 1850

Liebe, theuere Frau!
Vor fünf tagen erhielt Karl* einen brief aus Bordeaux, worin ihm in flüchtigster kürze von Jessie angezeigt wurde, daß sie – wie sie sich ausdrückt – »mit der allernächsten vergangenheit wieder breche und briefe von meiner handschrift ungelesen in das feuer werfen würde; er möge für jetzt ihre zeilen sogleich verbrennen, und nur ganz kurz mir den hauptpunkt seines inhaltes mittheilen.« ... daß ich hieraus allerdings begreife, daß ich nicht imstande war, Jessie *die liebe* einzuflößen, wie ich sie verstehe, doch aber betrübt über die wahrnehmung bin, daß ich dieser frau nicht einmal die nothwendigste *achtung* für mich abgewinnen konnte. Ich habe jedoch in Ihre hände hiermit das testament einer liebe niederzulegen, deren ich mich nie schämen werde, und die, wenn auch leiblich tot, bis an mein lebensende mich selbst vielleicht mit freudiger erinnerung und beglückender nachempfindung erfüllen wird ... Wer sich *aus liebe empört,* und ginge er bei dieser empörung zugrunde, der ist *mein,* und galt hier diese liebe mir persönlich, so hätte es mich nur beglücken können, wenn auch *ich* hierbei mit zugrunde gegangen wäre. So und nicht anders sah ich – nach der mittheilung ihres liebesentschlusses – mein verhältnis zu Jessie an ...

Ein fruchtbringendes Erlebnis. »Wer sich aus Liebe empört«: das ist kein anderes Wesen als Brünnhilde. Sie trotzt Wotans, ihres Vaters, lieblosem Befehl und übernimmt auf eigene Verantwortung, aus Liebe, Siegmunds Schutz. In zwei Jahren wird es in der Dichtung des dritten *Walküre*-Aktes heißen:

BRÜNNHILDE:
Siegmund mußt ich sehn.
Tod kündend
trat ich vor ihn,
gewahrte sein Auge,

---
* ihr Sohn

> hörte sein Wort; –
> ich vernahm des Helden
> heilige Not;
> tönend erklang mir
> des Tapfersten Klage:
> freiester Liebe
> furchtbares Leid,
> traurigsten Mutes
> mächtigster Trotz!
> Meinem Ohr erscholl,
> mein Aug erschaute,
> was tief im Busen das Herz
> zu heil'gem Beben mir traf.
> Scheu und staunend
> stand ich in Scham.
> Ihm nur zu dienen
> konnt ich noch denken:
> Sieg oder Tod
> mit Siegmund zu teilen:
> dies nur erkannt' ich
> zu kiesen als Los!
> Der diese Liebe
> mir ins Herz gehaucht,
> dem Willen, der
> dem Wälsung mich gesellt,
> ihm innig vertraut –
> trotzt ich deinem Gebot.[183]

Der Brief an Julie Ritter fährt fort:

> ... Das weib, das mir erlösung bringen wollte, hat sich als *kind* bewährt! – Verzeiht mir – aber ich kann nicht anders als sie bejammernswerth finden! ... Sie war ganz nur *liebe:* dem *Gotte der liebe* weihten wir uns, und verachteten alle götzen dieser elenden welt so stark, daß wir sie nicht einmal der erwähnung würdigten. Wie hätte nun so plötzlich einer dieser *götzen* Jessie so gefangennehmen können, daß sie mit rasend schneller bereitwilligkeit ihren *Gott* ihm opfern

mußte? ... sie erkannte plötzlich das glück der liebe im bürgerlichen anstande, und war davon so begeistert, ... daß sie für gut fand, mir selbst die geringste achtung zu versagen, und durch meinen jungen freund mir sagen zu lassen, »sie würde briefe von mir fortan ungelesen verbrennen« u. s. w. Wie war diess möglich? Welche macht konnte so plötzlich die herrlichste liebe entthronen und sie wie einen alten hund zu hof und thüre hinausjagen? ... Wie ist die unglückselige zu beklagen! Das herz bricht mir vor jammer über ihren tiefen fall! – Mutter! liebe, theure Frau! Hätten Sie diesem jubel der liebe zusehen können, der aus allen nerven dieses reichen seligen weibes hervorbrach, als sie mir – nicht gestand – sondern ganz durch sich selbst, durch das unwillkürliche, helle und nackte erscheinen der liebe kundthat, daß sie mein sei! O hätten Sie zeuge dieser freude, dieser frohen wonne sein können, die sich in allen fasern dieses wesens, von der regung der fingerspitze bis zur feinsten thätigkeit des verstandes, leben verschaffte, als das jugendliche weib mir vielgeprüften, lebensunfrohen manne entgegenleuchtete, der ich doch wahrlich ziemlich entblößt aller der gaben bin, die solche wunder wirken können, wie sie mir hier erblühten, und wie ich sie bis zur glückseligsten berauschung einschlürfen durfte! ... Nie, theure Mutter, werde ich dieser liebe mich schämen: ist sie verblichen und bin ich fest überzeugt, daß sie nie sich wieder beleben kann, so war ihr kuß doch der reichste genuß meines lebens! Nicht ehre, nicht glanz noch ruhm könnten je mir diesen genuß aufwiegen. – Leb wohl, du schöne, selige! Du warst mir über alles theuer, und nie will ich dich vergessen! Leb wohl! – –[184]

Dieses letzte Lebewohl an Jessie ermöglicht es ihm, sein allerletztes Lebewohl an Minna zu annullieren. Auch die kleinasiatische Reise ist nicht mehr nötig. Das Erlebnis, die Enttäuschung, die Reflexion haben das ihrige getan. Die alte Haut ist abgestreift, »die Träne quillt, die Erde hat mich wieder.«

Nun muß zunächst Minna die geänderte Sachlage erklärt werden. Sein Brief von Ende Juni 1850 ist zugleich versöhnlich und bühnengemäß: das ungünstige Licht darf auf andere, aber nicht auf den Hauptakteur fallen. Er beginnt mit einer nochmaligen Schilderung der Familie Laussot, die jetzt weniger himmlisch erscheint als zuvor:

> Sie war als 16jähriges Mädchen an einen jungen, sehr hübschen Mann verheirathet worden, in den sie sich verliebt hatte, und von dem es ihr doch noch vor der Verheirathung klar wurde, daß sie beide – wie sie sich ausdrückte – nicht drei Gedanken gemein hatten! ... Aus der Ferne hatte sie sich bereits seit Jahren für mich als Künstler auf das Lebhafteste interessirt: nachdem ich in das Unglück gerathen war, glaubte sie sich berufen, mir gründlich zu helfen ... Wirklich benahmen sich Mann und Mutter gegen mich, nach meiner Ankunft in Bordeaux, ungemein zuvorkommend, – wie ich es Dir auch schrieb. Die arme, bis dahin unter den Ihrigen in dem widerwärtigen Schachernest Bordeaux ganz allein u. ohne Anhalt dastehende junge Frau, faßte nun Hoffnung auch für ihr Leben. Sie drang in die Ihrigen, dieses unglückliche Bordeaux zu verlassen: sie hätten es ja nicht nöthig, Handel zu treiben: sie sollten sich mit der Familie Ritter und Wagner vereinigen, in der Schweiz sich ankaufen u. s. w. ... plötzlich schrieb sie mir, daß sie entschlossen sei, die Ihrigen zu verlassen und sich unter meinen Schutz zu begeben. Sie theilte mir das mit einer solchen glühenden und verzweifelten Leidenschaft mit, daß ich erschrocken und auf das tiefste ergriffen war. Ich schrieb ihr einen heilig ernsten Brief: schilderte ihr auf das Abschreckendste meine Lage und das ungeheuer gewagte und verderbliche ihres Entschlusses: sie solle mit sich zu Rathe gehen, ob sie mit kaltem Blute sich entschließen könnte zu Grunde zu gehen, denn darauf mußte sie gefaßt sein ...

Das klingt wie ein Echo aus längst vergangenen *Holländer*-Zeiten:

HOLLÄNDER:
Erfahre das Geschick, vor dem ich dich bewahr:
Verdammt bin ich zum gräßlichsten der Lose,
zehnfacher Tod wär mir erwünschte Lust!

> Vom Fluch ein Weib allein kann mich erlösen,
> ein Weib, das Treu bis in den Tod mir hält.
> Wohl hast du Treue mir gelobt, – doch vor
> dem Ewigen noch nicht: – dies rettet dich!
> Denn wiss', Unsel'ge! welches das Geschick,
> das jene trifft, die mir die Treue brechen:
> Ew'ge Verdammnis ist ihr Los!
> Zahllose Opfer fielen diesem Spruch durch mich –
> du aber sollst gerettet sein! Leb wohl![185]

Er fährt fort:

> Ich war in jeder Hinsicht so furchtbar erschüttert u. angegriffen, daß ich – komme wie es wolle – nur daran noch dachte, weit weit fortzugehen; ich faßte plötzlich den Entschluß, nach Griechenland zu gehen, und schrieb deshalb nach Bordeaux um die Mittel dazu, alles übrige unbestimmt, ja fast unberührt lassend: es war eher noch zum Abschrecken berechnet... Es drängte mich, Dir zu schreiben, aber unmöglich konnte ich Dir die Wahrheit schreiben: Alles war hier ungewiß, es wäre die wahnsinnigste Grausamkeit von mir gewesen, Dir zu enthüllen was vorgegangen war, da ich ja noch gar nicht wußte, welches Ende es zu nehmen hatte: es trieb mich nur fort, in die weite Welt. Dir aber wollte ich jedenfalls einigen Trost – wenn auch noch so schwach! – zukommen lassen: ich wollte Dich als menschlicher Arzt behandeln... Ich mußte annehmen, daß die Nachricht, ich ginge nach Griechenland, Dir fast versöhnend erscheinen mußte, da Du zu ersehen hattest, ich ginge nicht sowohl von Dir fort, als überhaupt gewissermaßen von der ganzen Welt. Irrte ich hierin, so verzeihe mir! meine Absicht war gut... Wahrlich, meine Noth war groß, und am gräßlichsten war mir es, daß ich lügen mußte... So, meine gute, vielgeprüfte u. standhafte Frau, – haben wir denn ein neues Leben zu beginnen: das alte laß mit den letzten Erfahrungen vollkommen abgethan sein![186]

Als nächstes sollen die Freunde seine Wiedergeburt mitfeiern. An Franz Liszt, 2. Juli 1850:

> Wenn wir uns einmal wieder sehen, habe ich Dir viel zu erzählen: für jetzt aus meiner letzten vergangenheit nur so viel, daß sich meine beabsichtigte reise nach Griechenland zerschlagen hat; es fanden sich zu viele bedenken, die ich nicht alle überwinden konnte: am liebsten wäre ich allerdings ganz aus der welt gefahren. Nun, das erfährst Du später einmal! –[187]

An Ernst Benedikt Kietz, 7. Juli 1850:

> Ich habe zu meiner freude die überzeugung gewonnen, daß die liebe meiner frau zu mir stärker und unbedingter als ihr irrthum über mich sei: daß folglich nicht die trennung, sondern nur erneutes und fortgesetztes zusammenleben die misstimmung zu heilen vermögen wird, die sich zwischen uns ausgebreitet hatte. Ich betrachte – mit Minna – daher das vorgefallene nur für heilsam; indem es uns gegenseitig gezeigt hat, was wir uns sind und nun sein können.[188]

An Frau Julie Ritter, 10. Juli 1850:

> Sie ist mir in dieser stärke ihrer liebe, wie sie in dieser entscheidenden katastrophe – über allen zweifel und irrthum siegreich, in ihr zum bewußtsein gekommen ist, eine völlig neue – und von meiner früheren frau verschiedene erscheinung. Ich mußte so erfahren, was ich ihr bin, und konnte so nicht einen augenblick anstehen, ihr diess wirklich sein zu wollen.[189]

An Theodor Uhlig, 27. Juli 1850:

> Ich nehme an, daß Du durch frau Ritter über die wendung meiner familienverhältnisse unterrichtet bist: laß mich daher... nur so viel berichten, daß ich eine neue frau bekommen habe: ist sie schon in Allem die alte geblieben, so

> weiß ich doch jetzt von ihr, daß sie – möge nun mit mir vorgehen und geschehen was da wolle – mir bis zum tode zur seite stehen wird. Ich für mein theil dachte wahrlich nicht, sie etwa nur zu prüfen: wie sich aber die ereignisse gewendet haben, hat sie eine feuerprobe durchgemacht, wie sie alle bestehen müssen, die heut zu tage mit bewußtsein an der seite solcher stehen wollen, die die zukunft erkennen und auf sie lossteuern. Meine hiesigen freunde haben sich vortrefflich bewährt. – Ich bin um vieles älter geworden: ich weiß nun bestimmt, daß ich auf der zweiten hälfte meines lebens stehe und alles eitle hoffen hinter mir habe.[190]

Resignation und Weisheit sprechen aus den letzten Zeilen. Ein gutes Omen für den künftigen Hans Sachs.

Und wie reagiert Minna auf die Rückkehr des Gatten? Sie kritzelt an das Ende seines Versöhnungsbriefes:

> Nicht diesem Brief, der viel unwahre Beschuldigungen so wie Beleidigungen enthält, nur meiner all zu großen Liebe, die mich das Vorgefallene vergessen und verzeihen läßt, danke ich die Wiedervereinigung![191]

Nach dem Tode ihres Mannes heiratet Jessie den Historiker Karl Hillebrand. Aus Wagners Gesichtskreis verschwindet sie, bis sie ihm nach 19 Jahren noch einmal schreibt. Der Brief ist nicht nachweisbar, aber Cosima notiert in ihrem Tagebuch:

> Richard sehr unwohl, ich dadurch betrübt; dazu einen dummen Brief Mme Laussot's, welche ihm Erklärungen (von vor 20 Jahren!) zu geben wünscht. Das verstimmt ihn, weil es so sehr unnütz ist.[192]

Wagner lebt wieder mit Minna. Der Uraufführung des *Lohengrin* in Weimar im August 1850 kann er nicht beiwohnen, denn aus Deutschland ist er verbannt. In der Schweiz entstehen zwischen 1850 und 1859 seine wichtige Schrift *Oper und Drama,* die Dichtung des *Jungen Siegfried,* seine autobiographische Skizze *Eine Mitteilung an meine Freunde,* die Dichtungen *Walküre, Rheingold* und *Siegfrieds Tod,* die Partitur des *Rheingold,* die Partitur der *Walküre,* die Partitur des ersten Aktes und die Orchesterskizze des zweiten Aktes des *Siegfried* (jetzt nicht mehr »Der Junge Siegfried« genannt), und die Partituren der *Wesendonck-Lieder.*

Die Katastrophe im Asyl bei den Wesendoncks schickt ihn wieder auf Reisen. In den nächsten vier Jahren fährt er von Stadt zu Stadt:

Venedig – Mailand – Luzern – Zürich – Luzern – Zürich – Paris – Brüssel – Antwerpen – Paris – Bad Soden – Frankfurt am Main – Darmstadt – Baden-Baden – Paris – Karlsruhe – Paris – Wien – Paris – Zürich – Karlsruhe – Paris – Bad Soden – Weimar – Nürnberg – Bad Reichenhall – Wien – Venedig – Wien – Mainz – Paris – Mainz – Biebrich – Karlsruhe – Biebrich.

Tristan und Isolde ist inzwischen vollendet, und die *Meistersinger* sind begonnen. Seinen 49. Geburtstag feiert er in Biebrich am Rhein (22. Mai 1862). An Mathilde Wesendonck schreibt er noch immer, aber sein Herz ist bereit für ein neues weibliches Wesen, das ihm im Bereich der *Meistersinger* zur Seite stünde. Da ist sie schon. Unter seinen Geburtstagsgästen befindet sich eine zweite Mathilde, Maier mit Namen. Die hellblonde, blauäugige Mainzerin ist 29. Vier Tage nach seinem Geburtstag schreibt er ihr:

> Liebe Mathilde!
> So heißen Sie mir. Was Sie mir *sind,* daß sagen Sie sich . . .[193]

Das erinnert an Wotans Spruch zu Brünnhilde:

> Was jetzt du bist,
> das sage dir selbst![194]

Mathilde antwortet:

> Mein lieber, hochverehrter Freund!
> Das sind Sie mir und so will ich Sie nennen. Ich würde Sie

gebeten haben, zu kommen, um lieber mit Ihnen zu sprechen, als zu schreiben. Aber die Mutter hat morgen, Donnerstag, einen Familienkaffee, und dabei zu sein wäre Ihnen gewiß sehr unangenehm... Erinnern Sie sich selbst, ob nicht in aller Freundlichkeit, die Sie für mich hatten, eine Art väterliche Zärtlichkeit lag; ein gewisses etwas, das gar sehr von oben kam und wohl sogar meine Eitelkeit hätte verletzen können, wenn ich nicht zu aufrichtige Freude empfunden hätte, Sie ein wenig heiterer zu sehen. Denn wissen Sie, als ich Sie zum erstenmal sah, hat der tiefe Schmerzenszug in Ihrem Wesen einen unauslöschlichen Eindruck auf mich gemacht. Ich hätte gern alle Freuden der Welt zusammentragen mögen, um ihn nur auf Augenblicke zu verwischen.[195]

Hier spricht Senta bei ihrer ersten Begegnung mit dem Holländer:

> Er steht vor mir mit leidenvollen Zügen,
> es spricht sein unerhörter Gram zu mir...[196]

Aber es geht nicht um den *Fliegenden Holländer,* sondern um die *Meistersinger.* Die Dichtung ist fertig, und jetzt steckt er in der Komposition des Vorspiels zum ersten Akt. Hätte man nun ein holdseliges Evchen nahe bei – es kann auch Mathildchen heißen –, zum Plaudern und Kosen, wie würde das der Arbeit voranhelfen. So nennt er sie *lieb Kind,* ganz im Hans-Sachs-Stil. Am 20. Juni 1862 schreibt er ihr sogar einen Hans-Sachs-Brief, denn ungefähr so würde der Schusterpoet seinem Evchen ihre gegenseitige Liebe erläutert haben:

> Biebrich, 20. Juni 1862
> Fürchte nichts, mein Kind! Alles was mir einen Menschen theuer machen kann, macht mir Dich liebenswerth: aber eben den ganzen Menschen liebe ich, die liebliche, feste und doch so gefügige Natur! Du bist so mannigfaltig, und immer so sicher und wahr, daß ich keinen Theil von Dir nehmen möchte, um ihn entzückt mein eigen zu nennen. So wirst Du ganz mein sein, wenn ich Dich auch nie besitzen darf: und so

> bist Du mir ein letzter Quell edelster Läuterung! Bist Du
> mir aber das, und vollende ich mich an Dir, so kannst
> auch Du Dich nicht unselig fühlen, auf Deinem Lebens-
> wege mir begegnet zu sein! – Laß es den Sternen, dem
> Schicksal, und sorge mit mir für das, was unser – für das
> Innere! – Glücklich ist nur das Gemeine: selig in Leid der
> Edle! –[197]

Er kann auch poltern wie Sachs. Mathilde soll ihm eine angenehme Wohnung in ihrer Nähe ausfindig machen. Er ist in Wien,
mitten in den Proben zu *Tristan und Isolde*. Mathilde hat noch
nichts Passendes gefunden. Da bekommt sie es zu hören. Wien,
25. Januar 1863:

> Ach! das Gott erbarm! – Ihr macht's Einem wahrlich nicht
> leicht auf der Welt! – Niemand thut etwas, – Alles tappert
> und zagt. Oh weh! – Nun versteht sich, muß ich vom Rhein
> fort, wenn Du mir kein hübsches Nest findest! das soll ich
> wohl auch noch von hier aus, während meiner Tristan Noth
> besorgen! – Schöne Schätze das! Ei, Gott! – ... Adieu!
> böses Kind! Trost und schöne Worte bekommst Du heut von
> mir garnicht. Man macht's Euch Frauenzimmern viel zu
> bequem, und am Ende machen Sie Einem doch einzig
> Noth. –[198]

In den *Meistersingern* zetert Sachs:

> Hat man mit dem Schuhwerk nicht seine Not!
> Wär ich nicht noch Poet dazu,
> ich machte länger keine Schuh!
> Das ist eine Müh, ein Aufgebot!
> Zu weit dem Einen, dem Andern zu eng;
> von allen Seiten Lauf und Gedräng:
> da klappt's, da schlappt's;
> hier drückt's, da zwickt's; –
> der Schuster soll auch Alles wissen,
> flicken, was nur immer zerrissen:

und ist er gar Poet dazu,
da läßt man am End ihm auch da keine Ruh;
und ist er erst noch Witwer gar,
zum Narren hält man ihn fürwahr: –
die jüngsten Mädchen, ist Not am Mann,
begehren, er hielte um sie an;
versteht er sie, versteht er sie nicht, –
all eins, ob ja, ob nein er spricht, –
am End riecht er doch nach Pech,
und gilt für dumm, tückisch und frech. –[199]

Die Liebe zur zweiten Mathilde ist weniger leidenschaftlich als die zur ersten. Dafür kennt sie unmittelbare Offenherzigkeit. Er schreibt ihr aus Wien, am 11. Mai 1863:

> Ach, Kind, Deine Briefe waren zu himmlisch! Sie kamen unmittelbar von einem Engel. Ich kann's noch nicht ertragen, wenn ich dran denke, – Du liebliches liebes Wesen! Vergehe mir nur nicht! Entschwebe nicht! Schreib mir recht oft! Jetzt namentlich: hörst Du? Alle Tage! – Ich wär' im Stande, mich ganz meinem Gefühl hinzugeben, alle Schäden u. Kosten zu tragen, und zu Dir zu kommen, wenn ich nicht – zu sehr nach Ruhe verlangte! – Ach, Kind, ich bin 50 Jahr! Da hat die Liebe nur noch ein Sehnen, das meines fliegenden Holländers: Ruhe nach Stürmen. – Aber, wie Du gemacht bist, gebe ich die Hoffnung nicht auf, in dieser oder jener Gestaltung der Verhältnisse sie mit Dir zu erreichen.[200]

Dieser Mathilde offenbart er, was in ihm vorgeht. Manchmal geschieht dies in einer kurzen Briefstelle, die erläuterungslos und präzis seine Gedanken formuliert und geradezu voraussetzt, daß Mathilde ihn begreift. So heißt es in dem Wiener Brief vom 11. Mai 1863:

> Ach wir armes Material des Weltdämons![201]

Als Werkzeug will er also verstanden werden, dessen sich dieser rätselhafte Geist bedient, als Instrument, nicht als Spieler. Wo es um das Ernsteste geht, ist der große Egoist demütig.

Ein andermal spricht er zu ihr von der Einsamkeit und Beschwer des schaffenden Künstlers, und läßt sie – und uns – sein Luxusbedürfnis von einer anderen Seite, seiner Seite, verstehen:

> Nächstens erzähle ich Dir von meiner Wohnung, und wie ich sie mir herrichten lasse. Ach Gott! sehr hübsch muß es werden, denn – Himmel! – für was muß mir das Spielwerk eines angenehmen Hausschmuckes nicht alles Ersatz leisten!
> (Penzing, 18. Mai 1863)[202]

Sieben Tage später schreibt er ihr:

> Im Ganzen bin ich nicht gut auf das Mannsvolk zu sprechen; es taugt heut zu Tag nicht viel, und rechten Ernst kennen so wenige, so wenige! – Ich fühle mich unsäglich einsam unter Männern, – und Frauen machen doch auch gleich schreckliche Noth, – aber doch liebere! Du machst mir keine, sondern ich mach' sie mir um Dich! Du liebes theueres Wesen! Könnt ich Dich schon bei mir haben! Wie gern! wie gern! –[203]

Vierzehn Tage darauf rührt er ein Thema an, das heute so aktuell ist, wie es damals war:

> Ach! daß Du Dich über die Rezensenten so ärgerst! Wie klingt mir das! Ob jemand in der Welt meine Sachen liest oder nicht, davon merk ich garnichts. Das ist mir so wunderbar gleichgültig, daß ich ganz erschrecke, wenn ich erfahre, es bekümmere sich jemand darum. Das Drollige dabei ist, daß diese Leute, wenn sie meine Sachen lesen, in den Wahn gerathen, es sei deshalb geschrieben, daß es ihnen gefallen möge. Gutes Kind! Auch Du mußt nichts lesen von all dem Geschreibsel, nicht für, noch wider, denn auch das Für ist gewöhnlich albern: welcher gescheidte Mensch schreibt denn in Zeitungen.[204]

Richard Wagner im Alter von vierundfünfzig Jahren.
Zeichnung eines unbekannten Künstlers, 1867.

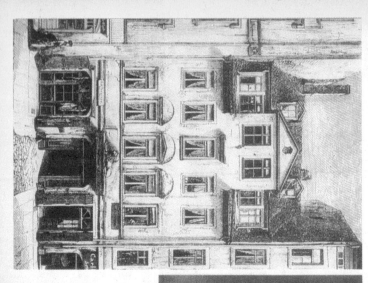

Wagners Mutter Johanna, gemalt von ihrem zweiten Ehemann Ludwig Geyer im Geburtsjahr Richards, 1813

Ludwig Geyer, der Stiefvater Richard Wagners. Selbstporträt um 1806.

▲ Wagners Geburtshaus in Leipzig vor dem Neubau, 1886.

Richard Wagners Bruder Albert.

Minna Planer, gemalt von ihrem damaligen Freund Alexander von Otterstedt, 1835. Im Jahr darauf heiratete sie Richard Wagner (unten links). – Cosima Wagner. Gemälde von Paul von Joukowski, 1880 (unten rechts).

Karl Klindworth.
Foto von Josef Albert, München.

Mathilde Maier.

Judith Gautier, 1875.
Foto Nadar, Paris.

Otto Wesendonck

Richard Wagner 1865
zu Gast bei König
Ludwig II. in
Hohenschwangau.
Gemälde von Roszynski,
1890.

Franz Liszt und
Hans von Bülow,
entstanden nach 1865.

Der große Empfangsraum (Saal) im Hause Wahnfried. Foto: Ramme, Bayreuth (oben). – Winifred mit Verena, Siegfried mit Wolfgang, Friedelind und Wieland, 1921 (rechts). – Ernst Benedikt Kietz, ein vertrauter Freund Wagners (unten).

Wagners Luxusvilla in
Penzing bei Wien.
Wagner wohnte hier von
1862–1864.

Drei Bayreuther Dirigenten:
Felix Mottl, Hermann Levi,
Hans Richter.

Uraufführung
RHEINGOLD, 1876.
Die »Rheintöchter« (oben) lagen in sogenannten Schwimmwagen (rechts), die (für das Publikum unsichtbar) am Boden hin- und hergeschoben wurden (unten). Für die Zuschauer entstand dadurch der Eindruck, daß die Damen während des Singens im Wasser hin- und herschwammen.

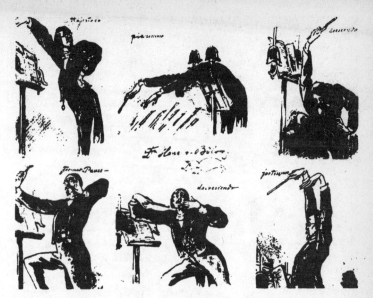

Hans von Bülow dirigiert. Zeitgenössische Karikatur.

Wagner bietet seine letzten Werke zum Verkauf an.
(Richard Wagner und Dr. Strecker, Leiter des Verlagshauses Schott.)
Zeitgenössische Karikatur.

Erste Seite der Originalhandschrift von Wagners »Mein Leben«.

Liszt tröstet Wagner nach
dessen Mißerfolg in Paris.
Karikatur von J. Blass.

»Cosima, die Gralshüterin«.
Karikatur von G. Brandt aus
dem »Kladderadatsch«, 1905.

◀ Brünnhilde und Freund.
Zeichnung von Ronald Searle
(entnommen aus dem
Bayreuther Programmheft
»Siegfried«, 1965).

Zum Richard Wagner-Konzert.

Der Erfolg war außerordentlich — dies schicken wir voraus. Wie ungleich großartiger würde sich derselbe aber erst gestaltet haben, wenn die Instrumentenmacher gleichen Schritt mit den Ideen des Meisters zu halten verstünden! Denn Eines steht fest: Richard Wagner braucht auch neue Klänge; Klänge, die sich dem jetzt in Gebrauch befindlichen Material nicht entlocken lassen. Es bleibt daher nichts übrig, als daß Kikeriki wieder seine Erfinderhose anzieht.

Nehmen wir beispielsweise an, man hätte ihm diese Monstre-Harfe zur Verfügung gestellt! Wie ganz anders wäre stellenweise die Wirkung gewesen!

Eine Katze, deren Bauch man mit dem Fiedelbogen streicht, müßte in der Instrumentation von Klageliedern eben so gut zu verwenden sein

Das rapide Geklirre, womit Wagner gerne den Zusammenbruch irgend einer Seele ausdrückt, wäre durch das Ausleeren von Glasscherben gewiß ganz gut zu imitiren.

Gewisse schrille Töne, wie sie Richard Wagner in seinen Schöpfungen braucht, ließen sich doch so leicht mittelst schartiger Messer alten Porzellantellern entlocken

wie der empfindliche Jagdhund, welcher den Ton einer Kindertrompete nicht verträgt, und daher mit seinem Jammer bis in's hohe C hinaufgeht.

während endlich gewisse Aufschreie und dem peramentvolle Luitschlaute sicherlich auf obige Weise zu Stande gebracht werden könnten.

Titelseite des Wiener »Kikeriki« am 4.3.1875 anläßlich eines Wagner-Konzerts in Wien.

»Skizzen aus Bayreuth«. Montage aus Zeichnungen von Ludwig Bechstein aus »Über Land und Meer«, 1876.

Wotan schaut auf Bayreuth. Zeichnung von Ronald Searle (entnommen aus dem Bayreuther Programmheft »Siegfried«, 1965).

Die Heilige Familie. Das Gemälde Joukowskys zeigt Siegfried als Jesus, Daniela als Maria, Blandine, Eva und Isolde als Engel. Der Künstler selbst ist als Josef dargestellt.

Wagners Himmelfahrt.
Karikatur von Olaf Gulbransson.

Auf seinen Luxus kommt er noch einmal zu sprechen, wenn er ihr erzählt, daß er einen vom russischen Thronfolger geschenkten Diamantring versetzt hat:

> Ja, wenn ich erst einmal so weit käme, an die Zurücklegung eines flachen Diamantringes zu denken, dann wird alles gut sein. Ob ich dann aber auch noch so exzentrisches Zeug, wie meine jetzigen Partituren, Dichtungen u. Vorreden schreiben werde, das ist eine andere Frage! Wahrscheinlich werden all diese Sachen dann auch nach baumwollenen Schlafröcken und 200 ersparten Thalern aussehen. O Du Kind! Welche Wichtigkeit Du doch noch all den kleinen Rücksichten zumissest, die für einen Menschen meines Gleichen nun einmal gar keinen Sinn haben![205]

Zuweilen gibt es in den Briefen an die zweite Mathilde einen scheinbar hingeworfenen Satz, der ein Lebensbekenntnis enthält. 5. August 1863:

> Hüte Dein kleines Hundchen; diese Thiere sind uns von der gütigen Natur mit großer Absicht beigegeben, um uns über unsere Nebenmenschen zu trösten.[206]

Oder am 7. November 1864:

> Lieber Schatz, daß ich Dir ein Geheimniss bin, ist kein Wunder: ich bin mir selbst das allergrößte Geheimniss![207]

Die besondere Art seiner Liebe zu Mathilde erlaubt es ihm, sich ihr rückhaltlos mitzuteilen. Sie mag wohl geahnt haben, daß es der untheatralische, der wahre Wagner ist, der hier spricht. München, 30. November 1865:

> Nun fasse Dich! klage nicht. An Wohlsein und Zufriedenheit muß kein ordentlicher Mensch denken. Gespenster sind wir alle; wer lebt – wer ist todt? Ich weiß nicht. Ich bin schon wiederholt gestorben.[208]

Mehrmals bittet er Mathilde, zu ihm zu kommen und ihm das Haus zu führen. Doch immer gesteht er ihr im voraus ein sittsames Nein als Antwort zu, indem er es offenläßt, ob es ihm wirklich ernst ist. Am 4. Januar 1863 schreibt er ihr aus Wien:

> Du kannst wohl denken, Kind, daß ich ernste, sehr ernste Tage hatte: es waren die ersten eines neuen Jahres!! Noch voll von dem Ernste dieser Stimmung lege ich Dir eine Frage vor, die Du zunächst rein theoretisch, wie ein moralisches Problem Dir überlegen sollst –: nichts weiter! – Wenn ich so ganz ernst zu mir komme und mich frage, wie es weiter werden soll, kommt mir nur Eine Rettung entgegen. Mir fehlt eine Heimath: – nicht die örtliche, sondern die persönliche. Nächsten Mai werde ich 50 Jahr. Ich kann nicht heirathen, solange meine Frau lebt: von ihr mich jetzt noch zu scheiden, bei dem Zustand ihrer Gesundheit (einer Herzerweiterung im höchsten Stadium) wo ihr Leben mit einem leichten Stoß zu enden ist, kann ich diesen möglichen Todesstoß ihr nicht geben. Sie wird andererseits Alles ertragen, wenn ihr der rechtliche Anschein bleibt. Sieh! an diesem Verhältnisse, dieser Lage der Dinge gehe ich zu Grunde! Mir fehlt ein weibliches Wesen, das sich entschlösse trotz allem u. jedem mir das zu sein, was unter so jämmerlichen Umständen ein Weib mir sein kann, und – muß, sage ich, wenn ich ferner gedeihen soll... Ich will ein liebes Weib zur Seite, und sei's ein Kind zugleich.

Oder, wie Sachs sagt:

> Da hätt ich ein Kind, und auch ein Weib!
> 's wär gar ein lieber Zeitvertreib![209]

Der Brief fährt fort:

> Da denke ich denn: diejenige die dich genug dazu liebt, müßte sich wohl finden. Gut; aber wie würdest du für sie sorgen? Das fand ich nun auch... Ich nehme mir in der inneren Stadt eine Stube mit Kammer, gut anständig, richte mir es

> bescheiden ein; hier »wohne« ich; des Nachmittags zu meinen bestimmten Sprechstunden trifft man mich; ein für alle Mal wird des Vormittags nicht vorgelassen, nur in gewissen seltenen Fällen des Abends. Aber – wo arbeite ich denn? wo bin ich eigentlich heim? – Das weiß ich auch. In einer angenehmen freien Vorstadt habe ich eine freundliche Wohnung, da wohne aber nicht ich, sondern ein liebes Kind (oder Weib) – wie Du's nennen willst. Da ist auch meine Biebricher Einrichtung und der Erard'sche Flügel dazu. Das pflegt mir sorgsam die Treue. Und da wache ich des Morgens erfrischt auf: das Kind kommt an mein Bett; es besorgt mir das Frühstück und dann wird gearbeitet, wo niemand kommen darf, als die Freundin, um zu sehen, ob's geht. Dann sorgt sie mir auch für eine gute einfache Mittagskost. Dann aber muß ich in die Stadt, gebe Audienzen, mache Besuche und geht alles gut, so bin ich abends zu rechter Zeit da wohin ich gehöre. Gegen die äußerliche Ausführung dieses Planes ist, in einer großen Stadt, gar kein Zweifel: diess fügt sich ganz von selbst. – Aber, wer ist denn die, die da draußen wohnt? R. W.'s letztes Asyl, sein Engel, – sein Weib, – sollte dereinst die Unglückliche, der er in blinder Jugend sich antraute, vor ihm sterben. – Sieh, das sind so Sylvester- und Neujahrsgedanken eines Verzweifelnden! Gott weiß, was Du davon halten wirst! Immerhin durfte ich Dir nicht verschweigen, daß ich solche Dinge ausbrüte. Wie Du's aufnehmen wirst?? Ja, – am End hab ich Dir doch nur ein theoretisches Problem gestellt. Es ist immerhin interessant, darüber zu diskutieren. Was meinst Du Freundchen? –[210]

Mathilde lehnt aufs freundlichste ab und hütet ihr Herz wie ihren Ruf.

Gegen Ende des Jahres kommt es zum Treuegelöbnis zwischen ihm und Cosima. In *Mein Leben* steht:

> Da Bülow Vorbereitungen zu seinem Konzerte zu treffen hatte, fuhr ich mit Cosima allein noch einmal in einem schönen Wagen auf die Promenade. Diesmal ging uns schwei-

gend der Scherz aus: wir blickten uns stumm in die Augen, und ein heftiges Verlangen nach eingestandener Wahrheit übermannte uns zu dem keiner Worte bedürfenden Bekenntnisse eines grenzenlosen Unglückes, das uns belastete. Unter Tränen und Schluchzen besiegelten wir das Bekenntnis, uns einzig gegenseitig anzugehören.[211]

Das von Wagner gegebene Datum ist der 28. November 1863.

In seinem Brief an Mathilde vom 23. Januar 1864 läßt er kunstvoll durchblicken, daß etwas Entscheidendes geschehen ist. Die Kluge wird es schon enträtseln:

> Liebes gutes Kind! Es fällt mir recht schwer, Dir von mir jetzt zu schreiben. Während einerseits es gewiß ist, daß eine gründliche Veränderung mit mir vorgehen, und die neue Lage auf wirkliche Dauer berechnet sein muß, so vermag ich andererseits noch mit keinerlei Sicherheit abzusehen, *wie* dies alles zu bewerkstelligen sein wird. Mir bleibt für den Augenblick eben nur noch diese große Ungewißheit, die dadurch eine acute Bedeutung erhält, daß der Augenblick selbst sehr kritisch ist u. meine aufmerksame Sorge im höchsten Grade in Anspruch nimmt ... Somit schreibe ich Dir nun, um Dich zu bitten, mit mir noch ein wenig Geduld zu haben: was vorgeht, ist sehr einfach, doch der Erfolg noch unbestimmt. Ich muß selbst große Geduld haben: habe Du sie auch.[212]

Trotzdem lädt er Mathilde ein zweites Mal ein, zu ihm zu ziehen. Im Mai 1864 unternimmt König Ludwig II. die großzügige Rettungsaktion seines angebeteten Komponisten, und am 22. Juni schreibt Wagner an Mathilde:

> Willst Du zu mir kommen und mein Haus führen? – Erkläre Dir mein langes Schweigen! – Ich mußte wieder nach Wien; Möbel einpacken, auspacken, einrichten! ... Kein weibliches Wesen mir zur Seite! ... Mir kann König und Kaiser nichts bieten, wenn es nicht im Hause recht hergeht! Ich komme nicht zur Ruhe. Nun suche ich wieder ein

Frauenzimmer, die mir meine Sachen in Ordnung hält!...
Jetzt kommen Bülow's für ein paar Monate zu mir: ich hab
Alles hergerichtet, um es ihnen in meinem großen Hause
behaglich zu machen; – das wird denn für einige Zeit helfen!
Ich hab' doch Menschen um mich, wenn auch Niemand, der
mir das Haus abnimmt. Ach! wie steht es nun mit Dir? Muß
ich immer noch fürchten, Dein Herz über den Haufen zu
werfen, wenn ich Dich bitte, zu mir zu kommen? Ist noch
nichts anders geworden? Alles noch beim Alten? –...
Wenn Du Dich nun verheirathetest, müßtest Du nicht auch
von Deiner Mutter gehen? Eine Stelle wolltest Du ja fast
schon einmal annehmen? Betrachte es bei mir so, und nenn'
es so! Ich bewohne hier wie in München 2 Etagen übereinan-
der: unten ich, oben könntest Du wohnen. Gott! Gott!
immer diese elenden kleinbürgerlichen Rücksichten; – und
diess bei so viel Liebe! Was endlich liebt man denn mehr?
Du siehst, wie's steht! Seit lange kämpfe ich, um Dir recht
ruhig hierüber zu schreiben; nun reißt mir aber die Geduld,
– es ist zu schändlich, daß ich mir immer so allein helfen soll!
Es geht, es geht nicht mehr: – es muß hier ein Entscheid
getroffen werden, und ich fürchte, Du verlierst mich einmal,
wenn Du mir nicht ganz hilfst... Ich bitte Dich, komm im
September, sieh Dir's an, hilf mir – und stelle mir Bedingungen, wie Du willst, nur daß ich Dich habe! – Ach! da hast
Du's einmal wieder, die ganze Wahrheit, und mit dem Spiel
ist's aus! – Antworte gut, ich bitte Dich![213]

Drei Tage später schreibt er an Mathildes Mutter:

> Ich bedarf eines weiblichen Wesens, welches mir zunächst
> die Besorgung meines Hausstandes abnimmt, und endlich
> durch Bildung und Charakter mir nahe genug steht, um
> durch ihren freundlichen Umgang meinen geistigen und
> gemüthlichen Bedürfnissen zu genügen... Sie wissen, was
> mir Ihre Tochter Mathilde ist. Sie begreift, was mein
> Bedürfnis ist, und in meinem Alter einzig vernünftiger
> Weise sein kann! Steht sie nicht ganz in den Altersbeziehun-
> gen, um mir als Tochter zu gelten, so gibt es doch andere

Verwandtschaftsgrade, unter deren Annahme sie so füglich in meiner Nähe weilen könnte. Ich selbst habe Nichten in ihrem Alter, die gern zu mir kämen, und gegen deren Aufnahme in mein Haus Niemand etwas einzuwenden haben würde. Wäre ein solches Verhältnis möglich, auch ohne wirkliche Verwandtschaft unterzulegen? Ich weiß nicht, wie Anderen so Etwas erscheinen muß: *mir* erscheint es vor meinem Willen und meinem Bedürfnisse so rein und untadelhaft, daß es mir sehr schwer fällt, ohne wirkliche Bitterkeit daran zu denken, daß ein solches Verhältnis, wie ich es wünsche, irgend Jemand als unstatthaft und tadelswürdig erscheinen dürfte. – ... Hätten Sie den Muth vor der Welt, und das Vertrauen zu mir, Ihre Mathilde mir zu überlassen? ... Würde ich Sie versichern sollen, daß Mathilde bei mir gut und edel aufgehoben, gegen jeden Verdacht, gegen jeden Makel auf das allernachdrücklichste und energischste geschützt sein würde? Oder sollte es möglich sein, ohne hierbei einem frevelhaften Wunsche Nahrung zu geben, den Fall des Todes meiner Frau in Berechnung zu ziehen, und für diesen Fall mich um die Hand Ihrer Tochter zu bewerben? –[214]

Gut, daß er den Brief nicht direkt, sondern durch Mathilde schickt, die ihn nicht weiterleitet. Welche Verwüstungen muß das Leben und das Schaffen in Wagners Wesen angerichtet haben, daß er – jetzt finanziell auf ungeahnter Höhe – solche verzweiflungsvollen Pläne schmiedet. Dabei zieht Cosima nur 4 Tage später vorübergehend zu ihm, und im nächsten Monat wird Isolde, ihr erstes Kind von Wagner, gezeugt. Am Tage von Cosimas Ankunft, am 29. Juni 1864, schreibt er an Mathilde:

O, mein liebes Kind! Um keinen Preis will ich das! Alles in der Welt will u. kann ich fortan ertragen, nur keine neuen Stürme von Aufregungen u. Kämpfen, wie ich sie nun voraussehen muß, wenn Du den Brief Deiner guten Mutter übergäbest! Ja, wisse denn, ich bin egoistisch, – ich will Ruhe, sanftes Ausruhen und Umfaßtwerden, – und Allem, Allem will ich entsagen, was nur unter Krämpfen und Zukkungen gewonnen, und mit heimlicher Trauer erhalten werden kann! Ich muß und werde mir helfen, ohne Dich zu betrüben; aber ganz unmöglich kann ich Etwas wollen, was irgend nur durch eine Katastrophe zu erringen wäre! Hast Du keine Ahnung von meiner Müdigkeit, meiner Sehnsucht nach Gleichmäßigkeit, Ruhe u. sanftem Gleiten? –... Jedenfalls muß ich in *jeder* Hinsicht das Allerübelste fürchten, sonst würde Dir nach Durchlesung meines Briefes an Deine Mutter nicht die Vorstellung gekommen sein, daß dieser Brief, trotz seiner Vernunft, sie »zerschmettern« würde! – Hierin, liebes Wesen, liegt also mein Irrthum: ich habe *nicht* geglaubt, daß meine Bitte, Dich zu mir zu bekommen, noch diese schreckliche Bedeutung u. Wirkung haben könnte. Du begreifst doch wohl, daß es mir genügt, von einer Lage der Dinge in dieser Weise Kenntnis zu erhalten, um sofort zu wissen, was ich zu thun habe. Dies ist also: Dich herzlichst zu bitten, weder den Brief Deiner Mutter zu geben, noch ihr von dem Inhalte etwas wissen zu lassen! Ich war – dem Anscheine nach – wieder zu schnell: Dein letzter Brief ermuthigte mich, den entscheidenden Schritt bei der Mutter für statthaft zu halten. Ich habe mich geirrt. – Von einer Änderung unserer gegenseitigen Lage kann für jetzt *nicht* die Rede sein. –... Fürchte auch meiner Seits keine Abwege: für jetzt kommt Freundesbesuch zu mir;... Leb wohl, pflege Dich, und behalte mich trotz Allem lieb! Von Herzen treu

Dein R. W.[215]

Spielt er ein hintergründiges Doppelspiel, um sich entweder der einen, Cosima, oder der anderen, Mathilde, zu versichern? Oder handelt es sich um etwas ganz anderes? Seinen Helden und Heldinnen, Wotan, Siegmund, Brünnhilde, Tristan, Isolde, König Marke, Amfortas, schafft er Verzweiflung und Seelenqual, angesichts des Lebenselends, das ihnen zuteil wird. Überkommt den Schöpfer die Verzweiflung, die Seelenqual seiner Geschöpfe? Verwischt sich sein Unterscheidungsvermögen zwischen der Realität dieser Welt und derjenigen, die er entstehen läßt? Zwischen Moralität und Selbsterhaltung?

Isolde wird am 10. April 1865 geboren. Knappe 9 Monate zuvor, am 19. Juli 1864, schreibt er an Mathilde:

> Ich habe, nachdem ich Vieles wieder in mir durchlebt, auf das Klarste erkannt, daß ich für Alles mich einrichten, Allem entsagen kann, nur Eines aber ganz entschieden nicht mehr kann, nämlich: neue Herzenspeinigungen, Beunruhigungen und Nöthigungen zu bangen, leidenschaftlichen Affekten zu erfahren. Dein Zumirkommen unter den *jetzt* einzig möglichen Umständen würde den vollkommen entgegengesetzten Erfolg haben, von dem, den ich ersehnte: er würde ein Quell namenloser, jetzt ganz unerträglicher Peinigungen für mein Herz werden; hiergegen könnte mich kein noch so zartes liebevolles Verschweigen und Verheimlichen Deinerseits schützen. – ... Melde mir, ich bitte dringend, bald, daß wir in das verlassene Geleis zurückgekehrt sind: ich kann dann erst wieder aus meinem zurückgezogenen Leben mittheilen, was jetzt, und solange Jenes nicht erreicht ist – Ruhe, keinen Sinn für Dich haben kann! Erfreue mich bald, und behalte mich immer lieb![216]

Wer sich mit Wagner befaßt, muß ständig auf Ungereimtes gefaßt sein. Das gilt für seine Zeitgenossen wie für den heutigen Leser. Die Not des Herzens zu lindern, braucht er eine Jessie Laussot, eine Mathilde Wesendonck, eine Mathilde Maier, eine Cosima. Doch auch das fiebrige Blut will gestillt sein, und Mathilde Maier wird zur Mitwisserin. Penzing, 16. Juni 1863:

> Nun ist mir ein junges, bescheidenes, armes Mädchen empfohlen, still, sauber und nicht ganz ungebildet, deren solider Charakter dem Empfehlenden durch einen recht ansprechenden Vorfall bezeugt worden ist. Die will ich nun zu mir nehmen, und ich will's versuchen, ob sie das um mich herum sein wird, was ich zur Noth brauche ... Wollen nun sehen, wie's geht: jedenfalls hat ein solcher müheloser Erwerb das Gute, daß – schlägt der Versuch fehl – das Verhältnis leicht ohne Kränkungen wieder zu lösen ist.[217]

Penzing, 24. Juni 1863:

Das Mädchen, von dem ich Dir letzthin schrieb, hab ich doch wieder *nicht* genommen: eine – wie es scheint – mit der Zeit stets zunehmende Bangigkeit hält mich ab, irgend auf Verhältnisse mich einzulassen, seien sie selbst untergeordnetster Art. Mir ist immer, als ob ich es rasend schnell bereuen würde, und alles, was mir es erleichtern soll, leicht zu einer neuen Last werden könnte.[218]

Penzing, 8. Juli 1863:

Das Mädchen nehm ich nun doch noch in's Haus: sie ist mir sehr empfohlen worden, als sanft, bescheiden und anspruchslos. Sie soll mir meinen Thee machen, meine Garderobe im Stand halten, und nett und freundlich aussehen: das ist doch das mindeste Maaß von Ansprüchen, auf die ich mich für meine häusliche Atmosphäre beschränken kann! –[219]

Pest, 20. Juli 1863:

Ja, das muß ich Dir noch sagen: welche Pein hatte ich mit dem Mädchen, die ich endlich mich entschloß zu mir zu nehmen. Am Abend des ersten Tages frug ich mich nur noch, wie ich das arme Geschöpf wieder aus dem Haus brächte, ohne es zu sehr zu kränken. Diese Pein, ein Wesen bei sich zu haben, um eben dann u. wann ein Wesen zu haben, und nun froh zu sein, wenn man es wieder los ist. Ach Gott, nein! dergleichen Arrangements gehen doch garnicht! Sie war sehr jung, 17 Jahr, und langweilte sich so entsetzlich, daß ich sie nur gleich Tag für Tag in die Stadt zu ihrer Familie schickte, wofür sie mir allerdings immer kindisch dankbar war. Acht Tage lang trug ich nun die Qual, ein gutes, wirklich unverdorbenes, dienstbeflissenes Kind im Hause zu haben, bis ich endlich die Gelegenheit mit der Reise nach Pest ergriff, um sie ohne auffallende Kränkung wieder fortzuschaffen. Es war eine völlige Calamität! Zum Schluß lernte ich endlich ihre Schwester kennen, die bedeutend älter ist, gesetzt, erfahren u. von guter, stiller Haltung: es ist nun möglich, daß ich's doch noch einmal mit der versuche. Sie ist jedenfalls gebildeter, und ich kann sie sogar mit Anstand präsentieren, wenn ich abends manchmal meine Gäste bei mir habe, zum Theemachen u. s. w. – So stünde es mit meinen häuslichen Angelegenheiten![220]

Penzing, 5. August 1863:

Etwas besser wird's jetzt bei mir durch die ältere Schwester meines ersten weiblichen Gesellschaftsversuches: diese ist gestern in's Haus gezogen u. bewährt sich als angenehme, kluge und behagliche Person. Zum Frühstück u. des Abends leistet sie mir Gesellschaft, weniger durch Gespräch, als durch befriedigend menschliche Nähe. Wollen sehen! –[221]

Der Gesellschafterin selber kündigt er am 6. Dezember 1863 seine bevorstehende Rückkunft von einer Konzertreise an:

Liebes Mariechen! Nächsten *Mittwoch* komme ich nun wieder nach Hause. Abends halb 8 Uhr treffe ich in Wien auf dem Nordbahnhof ein. *Franz* soll mit dem Wagen pünktlich dort sein; für den Koffer soll er auch das Nötige bereit halten. Nun, bester Schatz, richtet mir zu Haus alles recht schön ein, daß ich mich recht behaglich ausruhen kann, wonach ich sehr verlange. Alles muß recht sauber sein und gut – gewärmt. Sorge mir ja für das schöne Kabinett, daß es darin recht angenehm ist: wenn geheizt ist, hübsch öffnen, daß das Kabinett eine warme Temperatur bekommt. *Auch schön parfümieren: kauf' die besten Flacons, um es recht wohlduftend zu machen.* Ach Gott! Was freue ich mich darauf, endlich einmal wieder mit Dir dort mich auszuruhen. *(Die Rosa-Höschen sind doch hoffentlich auch fertig???)* – Ja, ja! Sei nur recht schön und lieblich, *ich verdiene es schon, daß ich's einmal wieder recht gut habe.* Zu Weihnachten stecke ich dann den Christbaum an: da bekommt alles Geschenke, auch Du, mein Schatz! Meine Ankunft braucht noch nicht allen *gesagt* zu werden. Doch soll Franz bereits den Barbier und den Friseur zu Donnerstag früh halb 9 Uhr bestellen. Also: *Mittwoch,* abends halb 8 Uhr in Wien und bald darauf in Penzing. Ich überlasse es Dir ganz allein, ob Du mich schon am Bahnhof empfangen willst. Vielleicht aber ist es noch schöner, wenn Du mich erst zu Haus in den warmen Zimmern empfängst. Ich brauche wohl nur das Coupée. Also schöne Grüße an Franz und Anna. Sie sollen alles recht schön machen. Viele Küsse meinem Schatz! Auf Wiedersehen! R. Wagner.[222]

Was sagt Alberich in der ersten Szene des *Rheingolds?*

> Die schlanken Arme
> schlinge um mich,
> daß ich den Nacken
> dir neckend betaste,
> mit schmeichelnder Brunst
> an die schwellende Brust mich dir schmiege!

Man bedenke: dem Mariechen schreibt er am 6. Dezember, eine Woche *nach* dem Treuegelöbnis mit Cosima. Doch geht es hier natürlich nicht um Treue oder Untreue, sondern um Bedürfnisse, welche die meisten Menschen geheimhalten, während er sich nicht scheut, sie zu proklamieren. Mathilde begreift, wie immer. Überhaupt zeigt sie weniger vom lieblich ungestümen Evchen als vom resigniert verständnisvollen Sachs. Am 12. Juli 1865 schreibt er ihr seinen Abschiedsbrief, aber er bringt es nicht fertig, sich oder ihr den Abschied einzugestehen:

> Auch Du, Beste! kannst mir doch nur sein, was Dir zu sein erlaubt und möglich war: hatte sich diess bedeutend beschränkt, so blieb doch gerade noch so viel, als ich Dir – eben in jenen Briefen – so gern und anerkennungsvoll ließ. Nichts habe ich doch verworfen oder zurückgenommen: sondern eben nur anerkannt, was ohne Begehren aus unseren Beziehungen übrig blieb. – Und nochmals, daß diess nicht wenig war, ersiehst Du ja eben aus jenen Briefen:

Nichts Trauriges oder Gutes konnte mich treffen, ohne Dir es einfach u. treu zu berichten. Sollte etwas Großes geschehen, so lud ich Dich ein dabei zu sein ... Du gehörst für mich an den Rhein! dorthin kehr ich wieder: Glaub' das! Nie, nie wird mir der liebliche Rheingau entschwinden: dieser Sommer zählt in meinem Leben für viele Jahre. Er wird sich erneuern, glaub' das! Ich komme einmal. Gott weiß, – ich kehre doch vielleicht noch einmal bei Dir ein! Was ist bei meinen seltsamen Lebensschicksalen nicht alles zu denken. Erhalte mir diess Herz, das mir so liebe Stunden für die besten Erinnerungen bereitete, sanft, ruhig und klar. Es lebt in mir fort, und wird nur mit dem meinen aufhören zu schlagen ... Leb wohl! Sei getrost, sanft und hell! Du bleibst mir immer, was Du bist, und diess ermiß nach dem, was Du mir warest. Von ganzem Herzen

Dein R. W.[223]

Sanft, ruhig und klar. Was Wagner nicht ist, findet er in Mathilde. Wäre sie zu ihm gezogen, hätte sie leicht das Sanfte, das Ruhige, das Klare eingebüßt. So verliert er sie als Hausschatz, aber sie bleibt ihm die Verstehende, die innig Vertraute, sanft, ruhig und klar.

Im August 1876 eröffnet Wagner sein Bayreuther Festspielhaus mit dem *Ring des Nibelungen*. Unter den Gästen ist die 30jährige Französin Judith Gautier. Ihren Mann, Catulle Mendés, hatte sie vor zwei Jahren verlassen, und nun bringt sie Begeisterung, Hingabe, tiefes Verständnis und schwarzäugige Berückung in das turbulente Leben des Festspielleiters. Den ersehnten äußeren Frieden hatte er schon vorher errungen. Er besitzt Wahnfried, sein prachtvolles Heim, Cosima, die umsorgende Frau, und Siegfried, den siebenjährigen Sohn und Erben. Aber die Verzauberung, der er immer wieder bedarf, muß von außen kommen. Am 30. August 1876 schließen die Festspiele mit der *Götterdämmerung*. 5 Tage später sendet er ein Briefchen an Judith:

> Hätte ich Sie heute morgen zum letzten Male umarmt?
> Nein, ich werde Sie wiedersehen. Ich will es, weil ich Sie ja
> liebe. Leben Sie wohl! Seien Sie gut zu mir![224]

Während er dies schreibt, notiert Cosima in ihrem Tagebuch am gleichen 4. September:

> Die Tage nach dem letzten Zyklus waren furchtbar.[225]

War es nur die Witterung, die Cosima so furchtbar fand?
  Wie schon Jessie Laussot durch den *Tannhäuser* und König Ludwig durch den *Lohengrin* zu Wagner finden, so geht es auch der jungen Klavierschülerin Judith. Sie beschreibt das so:

> Der Zufall spielte eines Tages die Partitur des »Fliegenden Holländers« in meine Hände ... Ich hatte mir meine Lehrstunden schlecht genug zu Nutzen gemacht und war eine sehr mittelmäßige Klavierspielerin; dies hinderte indessen nicht, daß ich, während ich die Partitur, allerdings in höchst unvollkommener Weise zu entziffern mich bemühte, durch dieses Tonstück ganz außer Fassung gebracht wurde: eine Art plötzlicher Erkenntnis enthüllte mir, trotz meiner unzähligen Fehlgriffe, den Sinn und die Größe dieser Dichtung und dieser Musik. Ich konnte mich nicht losreißen vom Klavier; ich wurde unausstehlich und meine Umgebung, ungeduldig geworden, strengte sich vergeblich an, mir die Noten zu entziehen. – Von diesem Augenblick an hatte Richard Wagner eine Anhängerin mehr.[226]

Die Festspiele sind vorüber. In seinem undatierten Brief, wahrscheinlich aus der ersten Septemberhälfte 1876, schreibt er an Judith:

> Sie könnten mir übrigens direkt schreiben, ich habe da schon vorgesorgt. In diesem Falle würde Herr Schnappauf die Briefe übermitteln. Wie gern hätte ich eine Zeile von Ihnen gehabt! Da ich Sie doch hier – von meinem Schreibtisch aus – immer vor mir sehe, rechts, auf der Chaiselongue,

> mich ansehend (Gott, mit was für Augen), während ich
> für meine armen Opernsängerinnen Erinnerungsblätter
> schrieb. Oh! das so ganz Unerhörte ist, daß Sie den Über-
> fluß meines armen Lebens bedeuten, das nun so gut befrie-
> det und behütet ist, seitdem ich Cosima habe. Sie sind mein
> Reichtum, mein berauschender Überfluß! (Schöne Aus-
> drucksweise, nicht?) Aber das ist egal, Sie verstehen mich.
> Leben Sie wohl, Judith![227]

Schnappauf, Wagners Faktotum und Barbier, soll also die Briefe
besorgen, damit Cosima weiterhin ungestört behüten und befrie-
den kann. Einer gewissen Logik entbehrt das ja nicht.

Steht der vorige Brief unter Goethes Stern, so tönt es nun wie
aus Schillers Mund:

> An das Erlebnis Ihrer Umarmungen denke ich als an den
> berückendsten Rausch, an den höchsten Stolz meines
> Daseins. Es ist ein letztes Geschenk der Götter.[228]

Judiths anhängliche Gedanken sind gewiß bei Wagner, aber sie
findet auch einen neuen Lebensgefährten, den jungen Musiker
Benedictus. Vielleicht ist es um seinetwillen, daß sie Wagners Vorschlag ablehnt, ihn auf seiner Londoner Konzertreise zu begleiten.
Oder bleibt sie fern, weil Cosima auch mitkommt? Oder ahnt sie,
wie vielleicht auch er selber, daß die Erinnerung an ihre erfüllten
Stunden von damals zu kostbar sei, um sie durch Wiederbelebungsversuche zu gefährden? Am 1. Oktober 1877 schreibt er ihr:

> Und wann werde ich Sie wiedersehen? So schlimm waren
> Sie, meine Einladung nach London nicht anzunehmen! Und
> aus welchem Grunde? Gut! Den kenn' ich! Ach, ist das
> schlimm! Jetzt – wann – wie? Mag es sein! Lieben Sie mich
> und warten wir da nicht auf das protestantische Himmel-
> reich: es wird schrecklich langweilig sein! Liebe! Liebe! Lie-
> ben Sie mich, immerdar![229]

Jetzt aber mischen sich andere Dinge, Alltagsdinge in die Briefe an
seine Judith. Sie soll für ihn einkaufen gehen:

Da habe ich etwas vergessen, was mich *zwingt,* Ihnen nochmals zu schreiben, o meine liebe Judith! »Die Pantoffeln *ohne* Absätze!« Aber nein! Noch etwas. Für meine Chaiselongue möchte ich eine wunderschöne, ganz unerhörte Decke, die ich »Judith« nennen werde. Hören Sie! Trachten Sie mir so einen Seidenstoff zu finden, den man »Lampas« nennt oder – wie nur? Grund gelber Satin – so blaß als möglich – bestreut mit Gewinden von Blüten – Rosen: das Muster nicht zu groß, denn es ist ja nicht für Vorhänge; man gebraucht dergleichen eher bei kleinen Möbelstücken. Gibt es kein Gelb, dann ein sehr lichtes *Blau.* Sogar eventuell mit weißem Grund, was leichter aufzutreiben ist. Sechs Meter brauche ich davon! All dies für die guten Vormittage mit *Parsifal.*[230]

Er erzählt ihr von seiner Arbeit am *Parsifal*. 27. November 1877:

Sie werden schon seh'n und es wird Ihnen gefallen. Wenn aber nicht! Werden Sie mich auch dann und trotzdem lieben? Ich hoffe es. O ja! Und wenn Sie es nicht wollen, so küsse ich Sie trotzdem! O ich besitze schon ein Ding, das ich »Judith« nenne. Lebewohl! Lebewohl![231]

Die Besorgungen häufen sich. 30. November 1877:

Ach, meine teure Judith! Plagen wir uns nicht länger mit dieser elenden Geschichte! Ich verzichte auf den rosa Satin! Was die Parfümerien angeht, folgen Sie durchaus Ihrem Geschmack, machen Sie's so, wie es Ihnen brauchbar scheint. Alles was Sie mir vorschlagen, wird mir willkommen sein, sogar die Cold-Creams! Nur brauche ich persönlich etwas stärkere (recht rosenhaltige) Düfte, weil ich nicht leicht rieche.[232]

Die Arbeit am *Parsifal* geht gut voran. Stören darf ihn da keiner. Aber Anregungen sind immer nötig. Manchmal bekommt man die durch die Anwesenheit lieber Menschen, und manchmal durch parfümiertes Badesalz und andere Wohlgerüche. Also, sie soll ihn nur besuchen, und ihren Benedictus, den er scherzend boshaft seinen »Vetter« nennt, darf sie auch mitbringen. Dezember 1877:

> Im allgemeinen ziehe ich Pudersorten vor, weil sie sanfter an den Stoffen haften usw. Aber nochmals, seien Sie verschwenderisch, vor allem in der Quantität der Badeessenzen, etwa bei den Ambrasorten usw. Ich habe die Badewanne unterhalb meines Ateliers und habe es gern, wenn Düfte aufsteigen. Denken Sie im übrigen nicht schlecht von mir! Ich bin alt genug, um mich wieder mit Kindereien befassen zu dürfen! Ich habe die drei Jahre des *Parsifal* vor mir und nichts darf mich dem süßen Frieden schöpferischer Einsiedelei entreißen. Kommen Sie! Kommen Sie, meinetwegen mit meinem Vetter... O teure Seele! Innig geliebte Seele! Alles ist so tragisch, alles, was *real* ist! Aber Sie werden mich immer lieben und ich könnte nicht anders, selbst beim stärksten Willen.
> Tausend Küsse. R.[233]

Judith kommt aber nicht. Doch die Erinnerung an ihre Umarmungen haben dem *Parsifal* wohlgetan.

Dann, am 22. Januar 1878, schickt er ihr einen etwas melancholischen Liebesruf. Es soll der letzte sein:

> O Sie warme, süße Seele! Welche Inspiration fände ich in Ihren Armen! Muß ich das vergessen? Nein! Aber alles ist tragisch, alles versinkt, bestenfalls – in Elegie! Der Ihre. Der Ihre. Schöner Überfluß meines Lebens.[234]

Die ersehnte Verjüngung hat der um 37 Jahre ältere erfahren. Nun wird der Überfluß überflüssig. Am 10. Februar 1878 schickt er ihr seinen Abschiedsbrief:

> Teure Seele!
> Ich habe Cosima gebeten, sich von nun an mit Ihren Pariser Besorgungen zu befassen oder vielmehr mit den letzten Arrangements bezüglich dieser Besorgungen, mit denen ich

Sie nun so lange schon geplagt habe. Ich glaube auch, daß es sehr richtig ist, ihr (als Frau) diese letzte Abwicklung anzuvertrauen, da keine Überraschung mehr zu erwarten ist! Überdies bin ich gegenwärtig durch meine Geschäfte so gestört – es handelt sich um höchst unangenehme Dinge –, daß ich nicht mehr die Muße finde, meine Komposition am *Parsifal* fortzusetzen. Haben Sie Erbarmen mit mir! Alles wird bald beendet sein und ich werde die schönen Augenblicke der Muße wiederfinden, in welchen ich so gerne von mir zu Ihnen spreche. Aber quälen Sie sich nicht meinetwegen: was mich bedrückt, wird bald überstanden sein. Seien Sie lieb zu Cosima: schreiben Sie ihr gut und ausführlich. Ich erfahre dann alles. Lieben Sie mich immerdar. So werden Sie mich oft vor sich sehen und zuletzt sehen wir uns eines Tages wirklich wieder.
Ihnen eigen   R.[235]

Was war geschehen? Eine häusliche Krise muß stattgefunden haben. Wahnfrieds Friede war bedroht. Vielleicht waren Briefe gefunden, vielleicht war gebeichtet worden. Vielleicht hatte Schnappauf versäumt, einen Brief aufzuschnappen. Jedenfalls klagt Cosima, die weise Geduldige, ihrem Tagebuch:

Das Leid, vor welchem mir bangte, blieb nicht aus; von außen brach es herein! Gott helfe mir!... Schmerz, du mein alter Geselle, kehre nun wieder ein und wohne bei mir; wir kennen uns beide, wie lange willst du jetzt bei mir ausharren, treuester, einzig sicherer Freund?[236]

Judith bleibt Wagner treu, jedenfalls dem Unvergänglichen und Wesentlichen in ihm. Im September 1881 besucht sie die Wagners, und im Sommer 1882 kommt sie zu den Festspielen. Sie berichtet:

Er empfängt uns mit jener rührenden Herzlichkeit, die ihn in Gegenwart derjenigen seiner Getreuen überkommt, von welchen er sich wahrhaft geliebt weiß; denn von der egoistischen Unempfindlichkeit, die so oft große Männer, wenn sie einen gewissen Grad des Ruhms erreicht haben, befällt, hat

> er nichts; er ist eher... zu gefühlvoll, er läßt sich von der momentanen Heftigkeit seiner Gefühle hinreißen, und die einzige Sorge, die er seiner Familie, die nur für ihn lebt, verursacht, kommt gerade von seiner Heftigkeit in seinem Leid, seinen Freuden, wie in seinem Zorn, welcher eine weniger stählerne Natur als die seinige, nicht widerstehen würde. Manchmal kann er vergessen, vollständig seine Meinung ändern, lieben, was er vorher verabscheute, und immer tut er es mit derselben Aufrichtigkeit.[237]

Man braucht nicht zwischen den Zeilen zu lesen, um Judiths Wehmut zu verspüren. »Manchmal kann er vergessen.« Er kann »lieben, was er vorher verabscheute«. Daß er auch verabscheuen kann, was er vorher liebte, verschweigt sie. Wie gut, daß sie nicht weiß, was inzwischen in Cosimas Tagebüchern geschrieben steht. Da heißt es von ihr am 9. Februar 1881:

> [R. sagt:] »Gegenüber all den Steifheiten war sie mir damals, 1876, durch ihre natürliche Wärme sehr angenehm.«[238]

Das geht noch an. Aber am 26. September 1881 liest man:

> Um Mittag unsere Freundin Judith Gautier; ich weiß noch nicht, ob R. angenehm oder nur peinlich, wie er sagt.[239]

Am nächsten Tag:

> Ich vermied es gestern, auf R.'s Auslassungen über Judith's ihm peinliches Wesen einzugehen, und hatte immer das Gespräch auf die Kinder gebracht. Er ist darüber traurig heute, weint und sagt, wenn zwischen uns etwas wäre, dann sei für ihn alles aus; ich suche in ihrer ganzen Milde die Empfindung verständlich zu machen, die mich die Fremde im Hause so stark fühlen läßt, daß ich mich gestern abend auf einen Augenblick entfernte. Wir trennen uns heiter, ich selig, daß ich verständlich das so leicht zu Vergreifende dargestellt hatte.[240]

Und schließlich, am 25. Juli 1882:

> Judith besucht uns nach Tisch, ich empfange sie bei mir, da R. etwas müde ist.[241]

Minna, Jessie, beide Mathilden, Judith, sie alle bannt er aus seinem Zauberkreis, wenn sie das Ihrige getan haben. Wie müssen die Menschenkinder gelitten haben, wenn der Verzauberung die Entzauberung folgte. Doch daß sie ihm einst nahe waren, bleibt ihnen unvergeßlich. Das Zueinanderfinden ist genauso irrational wie das Abschiednehmen. Man möchte meinen, hier seien Liebestrank und Vergessenheitstrank im Spiele, und Wagners kühles Urteil über seine einstmals geliebten Wesen verdeckt wohl nur seinen eigenen Gram über das, was er ihnen antut, was der »Weltdämon«, was sein schaffensbedingtes Leben ihnen anzutun ihm auferlegt. Vom Liebestrank heißt es in *Tristan und Isolde:*

> Den furchtbaren Trank,
> der der Qual mich vertraut,
> ich selbst – ich selbst,
> ich hab ihn gebraut!
> Aus Vaters Not
> und Mutter-Weh, –
> aus Liebesträhen
> eh und je –
> aus Lachen und Weinen,
> Wonnen und Wunden,
> hab ich des Trankes
> Gifte gefunden!*

Von Therese Ringelmann bis Judith Gautier – man kann annehmen, sie haben alle des Trankes Gifte gefunden. Paradies und Alltag war ihnen beschieden, und die Welt erhielt den *Ring, Tristan und Isolde, Die Meistersinger* und *Parsifal*.

---

* *Tristan und Isolde,* 3. Aufzug, 1. Szene

IV.

Mangel und goldener Überfluß

Der heutige Wert der im 19. Jahrhundert gängigen Geldsorten ist – ungefähr – wie folgt:

FRANKEN	= DM 4.–
FLORIN	= DM 12.–
GULDEN	= DM 12.–
THALER	= DM 16.–
DUKAT	= DM 45.–
LOUISDOR	= DM 70.–
FRIEDRICHSDOR	= DM 75.–

> »*Wie kannst Du glauben,*
> *ich hätte je Geld genug?*«
> Wagner an Uhlig, Zürich 1852[242]

Geld in Fülle ist vonnöten. Zum täglichen Wohlleben. Zum Ankauf der stattlichen Bibliothek. Für behagliches Mobiliar. Vor allem zum Herbeilocken der Inspiration. Da muß der Phantasie geschmeichelt werden. Franz Liszt, dem Freund und Helfer, erklärt er das so:

> Muß ich mich wieder in die Wellen der künstlerischen Phantasie stürzen, um mich in einer eingebildeten Welt zu befriedigen, so muß wenigstens meiner Phantasie auch geholfen, meine Einbildungskraft muß unterstützt werden. Ich kann dann nicht wie ein Hund leben, ich kann mich nicht auf Stroh betten und mich in Fusel erquicken: ich muß irgendwie mich geschmeichelt fühlen, wenn meinem Geiste das blutig schwere Werk der Bildung einer unvorhandenen Welt gelingen soll. 15. Januar 1854[243]

An sich leuchtet das ein. Um dann diese unvorhandene Welt hervorzuzaubern, muß er die vorhandene Welt erst einmal vergessen können. Da soll das Arbeitszimmer schalldicht und lichtfest gemacht werden. Da soll es morgenländisch um ihn duften. Da sollen kostbare Gewänder, Kissen, Decken und Vorhänge die Schöpferkraft provozieren. Bertha Goldwag, die Putzmacherin, wird beauftragt:

Liebe Fräulein Bertha!
Gehen wir nun noch einmal Alles schön durch, was ich von Ihnen erwarte, und was Sie mir nach München bringen werden, wenn Alles fertig ist.
Also:
1. Ein Schlafrock – *Rosa* mit gestärkten Einsätzen
   Ein Schlafrock – *blau*
   Ein Schlafrock – *grün*
   Ein gesteppter Schlafrock mit *dunklerem* Grün, ohne Rüsche, mit geschoppten Einsätzen und Vordertheil am Aufschlag.
2. Jacken: 1 rosa *dazu bitte*
   1 von dem ganz *blassen Gelb*
   u. 1 von dem *hellen Grau*
   wovon ich jedes 8 Ellen damals mitnahm, und wovon ich Sie bitten ließ (durch Vreneli)* mir von jedem ein paar Beinkleider zu machen.
   Ich wünsche hiervon auch (zwei) Jacken.
3. Beinkleider: 1 Rosa. 1 blaßgelb,
   1 Hellgrau. – *Dazu noch*
   1 dunkelgrün, wie den gesteppten Schlafrock.
4. Stiefel. – 1 weiß. 1 Rosa. 1 Blau.
   1 Gelb. 1 Grau. 1 Grün.
   Dazu zwei Pelzstiefel (Grau und Gelb)
5. Decken. – 1 weiß – gestickt –
   rosa garnirt, mit schwerem Rosa-Atlas gefüttert. –
   1 Blau – blau garnirt – weiß gefüttert. –
   1 Rosa – rosa garnirt – rosa gefüttert.
   1 Blaue Bettdecke (für's Bett) (weiß gefüttert)
6. Kissen. – 2 größere, weiß mit Stickerei:
   vollständig garnirt, das eine Rosa, das Andere Gelb. –
   2 kleinere, ohne Garnirung blos die Stickerei. –
   Hierzu bringen Sie noch 2 Ärmel von dem schönen roth mit Gelb gefüttert, wie die große Decke, welche ich habe: gesteppt mit Daunen, wie zu dem früheren grauen Schlafrocke. –

---

* seine Haushälterin

7. Band so viel und so schön als es zu haben ist. Dazu noch etwa 10 Ellen von dem gestickten weißen Bande.
8. Von dem schönen schweren *Rosa Atlas* bringen Sie noch eine starke Partie mit – 20 bis 30 Ellen. –

Im Übrigen schöne Blumen und Spitzen. – Sachets (Frabel).
Geld liegt noch für Sie bereit; bedürfen Sie es sogleich, so schicke ich Ihnen.
Nun machen Sie Alles recht schön, und melden Sie bald, daß Sie mit einer geschickten Schneiderin kommen können.

Besten Gruß von
Ihrem
ergebenen
Rich. Wagner

München
15. Nov. 1865[244]

Man gestatte sich ein Schmunzeln, ein Kopfschütteln, doch man bedenke auch das Warum? Wagners ständiges Übel, die hochempfindliche Haut, vertrug nichts Steifes am Körper. Der Wunsch nach schmiegsamer Kleidung und Unterkleidung mag etwa 10 Prozent seines Luxusbedürfnisses erklären. Weitere 10 Prozent seien dem Verlangen nach Wärme zuzuschreiben. Immer wieder zieht es ihn gen Süden, der Sonne nach. Lange nach Wagners Tod, im Jahre 1906, erzählt Bertha Goldwag dem Wiener Musikkritiker Ludwig Karpath:

> Er trug Atlasbeinkleider, aber reguläre Pantalons mit einer dazu gehörigen Jacke. Ich kannte auch den Grund dieser Liebhaberei, wenn es überhaupt als Liebhaberei bezeichnet werden kann, daß jemand anstatt einer Tuchhose eine Atlashose trägt. Der Hauptgrund also war, daß Wagner zu jeder Zeit ungemein *viel Wärme brauchte,* um sich wohl zu fühlen. Ich mußte alle Kleider, die ich für ihn anfertigte, reich mit Watte füttern, denn Wagner klagte allemal, daß es ihn friere.[245]

Von allerdings größerer Bedeutung ist die Tatsache, daß Wagner Theatermensch ist, und das zu Hause wie auf dem Theater. Seinen gewaltigen Bühnengestalten, Wotan, Tristan, Sachs, Gurnemanz, Brünnhilde und Isolde, stellt er die gewaltigste zur Seite, Richard Wagner. Man hüte sich, dies als das Spielen einer Rolle zu betrachten. Der echte Künstler *ist* Wotan, *ist* Wagner. Gesteppter Schlafrock, gelbe Pelzstiefel und Samtbarett sind Requisiten, wie Tarnhelm, Ring und Speer. Mit ihrer Hilfe entfaltet sich der Künstler und verwirklicht, was sein persönliches Geschick ihm zu verwirklichen auferlegt. Um solche Wunderwerke wie den *Ring, Tristan und Isolde, Meistersinger* und *Parsifal* zu schaffen, darf er nie aus der Rolle fallen. Auch zu Hause nicht. Auch nicht des Nachts. Denn immer schafft dieser Geist. Gegönnt sei ihm der schwere rosa Atlas und was sonst noch der schöpferische Prozeß zu erfordern beliebt. Schlagen wir das Hervorrufen dieses Prozesses auf weitere 30 Prozent an, so haben wir wenigstens eine halbe Erklärung für Wagners Bestellungen an die Putzmacherin Bertha Goldwag. Die andere Hälfte mag getrost im Dunkel bleiben, das ihr zukommt.

Auf der Bühne wie auf der Straße ist Wagner sein eigener Dichter, Komponist, Regisseur und Kostümier. Minnas Tochter Natalie erinnert sich im Alter an Wagners Ausstaffierung:

> Schneeweiße Pantalons; himmelblauer Frack mit mächtigen Goldknöpfen; Handmanschetten; ein furchtbar langer Cylinder mit einem schmalen Rand; ein Stock so groß wie er selbst mit einem mächtigen Goldknopf; recht leuchtende schwefelgelbe Glacéhandschuhe.[246]

Im Mai 1863 zieht der Fünfzigjährige in seine neue Wohnung in Penzing bei Wien. Natürlich wird sie theatergerecht ausgestattet. Er beschreibt:

a) *Speisezimmer.*
   Dunkelbraun mit kleinen Rosenknospen (sehr einfach).
b) *Arbeitssalon.*
   Glatt Lilas, einfarbig, mit granatfarbenen Sammettapetenstreifen mit Goldleisten in den Ecken.

c) *Arbeitszimmer.*
Mattbraun-grau, mit lilas Blumen. Dunkelbraune Sammetstreifen.
d) *Theezimmer.*
Glatt grün mit Violettsammetstreifen u. Goldleisten in den Ecken.
e) Neurothsammet ohne Muster.
f) *Schlafstube.*
Lilas glatt mit grünen Sammetstreifen und Goldleisten. Violette Bettgardinen.
g) *Garderobe.*
Mattgrün mit dunkelrothen Blumen.

Nachtrag
b) *Musiksalon.*
Braune Wollengardinen mit persischem Muster. Ebenso Kanapé. Fauteuils mit granat. Plüsch.
c) *Arbeitszimmer.*
Alte braune Gardinen. Altes Ruhebett.
d) *Theezimmer.*
Alte grüne Gardinen. Divan braun Wolle mit gelbem Seidenmuster.
e) *Kleiner Salon.*
Neurothe Damastgardinen.
f) *Schlafstube.*
Violette halbseidene Gardinen.
g) *Garderobe.*
Alte braune Gardinen.
Überall Portièren.[247]

Zum Schaffen gehört das beruhigende Gefühl, keine Not zu leiden. Daher Wagners ständiges Verlangen nach Überfluß. Man muß mehr, viel mehr haben, als man im Augenblick braucht. Man muß Geschenke machen können. Peter Cornelius, der Komponist des *Barbier von Bagdad* und Wagners Freund, erfährt dies zu Weihnachten 1863. Er berichtet seiner Schwester:

> Der unsinnige Wagner hat einen großen Baum angesteckt und mir darunter einen königlich reichen Tisch gestellt!

Denke Dir: einen wundervollen, schweren Paletot – einen eleganten grauen Schlafrock! – roten Schal, blaue Zigarrentasche und Feuerzeug – schöne Seidentücher, prachtvolle goldene Hemdknöpfe – den *Struwelpeter* – eleganten Tintenwischer mit goldener Devise, feine Halsbinden – eine Meerschaumzigarrenspitze mit seinen Initialen – kurz, was nur immer eine orientalische Phantasie ersinnen kann. – Es machte mir das Herz schwer, und ich schenkte am Tag darauf die Hälfte wieder weg, und war nun erst recht froh.[248]

Ohne Luxus kann Wagner nicht schaffen, nicht leben. An beträchtliche Einkünfte kann ein Komponist im 19. Jahrhundert kaum denken. Wagner übt sich daher im Ausfindigmachen verborgener Geldquellen. Er übt sich, wie er das Komponieren erlernt, mühsam, Schritt für Schritt. Er entdeckt bisher unbekannte Pfade zu den Herzen und Brieftaschen solcher Menschen, die dem virtuosen Kassierer nicht widerstehen können. So souverän beherrscht er schließlich die Kunst des Einsäckelns, daß man ihren Einfallsreichtum mit dem seiner Dichtungen und Kompositionen vergleichen kann. Betrachten wir den langjährigen Kontakt zwischen Wagner und Ernst Benedikt Kietz. Hier ist ein Modell sowohl für Wagners Eintreibungsmethoden wie für das unausweichliche Schicksal des Gläubigers. Kietz, Maler und Zeichner, teilt Wagners Pariser Elendsjahre, 1839 bis 1842. Kietz lebt in Paris, Wagner und Minna wohnen im Vorort Meudon. In seinem Brief vom 13. Oktober 1841 ersucht er Kietz nicht um Geld, sondern um Portoauslagen. Das kommt zwar aufs gleiche hinaus, klingt aber tröstlicher:

Guter Kietz!	PS: Wir haben eine Flasche
Bester Ernst!	Rhum zum Present bekommen; –
Geliebter Benedict!	wollen künftigen Sonntag
Werther Freund!	Punsch machen – Du
Theuerster Bruder!	*kommst doch* heraus?
etc.	
etc.	
etc.	

Noch einmal greif' an das bewährte Schwert u. haue den Knoten meines Misgeschickes durch! – Die einliegenden Briefe sind für mich von großer Wichtigkeit, – Du kannst Dir's leicht denken: – sie müssen mit der nächsten Post fort, – das Porto kann ich aber in diesen Tagen noch nicht erschwingen: – greif' in den Wundersäckel u. – leg' es aus, – tue mir noch diesen Gefallen! – Ende des Monates kommt Erlösung u. auch Geld für Dich, – Du weißt's – habe keine Sorgen! – Du wirst meine Bitte erfüllen, ich zähle auf Dich! –[249]

Darauf kommt er zur Hauptsache:

Sieh diesen Leihhaus-Zettel: – am 15. vorigen Monates wäre der Termin zur Auslösung oder Erneuerung eigentlich schon um gewesen; als ich jedoch darum anging, hat man mir ohne alle Beschwerde noch 4 Wochen, die ich verlangte, bewilligt: – bis diesen 15. ist das Pfand also sicher; – nun weiß ich aber, daß man mir gewiß auch noch einen Verzug bis Ende dieses oder Anfang künftigen Monates bewilligen wird, – ich weiß dieß vom vorigen Male, – man muß mit den Leuten sprechen. Da Du nun eine wahre Passion besitzest, Dich in französischer Beredtsamkeit zu ergießen, so thue mir den Gefallen, gehe dahin, wohin die Adresse des Zettel's verlautet, RUE ST. HONORÉ, u. sprich mit den Leuten, oder frage vielmehr, welches der äußerste Termin sei, den man mir aussetzen könne?[250]

Von Geldborgen kann also die Rede nicht sein. Vielmehr handelt es sich um Portokosten und unangenehme finanzielle Verhandlungen, ehrenvolle Aufgaben also, besonders wenn sie leicht humoristisch erteilt werden.

Monate später hat Wagner Paris verlassen und erwartet in Dresden das Schicksal seines *Rienzi*. In Paris hat er ansehnliche Schulden hinterlassen. Am 12. Mai 1842 schreibt er an Kietz:

Für Deinen Onkel *Fechner* lege ich hier ein Briefchen bei, – Du kannst es auf die Stadtpost geben: ich muß es auf die

Verachtung dieses Mannes hin wagen, ihm zu erklären, daß ich ihm vor Herbst nichts zahlen *kann:* ich *kann* nicht... diese Verachtung ist mir vollkommen gleichgültig: – wer gelitten hat, was *ich* litt, ist über Conventionen, wie sie Leute, Deinem Onkel gleich, verlangen, hinweg. Und dennoch wurmt es mich, als ich diess sage. Hol's der Teufel![251]

Wagners Gläubiger lernen schnell, daß sie auf Dank nicht rechnen dürfen. Genaugenommen liegt ja dem Geldgeber weniger an der Dankbarkeit als an der Rückerstattung des vorgeschossenen Kapitals. Nur wenn beides ausbleibt, kommt es zu Bestürzung und Kummer. Andererseits könnte sich der Kreditverleiher damit trösten, daß sein Scherflein weniger Richard Wagner als dem *Fliegenden Holländer* oder den *Meistersingern* zugute kommt. Aber das wäre wohl zuviel verlangt.

Am 13. Juni 1842 schreibt Wagner seinem Ernst Benedikt aus Teplitz. Was das Porto betrifft:

> Könnte ich den Brief bis nach Paris frankiren, so würde ich es diesmal von dem Schleifsteingelde thun! So aber kann ich es nur bis an die österreichische Gränze.[252]

Wagner schuldet dem armen Teufel viel Geld. Wieviel? 5. Januar 1843:

> ... die Devrient hat mir 1000 Thaler geborgt; davon soll ich soviel wie möglich Schulden bezahlen, und vor allen Dingen Dir zu Hülfe kommen. Wie viel ich Dir eigentlich schuldig bin, weiß ich nicht mehr recht: ich weise Dir hiermit bei Avenarius 600 Fr. an: Du wirst mich benachrichtigen, ob dies ausreicht. Was Du mit diesem Gelde anfangen wirst, ... getraue ich mir auch nicht, Dir zu rathen, weil ich erstlich weiß, daß Du keinen Rath haben willst, ... und weil ich zweitens überzeugt sein muß, daß Du keinen Rath befolgen würdest. Zudem bin ich durch Dein längeres Schweigen gänzlich außer Stand gesetzt, Deine jetzige Lage beurtheilen zu können: das Einzige, was ich erfahren habe, ist, daß Du in Deiner Kunst keine Fortschritte gemacht hast.[253]

Wer den Schaden hat... Doch was die rechte Hand gibt, weiß die linke zu nehmen. Er fährt fort:

> Deinen Onkel, M. Fechner grüßest Du wohl von mir, so gut er's verträgt? Die 100 Fr., die ich ihm schulde, erhältst Du ebenfalls von Avenarius. Glaubst Du, daß er eine kleine Zinsen-Entschädigung annehmen werde, so biete sie ihm an und lege sie für mich aus. Danke ihm in meinem Namen, und sage ihm, daß ich es ganz von Herzen thäte: Alles, was zwischen ihm und mir vorgefallen, sind doch nur Dummheiten, die mich nur so lange widerlich berührten, als ich mich meiner Verpflichtung nicht zu entledigen im Stande war; jetzt, wo ich es kann, gedenke ich nur noch der Bereitwilligkeit, mit der er mir aus der Noth zu helfen bemüht war; – ich kann und werde ihm dieß nie vergessen! –
> Unserm Schuster giebst Du wohl auch die 40 Fr., die er von mir noch zu fordern hat. Avenarius wird sie Dir ebenfalls zustellen. –[254]

Hier spricht Wagner, der ausnahmsweise seelisch wie finanziell unbelastet ist. Dann kann auch er dankbar sein.

Fast zwei Jahre vergehen. Kietz wartet immer noch auf volle Bezahlung. Am 18. Dezember 1844 erhält er Wagners Brief:

> Verzeihe mir, daß ich Dir erst so spät Dein Geld schicke! Ich habe Dir den Vorwurf zu machen, daß Du mir nicht sogleich damals, als ich die 800 Fr. schickte, eine Abrechnung zukommen ließest. Ich hatte mir nie etwas aufgeschrieben und wußte in der Tat nicht, wie viel ich Dir eigentlich schuldete: Du hättest mich schnell darüber in Gewißheit setzen sollen. Als Du es jetzt gethan, muß ich offen gestehen, daß ich nicht sogleich imstande war, Dir das Geld schicken zu können; ich bin im Ganzen jetzt nur auf meinen Gehalt beschränkt, was meine finanziellen Zustände umso empfindlicher berührt, als ich mir bei meinem bisherigen Ausgaben Etat allerdings – und wie es mir erlaubt schien anzunehmen – nicht ungerechte Erwartungen auf schnellere und größere Extra-Einnahmen gemacht hatte.[255]

Wagner wird diese Strategie noch oft anwenden. Erst verzögern, dann vergessen, und schließlich den Gläubiger mahnen, nicht so nachlässig zu sein. Weiterhin enthält der Brief einen ehrenvollen Auftrag:

> ... nicht eher als heute war es mir möglich, Dir die berechneten 159 Francs zuzuschicken. Ferner: nicht eher als heute war es mir möglich, Loizeau selbst nur einen Theil seiner Forderung – wie dies hiermit geschieht – zukommen zu lassen. Loizeau, der mich in der letzten Zeit sehr oft mit Mahnbriefen versehen hat, fordert von mir als für *Brix* übernommene Schuld 278 Francs; ich schicke Dir daher heute soviel mir möglich ist, im ganzen nämlich einen Wechsel von 300 Fr. – Sei so gut und stelle Loizeau in meinem Namen was über die Dir gehörigen 159 Fr. ist zu, also 141 Fr., was demnach die größte Hälfte seiner Forderung beträgt; sage ihm, daß mir für den Augenblick mehr zu erübrigen nicht möglich wäre, daß er daraus wenigstens meinen guten Willen ersehen werde und daß er mit Sicherheit darauf rechnen dürfe, den Rest seiner Forderung, 137 Fr. spätestens bis nächste Ostern zu erhalten. Ich hoffe, Du übernimmst diese kleine Besorgung mir zu Liebe.[256]

Der Brief schließt mit einem Zuruf, der Kietz seine Sorgen fürs erste vergessen läßt:

> Du wirst sehen, wie Wunder geschehen: der Dir heute nicht hundert Franken geben kann, wird Mittel und Wege finden, Dir Tausende zu geben. Das werde *ich!* Leb' wohl, Du alter ehrlicher Kerl, den ich herzlich, herzlich liebe.[257]

Der alte ehrliche Kerl wird später die Gelegenheit ergreifen, den Freund an dieses Versprechen zu erinnern. Etliche Jahre danach gibt es wieder ehrenvolle Aufträge für Kietz. 2. Mai 1851:

> Nimm den Überbringer dieser Zeilen gut auf. Es ist ein junger Pole, *Heimberger* (aus Lemberg), den ich sehr lieb habe und der jetzt in einer schlimmen Lage ist. Du würdest mir

eine große Freundschaft erweisen, wenn Du ihn zunächst bei Dir wohnen ließest.[258]

Nach 7 Monaten, am 5. Dezember 1851:

Der Dir den Brief bringt, ist Hermann Müller, ehemaliger Gardeofficier der sächsischen Armee, von dem Du vermuthlich schon gehört haben wirst. Nimm ihn sorgsamlichst auf; er ist das erstemal in Paris.[259]

Dann kommt die Zeit, wo Kietz den Freund um Hilfe anfleht. Um die Hilfe, die ihm schließlich einmal zugesichert wurde. Wagner antwortet am 2. April 1853:

Sobald ich in den Stand komme, von dem Du annimmst, daß ich mich schon drin befinde, so zweifle nicht, daß ich auch an Dich alten Lumpen denken werde. – Mit baar Geld wird es jedoch immer seine große Schwierigkeit haben: daß ich nicht sparsam sein kann, weißt Du, und daß ich immer mehr ausgebe als ich einnehme, wird mein beständiger Fehler bleiben; kommt mir Geld, so ist gewiß, daß ich mindestens immer dreifach so viel gezehrt habe und schuldig bin. Mir geht so furchtbar viel für mein normales Lebensbedürfnis ab, daß ich mich leidenschaftlich immer zu künstlichem Ersatz gedrängt fühle. So habe ich das unabweisbare Bedürfniß, einmal eine längere, schöne Reise in das südliche Europa zu machen: ohne neue Schulden zu machen kann ich nicht an so etwas denken. – ... Alles was ich Dir mit Sicherheit anbieten kann, bleibt daher immer folgendes: – komm zu mir, wenn Du Lust hast, und bleibe so lange, als es Dir irgend behagt, und wenn's für Lebenszeit ist: Du sollst bei mir ein gutes Zimmer für Dich haben, und alles was Du zum Leben gebrauchst.[260]

Damit muß Kietz sich abfinden. Immerhin gibt es die Einladung zur Wohngemeinschaft. Er wird später darauf zurückkommen. Nach weiteren 5 Jahren erhält er wieder einmal eine ehrenvolle Aufgabe. 18. Oktober 1858:

Du könntest mir einen großen Gefallen thun, wenn Du mir Schnupftabak besorgtest. Kannst Du die Auslage für 3 Pfund (1½ Kilogramm) bestreiten? In einem Briefe kann ich kein Geld nach Frankreich schicken, und einen Wechsel für 12 bis 14 francs gibt mir auch Niemand. Ermöglichst Du es, so bitte ich Dich, mir 2 Pfund gewöhnlichen und 1 Pfund von der besondren Sorte *à la divette* zu kaufen. Die schickst Du mir über Marseille, par Mer.[261]

Der »alte ehrliche Kerl« tut, was er kann. Er freut sich an Wagners Freundschaft und genießt den wachsenden Ruhm des Freundes. Doch es geht ihm miserabel, besonders wenn er sich von Wagner vernachlässigt fühlt. Am 18. Januar 1861 schreibt er ihm:

Meine hiesige Adresse rufe ich Dir hiermit, wie mich selbst, ins Gedächtniß. . . . Deine neue sendete man mir zu! Du bist immer überall – und nirgends! Nirgends mindestens für mich. . . . Seit lange präparire ich mich auf diesen Brief wie auf eine Probepredigt, die mir die Wiederaufnahme im Tempel der Freundschaft verschaffen soll. Eine heilige Angst oder Scheu ließ mich weder Anfang noch Ende finden. Ich weiß wahrlich nicht unter solchen und meinen Umständen was und wie ich Dir schreiben soll. Von Dir hoffte ich das Thema. Seit Jahr und Tag bald bist Du mir Antwort schuldig. Daß Du sie mir nicht giebst, scheint mir ein Beweis, daß Du. . . . uneingedenk unsrer alten Freundschaft und meiner treuen Liebe – von mir keine Nachricht begehrst, abbrechen willst. Mit diesen Zeilen mache ich noch einen verzweifelten Versuch! – Kommt darauf nicht bald eine Antwort, so bestätigt Dein Schweigen meine betrübende Vermuthung. . . . Es ist gerade drei Jahre her, daß ich Dich hier umarmte und zum letzten Mal sah. Viel schöne Versprechungen hast Du mir damals mündlich wie schriftlich gemacht. Nun wird Geringschätzung und Gleichgültigkeit mir. Doch zürne ich Dir keinesfalls, Du bist nicht der Einzige, man hat mich hinlänglich daran gewöhnt. . . . Nun, mir ist nun alles gleich, alles recht! Hinsichtlich Schlafstätte und Eßtrog hat man mich hier sicher gestellt. So vege-

tiere ich wie eine Pflanze auf Trümmern. Das einzige was in mir noch frisch lebt, sind die Erinnerungen, worunter die liebsten die an unsre frühere Freundschaft. Zerstöre mir diese nicht. ... Doch ich schwatze Dir da eine Menge unnützes Zeug um meinen Brief zu füllen, der nichts weiter sagen sollte als: hab Mitleid mit mir, schenke mir zum Neujahrsangebinde aufs Neue Deine alte Freundschaft um die ich auch Frau Minna bitte; und laßt mich nicht auf diese Zusicherung warten. In treuer Liebe Dein treuester Freund
E. B. Kietz[262]

Worum handelt es sich hier? Hat Wagner seinen Freund vergessen? Wohl kaum, aber das Freundschaftsverhältnis hat sich gewandelt. In seinen Schöpfungen erforscht Wagner die geheimsten Winkel des menschlichen Herzens. Im Privatleben kümmert er sich weniger darum. Immer wieder leiden seine Freunde und finden es unfaßbar, daß er sie oft wie Fremde behandelt. Doch Kietz muß wohl geahnt haben, daß Umgang mit einem Genie nicht nur finanzielle Opfer fordert. In seinem Gedicht, *Meine Härte,* sagt Nietzsche:

> Ich muß weg über hundert Stufen,
> ich muß empor und hör euch rufen:
> »Hart bist du! Sind wir denn von Stein?« –
> Ich muß weg über hundert Stufen,
> und niemand möchte Stufe sein.[263]

Kietz akzeptiert sein Stufengeschick.
 Überspringen wir die nächsten 9 Jahre. Sie schreiben sich von Zeit zu Zeit. Wagner wiederholt sein Angebot, Kietz bei sich aufzunehmen, aber lehnt finanzielle Hilfe ab. 21. Mai 1870:

> Deine Reise von Zürich nach Luzern und dorthin zurück werde ich Dir wohl noch bezahlen können. Was das für ein Trödel ist! – Also, laß Dich auf Triebschen sehen: Dein Unterkommen findest Du hier.[264]

Kietz bleibt zunächst in Zürich. Am 6. September erhält er einen Brief aus Tribschen, aber nicht von seinem Freund:

> Lieber Herr Kietz!
> Von Arbeit überhäuft ersucht mich Richard Ihnen zu sagen, daß er die Calamität, in die Sie gerathen sind, unendlich bedauert. Er hofft, daß der baldig zu erwartende Schluß des Krieges Sie bald an Ihren Wohnort zurückführen wird, und daß Sie mittlerweile in Zürich Beschäftigung finden werden. Wenn wir Sie nicht ersuchten, ihn auf Triebschen zu besuchen, so ist es, weil unser Gastzimmer von K.meister Richter besetzt ist und wir, sofort nach Beendigung einer dringenden Arbeit, mein Mann und ich uns auf eine kleine Reise anschicken werden. –
> Mit bestem Dank für die freundlichen Glückwünsche und herzlichen Grüßen
> Cosima Wagner[265]

Gehen wir noch einmal ein halbes Menschenalter zurück. Am Anfang seiner Karriere als Tributeinzieher ist Wagner noch unoriginell. An den Jugendfreund Theodor Apel wendet er sich am 19. April 1835:

> Meine Geldaffairen, Du Rettungsengel, sind noch nicht ganz in Ordnung; – das weiß der liebe Gott! ... Will ich vollkommen rein sein, und zugleich für meine nächste ungewisse Zukunft etwas gedeckt, so sind mir noch 200 Thaler nöthig! – Erschrick' nicht! Aber es ist so![266]

Das ist anfängerhaft. Aber während der nächsten 5 Jahre verfeinert er die Methode. Seinem Schwager Eduard Avenarius schreibt er am 4. Januar 1840:

> Mein werther Freund und Gönner,
> Antworten Sie mir doch ganz einfach Ja oder Nein, ob es in Ihrer Macht steht – (wollte Gott, es stünde nur bei Ihrem Willen) – die bewußte Summe meiner Schuld noch um fünfzig Franken zu meinen Gunsten zu vergrößern, ...

Die eingeklammerten Worte sind wichtig. Sie setzen Eduards guten Willen voraus, machen es ihm also leichter, Ja zu sagen. Oder umgekehrt, sie machen es ihm schwerer, Nein zu sagen. Sofort wird nachgestoßen:

> Noth lehrt nicht nur beten, sondern auch einen gewissen Grad von Unverschämtheit, die jedoch *Sie* vielleicht eher als jeder Andere zu entschuldigen wissen werden.

Des Schwagers wohlwollender Scharfblick wird postuliert. Das einmal angeschlagene Thema erklingt also zum zweiten Male. In seiner Leitmotivtechnik herrscht das gleiche Prinzip, wenn das neue Motiv sofort wiederholt wird, und oft noch ein drittes Mal ertönt, damit der Hörer auch merke, worum es geht. Also läßt Wagner sein Thema noch einmal hören. Der Brief fährt fort:

> Um nämlich meine diesmalige Miethe ETC: zu bezahlen, habe ich denn nun gestern mit dem letzten Entbehrlichen das Leihhaus besucht, ohne jedoch genug bekommen zu können; da es sich nun grade um nicht mehr als netto fünfzig Franken handelt, so nehme ich also nochmals meine (dießmal *letzte*) Zuflucht zu Ihnen. –[267]

Ist es nicht unvorstellbar, daß der rechtschaffene Schwager diese geringfügige Summe abschlagen kann, zumal es sich um ein *letztes* Ansuchen handelt?

Leider, leider bleibt es nicht bei diesem letzten Gesuch. Schon 7 Wochen später schreibt er dem Schwager:

> Liebster Avenarius,
> wissen Sie, daß Sie mir einen recht großen Gefallen thun könnten, nämlich, wenn es der Stand Ihrer Dinge zuließe, mir bis Ostern fünfhundert Franken vorzuschießen?[268]

Hinlänglich bekannt, aber von Wagner individuell entwickelt, ist die Methode des *Borgens im Klageton*. Mancher Geselle in der Kunst des Schuldenmachens hat ins Leere gezielt, weil er zu leise klagte. Wenn Wagner jammert, dann soll dem Adressaten die Luft vergehen, mit der er Nein hätte sagen können. Dieses Nein wäre geradezu ein Verbrechen, wenn man nicht für sich selber, sondern für seine hungernde Frau bittet. 20. September 1840:

> Mein Theodor,
> in einer Lage, von der Dir selbst vielleicht der Begriff fehlt, – u. in der ich mich gleichsam als am äußersten Ende der unglücklichsten Möglichkeiten angelangt betrachte, ist es der Freund meiner – leider hingeschwundenen Jugend, an den ich mich wieder wende, an ihn, der selbst durch die härtesten Schickungen geprüft wurde. Um allen Schein von Heuchelei zu vermeiden, schicke ich, was als der egoistischste Theil füglich zuletzt erwähnt werden sollte, sogleich an die Spitze dieses meines Briefes, nach Jahren wieder des *ersten:* das ist: – *ich bin im äußersten Unglück, u. Du sollst mir helfen!* – Dich wird eine trübe Bitterkeit anwandeln. Warum aber, oh mein Gott, – geht es mir so, daß ich selbst dieser Bitterkeit zu trotzen im Stande bin? – Was sollte ich nicht, wenn ich sagen muß: – seit einem Jahre lebe ich mit meiner Frau ohne einen Groschen verdienen zu können, ohne einen Pfennig mein nennen zu dürfen?[269]

Eine beträchtliche Verfeinerung der *Hungrigen-Frau-Methode* offenbart sein Brief an Liszt vom 18. Juni 1849:

> Mit der zuversicht eines *gänzlich* hülflosen bitte ich Dich nun noch: mache es möglich mir schnell geld zukommen zu lassen, damit ich hier fortgehen, nach Zürich reisen und dort so lange leben kann, bis ich den gewünschten gehalt beziehe: Du wirst selbst am besten beurtheilen können, wie viel ich dazu bedarf. – Ob meine frau, wenn sie meinen heißen bitten nachgiebt und nach Zürich zu reisen gedenkt, das nöthige dazu wird auftreiben können, weiß ich leider nicht: frügst Du wohl schnell bei ihr an, ob sie etwas braucht? . . . Gott, welche Mühe gebe ich mir immer, nicht zu weinen! – Meine arme frau!! –[270]

Wie kann Liszt ablehnen, bei Minna anzufragen? Ist erst *der* Schritt getan, so folgt der zweite moralischerweise von selbst.

Einen Monat darauf, am 19. Juli 1849, appelliert er noch einmal an Liszt:

> Bist Du gut bei laune? – Wahrscheinlich nicht, da Du einen brief von Deinem plagegeiste entfaltest! Und doch liegt mir um alles in der welt daran, daß Du gerade heute, jetzt, in diesem augenblicke guter laune seist! Denke Dich in den schönsten moment Deines lebens hinein, und blicke heiter und wohlwollend von da aus auf mich: denn ich habe Dir eine inbrünstige bitte vorzutragen. – Heute erhalte ich einen – unglücklicher weise durch die posten sehr verspäteten – brief von meiner frau, er ist so rührend wie nur etwas auf der welt: sie will zu mir kommen, um ganz bei mir zu bleiben und alle noth des lebens von neuem wieder mit mir durch zu machen ... aber um ihren wunsch auszuführen und zu mir zu kommen, fehlt ihr und mir nicht mehr wie Alles. Nur um von Dresden loszukommen bedarf sie unter den schwierigsten verhältnissen geld: sie sagt mir, in diesen tagen habe sie 62 thaler zu zahlen ohne zu wissen woher, ... und so bitte ich Dich um Alles was Dir lieb und theuer ist: suche was Du irgend erschwingen und zusammentreiben kannst, so viel als Dir irgend möglich ist – und schicke es – nicht mir, sondern meiner frau, damit sie fort und zu mir kommen kann, ... Ja, so bin ich, – ich kann betteln – ich könnte stehlen, um jetzt meine frau – wenn auch nur auf kurze zeit – heiter zu machen! Du lieber, guter Liszt! Sieh zu, was Du kannst und vermagst! hilf mir! hilf mir! lieber Liszt! Leb wohl und – hilf mir![271]

Liszt hilft, und Minna teilt Wagners Schweizer Exil, zusammen mit Natalie, dem Hund Peps und Papo, ihrem Papagei.

Eine von Wagner ausgearbeitete Variante des *Klagetons* ist die *Schelmenweise*. Hier bekommt der Geldgeber einen humoristischen Geistesblitz vorgesetzt, der ihm gute Laune bereitet und seine Opferfreudigkeit wachruft. Im Dezember 1839 schreibt er dem Schwager Avenarius:

Werthester Freund!
Meine Frau ersucht Sie ganz ergebenst, durch Überbringer dieses ihr gefälligst 10 000 Franken zuzusenden; – sollte dieß in der Schnelligkeit nicht gleich möglich sein, so bittet sie wenigstens für 12 Stunden um Ihre gütige Kaffee-Mühle, die Sie morgen früh wieder zurückerhalten sollen... Bis in den Tod

Ihr Richard Wagner[272]

In Paris verfertigt er Bearbeitungen populärer Musikstücke für den Verleger Maurice Schlesinger. Ihm schreibt er am 27. April 1841:

Mein allerverehrtester Herr und Gönner,
ich kann mich unmöglich schlafen legen, ohne Sie auf die Wichtigkeit des Gegenstandes vorbereitet zu haben, der die nächste Veranlassung des Besuches sein wird, den ich Ihnen morgen früh abzustatten gedenke: – nämlich, die Regulirung unsrer Rechnung und – 100 Franken Vorschuß... Sie sehen, ich habsüchtiger Mensch lasse Ihnen also keinen SOUS mehr, u. dennoch erdreiste ich mich, Sie um einen neuen Vorschuß anzugehen; es wäre unerhört, es wäre anmaßend über die Maaßen, – wenn ich es nicht zu sehr gebrauchte. Hundert Franken, theuerster Herr Schlesinger, müssen Sie mir aber nothwendig von Neuem vorschießen, sonst wüßte ich gar nicht, wie Sie dereinst vor dem Richterstuhle der Nachwelt bestehen sollten,... Gewiß schaudert Ihre Einbildungskraft, wenn Sie sich dieß so ganz vor die Augen stellen, u. das beglückende Resultat dieses Schauder's wird sein, daß Sie mir ungesäumt den erbetenen Vorschuß auszahlen lassen. Ich rechne mit einer wunderbaren Sicherheit darauf! –... Ich kann nicht mehr, – ich erschöpfe mich zu sehr in poetischen Ergüssen – u. Alles diess um 100 Fr.... Mit Zerknirschung

Ihr
allerunterthänigster
Richard Wagner.[273]

Seinem Dresdener Verleger, C. F. Meser, schreibt er von seiner Badekur am 20. Juli 1845:

> Verehrtester Freund, Leidens- u. Freudens-Genosse für dieses Leben,
> könnten Sie mir sogleich, oder doch in einigen Tagen 100 Thaler zu beliebigen Prozenten bis zu deren von mir hiermit feierlich verbürgten Zurückzahlung am 1. September d. J. leihen oder verschaffen, so würden Sie dadurch außerordentlich verbinden Ihren, im sehr teuren Bade Marienbad mit seinem Gelde nicht auskommenden, ganz ergebensten
> Richard Wagner
> ...
> P. S. Übrigens bekommt mir das Bad sehr gut; meine Laune ist besser u. bereits habe ich – ohne mich damit beschäftigen zu wollen – zwei neue Opernbücher entworfen. (*Lohengrin* und *Meistersinger*, d. V.)[274]

Er hat einen Traum, von dem man annehmen muß, daß er seinem Dresdener Freund, Theodor Uhlig, düstere Vorahnungen bereitet. 8. Februar 1850:

> Denke, wie weit es mit mir gekommen ist: die gestrige nacht fiel mir ein elender witz über Deinen vornamen ein (Louisd'or, statt: Theod'or) und verscheuchte mir wie ein gespenst jede möglichkeit des schlafes. –[275]

Ein schöner Schreck wird dem Theodor in die Glieder gefahren sein.
Am 13. März 1850 schickt er ein Meisterwerk an den Pianisten Wilhelm Baumgartner in Zürich. Man beachte die Einführung des *Hungernde-Frau*-Themas in die *Schelmenweise:*

> Lieber bruder, ich sorge um Deine zukunft. Im winter hast Du gute einnahmen, und alles läßt Du darauf gehen: im sommer hast Du schlechte einnahmen, und dann hast Du nicht genug geld. Ich eröffne Dir hiermit einen sparkredit. Mir geht es nämlich umgekehrt: Im sommer erhalte ich viel

geld aus Bordeaux (bestimmt: 3000 fr. jährlich) – gegenwärtig leide ich aber mangel... sollten es Dir Deine einnahmen erlauben, oder: solltest Du durch negotiation es ermöglichen können, so würdest Du mich sehr erfreuen, wenn Du mir hierher, 300 fr. (französische) schicken könntest. Diese summe würde ich Dir mit größter bestimmtheit anfang *Juli* wieder zurückzahlen. Sage, wie wohl wird es Dir tun, im heißen sommer plötzlich – ganz unvorhergesehen – 300 fr. einzunehmen? Siehst Du, so sorge ich für die zukunft aller meiner freunde, indem ich zugleich auf die erfreuung meiner guten frau gedacht bin. –[276]

Schließlich noch eine Subvariante der *Schelmenweise,* in der die Frau des Schreibers wie die des Adressaten ein Hauptmotiv zugewiesen bekommen. Dem Dresdener Tenor Joseph Tichatschek, dem ersten *Rienzi* und *Tannhäuser,* schreibt er aus Paris am 19. Oktober 1859:

Kennst Du jemand, der im Stande wäre, mir die 5000 fr. vorzuschießen? Gewiß ist jemand da, nur ich kenne ihn nicht. So sei denn nicht böse, daß ich Dir diese Sorge an's Herz lege... Nun sieh einmal zu! – Aber vor allem *meine Frau* darf nicht eine Ahnung davon haben: es würde sie schrecklich aufregen, mich in solcher Verlegenheit zu wissen. Somit darf auch *Deine Frau* nichts davon wissen. –[277]

Wagners Aversion gegen Briefporto wurde schon erwähnt. Die folgende Auswahl läßt das Ausmaß dieser Sparmethode erkennen. Es erübrigt sich, die jeweiligen Adressaten zu nennen:

Adieu! Ich hab' Dich doch lieb! Zahl' einmal das Porto! Adieu![278]

Ich sitze hier in einem bedenklichen Berliner Gasthof, u. der Rest meiner Pariser Baarschaft macht mir noch bedenklichere Mienen, deshalb PARDON, wenn der Brief diesmal noch unfrankirt kommt: es soll nicht wieder vorfallen.[279]

> ... seid so gut und theilt Euch in das *Porto,* es ist mir unmöglich, den Brief zu frankiren, u. doch soll er schnell zu Euch kommen, ...[280]

> ... ich schicke ihn durch die Post und zwar *unfrankiert* – nur der Sicherheit wegen, – Geld habe ich zwar auch nicht – aber das wäre das Wenigste. Ich bin zu ängstlich, das Porto zu verlieren, besonders wenn ich's nicht bezahlen kann![281]

> Es ist zu spät geworden, um den brief noch zu frankiren: frankire Deinen nächsten auch nicht, so sind wir quitt.[282]

> Leider herrscht der große Übelstand, daß ich dergleichen Sendungen von hier aus nach England nicht frankieren kann.[283]

> Den heutigen brief werde ich nicht frankiren, weil ich ihn erst absenden will, wenn ich auf der post vergebens nach einem brief von Dir nachgefragt habe: dieß wird mir erst um 7 uhr berichtet, dann ist es aber auch schon zum frankiren zu spät.[284]

Wo hat Wagner eigentlich diese Kunst gelernt?

> In 8 Tagen bekomme ich erst mein Geld, und noch so lange müßte dieser Brief liegen bleiben wollte ich ihm freu machen da ich nun glauben will daß du schon lange auf den selben wartest, so schiike ich Dir den selben un Franckkiert. Du bist ein reicher Mann, und ich eine arme Frau; und so bist du mir wohl deshalb nicht bösse. Denke oft an Deine Dich gewiß liebente Mutter.[285]

Drum!

Getarntes Borgen ist eine interessante Abart der Portoauslagen. Hier bittet Wagner um einen harmlos scheinenden Liebesdienst. Wenn der Gebetene merkt, daß es sich in Wirklichkeit um ein

Geldgesuch handelt, ist es meistens zu spät. Nach der Rückkehr aus Frankreich nach Dresden soll die in Paris zurückgelassene Tochter Natalie ebenfalls nach Dresden kommen. Das kostet Geld. Am 8. April 1843 schreibt er seiner Schwester Cäcilie Avenarius – nicht dem Schwager! – nach Paris:

> Nataliens Glück kann ihr höchstens in einem Lebenskreise blühen, der – so ehrenhaft u. befriedigend er sein kann – mit der französischen Sprache doch durchaus nichts gemein hat. – Packt ihre Sachen so bald wie möglich ein, u. solltest Du, liebe Cecilie, wirklich nicht mitreisen, so braucht sie auch Deinen Mann nicht zu geniren, sondern Ihr seid so gut, sie einfach einem Conducteur zu empfehlen, – in Frankfurth übernachtet sie auch nicht, sondern reist noch Abends ab, u. kommt gewiß ganz unbeschadet in Leipzig an. Eduard ist so gut, ihr das nöthige Reisegeld mitzugeben, was er nebst meiner übrigen Schuld sogleich bei unsrem ersten Zusammentreffen hier oder in Leipzig mit Sicherheit von mir zurück zu erhalten gewiß sein kann.[286]

Zigarren machen die Schweizer Exiljahre schmackhaft. Am 17. März 1851 schreibt er an seinen Züricher Freund, Dr. Jakob Sulzer:

> In der ungewißheit, ob ich noch vormittag in die stadt kommen werde, benutze ich die aussendung unsres Maidli's, um Dir die traurige nachricht zu melden, daß mein ganzes cigarrenlager in rauch aufgegangen, was durch unvorsichtiges anbrennen und verdampfenlassen jeder einzelnen cigarre geschehen ist. – Der rest ist – schweigen! –[287]

Im nächsten Brief erinnert er noch einmal:

> Hast Du noch welche? – Das doppelopfer muß dann von besonderer wirksamkeit sein: Du opferst die cigarren *mir*, und ich opfere sie dann den göttern. –[288]

Der folgende Brief verbindet das *Getarnte Borgen* mit einer Subvariante des *Hungernde-Frau*-Themas, nämlich das der *Freudlosen-Frau*. Außerdem enthält er aufschlußreiche Angaben über Wagners Soll und Haben. Er schreibt am 7. November 1851 an Emilie Ritter in Dresden:

> Ach, nun habe ich noch eine recht unverschämt große Bitte an Dich! Höre! Als ich durch mein unkluges benehmen im Mai 1849 meine frau zum auszug aus Dresden nöthigte, mußte diese sich unter anderem auch dadurch zu helfen suchen, daß sie unser weniges silberzeug auf dem Leihhaus versetzte, und zwar für eine Summe von etwas über siebenzig thalern. Die Wiedergewinnung oder Auslösung dieses Silberzeuges, ist durchaus Luxus für uns; allein mit derartigem Luxus gelingt es mir, meine gute Frau – die von mir denn doch die Ansicht nicht ganz aufgeben kann, daß wir, wenn ich etwas »vernünftiger« wäre, uns sehr »wohl« befinden könnten – über unseren Zustand auf eine gewisse angenehme weise zu täuschen, was mir außer der Freude über eben diese täuschung eine häusliche beruhigung von sehr wohltätigem einflusse auf meine Stimmung verschafft. Meine eigentlichen Einnahmen – ich meine »Verdienst« – sind nun der art unzuverlässig und zufällig, daß ich – wenn von dem Zuschnitt für unser eigentliches häusliches Auskommen die rede ist – durchaus gar nicht in Betracht ziehen kann: es ist möglich, ich nehme heute einmal ein paar Louisd'or ein, es ist aber auch möglich, ich nehme ein ganzes Jahr nicht einen thaler ein; und so machte es sich denn von selbst, daß ich diese oder jene zufällig kleine Einnahme, zu dem genannten zwecke, auf Luxus verwendete: ich kaufte meiner frau zu ihrem geburtstag ein schönes kleid und einen hübschen hut von den paar thalern, die mir Härtels – freiwillig – für die herausgabe der drei Operndichtungen schickten; für das Honorar von »Oper und Drama« machte ich mit Uhlig diesen Sommer ein paar Alpenpartieen, und ließ meine frau eine etwas verbesserte Einrichtung beim letzten Umzuge bestreiten: für das Tannhäuserhonorar aus Schwerin trieb ich direkt Luxus mit mir, indem ich einen theil mei-

ner wasserkur damit bezahlte. Nun ist's möglich, daß mir bald wieder einmal so etwas zufließt, und das möchte ich gern auf das Silberzeug verwenden, damit ich's zu weihnachten meiner Frau bescheeren könnte. Aber noch habe ich nichts eingenommen, und ich frage deshalb bei Dir an, ob Du so gut sein willst, das Geld in Dresden einstweilen – bis zu jener verhofften Einnahme – für mich auszulegen? Du könntest mir das zeug nämlich dann gleich mitbringen. Wenn du willst und kannst, so hättest Du nur bei meiner Schwiegermama – zu der Dich *Uhlig* führen wird (Ostra-allée) – Dir den Leihhauszettel geben zu lassen: sie selbst – die alte frau – möchtest Du aber bedeuten, daß sie nichts an meine frau davon schreibe, damit sie zu weihnachten hübsch überrascht würde.[289]

Das Durcheinander der großen und kleinen Buchstaben ist das Resultat der Kleinschreibung, mit der Wagner seit Ende 1848 den Brüdern Grimm folgt. Das führt manchmal zu einem wahren Buchstabenkauderwelsch, und nach ein paar Jahren hat er genug davon. Unersättlich dagegen bleibt sein finanzieller Hunger. Stets hält er Ausschau nach neuen Wegen, um vorgemerkte Opfer zum Spenden zu animieren. So entwickelt er die *Komplizierte Transaktionsmethode.* Hier besteht das Ansuchen aus einem so verschachtelten Durcheinander der Tatsachen, daß der fassungslose Adressat lieber zahlt, als den Wirrwarr zu entwirren. Die folgenden drei Briefe schickt er in drei Himmelsrichtungen. An Eduard Avenarius in Paris, 2. Oktober 1841:

Wenn Hr: v. Rochow, – wie mich Hr: Vieweg glauben gemacht hat, – für NETTO 300 FR: Meubeln von den Meinigen kaufen will, – wenn weiterhin Sie die Güte haben wollten, die Auszahlung dieser Summe sogleich nach abgeschlossenem Kaufe zu übernehmen, und wenn endlich es Hrn: v. Rochow convenirt, daß Sie ihm dieses Geld auf seine Einnahmen avanciren, – *so ist mir aus aller Noth geholfen.*[290]

An Dr. Jakob Sulzer in Zürich, 2. November 1855:

... die 100 fr., die ich vor meiner Abreise in Deiner Gegenwart meiner Frau als Vorschuß auf den Monat April gab, konnte ich von ihr von dem vollen Monatsgehalte von 250 fr. nicht wieder in Abzug bringen, weil sie die gleiche Summe zu Ostern ihren Eltern zur Unterstützung gesandt, sonst aber keine Gelegenheit gefunden hatte, sie sonst sich abzusparen. Hierdurch ward ich genötigt, die mir abgehenden, ursprünglich zur Bezahlung noch einiger Rechnungen bestimmten 100 fr. zu ersetzen, wozu mir der günstige Umstand half, daß Du für die Berliner Friedrichsd'or 100 fr. Agio erhalten. Somit ging das von Dir hinterlassene Geld auf. Von meinen in London ersparten 1000 fr. nahm ich zunächst 500 fr. als Subsidie Eurerseits für den Termin des 1. Juli. Die übrigen 500 fr. verhoffte ich mir für vorkommende Fälle als kleines Ersparnis reservieren zu können: Seelisberg und mehrere nötige Anschaffungen, sowie Sendungen an meine Schwiegereltern zehrten diese Reserve aber bis jetzt auf. Neulich empfing ich von Dir 35 Napoleons, sowie 15 Fried.d'or aus Hannover: zusammen 1000 fr. und einige. Hiervon behielt ich 800 fr. als letzte Rate für Karl Ritter, der nun vollständig bezahlt ist. 60 fr. habe ich davon an Breitkopf und Härtel für das betreffende Partitur-Exemplar zurückzuzahlen: ich behielt somit ca. 140 fr. Wie Du aus dem beiliegenden Couvert ersiehst, trafen ferner kürzlich 240 fr. aus Dessau (für den »Tannhäuser«) ein. Zu diesen somit empfangenen 380 fr. fehlen mir also noch 120 fr., um die Oktober-Subsidie von 500 fr. voll zu haben. Sobald Du etwas für mich einnimmst, bitte ich Dich daher um die kleine Nachzahlung.[291]

Sulzer ist zur Zeit Wagners finanzieller Berater und Vormund. Ob er wohl genügend Zeit findet, seinem Beruf als Schweizer Staatsschreiber nachzugehen?
An Karl Klindworth in London, 18. Mai 1857:

Auf Gerber freue ich mich auch sehr; er wird hier vielen herzlich willkommen sein. Heute fiel mir aber auch ein, daß seine baldige Schweizerreise mir eine kleine Mühe abnehmen könnte. Ich bin nämlich *Präger* für eine kürzlich gemachte Auslage 2 *Pfund* schuldig, die ich ihm gern bald zurückgestellt wüßte, nur weiß ich nicht recht, wie ich die kleine Summe – auf die ich doch nicht gerne einen Wechsel aufnehmen möchte – ihm von hier zuschicken soll. Nun möchte ich Gerber bitten, das Geld für mich auszulegen, um es bei seinem Besuche in Zürich sogleich von mir wieder zurückzuerhalten. Wäre es Gerber, und auch Ihnen unangenehm, (wenn auch nur auf meine Bitte) direkt mit Präger zu verkehren, so übernähme es vielleicht *Lüders,* das Geld an jenen zu übermachen; immerhin nehme ich aber an, daß keinem von Ihnen eine nennenswerthe Beschwerde aus der Erfüllung meines Wunsches erwachsen solle. –[292]

Eine ganz andere Art des Geldeintreibens kann füglich der *Göttliche Einfall* genannt werden, nach Wagners kurzem Brief an Liszt vom 21. Juli 1856:

> Du, Franz! Da habe ich einen göttlichen Einfall! – *Du musst mir einen Erard'schen Flügel verschaffen!!* – Schreib' an die Wittwe –
> Du besuchtest mich alle Jahre dreimal (!) und da müßtest Du durchaus einen besseren Flügel als den alten hinkenden haben. Mache ihr hundert tausend Flausen weiß, binde ihr auf, es sei für sie ein Ehrenpunkt, daß in meinem Hause ein Erard stünde. – Kurz – denke nicht nach, sondern verfahre unverschämt genial! Ich *muß einen Erard haben.* Will man mir ihn nicht schenken, so sollen sie mir ihn pumpen – auf ellenlange Termine! – Adieu![293]

Die Witwe Erard erfüllt ihm tatsächlich diesen Wunsch und schenkt ihm das Instrument.

So beflügelt, kommt ihm ein weiterer göttlicher Einfall. Er schreibt an den jungen Baron Robert von Hornstein, am 12. Dezember 1861:

Lieber Hornstein!
Ich höre, Sie sind reich geworden. – Wie traurig ich mich befinde, können Sie leicht aus meinen Miserfolgen entnehmen. Ich suche mich durch Absperrung und eine neue Arbeit zu retten. Um diesen Weg zu meiner Erhaltung mir zu ermöglichen, d. h. um mich der peinlichsten Verpflichtungen, Sorgen und Nöthen zu überheben, die mir alle Geistesfreiheit rauben, bedarf ich eines sofortigen Vorschusses von Zehn tausend Francs. Damit kann ich dann von Neuem mein Leben ordnen, und wieder produziren. Mir diese Summe zu verschaffen wird auch Ihnen schwer fallen; möglich aber, wenn Sie *wollen* und Opfer nicht scheuen, wird es Ihnen jedenfalls sein. Dieß aber verlange ich, und bitte Sie daher darum, gegen das Versprechen, im Laufe dreier Jahre ebenso bemüht zu sein, von meinen Einnahmen das Darlehen Ihnen zurückzuerstatten. So zeigen Sie, ob Sie ein rechter Mann sind! Sind Sie dieß für mich, – und warum sollte dies nicht endlich einmal von Einem zu erwarten sein? – so treten Sie mir durch Ihre Hülfe dann sehr nahe, und Sie müßten sich dann gefallen lassen, nächsten Sommer auf einem Ihrer Güter, am liebsten im Rheingau, für etwa drei Monate mich bei sich aufzunehmen.[294]

Der komponierende Baron lehnt ab und antwortet:

Lieber Herr Wagner!
Sie scheinen einen falschen Begriff von meinem »Reichthum« zu haben. Ich habe ein hübsches Vermögen, um mit Weib und Kind bürgerlich anständig leben zu können. Sie müssen sich also schon an *wirklich* reiche Leute wenden, deren Sie ja unter Ihren Gönnern und Gönnerinnen in ganz Europa genug haben. Es thut mir leid, Ihnen nicht dienen zu können. Was Ihren längeren Besuch auf »einem meiner Güter« betrifft, so bin ich zur Zeit nicht auf längeren Besuch eingerichtet und werde, wenn ich dies einmal sein sollte, es Ihnen zu wissen thun. Mit großem Bedauern habe ich in den Zeitungen gelesen, daß die Aufführung von Tristan und Isolde diesen Winter nicht zu Stande kommt. Ich hoffe, daß

dies nur eine Frage der Zeit ist und wir dies Werk doch noch zu hören bekommen. Es grüßt Sie und Ihre werthe Frau auf's freundlichste

Ihr
Robert von Hornstein[295]

Die Antwort kann sich Hornstein rahmen lassen:

Paris 27. Dez. 61

Lieber Herr von Hornstein!
Ich glaubte Unrecht zu thun, eine Antwort, wie Sie mir sie geben, ungerügt zu lassen. Wird sich auch wohl schwerlich der Fall ereignen, daß ein Mann meines Gleichen sich wieder an Sie wendet, so dürfte Ihnen doch das Innewerden der Unziemlichkeit Ihrer Zeilen schon an und für sich gut thun. Sie mußten mich in keiner Weise belehren wollen, auch nicht darüber, wer wirklich reich sei, und mir es selbst überlassen, warum ich mich an die von Ihnen gemeinten Gönner und Gönnerinnen nicht wende. Wenn Sie auf keinem Ihrer Güter eingerichtet sind mich zu empfangen, so hatten Sie die von mir Ihnen gebotene auszeichnende Gelegenheit zu ergreifen, sofort da wo ich es wünschte das Nöthige herrichten zu lassen. Daß Sie mir in Aussicht stellen, es mich einmal wissen zu lassen, wann Sie dort eingerichtet sein würden, ist demnach beleidigend. Den Wunsch, den Sie in Bezug auf meinen Tristan schließlich aussprechen, hätten Sie ganz unterdrücken sollen: nur wenn Sie meine Werke gänzlich ignorirten, konnte Ihre Antwort hingehen. Hiermit sei diess abgethan. Auf gegenseitige Discretion rechne ich, wie ich sie anbiete.

Ihr ergebener
Richard Wagner.[296]

Wie schade, daß die beiden sich nicht näherkommen. Vielleicht hätte die Welt dann Hornsteins Kompositionen erlebt, wie das »phantastische Ballett« *Der Blumen Rache,* oder Lieder wie *Küssen will ich, ich will küssen, Trompeter, blast die Trompeten* und *Die schnippische Schäferin.*

Fehlschläge dieser Art kommen selten vor. Wenn sie einmal passieren, so muß er sich durch eine Explosion Luft verschaffen. Hier geht es um 10000 Francs. Damals, am Anfang seiner Ehe mit Minna, basiert der Fehlschlag auf einer einfachen Reisefahrkarte. Ende Mai 1837 findet die erste Krise zwischen den Vermählten statt. Bedrückt durch die wachsende Verschuldung und das fehlende Haushaltsgelt, entweicht Minna aus Königsberg, begleitet von dem Kaufmann Dietrich. In *Mein Leben* schildert Wagner, wie er ihnen nachstellt. Das nötige Reisegeld wird nicht mitgenommen, sondern mitgetragen:

> Den Tod im Herzen stürzte ich aus dem Hause, um Nachforschungen über Minnas Verschwinden anzustellen; der alte Möller, Dietrichs persönlicher Feind, brachte durch seinen geübten Scharfsinn alsbald heraus, daß dieser am Vormittag mit Extrapost in der Richtung nach Berlin Königsberg verlassen hatte. Das Grauenhafte stand unleugbar vor mir. Es mußte der Versuch gemacht werden, die Flüchtigen einzuholen: mit Anwendung großer Geldmittel schien dies möglich zu sein; diese fehlten und mußten mühselig zum Teil erst verschafft werden. Auf Möllers Rat steckte ich die silbernen Hochzeitsgeschenke für möglichen weiteren Bedarf zu mir und machte mich mit dem alten bekümmerten Freunde gemeinsam, ebenfalls mit Extrapost, nach Verlauf einiger schrecklichen Stunden auf den Weg. Es mußte uns gelingen, den kurze Zeit vorher abgegangenen Post-Eilwagen zu erreichen, weil vorauszusetzen war, daß Minna diesen ebenfalls, in gehöriger Entfernung von Königsberg, zur Weiterreise benutzen wollte. Dies blieb unmöglich: am andren Morgen bei Tagesgrauen in Elbing angelangt, fanden wir unsre Geldmittel durch den leidenschaftlichen Gebrauch der Extrapost erschöpft, und sahen uns zur Umkehr genötigt, welche, um sie selbst mit dem einfachen Postwagen zu bewerkstelligen, es uns unerläßlich machte, Zuckerdose und Kuchenkörbchen zu versetzen. Diese Rückfahrt nach Königsberg bleibt mit Recht eine der traurigsten Erinnerungen aus meinem jungen Leben.[297]

Die Gatten finden wieder zueinander, aber mit weniger Ungestüm wäre er ohne Möller gereist, hätte somit genug Geld für den Eilwagen gehabt, und wäre glücklich mit Minna, Zuckerdose und Kuchenkörbchen zurückgekommen. Doch das Ungestüm entsprang ja seiner Liebe, der damaligen Liebe zu Minna.

So wie er Minna zum häuslichen Behagen braucht, wird ihm die Nähe seiner Freunde fast lebenswichtig, wenn es um künstlerische Dinge geht, wie sein eigenes Vorlesen einer gerade vollendeten Operndichtung. Er schreibt an Peter Cornelius am Ende Januar 1862:

> Peter!
> Hör!
> Mittwoch, den 5. Februar, abends, lese ich in Mainz bei Schotts die Meistersinger vor. – Du hast keine Ahnung davon, was das ist, was es mir ist, und was es meinen Freunden sein wird! Du mußt an dem Abend dabei sein! Laß Dir sogleich von Standhartner in meinem Namen das zur Reise nöthige Geld vorschießen... Fürchte keine Strapaze: es wird, glaub' mir, ein heiliger Abend, der Dich alles vergessen läßt.[298]

Die Reise von Wien nach Mainz ist keine Kleinigkeit in der Mitte des 19. Jahrhunderts, aber würde man nicht von Tokio, Johannesburg oder Melbourne herbeieilen, gäbe es heute solch Angebot?

Bald wird es ihm klar, daß seiner Lebensweise *vereinzelte* Anleihen weniger dienlich sind als *regelmäßige* Unterstützungen. Eine monatliche Rente, zum Beispiel, würde einen beruhigenden Einfluß auf das Gemüt ausüben und würde ihm gestatten, seine Findigkeit von der ökonomischen in die künstlerische Ebene abzuschleusen. Natürlich weiß er, daß solche Renten eher von einem eigens dazu gebildeten Komitee als von einzelnen Gönnern zu erlangen seien. An den Dresdener Schauspieler Ferdinand Heine schreibt er aus Zürich am 19. November 1849:

> Ich Unglücklicher verstehe kein Handwerk, um mir mein tägliches Brot zu verdienen: es *muß* mir, – wie es jetzt steht – gereicht werden, damit ich Künstler bleiben kann. ... vielleicht forderst Du zunächst einen oder zwei mir freundlich Gesinnte auf, sich mit Dir zu einer Art Comité zu vereinigen: Die Wahl wirst Du am besten selbst treffen; ... Ihr würdet soviel wie möglich Vertraute und Gleichgesinnte in Eure Absicht – die natürlich von Euch allein ausgegangen sein müßte! – einweihen, und sie zur Mitthätigkeit veranlassen; vielleicht ein discretes Circular zu diesem Zwecke erlassen.[299]

Mittlerweile lernt er Frau Jessie Laussot in Bordeaux kennen. Von ihr war schon die Rede, aber ihre Mutter, die Engländerin Ann Taylor, hat ein kleines Familienkomitee gegründet, zum Zweck einer Rentenzahlung an – Minna Wagner. Mrs. Taylor schreibt ihr am 8. Mai 1850:

> Sehr geehrte Frau Wagner!
> Ich hoffe, Sie verzeihen, daß ich mich mit diesen Zeilen an Sie wende, aber da die Angelegenheit, die ich berühren will, nur Sie und mich angeht, fühlte ich, daß es am besten wäre, mit Ihnen direkt das Einvernehmen zu pflegen. Meine Tochter, Frau Laussot, hat Ihnen schon geschrieben, welch warme Sympathie wir für Sie empfinden und wie es unser aufrichtiger Wunsch ist, zu Ihrem Lebensunterhalt beizutragen bis zu dem Zeitpunkt, wenn ihr Gatte sein Ziel erreicht hat, ohne sein Talent dem Broterwerb opfern zu müssen. Da meine Kinder nicht in der Lage waren, das auszuführen, was sie im Sinne hatten, wandten sie sich in dieser Sorge an mich, weil sie überzeugt waren, daß ich, die ich in einer besseren Lage bin, mir diese Freude bereiten würde. Obwohl ich nicht behaupten kann, daß ich die Werke Ihres Herrn Gemahls so verstehe, wie sie verstanden werden sollten, so war ich doch so angesteckt von dem Enthusiasmus meiner Tochter und so angefeuert von der Hoffnung, sein Genie sich frei entwickeln zu sehen, wenn er nicht länger finanzielle Schwierigkeiten zu befürchten hätte, daß ich beglückt

war, als Sie mein Anerbieten annahmen, demzufolge Sie einen Jahresbetrag von 2500 francs durch 2 Jahre vom 1. August dieses Jahres an in Quartalsraten erhalten .... Ich hoffe bald von Ihnen eine Antwort an die untenstehende Adresse zu erhalten und wäre sehr glücklich, wenn die ausgezeichnete Gefährtin des Mannes, dessen Talent ich bewundere, mir den schönen Namen gewähren würde, mit dem ich zeichne – Ihre Freundin

ANN TAYLOR
26 Cours du 30 Juillet, Bordeaux[300]

Im nächsten Jahr beginnt Frau Julie Ritter, eine Jahresrente an Wagner zu zahlen, die sie erst nach 8 Jahren einstellt. Seltsam, daß Menschen, denen Wagner ihre Tochter oder ihre Frau abspenstig macht, ihn dennoch durch Subventionen unterstützen. Auch Mathildes Mann, Otto Wesendonck, erweist sich als freigebiger Verehrer. Oder ist das gar nicht so seltsam? Im April 1856 führt Wagner den Wesendoncks seinen ersten *Walküren*-Akt vor. Mit Frl. Heine als Sieglinde singt er selber Siegmund und Hunding. Otto Wesendonck schreibt ihm 2 Tage später, am 28. April 1856:

Ich habe den herzlichen Wunsch, daß Sie ungeplagt von den Sorgen der materiellen Existenz Ihr großes, so herrlich begonnenes Werk, herrlich vollenden möchten.. Sie sagen mir nun, daß, um Ihnen die nötige Ruhe zur Vollendung der Nibelungen zu geben, Ihnen außer dem Ritterschen Jahrgeld von fr. 3000.–, die gleiche Summe von anderer Seite, ohne an die Honorare für Ihre Opern gebunden zu sein, nötig sei. Ich will das übernehmen, und beauftrage Freund Sulzer, Ihnen fortan monatlich fr. 250.– auszuzahlen, indessen verstehe ich das so, daß Sie nach wie vor alle Einnahmen für Ihre Opern an Freund Sulzer regelmäßig abliefern ... Verzeihen Sie mein Moralisieren, es ist eine üble Gewohnheit, aber gut gemeint, und indem ich Ihnen weise Selbstbeschränkung predige, will ich sie mir selbst in mancher, namentlich in obiger Hinsicht auferlegen, und wir wollen nun sehen, wer sein Wort am besten hält.[301]

Wagner verliebt sich in Mathilde, Ottos Frau, in Ann Taylors Tochter Jessie, und bald wird er sich in Cosima verlieben, die Frau Bülows und Tochter des Franz Liszt, dem er am 2. Januar 1859 die wohl aufschlußreichste Analyse seiner eigenen Situation mitteilt:

> Gänzlich ohne Vermögen und jede Unterstützung bin ich (legaliter) einzig auf die Einnahmen von meinen Opern angewiesen. Wer nun irgend welche wirkliche Erkenntniss von der Beschaffenheit meiner Arbeiten hat, das Besondere und sie Unterscheidende fühlt und achtet, muß einsehen, daß gerade ich, und eben einem Institute wie unsrem Theater gegenüber, nun und nimmermehr darauf angewiesen sein dürfte, seine Werke zur Waare zu machen. ... Soll es mit mir recht beschaffen sein, so muß ich von der Nothwendigkeit, auf diese Einnahmen mir eine bestimmte Rechnung zu machen, gänzlich befreit und in eine Lage gebracht werden, in der ich sie als einen zufälligen, diese oder jene weitere Lebensannehmlichkeit mir ermöglichenden Überschuß betrachten kann. ... Dieß kann mir nur eine reichliche, feste Pension gewähren, und nur durch eine Verbindung mehrerer deutscher Fürsten, denen ich Theilnahme einflößte, kann diese mir gewährt werden.[302]

Dieser Fürst findet sich 5 Jahre später in König Ludwig II.

Was Wagner fordert, ist von seinem Gesichtspunkt aus billig. Versteht man seine Werke als Manifestationen des Suchens nach den verborgenen Zusammenhängen zwischen menschlichem Streben und göttlichem Geist, so sollte man ihn weislich davon entbinden, mit solchen Werken Handel zu treiben. Betrachtet man sie andererseits als Bestandteile des regulären Opernrepertoires, so müßte man ihm auch zumuten, wie jeder andere Opernkomponist auf ihre Einkünfte bedacht zu sein und von ihnen leben zu können. Wie man Wagners Werk und Wesen beurteilt, hängt zu einem großen Teil davon ab, welchen Standpunkt man hier einnimmt.

Wagners Einnahmequellen fließen zunächst dank seiner Überredungskunst, aber dann in wachsender Stärke dank seiner Werke.

Wir haben schon im ersten Kapitel gesehen, wie der 17jährige bei Schotts seine Klavierbearbeitung von Beethovens Neunter Sinfonie gegen weitere Beethoven-Partituren einhandelt. Allerdings wird es noch etliche Jahre dauern, bis er Zahlungen für seine Kompositionen erhält. Seine Selbstsicherheit erlaubt ihm schon früh, ungünstige Angebote abzuschlagen. Breitkopf & Härtel wollen den *Fliegenden Holländer* drucken, aber das Honorar ist ihm zu niedrig. Er schreibt an Ferdinand Heine, am 2. August 1843:

> Mit der Herausgabe des Holländer's ist's vorläufig nichts! Ich habe 1000 Thr. gefordert u. das ist den Leuten zuviel; – ich habe Ihnen geschrieben, daß ich so lange warten werde bis es ihnen nicht mehr zuviel erscheint.[303]

Breitkopf & Härtel verlieren den *Holländer*, und Wagner läßt ihn im Meserschen Kommissionsverlag erscheinen. Das bringt ihm zwar weniger ein, als Breitkopf & Härtel ihm angeboten haben, aber er hat ihnen gezeigt, daß er sich seines wachsenden Rufes sowie des Marktwertes seiner Arbeiten wohl bewußt ist. Die Beziehungen zu Breitkopf & Härtel werden aber nicht abgebrochen, sondern entwickeln sich auf so freundschaftliche Weise, daß der Verlag ihm einen seiner Konzertflügel auf großzügige Ratenzahlung überläßt. Die Rückzahlung verzögert sich mehr und mehr, und schließlich schlägt er ihnen ein Tauschgeschäft vor – seinen *Lohengrin* gegen den Konzertflügel. Am 8. April 1851 schreibt er an Breitkopf & Härtel:

> Es wäre *schön* von Ihnen, meine Herren, und Ihrer höheren Bildung und Ihres Charakters würdig, wenn Sie sich auf eine Unternehmung einließen, die Ihnen zunächst wohl nur Opfer und erst mit der Zeit einen vielleicht nur sehr allmäligen Ersatz in Aussicht stellen kann! Aber vielleicht würden Sie gerade auch hierin eine Beruhigung Ihres kunstsinnigen Eifers finden, den Sie in Ihrer Stellung als Musikverleger durch die Zustände der Öffentlichkeit, Ihrem inneren Urtheile gegenüber oft genug zu beschränken sich genöthigt sehen. – Zugleich würden Sie an mir ein gutes Werk bürgerlicher Menschlichkeit in sofern verrichten, als Sie durch Ein-

gehen auf mein Anerbieten mir die sehnlich gewünschte Möglichkeit böten, mich gegen Sie einer – leider schon sehr alten! – Geldschuld zu entledigen, zu deren Entrichtung ich, ohne eines solchen Auskunftsmittels, in meiner jetzigen Lage immer mehr die Aussicht schwinden sehe. Die Streichung dieser Schuld würde ich nämlich gern als einziges Honorar ansprechen. Wenn ich Ihnen somit den Verlag der Partitur und des (bereits fertigen) Klavierauszuges meines »Lohengrin« anbiete, so erkenne ich mich weit eher in der Stellung eines Bittenden zu Ihnen, da die Annahme mir nach doppelter Seite hin Beruhigung verschaffen soll. Nur in einem höchsten und edelsten Sinne würde ich glauben auch Ihnen in Wahrheit ein Anerbieten zu stellen, nämlich insofern ich Ihnen die Gelegenheit zu einer noblen Handlung und zu einem Unternehmen biete, das – wenigstens im Sinne vieler Tüchtiger – Sie ehren würde.[304]

Nun kommt es zu etwas Seltenem in Wagners Leben. Er bekommt Gewissensbisse. Breitkopf & Härtel nehmen nämlich nicht nur an, sondern wollen die *Lohengrin*-Partitur stechen; ein kühnes Unterfangen, denn von einem Publikumserfolg verspricht sich Wagner damals wenig. Weimar hat *Lohengrin* aufgeführt, aber sonst scheint niemand interessiert. Er schreibt an Liszt, am 29. Juni 1851:

> ... heute schreiben mir Härtel's, sie gehen auf meinen Wunsch ein und wollten *auch die Partitur* stechen. Wie ist das gekommen? Nun sie es mir gewährt, kommt es mir fast fabelhaft vor: *die Partitur von einer Oper, die nur in Weimar gegeben wird!!* – Was meinst Du? Kann ich den Leuten das wirklich zumuthen? es ist dieß meines Erachtens eine Noblesse, die mich beschämt! Fast habe ich Lust, Härtel's Bereitwilligkeit jetzt nicht mehr für den Lohengrin anzunehmen, unter der Bedingung, daß sie dafür die Partitur des »jungen Siegfried« stechen. Dieses Kind, – das ich zwar erst gezeugt, aber doch auch gebären will – liegt mir natürlich mehr noch am Herzen als der Lohengrin, denn es soll stärker und gesunder sein als dieser.[305]

Zum *Lohengrin* sagen Breitkopf & Härtel ja, aber nein zum *Jungen Siegfried*. Dieser wird erst 20 Jahre später vollendet, unter dem Titel *Siegfried*. Aber am 28. August 1859 bietet er Otto Wesendonck die erste Hälfte des *Ring des Nibelungen,* also *Rheingold* und *Walküre,* zum Privatkauf an:

> Liebster Freund!
> Können wir denn nicht ein Geschäft machen? . . . so daß ich, die für alle Zeiten gültige Abtretung meines Eigenthumes in das Auge fassend, für jede Partitur mir 300 Louisd'or, oder besser 6000 francs bedingen würde. Demnach hätten Sie mir sofort für die zwei fertigen Werke, 1., das Rheingold. 2., die Walküre, 12,000 fr. auszuzahlen, nach Vollendung des »jungen Siegfried« wieder 6000 fr., und ebensoviel nach Vollendung des letzten der 4 Stücke.[306]

Otto akzeptiert. Das hindert Wagner nicht, später die Partituren noch einmal an den *Schott*-Verlag zu verkaufen, und im August 1865 das Manuskript des *Rheingold* an König Ludwig zu verschenken. Dazu war es nötig, Otto Wesendonck zur Hergabe seines erworbenen Eigentums zu bewegen.

Wiederum erweist sich Wesendonck als verständnisvoller Mäzen, und gerührt schreibt ihm der König:

> Mein lieber Herr von Wesendonck!
> Es drängt mich, Ihnen meinen wärmsten Dank auszusprechen für die gütige Überlassung von Wagner's Originalpartitur des Rheingoldes. – Seien Sie überzeugt, daß ich meinerseits nie solchen Anspruch erhoben hätte; der Gedanke, mir die kostbare Partitur des herrlichen Werkes zu verschaffen, ging von Wagner selbst aus. – Ich weiß, Sie haben dem mit Noth und unsäglichen Schmerzen ringenden Künstler seiner Zeit ein freundliches Asyl geschaffen, dafür spreche ich Ihnen, verehrter Herr, meinen innigsten Dank aus; denn Ihrer lebhaften Theilnahme verdanken wir mit die in der Schweiz geschaffenen, unsterblichen Werke Wagner's. – Es war mir ein wahrhaftes Bedürfniss, Ihnen dieses auszusprechen.

Meinen Dank wiederholend, bin ich mit aller Werthschätzung

Ihr sehr geneigter
Ludwig.

Hohenschwangau, den 28. August 1865.[307]

Mittlerweile arbeitet Wagner an den *Meistersingern*. Schott will sie herausbringen und zahlt die üblichen Vorschüsse. Aber nicht genug. Wagner schreibt ihm am 20. Oktober 1862:

> Sie irren sich, mein bester Herr *Schott!* Sie irren sich sehr in der Weise, wie ein Mensch meiner Art zu behandeln sei. Durch Hunger kann man viel erzwingen, aber nicht Arbeiten höherer Art. Oder glauben Sie, wenn mich des Nachts die Sorgen nicht schlafen ließen, werde ich Tags Heiterkeit und gute Einfälle für meine Arbeit haben? Die »Meistersinger« waren jetzt der Vollendung unmittelbar nahe, wenn Sie, seit ich mich dazu hier niederließ, die gehörige Sorge für mich getragen hätten... Seit Ende August – nun bald zwei Monate – lassen Sie mich geradezu in der Lage eines Ertrinkenden... Sie beklagen sich über fehlende Ruhe: ob Sie zu Ihrer Ruhe dazu beitragen, daß Sie die meinige mir unmöglich machen, müßte ich Ihnen schon gönnen, kann es aber kaum denken... Diesen Erguß einer schlaflosen Nacht glaubte ich, nach den ewigen Gesetzen der Gerechtigkeit, Ihnen nicht ersparen zu dürfen.[308]

Schott antwortet umgehend:

> Mainz, 21. Oktober 1862
> Den mitgeteilten Erguß einer Ihrer schlaflosen Nächte, bester Herr Wagner, muß ich wohl mit Stillschweigen übergehen, denn, wenngleich ich weiß, wie ich mich gegen Künstler zu benehmen habe, will ich Ihnen doch nicht sagen, was ich von einem Künstler verlange... Den gewünschten größeren Betrag kann ich Ihnen nicht zur Verfügung stellen. *Überhaupt kann ein Musikverleger Ihre Bedürfnisse nicht bestreiten: dies kann nur ein enorm reicher*

> *Bankier oder ein Fürst, der über Millionen zu verfügen hat.*
> Findet sich dieser nicht, so müßte man an das *deutsche Volk*
> appelieren, ...[309]

Wagner braucht noch 5 Jahre zur Vollendung der *Meistersinger*. Schott verlegt sie, und im Juni 1868 findet die Uraufführung in München statt.

Blicken wir in die nächste Dekade, auf den Meister in seinem Bayreuther *Haus Wahnfried*. Jetzt kann er fordern und braucht nicht um Zurückweisungen zu bangen. Am 1. Oktober 1873 schreibt er an Franz Schott:

> Mein hochgeehrter Freund!
> Ich brauche Zehntausend Gulden, um mit meinem Hause und Garten fertig zu werden. Wollen Sie mir diese Summe sofort auf zu liefernde Compositionen vorschießen, so würde ich mich dagegen verpflichten, sechs größere Orchesterwerke, jedes von dem Umfange und der Bedeutung einer großen Ouvertüre, von halb zu halb Jahr zu liefern und die erste Lieferung bis spätestens am Schlusse dieses Jahres [sic] 1874 Ihnen einzusenden. ... Ist mein Vorschlag, mein Wunsch, meine Bitte etwas nicht ganz Gewöhnliches, so ist es aber *Franz Schott,* an den ich sie richte, und am Ende ist es *Richard Wagner,* der dies thut.[310]

Was sind das für mysteriöse Orchesterwerke? Cosima lüftet den Schleier. Im Tagebuch verzeichnet sie die geplanten Titel:

> *Lohengrin's Meerfahrt*
> *Tristan als Held*
> *Romeo und Julie Grabesgesang*
> *Epilog zu Romeo und Julie*
> *Brünnhild*
> *Wieland der Schmied*[311]

Schott zahlt die verlangten 10 000 Gulden. Schade, daß die sechs Ouvertüren nie geschrieben werden.

Aus den Vereinigten Staaten bekommt er im Februar 1876 einen Kompositionsauftrag, den er einen Monat später fertigstellt. Cosima berichtet in ihrem Tagebuch, unter dem 14. Februar 1876:

> R. immer arbeitend, klagt darüber, daß er sich bei dieser Komposition gar nichts vorstellen könne, beim Kaiser-Marsch sei es anders gewesen, selbst bei Rule Britannia, wo er sich ein großes Schiff gedacht, hier aber gar nichts außer den 5000 Dollars, welche er gefordert und welche er vielleicht nicht bekäme.[312]

Doch seine 5000 Dollar bekommt er für den *Großen Festmarsch zur Feier des 100jährigen Jubiläums der amerikanischen Selbständigkeit*.

Mit der Geldnot hat es endlich ein Ende. Jetzt ist es an ihm, Bedingungen zu stellen. In Prag will man den *Ring des Nibelungen* aufführen. Wagner schreibt dem Theaterdirektor am 10. September 1878:

> Geehrtester Herr Direktor!
> Ich kann das Aufführungsrecht für die vier Teile meines Gesamtwerkes: des Ring des Nibelungen nur unter solchen Bedingungen gewähren, welche mir eine besondere Anstrengung für die Bewältigung des Ganzen von seiten des betreffenden Theaters gewähren.
> Die mindesten dieser Bedingungen nenne ich Ihnen hiermit als diejenigen, unter denen ich auch Ihnen dieses Recht übertragen würde:
> 1) Verpflichtung zur reihenfolgegerechten Aufführung aller vier Stücke, demnach Beginn mit a) Rheingold und b) Walküre, welchen dann c) Siegfried und d) Götterdämmerung nach beliebigen Pausen folgen können.
> 2) Garantie hierfür durch sofortige Erlegung eines Vorschusses von fünftausend deutschen Mark.
> 3) Vom Tage der ersten Aufführung jedes Stückes bis dreißig Jahre nach dem Tode des Autors zehn Prozent von jeder

> Bruttoeinnahme, mit Einrechnung der Abonnementsquote, wovon jedoch jedesmal fünf Prozent bis so lange, als der Vorschuß von fünftausend Mark zurückgezahlt ist, von der Direktion des K. Landestheaters abgezogen werden sollen.
> 4) Partituren u.s.w. hat die Direktion für ihre Kosten von dem Verleger derselben, J. B. Schotts Söhne in Mainz, zu beziehen.
> Halten Sie die Bedingungen für unannehmbar, so bitte ich Sie, jedenfalls auf das Unternehmen zu verzichten.
> Hochachtungsvoll ergebenst
> Richard Wagner.[313]

Seinen süffisanten Humor in Geldangelegenheiten bewahrt er sich bis ins Alter. Er schabernackt am Anfang eines Briefes, den er an Franz Schotts Nachfolger, Dr. Strecker, schickt:

> Daß Sie keine Krösusse sind, mißfällt mir im höchsten Grade![314]

Auch Cosima findet das amüsant. Im Tagebuch heißt es:

> Dr. Strecker schreibt an R. Bedauern, ihm nicht dienen zu können, wie sie möchten, R. beginnt eine Antwort, die so humoristisch ist, daß er sie mir unter lautem Lachen mitteilt und wir sie, die ganze Korrespondenz, abends unseren Freunden vorlesen.[315]

Die Selbstgewißheit, mit der er seine Forderungen stellt, ist nicht vor kurzem erworben. Sie war wohl von Anfang an da. So erklärt er Ferdinand Heine, und damit sich selber, das immerwährende Auf und Ab seines Darbens und seines Überflusses. Er schreibt ihm am 26. April 1851:

> Mit dem gelde geht es mir so, daß immer, wenn ich ganz trocken bin und Minna bereits anfängt, schwarz zu sehen, gerade wieder zufluß eintritt. Das kommt daher: ich habe wenige freunde, aber die wenigen *lieben* mich; wer von ihnen es nun *kann,* der hilft mir immer. Am thätigsten ist

hierin Frau Ritter in Dresden: auch thut *Liszt* ab und zu das seinige. Ich lebe in vollem kommunismus, d. h. aber nur mit denen, die mich vollkommen kennen, und mir herzlich zugethan sind. Von niemand sonst würde ich einen groschen nehmen: Brockhausisches geld z. b. habe ich einmal direkt zurückgesandt. Also – verstehe mich wohl: nur wer mich achtet und liebt, darf mich unterstützen. Ab und zu nehme ich auch eine kleinigkeit ein.[316]

Wagner träumt von Kapital, von Zinsen, von Kapitalismus und Zinsverzicht. Läßt sich das zusammenreimen? An Frau Julie Ritter in Dresden, 9. Dezember 1851:

> Glücklicher weise besitzt der liebe Gott neben seinen andren Eigenschaften auch die der Allwissenheit, die ihn mit leichter Mühe in den Stand setzt zu wissen, daß mir ein Vermögen nicht gut thun würde; ... Der liebe Gott wußte nämlich, daß ich in einem solchen Falle dummes Zeug angeben würde: z. B. würde ich für einen Theil meines Vermögens mir ein hübsches Grundstück gekauft haben, um auf ihm, meiner Neigung gemäß, mir einen behaglichen heimischen Herd zu gründen: um sorgenlos auf ihm leben zu können, würde ich einen anderen größeren Theil desselben Vermögens – statt ihn für Kind und Kindeskind auf magere Zinsen zu legen – zum Ankauf einer Leibrente für mich und meine Frau verwendet haben, was mir den Vortheil verschaffte, so lange wir beide lebten einen größeren Genuß von dem mir beschiedenen zu ziehen, als es sonst der Fall sein könnte.[317]

Wagner träumt. Wie überredet man einen Kapitalisten zum Kommunismus?
An Theodor Uhlig, 25. März 1852:

> Wie heiter und (nach umständen) glücklich könnten wir, die wir uns nahe stehen, leben, wenn wir unter uns einen vernünftigen Kommunismus zur Probe einführten! Wenn das Gesammteinkommen der familie Ritter bei einem geeigne-

ten nahen Zusammenleben unter uns vertheilt würde, wie genug hätten wir alle um sorglos das bischen Leben zu genießen! Zu welchem miserablen Leben wird es dagegen verwendet! Ja, zwischen theorie und praxis ist noch ein ganz verteufelter unterschied![318]

Es bleibt sein ständiges Trachten, den verteufelten Unterschied zu überbrücken. Sehr, sehr viel Geld ist vonnöten, ihn aufzuheitern. Ganz zu befriedigen ist er ja nie.

Warum wohl nur? Vielleicht bietet seine Kindheit hier Aufschluß. Der liebesbedürftige Knabe kennt keinen Vater, wie Tristan, wie Siegfried, wie Parsifal. Die Mutter mag ihre Gefühle nicht gern zeigen. Genug zu essen gibt es, aber keinen Überfluß. Er sagt:

> Der sorgenvoll aufregende Umgang mit einer zahlreichen Familie (deren siebentes lebendes Glied ich war), die Schwierigkeiten, das Nötige zu beschaffen und bei sehr beschränkten Mitteln eine gewisse Neigung für äußern Anschein zu befriedigen, ließen nicht jenen behaglichen Ton mütterlicher Familienzärtlichkeit bei ihr aufkommen; ich entsinne mich kaum je von ihr geliebkost worden zu sein, wie überhaupt zärtliche Ergießungen in unsrer Familie nicht stattfanden.[319]

Nur die letzte Dekade ist einigermaßen frei von privaten Geldsorgen – das Bayreuther Festspieldefizit macht ihm genügend Not –, aber sonst verausgabt er unmäßig viel Kraft und Zeit mit der Erlangung des Lebensunterhaltes.

Hätte die Welt weniger vom Projektemacher Wagner behelligt, als vom Künstler Wagner beseligt werden sollen? Möglich. Oder war es die Sorge ums Brot, die zum Erfinden und Ausfinden treibt, die das Adrenalin in den Kreislauf jagt, die – angesichts des immer wieder ausströmenden goldnen Überflusses – jene Verzückung herbeizaubert, in der das Werk erblüht? Auch möglich. Er selber neigte wohl zu der ersten Hypothese. Wir lesen in seinem Brief an Minna vom 14. Februar 1862:

Die Zeit wird kommen, wo man, beim Überblicke eines Lebens, wie des meinigen, mit später Scham einsehen wird, wie gedankenlos man mich fortgesetzt der Unruhe, der Unsicherheit preisgiebt und welch ein *Wunder* es ist, daß ich unter solchen Umständen solche Werke... geschaffen habe.[320]

V.

Der reine Tor

Torheiten, unzählige und auf den ersten Blick unbegreifliche, begleiten Wagners Leben. Er weiß das recht wohl, und doch kann er sie nicht entbehren.

> *Ihr habt meine Werke,*
> *Laßt mir meine Torheiten.*[321]

Das törichte Wort, das törichte Verhalten gewährt ihm Zerstreuung und momentane Erholung vom fieberhaften Schaffen. Es ist seine Tarnkappe, unter der er sein wahres Wesen vor der Welt und gelegentlich vor sich selbst verbirgt. Oft kann der Gestaltungsrausch nur mit dem Gegengift des Wahns gestillt werden, mit dem befreienden Unsinn. Sind es reine Torheiten eines reinen Toren? An Mathilde Wesendonck schreibt er aus Paris am 22. Juli 1860:

> So spreche ich mich denn auch immer weniger aus, und denke mir, ich sei nicht dazu, durch meine Handlungen verstanden zu werden, und will denn wenigstens hoffen, daß etwas wenigstens einmal von meinen Werken verstanden wird. Aber so viel sage ich Ihnen: nur das Gefühl meiner Reinheit giebt mir diese Kraft. Ich fühle mich rein...[322]

»Ich kann heute so über ihn schreiben und morgen so.« Das hat Thomas Mann über Wagner gesagt, und zu verargen ist es ihm nicht. Das Widersprechen gehört zu Wagner, so wie das Widerrufen. Er spricht, er schreibt, er handelt heute so und morgen so. Das schafft Bestürzung, Kummer und Feindschaften. Sagt er es nicht selbst, in seinem Brief an Otto Wesendonck:

Sie sind ein lieber, guter Mensch, und glauben Sie, daß ich das Außerordentliche Ihrer Theilnahme tief erkenne. Fast verzweifle ich aber, ob mir zu helfen sei! Mein Leben ist ein Meer von Widersprüchen, aus dem ich wohl nur mit meinem Tode aufzutauchen hoffen darf.

10. 9. 1856[323]

Cosima zeichnet in ihren Tagebüchern auf, was ihr Mann denkt, heute so, morgen so:

SHAKESPEARE
»Shakespeare ist das wahrhaftigste Bild der Welt...«

3..9. 1874[324]

»...so ein Vieh wie Shakespeare...« 13. 11. 1879[325]

Das Wort »Vieh« wurde später abgeändert, wahrscheinlich von Tochter Eva: aus »Vieh« machte sie »Dichter«.

FRIEDRICH DER GROSSE
»Es gibt einzelne Menschen, die über dem Schicksal stehen und es förmlich machen, das sind die grenzenlos seltenen Genies wie Friedrich der Große...«

26. 1. 1871[326]

R. sagt, es werde ihm förmlich Fr. d. Große zuwider, daß er die preußische Monarchie gegründet, von welcher so viel Elend auf uns gekommen. Auch sei er nur individuell begreiflich interessant, sonst eine Art Karikatur!

6.7. 1879[327]

Die letzte Eintragung wurde später mit Tinte überkritzelt und unleserlich gemacht.

GOETHE
»Goethe war das große Genie in der Wahrnehmung des Lebens...«

16. 6. 1870[328]

»Der ist umgegangen mit seinem Genie wie ein Schafskopf.«

7. 6. 1879[329]

Die letzten drei Worte wurden später von unbekannter Hand ausgelöscht.

MENDELSSOHN
»die Mücke Mendelssohn...«

6. 7. 1869[330]

»ein feiner Musiker...«

27. 12. 1878[331]

BISMARCK
»Er ist und bleibt unser größter deutscher Mann.«

25. 11. 1872[332]

»Die sozialistischen Wahlen in Hamburg, der Gedanke von Bismarck, *Pauli* zu besteuern, gibt R. zu den entrüstetsten Auslassungen Gelegenheit. Durch Ochsen und Stiere sind wir regiert.«

8. 5. 1880[333]

Der letzte Satz ist wiederum unkenntlich gemacht.

FRANKREICH
»Es ist im Ganzen interessant, daß ich mich beim Ausbruch zwischen Deutschland und Frankreich in die Hauptstadt des Feindes flüchte. Denken Sie sich, daß ich allen Patriotismus zu verlieren fürchte, und mich heimlich freuen könnte, wenn die Deutschen wieder tüchtige Schläge bekämen.«
An Mathilde Wesendonck. 30. 4. 1859[334]

R. meint: So dumm wie die Franzosen sei doch kein Volk, sie würden ihm immer widerwärtiger.

23. 2. 1882[335]

DEUTSCHLAND
Für deutsches Land das deutsche Schwert!
So sei des Reiches Kraft bewährt!

Lohengrin[336]

Mit eigentlichem Grauen denke ich jetzt nur an Deutschland und meine für dort berechneten zukünftigen Unternehmungen. Verzeihe es mir Gott, aber ich sehe dort nur Kleinliches und Erbärmliches, Anschein und Dünkel der Gediegenheit, ohne allen realen Grund und Boden... Auch muß ich Dir gestehen, daß mein Wiederbetreten des deutschen Bodens auf mich nicht den mindesten Eindruck gemacht hat, höchstens daß ich mich über die Albernheit und Ungezogenheit der Sprache um mich herum verwunderte. Glaub' mir, wir haben kein Vaterland! Und wenn ich »Deutsch« bin, so trage ich sicher mein Deutschland in mir...
An Franz Liszt.   13. 9. 1860[337]

Wie urteilt Wagner über andere Komponisten? Obwohl er auch hier manchmal seine Meinung ändert, im ganzen weiß er, was er weiß. »Ich glaube an Gott, Mozart und Beethoven«, hatte er einmal gesagt. Über den ersten kann er auch anders denken, über die beiden anderen nie. Sonst liebt er Bach und schätzt Händel und Haydn. Cosima notiert:

BRAHMS
Wir gehen zu einer Brahms'schen Symphonie über, welche R. mit H. Rubins. 4händig spielt und welche uns von neuem förmlich anwidert. R. läßt sich über die Gemeinheit darin aus...   3. 2. 1879[338]

Abends bringt Rub. Kompositionen von Herrn Brahms und spielt uns ein Konzert vor; gar wenig Vergnügen daran, denn selbst das Lachen über das Ungeschick, den Schwulst und die Unwahrheit in der Kunst birgt kein Vergnügen. Nicht eine Melodie, Anfänge von Themen aus Beethoven und andren Meistern...

10. 9. 1879[339]

Kein Absatz wo, kein Koloratur,
von Melodei auch nicht eine Spur!

                        Beckmeser in *Die Meistersinger*[340]

CHOPIN
Herr Rubinstein spielt uns Stücke von Chopin vor, wobei R. seine Antipathie für die moderne, reich figurierte Klavier-Literatur zu erkennen gibt.

                                                31. 10. 1874[341]

SAINT-SAËNS
So ein elender Musiker...

                                                 5. 6. 1882[342]

MARSCHNER
... so einem Esel wie Marschner...

                                               6. 5. 1879[343]

SCHUMANN
Abends in das Theater gegangen: »Genoveva« von Schumann. Völliges Erschrecken über die Gemeinheit und Roheit dieses Werkes...

                                             10. 4. 1875[344]

BAUSCH UND BOGEN I
Mendelssohn hatte Einfälle, darauf Schumann ein närrischer Grübler, und nun Brahms ohne irgend etwas!

                                           27. 6. 1881[345]

BAUSCH UND BOGEN II
... Mendelssohn, Schubert, Schumann, Geister zweiten dritten vierten Ranges.

                                           18. 9. 1870[346]

BAUSCH UND BOGEN III
... Gounod... »Faust«, »Prophet«, »Hugenotten«, Bellini, Donizetti, Rossini, Verdi, alles hintereinander, mir wird physisch übel, ich nehme einen Band Goethe (Paralipo-

mena zu »Faust«) und suche Rettung... R. wird es auch zu arg und bittet Richter aufzuhören, nachdem dieser ihm zu beweisen gesucht, daß Verdi nicht schlechter als Donizetti war.

12. 2. 1871[347]

Im ganzen ist Wagner mehr gegen als für. Er ist prinzipiell gegen jedermann, der nicht bedingungslos für *ihn* ist. Er wehrt sich aber auch gegen alles, was ihm in die Quere kommt. Dabei gerät ihm allerlei ins Schußfeld, das da gar nichts zu suchen hat. Aber er feuert los, und sein Blutdruck steigt bedenklich. Er ärgert sich über Besuch:

> Abends sucht uns eine Sängerin, Frl. Wülfinghoff auf, was R. zu einem wahren Ausbruch der Verzweiflung bringt! Er findet es grauenhaft, mit solchen Wesen zu tun zu haben.
>
> 21. 7. 1881[348]

Er ärgert sich über die Justiz:

> In der I. Z. sieht R. lange die Abbildung des Sozialisten-Prozesses an, wie Irrsinnige sehen die Angeklagten aus, die Richter aber sehr übel; und das Publikum zusehend – ein trauriger Anblick.
>
> 28. 10. 1881[349]

Er ärgert sich über Peter den Großen:

> Abends Herr Joukowsky; ein neues Attentat auf den Kaiser (Explosion im Palais) bringt uns auf die russischen Zustände, und wie H. J. sagt, Peter der Große sei ein Mann von großem Verstand gewesen, leugnet R. das auf das entschiedenste: »Von enormem Willen, aber von keinem großen Sinn, sonst hätte er müssen die Residenz in Odessa legen und anstatt mit dem Schweden mit dem Türken Krieg führen.«
>
> 19. 2. 1880[350]

Er ärgert sich über sein eigenes Klavierspielen:

> Wir spielen eine Partie Whist, und darauf fordert R. Herrn Rub. auf, mit ihm die g moll Symphonie 4händig zu spielen. R. ärgert sich aber darüber, daß er nicht sicher greift, und sagt, er würde nie wieder vierhändig spielen.
>
> 22. 6. 1879[351]

Er ärgert sich über die Berge:

> Zuerst viel Lachen, dann aber wachsende Verstimmung bei R. Wir beschließen, nach Abetone zu fahren, um zu sehen, ob dort unterzukommen ist, und wann? Inmitten der Fahrt aber ärgern die grünen und die kahlen Berge R. so, daß er humoristisch darüber schimpfend die Umkehr bestimmt und die Rückfahrt nach Pistoia, wo wir wiederum in dunkler Nacht ankommen nach beinahe 6stündigem Fahren.
>
> 11. 8. 1880[352]

»Humoristisch schimpfend«: man merke sich das. Er ärgert sich über die Fliegen:

> Wie ich heimkomme und während des Mittagstisches ist er sehr gereizt, die Fliegen, kleine Mängel in der Bedienung ärgern ihn auf das äußerste.
>
> 18. 8. 1880[353]

Er ärgert sich über weibliche Kurgäste:

> Große Hitze. R. macht uns ergötzliche Beschreibungen der Damen am Brunnen, dick, mißwollend aussehend, ja boshaft, und dabei Rosen auf den Hüten. Er denkt an die Spartaner, welche alles Überflüssige umbrachten.
>
> 11. 6. 1877[354]

Er ärgert sich über den Kaiser von Österreich:

> Vorher hatte R. mir die I. Zeitungen gezeigt mit zwei Bildern aus der Fürstenwelt; namentlich die Uniform des österreichischen Kaisers, wie er den Toast auf das italienische Königspaar bringt, erregt seinen Unwillen, der kurzen Uniform wegen, welche selbst keine Manschetten zuläßt und den Arm bei dem Zurückschieben des Ärmels durch die Bewegung des Toastbringens so kahl hervorblicken läßt.
>
> 15. 11. 1881[355]

Solche Schlamperei hätte er auf seiner Bühne nicht geduldet. Er ärgert sich ferner über die allgemeine Wehrpflicht:

> Daß unser guter Gärtner-Gehülfe von der Arbeit zum Militär auf drei Jahre genommen wird und dadurch Fleiß und Freude am Fleiß verliert, erregt R.'s Mißmut. Auch das Klima entrüstet ihn.
>
> 26. 7. 1881[356]

Er ärgert sich über »*Die Wacht am Rhein*«:

> R. wird durch die »Wacht am Rhein« entsetzt; die Illustrirte Zeitung bringt sie als Beilage, »ich wünsche den Franzosen Sieg«, ruft er aus, »es ist zu elend«! Wenn ein geistvoller Franzose das sehe, mit milde ironischem Lächeln würde er unser deutsches Vaterland betrachten, das mit solcher Melodie zum Schlachtfeld zieht; R. bis zu Tränen von dieser Vorstellung erfüllt: »Wir sind zu tief gesunken, nur unsre Truppen, die retten uns, die sind groß, und Bismarck«, fügt er lächelnd hinzu, »der wird wohl nicht die ›Wacht am Rhein‹ singen!«
>
> 26. 9. 1870[357]

Und über Marschmusik überhaupt:

> R. geht mit Jouk. spazieren, kehrt heim, entrüstet über die Militär-Musik, die soeben gehört: »Und mein Sohn soll nach

diesem Klang marschieren!« Das bringt ihn auf Auswanderungs-Gedanken.

16. 2. 1881[358]

Doch wenn der Patriotismus ihn packt, dann kann auch er weihevoll reimen. Anläßlich des Einzuges der deutschen Truppen in Berlin dichtet er im Januar 1871 seinen »Volksgesang«, den er Bismarck widmet. Die erste und die beiden letzten Strophen sollten für diesmal genügen:

Dem deutschen Heer
Was schweigt es doch im deutschen Dichterwald?
Versang ›Hurrah, Germania‹ sich so bald?
Schlief bei der Liedertafel – Wacht am Rhein
beruhigt sanft ›lieb Vaterland‹ schon ein?
    die deutsche Wacht
da steht sie nun in Frankreich's eitlem Herzen;
    von Schlacht zu Schlacht
vergießt ihr Blut sie unter heißen Schmerzen:
    mit stiller Wucht
    in frommer Zucht
    vollbringt sie nie geahnte Thaten,
zu groß für euch, nur ihren Sinn zu rathen.

Das Lied, blick' ich auf Deine Thaten hin,
aus ihrem Werthe ahn' ich seinen Sinn:
Fast klingt's wie: ›Muth zeigt auch der Mameluck‹.
Dem folgt: ›Gehorsam ist des Christen Schmuck‹. –
    Es ruft der Herr:
und ihn versteht ein ganzes Volk in Waffen,
    dem Ruhmgeplärr'
des Übermuth's ein Ende da zu schaffen.
    Es rafft im Krampf
    zu wildem Kampf
    sich auf des eitlen Wahn's Bekenner;
der Welt doch züchtet Deutschland nur noch Männer.

> Drum soll ein Deutscher nur noch Kaiser sein;
> im welschen Lande solltet ihr ihn weih'n:
> der treuen Muth's sein Werbeamt erfüllt,
> dem sei nun seiner Thaten Werth enthüllt.
>   Die uns geraubt,
> die würdevollste aller Erdenkronen,
>   auf seinem Haupt
> Soll sie der Treue heil'ge Thaten lohnen.
>   So heißt das Lied,
>   vom Siege-Fried,
>   von deutschen Heeres That gedichtet:
> Der Kaiser naht: in Frieden sei gerichtet![359]

Wie gut, daß sein Musenengel ihn davor bewahrt, solcherart in den Dichtungen zu seinen Bühnenwerken zu versifizieren, denn dort ist er wahrer Dichter.

Im Privatbereich ist Wagners Vaterliebe größer als sein Patriotismus. Sogar ein König weiß das zu würdigen. Der ist allerdings besonderer Art. König Ludwig schreibt an Wagner:

> Ich kann nicht daran zweifeln, daß es Ihren Bemühungen gelingen werde, die so wünschenswerthe Befreiung des kleinen Siegfried vom Militär zu erreichen; wie sehr begreife ich, wie Ihrem Vaterherzen diese Angelegenheit nahe gehen muß. –
> 11. 10. 1881[360]

Schon ein Jahr zuvor heißt es in Cosimas Tagebuch:

> Nächsten Sommer will er nach Gräfenberg gehen und dann nach Amerika, vielleicht doch bleiben, schon um Fidi der scheußlichen Soldaten-Wirtschaft zu entziehen.
> 27. 7. 1880[361]

Und noch einmal:

Er denkt daran, wie Fidi vom Militär-Dienst freizusprechen, durch Naturalisation woanders?

6. 9. 1880[362]

Ein Jahr später wird er ganz deutlich, zum Verdruß derer, die Wagner gern als Nationalhelden sehen:

> Dann kommt er wieder auf die Armee, und daß er Siegfried gern frei vom Dienst machen möchte; wie einer sagt, für den Ruhm stürben die Soldaten, ruft er aus: »Weil sie sich mehr vor dem Unteroffizier als vor der Kugel fürchten, eine Kugel ist manchmal gnädig. Fragen Sie mal, ob die Soldaten bei Spichern für den Ruhm gestorben sind.«

10. 12. 1881[363]

»Für deutsches Land das deutsche Schwert!«? Das war einmal. Es ist ein weiter Weg vom *Lohengrin* zu den *Meistersingern*. Hier verkündet Hans Sachs die Heiligkeit der Kunst und gibt ihr den Vorrang über die Heiligkeit des Reiches:

> Zerging' in Dunst
> das heil'ge röm'sche Reich,
> uns bliebe gleich
> die heil'ge deutsche Kunst![364]

Hier vernimmt man nicht Wagners Torheiten, wohl aber seine Reinheit. Erschreckend dagegen, auch auf den zweiten und dritten Blick, ist seine Stellung zum Judentum. Gewiß, im neunzehnten Jahrhundert war es ungewöhnlich, nicht Antisemit zu sein. Gewiß, er selber war umgeben von jüdischen Kunstverständigen, jüdischen Geldgebern, jüdischen Mitarbeitern. Heinrich Porges assistierte bei den Festspielen 1876 und 1882. Hermann Levi dirigierte den ersten *Parsifal* und betreute weitere Aufführungen nach Wagners Tod. Direktor Angelo Neumann nahm Wagners Werke auf Tour und warb im Inland und Ausland für ihre Anerkennung. Der Pianist Joseph Rubinstein fungierte als Wagners Hausgast, Zuhörer und Vorspieler. Karl Tausig war einer der wenigen intimen Freunde. 1863 lud ihn Wagner zum Weihnachtsfest ein, zusammen mit Porges und Cornelius, und überhäufte sie alle mit den luxuriösesten Gaben. Doch Fischer-Dieskau irrt sich, wenn er den ersten *Tristan*-Dirigenten, Felix Mottl, postum beschneidet (D. Fischer-Dieskau: *Wagner und Nietzsche*). Porges, Rubinstein, Neumann und Levi, sie alle liebten Wagner mit selbstloser Ergebenheit. Sie alle mußten sich ständige Vorhaltungen über ihr Judentum anhören, ohne an ihrer Liebe irre zu werden. Spricht das nur für sie, oder auch in gewissem Sinne für ihn? Es gibt gelegentliche Zeugnisse einer milden Gesinnung Wagners:

> Besuch von Km. Levi (welcher R. dadurch rührt, daß er sich als Jude für *einen wandelnden Anachronismus ausgibt*). R. sagt ihm, daß wenn schon die Katholiken sich für vornehmer hielten als wie die Protestanten, die Juden doch die allervornehmsten, ältesten wären.
>
> 2.7. 1878[365]

Die traurigen Hundeaugen des Kapellmeisters müssen ihm diese Worte abgelockt haben.

> R. sagte gestern: Wenn ich noch einmal über die Juden schriebe, würde ich sagen, es sei nichts gegen sie einzuwenden, nur seien sie zu früh zu uns Deutschen getreten, wir seien nicht fest genug gewesen, um dieses Element in uns aufnehmen zu können.
>
> 22. 11. 1878[366]

> R. ruht etwas aus und geht dann zu Angermann; heimkehrend erzählt er, daß der kleine Israelit Karpeles der einzige gewesen sei, welcher heute an den Geburtstag von Beethoven gedacht hätte!
>
> 17. 12. 1878[367]

Freilich, eingeschränkt wird auch:

> Er klagt über die Torheit des Publikums, welches nur die Walküre liebe; rühmt aber H. Neumann, welcher das

Gesamt-Werk verbreite, und sagt: ›Wie seltsam, daß es ein Jude sein müsse.‹ –

17. 10. 1882[368]

Aber das irrational Rabiate überwiegt:

> Wie wir von der Anhänglichkeit gewisser Juden an R. sprechen, sagt er: »Ja, sie sind wie die Fliegen; je mehr man sie verscheucht, um so mehr sind sie da.«
>
> 12. 9. 1880[369]

> R. erzählt mir, wie er bei Angermann sein Bier getrunken, sei ein jüdischer Klavierlehrer über Rus gestolpert; wie R. Rus entschuldigt habe, erwidert Karpeles: »O, das sind für mich heilige Wesen, Ihre Hunde, ich kenne *Fips* und *Peps*.« Wir staunen über diese Eigenschaften der Juden, welche wie die Jesuiten alles auszuspüren vermögen.
>
> 4. 10. 1874[370]

Sie vergleichen zwei Operndirektoren, den Juden Neumann und den Christen von Hülsen:

> Abends Besuch von Rub., Besprechung der Judenfrage... Der gute Direktor [Neumann] konnte gar nicht verstehen, daß R. sich gar nichts aus dem Besuch des Ringes seitens des Kaisers und der k. Familie machte! – Wir vergleichen Neumann's Energie und Klugheit und Hülsen's Beschränktheit und Bosheit und müssen lachen über die Präponderanz von Israel.
>
> 28. 11. 1880[371]

In der Theorie wird gehetzt, doch wenn es Ernst wird – lacht man. Auch manch Schmerzliches findet man in Cosimas Tagebuch:

> Ein Aufsatz über Demonstrationen gegen Juden bringt ihn zu der Äußerung: »Das ist das einzige, was sich tun läßt, die Kerle hinauswerfen und durchprügeln.«
>
> 11. 8. 1881[372]

Das ist freilich schlimm und könnte genau im *Stürmer* oder im *Völkischen Beobachter* gestanden haben. Nur, daß jene Herren keinen *Tristan* oder *Parsifal* komponiert hatten. Allenfalls ein Horst-Wessel-Lied. Andererseits könnte man auch menschlichere Regungen von dem erwarten, der *Tristan* und *Parsifal* schrieb. Ein paar Monate später notiert Cosima:

> Er sagt im heftigen Scherz, es sollten alle Juden in einer Aufführung des »Nathan« verbrennen.
> 18. 12. 1881[373]

Ähnlich heftig wird gescherzt, wenn eine Notensendung in der Post verlorengeht:

> Aber so etwas, wie der durchaus unbegreifliche Verlust Ihres Manuskriptes konnte *nur mir* passiren. Ich behaupte, die Juden haben ihn mir stehlen lassen! –
> An Karl Klindworth. 4. 2. 1870[374]

Oder wenn die Post ihm etwas zerbricht:

> *Präger* schrieb mir heute, und meldete unter andrem, daß meine 3 Medaillons *zerbrochen* in London angekommen sind. Das ist wahrlich übel: denn es waren meine letzten Exemplare, und zudem hatte mich der Transport schon Ärger genug gekostet. Es scheint, daß ich in London kein Glück habe; jedenfalls hat ein jüdischer Fanatiker meine Bildnisse zerschlagen lassen.
> An Karl Klindworth. 4. 10. 1855[375]

Aber die Juden sind nicht immer schuld. An Frau Ritter schreibt er am 6. Mai 1857:

> Grüßen Sie Julie allerbestens, und sagen Sie ihr, der Siegfried wäre in der lieblichen Mappe schon um ein ganz gutes Stück gerathen: aber ein Tintenklex sei auch hineingekommen, wahrscheinlich von Mime.[376]

Sieht man genauer hin, so fällt es auf, daß Wagners Antisemitismus sich vorwiegend im Theoretischen austobt, und daß es gerade dieses Austoben ist, das er im täglichen Leben braucht. Er ärgert sich über die Juden genauso irrational, wie er sich über Jesuiten und Journalisten ärgert – Cosima nennt sie »die 3 J.s« –, und er spintisiert über die Juden, wie er über die Franzosen, die Engländer, die Deutschen, die Berge, die Post und Damen mit Rosen auf den Hüten spintisiert. Doch gelegentlich haben weder die Juden noch Mime schuld an den Schlägen des Schicksals, sondern die Fledermaus. Cosima notiert:

> Eine Fledermaus erschreckt mich.
>
> 8. 9. 1871[377]

Am nächsten Tag:

> Die Fledermaus bewährt sich, R. ist sehr leidend und trüb gestimmt, er sagt, er habe keine Freude an seiner Arbeit, wenn er nur etwas anders könnte, womit er der Welt entspreche; was er tue, sei aber das Unnützeste; kein Mensch verlange es.
>
> 9. 9. 1871[378]

Später am selben Tag:

> Ein anderes Geschenk der Fledermaus ist ein impertinenter Brief des Verlegers Meser-Müller aus Dresden, welchem R. geschrieben hatte.
>
> 9. 9. 1871[379]

Den Tag darauf:

> Immer die Fledermaus; Loulou* ist plötzlich krank. Heftiges Fieber und Kopfweh; ich rufe den Dr., er befürchtet eine Halsentzündung. Ich verbringe den Tag bei ihr. Wie ich dann zu R. gehe, finde ich ihn schmerzlich leidend am Fuß; ich zittre vor der Gicht; seit zwei Tagen leidet er.
>
> 10. 9. 1871[380]

---

* Daniela

Es muß eine jüdische Fledermaus gewesen sein.

Cosima greift zu Goethe, wenn ihr beim Nennen italienischer Komponistennamen übel wird. Ähnliches Medikament sei nun dem Leser geboten. Als Siegfried Wagner nach dem Ersten Weltkrieg aufgefordert wurde, Bayreuth für »judenrein« zu erklären, macht er mit seiner Antwort manches Ungute seines Vaters wieder gut:

> Sehr geehrter Herr Püringer!
> In Beantwortung Ihres Briefes, den ich bei meiner Rückkehr hier vorgefunden habe, muß ich Ihnen sagen, daß ich ganz und gar nicht Ihrer Ansicht bin.
> Unter den Juden haben wir sehr viele treue, ehrliche und selbstlose Anhänger, die uns zahlreiche Beweise ihrer Freundschaft gegeben haben. Sie wollen, daß wir all diesen Menschen unsere Türen verschließen, sie nur aus dem Grund, daß sie Juden sind, zurückweisen? Ist das menschlich? Ist das christlich? Ist das deutsch? Nein! Wenn wir uns so verhalten wollten, müßten wir Deutsche zunächst einmal ganz andere Menschen werden, und unser Gewissen müßte so rein sein wie ein Gebirgsbach. Aber das ist bei uns gar nicht der Fall. Das Leben aller großen Deutschen beweist, daß sie vom deutschen Volk mit Gemeinheit, Gleichgültigkeit, Bosheit und Dummheit behandelt worden sind.
> Die Festspiele von 1876–1889 beweisen die Wahrheit dessen, was ich soeben gesagt habe. Um das Defizit zu decken, mußte mein Vater, der damals gerade krank war, nach England reisen und dort Konzerte dirigieren. Es war nicht einmal möglich, die lächerliche Summe von 150 000 Mark zusammenzukratzen. Und dann, als später, Gott sei Dank, Engländer, Franzosen, Amerikaner und andere Freunde nach Bayreuth wallfahrten und halfen, die finanzielle Krise zu überbrücken, hatten die deutschen Bürger nichts Besseres zu tun, als sich zu beklagen, daß die Fremden in Bayreuth bevorzugt behandelt würden. ... Wenn die Juden gewillt sind, uns zu helfen, so ist das doppelt verdienstlich, weil mein Vater sie in seinen Schriften an-

gegriffen und beleidigt hat. Sie hatten daher allen Grund, Bayreuth zu hassen, und doch verehren viele von ihnen trotz den Angriffen meines Vaters seine Kunst mit echter Begeisterung. Sie müßten die Namen von früheren jüdischen Anhängern gut kennen. Wer hat zu jener Zeit eine Pressekampagne zugunsten meines Vaters geführt? Georg Davidsohn und Dohm. Sie müssen auch von Tausig und Heinrich Porges gehört haben. Josef Rubinstein machte den Klavierauszug des »Parsifal«. Und wenn unter hunderttausend Juden nur ein einziger wäre, der mit ganzem Herzen und aus ganzer Seele meines Vaters Kunst verehrte, würde ich mich schämen, ihm den Rücken zuzukehren, nur weil er Jude ist. Auf unserem Festspielhügel wollen wir positive Arbeit leisten, keine negative. Ob ein Mensch Chinese, Neger, Amerikaner, Indianer oder Jude ist, das ist uns völlig gleichgültig. Aber wir könnten von den Juden lernen, zusammenzuhalten und einander zu helfen. ... Bei der Auswahl unserer Künstler haben wir die Rassenfrage nie in Betracht gezogen. Wir haben uns nur von der Stimme, dem Talent und der Erscheinung bei der Besetzung einer Rolle leiten lassen, und das ist ein Prinzip, das wir auch in Zukunft befolgen werden.

Ich hoffe, daß Sie mich verstehen werden. Bayreuth soll eine wahrhafte Stätte des *Friedens* sein.

Mit vorzüglicher Hochachtung
Ihr ergebener Siegfried Wagner[381]

Unter Wagners Torheiten finden sich solche, die fast sympathisch anmuten in ihrer abstrusen Bedenkenlosigkeit. Andere sind dergestalt, daß man sie kaum fassen kann. Cosima berichtet:

In der Carrozzella erzählt mir R. von einem Hund, der, verkauft nach England, in Dover sich frei macht und zurück nach Aschaffenburg zu seinem alten Herrn schwimmt und läuft!

23. 6. 1880[382]

Schwimmt? Über den Kanal? Und dann noch nach Aschaffenburg? Sollte er das wirklich geglaubt haben, so würde solche Glaubseligkeit manche seiner bösen Ränke verharmlosen und entwerten. Dasselbe gilt für sein Erziehungsgespräch mit dem 11jährigen Siegfried:

> ... da er Fidi's häufig offenen Mund bemerkt, sagt er ihm: Beethoven würde viel mehr komponiert haben, wenn er den Mund geschlossen gehalten hätte.
>
> 9. 9. 1880[383]

Der Hand, die diesen Passus später mit Tinte unkenntlich zu machen suchte, kann man das eigentlich nicht verargen. Dagegen wirkt die folgende Torheit geradezu anheimelnd. Er gibt seinem Dienstmädchen briefliche Anweisungen zum Ausfindigmachen eines Manuskriptes. Ob sie es wohl gefunden hat?

> Liebe Anna!
> Lassen Sie sich von Herrn Mathieu doch meinen großen Schreibtisch aus dem Arbeitszimmer unten aufmachen: da schließen Sie mit dem beiliegenden Schlüssel den oberen Kasten (oder Schublade) rechts auf, oder auch den in der Mitte; in einem von denselben muß ein anderer kleiner Schlüssel liegen; den nehmen Sie heraus. Dann lassen Sie sich den Bücherschrank aufmachen; dort öffnen Sie mit dem gefundenen Schlüssel das obere Fach (Schubladel) links; darin werden Sie eine Notenmappe finden, welche ganz voll von Noten (geschriebenen und bloßen Notenpapier) ist; diese Mappe besteht aus einem Notenbuch und Einband, von dunkelblauem Maroquin; auf dem Rücken steht: *Das Rheingold*. Wenn diese Mappe nicht im Schubladel links sein sollte, so ist sie rechts; den Schlüssel dazu finden Sie im linken Schubladel: da öffnen Sie die beiden Türen, und ziehen die Schubladel links heraus. Wenn die Mappe auch da nicht sein sollte, so hätte sie der * * * geholt! – Nun sehen Sie, ob Sie das Ding finden! –[384]

Über seine Gesundheit und die seiner Freunde denkt Wagner oft und tiefschürfend. Theodor Uhlig, Dresdener Geiger und Komponist, mit dem er viele Briefe wechselt, fühlt sich nicht wohl. Wagner ist Anhänger der Wasserkur geworden und rät seinem Freund:

> Zunächst erkenne ich an, daß Du an Deiner Diät sehr wohl thuest, und daß ich mich unbeschreiblich freue, daß sie Deinem leibe so wohl bekommt. Daß wir alle aus dem zustande des unnatürlichsten körperbefindens nur durch das radikale wasser erlöst werden können, ist gewiß. Mangel an gesunder nahrung auf der einen seite, übermaaß üppigen genusses auf der andern seite, vor allem aber eine gänzlich naturwidrige lebensweise im allgemeinen haben uns in einen zustand der entartung gebracht, der nur durch eine gänzliche erneuerung unsres entstellten organismus gehoben werden kann.[385]

Aber kann Wasser Wunder wirken? Sein Schwager, Friedrich Brockhaus, ist durch einen Unfall auf einem Auge erblindet. Wagner schreibt an seine Nichte:

> Von Deines armen Vaters Unfall habe ich gehört. Hat er mir je Gutes gethan und Gutes gewünscht, so gebe ich ihm zum Danke einen Rath, den ich nicht gering anschlage, weil ich ihn mit vollster Überzeugung von seiner Vortrefflichkeit gebe. Dein Vater gehe in eine *Wasserheilanstalt,* mache unter *verständiger* Leitung eine volle Wasserkur durch, er scheue vor Allem keinen Zeitaufwand und keine Geduld, und ich prophezeie ihm: er wird allmählich *voll*kommen genesen, ja sehr wahrscheinlich sogar sein verlorenes Auge wieder erhalten. –[386]

Das ist noch nicht einmal Wotan geglückt. Aber mit dem Wasser hat es etwas auf sich. Wagner schreibt Uhlig einen begeisterten Wasserbrief:

> Jetzt treibe ich's täglich folgender Maaßen. 1., früh halb 6 uhr nasse Einpackung bis 7 uhr; dann kalte wanne und pro-

menade. 8 uhr frühstück: trockenes brod und milch oder wasser. 2., sogleich darauf ein erstes und ein zweites Klystier; nochmals kurze promenade; dann eine kalte kompresse auf den bauch. 3., gegen 12 uhr: nasse Abreibung; kurze promenade; neue kompresse. Dann mittagessen auf dem Zimmer mit Karl*, der verhütung von ungeneißigkeit wegen. Eine stunde faullenzen: starke promenade von zwei stunden – allein. 4., gegen 5 uhr: wieder nasse Abreibung, und kleine promenade. 5., Sitzbad von einer viertelstunde um 6 uhr, mit folgender erwärmungspromenade. Neue kompresse. Um 7 uhr abendessen: trocken brod und wasser. 6. darauf: ein erstes und zweites Klystier; dann Whistparthie bis nach 9 uhr. folgt noch eine neue kompresse, und gegen 10 uhr geht's in's bett. – Dieses régime halte ich jetzt sehr gut aus: vielleicht steigre ich's sogar noch. Vier wochen habe ich Schwefel geschwitzt: dann ist mein nasses tuch hellröthlich geworden; man versichert mir, dieß rühre vom Merkur her. Sehr starke Ausdünstung bei großer leibeswärme. Meine flechten sind alle wieder gekommen: jetzt gehen sie allmälig wieder fort. – Wenn ich wieder in Zürich bin, setze ich die Kur fort: arbeiten werde ich wenig: nur ab und zu entwerfen und skizziren. Thut es noth, so muß mich meine frau selbst einpacken.[387]

So ganz geheuer ist ihm trotzdem nicht. Minna beichtet er:

> ... die ganze Haut juckt und fiebert mir; es ist als ob es zu Allen Enden wie Ausschlag herauskommen wollte.[388]

Fünf Tage später:

> ... an einem großen Theile des Körper's kommen jetzt die Flechten sogar sehr schmerzhaft zum Vorschein ...[389]

Wenn die Kur zu Ende ist, soll Minna weiterhelfen:

---

* Karl Ritter

Sage, Minel! denk' einmal recht nach! könntest Du wohl eine Badewanne placiren? Es ist bei der Engigkeit unsrer Wohnung allerdings eine verzweifelte Frage: aber – Du machst doch so vieles möglich! Sie brauchte gar nicht lang zu sein, sondern nur recht hoch; man müßte sie daher eigens bestellen. Untergebracht könnte sie eigentlich wohl nur in Natalien's schwarzer Kammer werden: nur wird Die schrecklich fluchen! – Das kurze Bad in der Wanne ist nämlich durchaus viel zuträglicher als die Abwaschung mit dem Schwamme. Wie gesagt, nur die Kleinheit der Wohnung könnte im Wege stehen! Denke daher einmal recht nach!³⁹⁰

Als ob es nicht genug ist, in einer schwarzen Kammer wohnen zu müssen. Und jetzt soll noch eine Badewanne hinein, samt wasserbesessenem Stiefvater. Freilich wird sie da fluchen. Bald stellen sich die ersten Zweifel ein. Immer nur Wasser, zum Baden und zum Trinken. Gibt es Alternativen? Er macht einen neuen Arzt ausfindig, Dr. Lindemann. Der beschränkt die Wasseranwendung auf den äußeren Menschen. Wagner an Uhlig:

> Meine kur habe ich nun ordentlich angetreten: sie besteht, außer der Diät – von der ab und zu ein glass guter wein nicht ausgeschlossen ist – in einem kalten bade des morgens und einem viertelstündigen lauen (22 grad) des abends. Dieß wirkt recht beruhigend und gelind stärkend auf mich.³⁹¹

Das klingt schon freundlicher. Zuweilen aber gibt es tatsächlich bedenkliche Symptome. Er klagt Uhlig:

> Meine Gehirnnerven! – da steckts! ich habe gräßlich auf sie hineingestürmt: möglich ist's, ich werde noch einmal wahnsinnig! –³⁹²

Ein paar Wochen später:

> Ging's nur mit meinem kopfe besser! ... ein scharfes messer schneidet mir oft in die gehirnnerven: dazu bin ich an allen gliedern fieberhaft abgespannt; erholt sich mein kopf, so

ist's aber schnell auch damit besser; von ihm – von diesem laboratorium der Einbildungskraft – hängt alles ab. –[393]

Dann kommt er zu dem Ergebnis, daß man dem Ausschlag und den Nerven vielleicht besser zu Leibe rückt, indem man sich in die Arbeit stürzt, und somit dem *Laboratorium der Einbildungskraft* die ihm einzig gemäße Nahrung verschafft. Seinem alten Kameraden August Röckel, der seit dem Dresdener Aufstand im Zuchthaus Waldheim sitzt, teilt er mit:

> ... dagegen führe ich jetzt ein größeres künstlerisches Vorhaben aus, zunächst die Vollendung der Dichtung dreier Dramen mit einem selbständigen großen Vorspiele, die ich dann in Musik setzen und – Gott weiß wann? wie und wo? – einmal aufführen will. Das Ganze wird heißen: »Der Reif des Nibelungen«...[394]

Noch einmal wendet er sich an Uhlig und verkündigt ihm seiner neu gewonnenen Weisheit letzten Schluß:

> Auch war ich jetzt mit meinem Magen ganz hin, und dies kam hauptsächlich von dem verfluchten *Milch*trinken. Ich theile jetzt die Überzeugung aller derjenigen, welche den Milchgenuß als Unsinn bezeichnen. Milch ist die Nahrung der *Säuglinge,* und zwar warm von der Mutterbrust getrunken: jeder erwachsene Säugling nährt sich dann aber von den entwickelten und vermittelnden Substanzen. *Kalte* Milch trinkt gar kein Thier, und auch kein Naturmensch: die Sennen in den Alpen essen Käse oder ein aus Milch bereitetes, gegohrenes Getränk. Wie könnten wir nur so thöricht sein, demselben Magen, der sich einerseits nur mit zubereiteten Speisen (selbst dem zubereiteten Fleische) befaßt, diese andre, gänzlich unvermittelte Substanz zugleich bieten zu wollen! Und noch dazu wir, mit unsrer so ungeheuer gesteigerten Nerventhätigkeit, bei unsrem ganzen übrigen Leben! – Das Richtige für uns ist: genießt Alles, aber in einem zuträglichen Maaße, welches auch Selbstbeobachtung und Erfahrung lehrt. Da der Kaffee (für gewöhnlich)

meinen Nerven schädlich ist, so nehme ich früh Braten (am liebsten Wildpret) mit einigen Schlucken *guten* Wein. –[395]

Somit nimmt er seine gewohnte Lebensweise wieder auf, in der Gewißheit, das seinige getan zu haben. Allerdings hätte er das auch billiger haben können.

Wie erklären sich Wagners törichte Ungereimtheiten? Er hat sie selber erkannt und teilweise erklärt als reinen Unfug, Resultat der Freude am Unfug:

> Wir gehen auf und ab, dann im Saal, wie ich ihm lachend vorwerfe, daß er mich in meinem Gespräch mit Kmeister Levi mit »Jungfer Züss« verglich, sagt er: »Ach! das ist meine Rettung, daß mir diese Fähigkeit gegeben war, augenblicklich das Ernsteste in Unsinn umzuschlagen, so konnte ich mich an dem Abgrund erhalten. So z. B. wollte ich heute in der Kompositionsskizze inmitten des Komponierens schreiben: ›Jetzt kommt Mamsell Kundry‹.«[396]

Der Ernst des Schaffens ist so hektisch und führt zuweilen so nah am Abgrund vorbei, daß es der häufigen Auflockerung bedarf. Da kann man die Höllenrose Kundry schlicht als Mamsell apostrophieren, und von der Arbeit an der *Götterdämmerung* darf er berichten: »Heute habe ich Siegfried erschlagen.« Die schöpferische Spannung foltert seine Nerven. Um sich Luft zu machen, wird dann oft geschimpft und gefaselt. Wer anders als Cosima durfte das verstehen?

> ... wie so oft seine Reden ganz gelockert von seinen Sinnen sind und nur der Ausdruck eines Mißbehagens.[397]

Hat er Muße und gute Laune, seine Absurditäten sich als Zuschauer zu betrachten, so erklärt er:

> »Wenn man bedenkt, welche vortrefflichen Sachen schon gesagt wurden und daß die Welt fortfährt, dieselben Dumm-

heiten zu reden, so sieht man ein, daß zu ihr nur zu schweigen ist.«[398]

Nur ist es ihm nicht immer gegeben, seinem Rate zu folgen. Oder Goethes Rat, wie von Cosima bescheinigt:

> Über das Zitat aus Goethe: »Wenn man spricht, beginnt man schon zu irren«, ließ er sich gestern eingehend aus und sagt, ganz richtig, man denke nicht mehr, wenn man spreche.[399]

Wirklich ernst nehmen sollte man ihn als Künstler. Otto Wesendonck gegenüber äußert er sich: »Ganz bin ich nur, was ich bin, wenn ich schaffe.« Die Ungeheuerlichkeit des Schaffensprozesses dieses Künstlers, der so tief ins Chaos blickt, aus dem zu schöpfen ihm auferlegt ist, zehrt ihn auf, alle Tage seines Lebens. Seiner Halbschwester Cäcilie hat er das mit letzter Deutlichkeit anvertraut:

> Ich habe es eben *sehr, sehr schwer!* Das sollten Alle bedenken, denen in meiner Handlungsweise manches unerklärlich bleibt.[400]

VI.

Wagners Cosima

Richard Wagner
geb. 22. Mai 1813
gest. 13. Februar 1883

Minna Planer
geb. 5. September 1809
gest. 25. Januar 1866

Hans von Bülow
geb. 8. Januar 1830
gest. 12. Februar 1894

Cosima Liszt
geb. 25. Dezember 1837
gest. 1. April 1930

Daniela
geb. 12. Oktober 1860
gest. 28. Juli 1940

Blandine
geb. 20. März 1863
gest. 4. Dezember 1941

Richard Wagner

Cosima, geb. Liszt

Isolde
geb. 10. April 1865
gest. 7. Februar 1919

Eva
geb. 17. Februar 1867
gest. 26. Mai 1942

Siegfried
geb. 6. Juni 1869
gest. 4. August 1930

Hans von Bülow

Marie Schanzer
geb. 12. Februar 1857
gest. 20. August 1941

Um fast ein halbes Jahrhundert überlebt Cosima ihren Gatten. Sie stirbt im 93. Lebensjahr. Eva und Daniela, die Töchter, haben Äußerungen der fast blinden alten Dame aufgezeichnet:

> Der Aberglaube ist die Poesie des Volkes.[401]

> Wenn man der Kunst lebt, das ist wie ein Kloster. Man kann da nicht kokettieren. Man muß ihr ganz leben.[402]

> Die Güte ist oft noch besser als die Wahrheit.[403]

> Deutschland ist mein Vaterland und die Musik mein Mutterland.[404]

> Man sollte jeden Tag ein Gedicht von Goethe lesen.[405]

Recht gescheit für jemanden in der zehnten Lebensdekade. Man verspürt den Intellekt, der einst Wagner gefesselt hatte, den sie völlig Wagner zur Verfügung stellte.

Als sie damals, im August 1857, Hans von Bülow heiratete, geschah es wohl mehr um Bülows willen als zu ihrem eigenen Glück. Bülows Werbebrief an Cosimas Vater, Franz Liszt, macht bedenklich:

> Cosima Liszt überragt für mich nicht nur als Trägerin Ihres Namens alle Frauen, sondern auch, weil sie Ihnen so gleicht, weil sie durch so viele Eigenschaften ein treuer Spiegel Ihrer Persönlichkeit ist. Und da sie mir erlaubt, sie zu lieben,

brauche ich meine Anbetung nicht als eine Verirrung zu betrachten, ... Ich schwöre Ihnen, daß, so sehr ich mich durch meine Liebe zu ihr gebunden fühle, ich niemals zaudern würde, mich ihrem Glücke zu opfern, indem ich sie freigebe, im Fall sie bemerken sollte, sich in mir getäuscht zu haben.[406]

Auf ihrer Hochzeitsreise besuchen Cosima und Bülow den verehrten Komponisten des *Rienzi,* des *Fliegenden Holländers,* des *Tannhäuser,* des *Lohengrin.* Wagner erinnert sich:

> ... die nur im Kompositionsentwurfe niedergeschriebenen beiden Akte des »Siegfried« wußte Hans sofort sich derart anzueignen, daß er sie wie aus einem wirklichen Klavierauszuge zu spielen vermochte. Ich sang dazu, wie gewöhnlich, alle Partien; ... Cosima hörte mit gesenktem Kopfe und gab nichts von sich; wenn man in sie drang, fing sie an zu weinen.[407]

Warum wohl die Tränen? Um Siegfried? Um Wagner? Um Bülow? Um sich? Der junge Bülow vergöttert Wagner:

> Das Jahrhundert hat drei berühmte Männer gesehen, Napoleon, Bismarck und Wagner, die man nicht für Menschliches, ja für nichts verantwortlich machen darf.[408]

Cosima entgleitet ihrem Gatten. Wagner ist der Bedeutendere, und ihm zu dienen ihr selbstgewähltes Los:

> Niemals würde er [Bülow] mich verloren haben, wenn das Schicksal mir nicht denjenigen zugeführt hätte, für welchen zu leben und zu sterben ich als meinen Beruf erkennen mußte.[409]

Daß sie Hans preisgab, quält sie fast bis ans Lebensende. Fast, denn die Neunzigjährige hat endlich den Abstand gefunden, der es ihr erlaubt, mit Daniela über die Verlobung ohne Bitterkeit zu sprechen:

Du weißt doch, wie ich mich mit deinem Vater verlobt habe? Nach der »Tannhäuser«-Ouvertüre. Er hatte sie herrlich dirigiert, und du kannst dir denken, ich hörte sie zum ersten Mal, ich war *überwältigt*. Alle gingen zu Bett – ich aber konnte nicht schlafen gehen, ohne ihm ein Wort gesagt zu haben. Es dauerte lang, er kam sehr spät nach Haus. Er dankte mir mit den wärmsten Worten und sagte mir, er zittere vor dem Augenblick, wo ich das Haus verlassen würde. Ich sagte, das sei ja einfach, dann bliebe ich. Da waren wir verlobt. Es geschah unter guten Sternen.[410]

Also, Cosima verlobt sich mit Bülow, der *Wagners* Musik so vollendet dirigiert hat, und Bülow heiratet die Trägerin des Namens seines verehrten Lehrers, *Franz Liszt*.

Von »guten Sternen« kann allerdings keine Rede sein, wenn Cosima sich von Bülow später trennt und mit Wagner lebt. Da plagt sie das Gewissen Tag und Nacht:

Beim Früstück las mir R. einen Brief von Hans, den er eben bekommen, und der inmitten der nichtswürdigsten Intrigen vereinsamt dort lebt. Da brach mir das Herz, den ganzen Morgen weinte ich und schluchzte und überlegte.

10. 4. 1869[411]

Die Wehmut wankt und weicht nicht – nachts wache ich jäh auf, und abends denke ich, wie es dem armen Hans jetzt gehen möge. Gar wenig war ich ihm – doch wie schwer fällt es mir, ihm dieses Wenige zu entziehen! ... mit Sorge und Kummer an Hans gedacht. Von diesem Druck wird wohl das Herz nie wieder befreit werden, und ich weiß keine Hilfe, als ihn zu tragen und nicht zu klagen, und weder Kinder noch Geliebten es ahnen zu lassen, wie umwölkt bisweilen meine Seele ist.

16. 4. 1869[412]

Hans' Stimmung lastet auf meiner Seele. Mein Seelenglück ist aber, wenn R. arbeitet.

13. 5. 1869[413]

... erkenne ich, daß, wenn der Tod mir jetzt nahte, ich mich nicht grämen würde. Daß ich Hans verlassen mußte, dünkt mich grausam, ich muß mir dann sagen, wem diese Grausamkeit galt. Auch empfinde ich es deutlich, wie eine Gottheit in mir waltet, die mich bestimmt hat, und daß *ich* nicht gewollt und gewählt habe. Aber ich verdenke es keinem Menschen, der nicht sieht, wie ich sehe, und nicht den Glauben hat, den ich habe, und der mich verdammt. Gern und leicht will ich den Abscheu der Welt tragen – Hans' Leiden aber benimmt mir jede Freude.

21. 5. 1869[414]

Gute Nacht, du erhabenes gutes, großes Wesen, das ich liebe, dem ich diene, gute Nacht meine Kinder, gute Nacht Hans, dem ich so viel Leid antat, mir träumt von Welten, in denen wir uns alle vereinigen und lieben werden!

8. 7. 1869[415]

Wie ich gestern dieses geschrieben, brachte mir Hans [Schreibfehler: sie meint: *Richard*] einen Brief von der Köchin aus München, welcher sagte, daß Hans trüb und traurig fort sei, ohne zu sagen wohin. Ein furchtbarer Jammer bemächtigt sich meiner... meine Kinder, gedenkt des Wortes der Mutter, daß kein Leiden so schwer zu tragen ist als das Übel, das wir antun...

28. 8. 1869[416]

Das traurige Spektrum von Verrat und vom Verratenen verfolgt sie durch Jahre und Jahrzehnte. Was sie durchhalten läßt, ist die Gewißheit, daß Wagner sie nötiger hat als Bülow, daß sie diesem wohl Kinder gebären kann, jenem aber dies und viel mehr: sie ist ihm Friedensbringer, Lebenselixier und Geburtshelferin beim *Parsifal*. Doch das Schuldgefühl läßt ihr keine Ruhe:

Die Nacht rächte sich, ich hatte Napoleon III. Tod im Traume zu erleben, und es war Hans, welcher mir rief: Cosima, Cosima, ich sterbe diese Nacht.

22. 8. 1874[417]

Hier kann Richard ihr nicht helfen. Überhaupt ist es beruhigender für ihn, wenn er von Cosimas Kämpfen und Krämpfen nichts weiß.

> Mit den Kindern gearbeitet; um elf Uhr Briefschaften, unter andrem ein Schreiben von Hans, mir für das meinige dankend! Ich sage R. nichts, weder von dem Brief noch von meiner Antwort, und weine im stillen für mich, so gut es geht, dann Empfang der neuen Kammerjungfer, Hausanordnung zur Speisung unserer Gäste lassen wenig Muße, und mit bleierner Last, unaufgelöst, besorge ich mein Tagwerk.
> 5. 7. 1875[418]

> Viel, viel an Hans gedacht! 24. bis 29. 5. 1876[419]

> Vor 22 Jahren zum ersten Mal Tannhäuser-Ouvertüre gehört, überhaupt R.'s Werk für Orchester. Bestimmung meines Schicksals dadurch, Verlobung mit Hans und all das Freud und Leid, was zu Teil uns wurde!
> 19. 10. 1877[420]

Auch Cosima findet also zu Wagner durch das Wagner-Erlebnis, wie Jessie, wie der König, wie Judith. Doch immer wieder fällt der Schatten ihrer ersten Ehe über den Alltag:

> Trauriges Gespräch über Hans zwischen R. und mir, ich nehme mir vor, nur mehr darüber zu schweigen.
> 11. 3. 1881[421]

An die 21jährige Tochter Daniela schreibt sie:

> Und mein Geliebtes, Theures, wenn Du Kummer oder Kränkung erfährst, so denke daß Du für mich und mit mir meine Lebensschuld abbüßt, das wird Dir Kraft und Muth geben. Hier haben wir es mit einem unberechenbaren Faktor zu thun.[422]

Auch wenn Wagner an die große Pflegetochter schreibt, spürt man seine verhüllte Trauer über das Schicksal ihres Vaters:

Du bist der Stolz Deiner Mutter und meine Freude zum Erstaunen! Meine Liebe zu Dir hatte keine Prüfungen zu bestehen: Trauer und Beklemmung thun ihr nichts an. Sagst Du mir so schön, daß ich Dir viel war und bin, so betrübt es mich einzig, Deinem Vater gar nichts sein zu können. Allein, hier ist Alles Schicksal! Zwischen Abgründen bleibe Du auf der Höhe, um uns eine gute Frucht der seltsam verschlungenen Wurzeln unseres Daseins beruhigt erkennen zu lassen![423]

Ein vor kurzem veröffentlichtes Dokument zeigt, daß auch nach Wagners Tod Cosima ihren ersten Mann nicht vergessen hat, und daß sie die Zeit für gekommen hält, künstlerische Beziehungen mit ihm in Erwägung zu ziehen. Sie entwirft ihre Bayreuther Festspielpläne für die nächsten Jahre, denn jetzt hütet sie Wagners Werk und leitet es in seinem Sinne. Als Dirigenten plant sie:

1885	PARSIFAL	Hermann Levi
	TRISTAN UND ISOLDE	Hans von Bülow
1886	PARSIFAL	Hermann Levi
	TRISTAN UND ISOLDE	Hans von Bülow
	FLIEGENDER HOLLÄNDER	Hans von Bülow
1887	PARSIFAL	Hermann Levi
	TRISTAN UND ISOLDE	Hans von Bülow
	FLIEGENDER HOLLÄNDER	Hans von Bülow
	LOHENGRIN	Hans von Bülow
1888	PARSIFAL	Hermann Levi
	TRISTAN UND ISOLDE	Hans von Bülow
	FLIEGENDER HOLLÄNDER	Hans von Bülow
	TANNHÄUSER	Hans von Bülow
	LOHENGRIN	Hans von Bülow

1889	PARSIFAL	Hermann Levi
	FLIEGENDER HOLLÄNDER	Hans von Bülow
	TANNHÄUSER	Hans von Bülow
	LOHENGRIN	Hans von Bülow
	MEISTERSINGER	Hans von Bülow
	RING DES NIBELUNGEN	Hans Richter[424]

In den nächsten fünf Jahren will sie demnach ihren ersten Mann mit der Leitung von nicht weniger als vier Werken betrauen. Doch dazu kommt es nicht, und Bülow musiziert anderswo.

Noch tiefer und wesentlicher als Cosimas Lebensschmerz ist ihre Liebe zu Wagner. Am Tag ihrer Trauung, am 25. August 1870, gibt sie ihm ihr Gedicht, *Litanei*, zum Hochzeitsgeschenk:

Unsündiger,
Erhaben-Begehrender,
Groß-Entsagender,
Besonnener, Beharrlicher,
Bedächtiger, Geduldiger,
Unerschrocken,
Sendungstreuer,
Heilig-Unbeständiger,
Weihvoll-Ungeduldiger,
Hehr-Unbesonnener,
Wahnflüchtiger!
Schaffend Vernichtender,
Vergeudend Ordnender,
Volks-Fürstlicher,
Ruhm-Unbekümmerter,
Eitelkeits-Barer,
Leicht-Sinniger,
Vor-Sorgender,
Argwohn-Unkundiger!
Gütig-Gibicher,

Ganz sich Hingebender,
Tief-Verschlossener,
Begeisterungsgewaltiger,
Zündend Redender,
Glutvoll Schweigender,
Hoffnungslos Glaubender,
Unerbittlicher dem Übel,
Eroberer dem Schwachen,
Wahrheit-Verkündender
Trug-Verscheuchender,
Kühn-Entlarvender,
Mild-Verhüllender,
Liebe Übender,
Leben-Ausströmender,
Welt-Fremder,
Natur-Trauter Heimischer,
Seher des Seins,
Herr des Scheins,
Lenker des Wahnes,
Freude des Willens,

> Erlösung·Vollbringer,   Unbegreiflicher,
> Selig-Schaffender,   Unschuldiger, Freier,
> Alltönender-Schauender-   Kind und Gott.[425]
>   Könnender,

Kaum ernstzunehmen als Poesie, aber die Kombination von mystischer Huldigung und bedingungsloser Hingabe ist Süßholz für seine Seele.

Sie gebiert ihm drei Kinder, Isolde, Eva und Siegfried, alle vor der vollzogenen Trauung, jüngere Geschwister für Bülows Töchter Daniela und Blandine. Um ihren Kindern später Einsicht in das Wesen ihrer Liebe zu geben, erzählt sie ihnen in ihrem Tagebuch über das vielleicht bedeutendste Ereignis in ihrem Leben mit Wagner. Er komponiert das *Siegfried-Idyll* und schenkt es ihr zu ihrem 33. Geburtstag, am 25. Dezember 1870. Sie notiert:

> Von diesem Tag, meine Kinder, kann ich euch nichts sagen, nichts von meinen Empfindungen, nichts von meiner Stimmung, nichts, nichts. Dürr und trocken will ich euch nur sagen, was geschah: Wie ich aufwachte, vernahm mein Ohr einen Klang, immer voller schwoll er an, nicht mehr im Traum durfte ich mich wähnen, Musik erschallte, und welche Musik! Als sie verklungen, trat R. mit den fünf Kindern zu mir ein und überreichte mir die Partitur des »Symphonischen Geburtstagsgrußes« –, in Tränen war ich, aber auch das ganze Haus; auf der Treppe hatte R. sein Orchester gestellt und so unser Tribschen auf ewig geweiht![426]

So privat, intim und in ihrer Entstehungsgeschichte nur ihnen selber völlig vertraut sind die Themen, die Wagner in das *Idyll* verwob, daß es Cosima unlieb ist, einer Veröffentlichung zuzustimmen. Im August 1877 schreibt sie dem Musikverlag Schott in Mainz:

> Mein Mann frug kürzlich bei mir an, ob es mir wohl angenehm sein würde, wenn die Composition, welche schon unter dem Namen »Idyll« etwas bekannt geworden ist, ver-

öffentlicht werde. Ich gestehe Ihnen, daß ich dringend bat, dieses Werk seinem vertraulichen Charakter nicht zu entziehen, und ich bitte Sie nun herzlich, lieber Herr Doctor, mir dies nicht verübeln zu wollen, und meinen Mann nicht mehr darum anzugehen.[427]

Heißt es doch in ihrem Tagebuch:

> Nach Tisch spielten uns die Musiker ein Arrangement von Richter, das Idyll; große Rührung! R. sagte, wie merkwürdig es ihm sei, in der Absicht habe er nur das Thema, das in Starnberg ihm gekommen sei (bei unsrem dortigen Zusammenleben) und das er mir als Quartett versprochen hatte, zur Morgenmusik verarbeitet, und nun habe er unbewußt unser ganzes Leben darin verwoben, Fidi's Geburt, meine Genesung, Fidi's Vogel u.s.w. So schaffe der Musiker, wie Schopenhauer sagt, er drückt das Leben aus in einer Sprache, die die Vernunft nicht versteht.
>
> 30. 1. 1871[428]

Zuweilen gibt sich diese Liebe, dies Familienglück, recht behaglich bürgerlich. Läßt es sich auch etwas komisch an, so kann man die Echtheit der Gefühle kaum bezweifeln. Seine 60. Geburtstagsfeier beschreibt Cosima:

> Zu Mittag das Lebehoch; ich frage: Wer soll leben, Daniella? »Der treueste Schutz«, aufstehend, das Glas in die Hand nehmend, wer soll leben Blandine? »Der liebste Freund.« Wer soll leben, Isolde? »Der gütigste Vater.« Wer soll leben Fidi? »Mein Papa«, worauf die Militärmusik das Vorspiel zum dritten Akt des Lohengrin spielt. Wir müssen alle sehr heftig weinen.
>
> 22. 5. 1873[429]

Sentimental? Gewiß. Kitschig? Vielleicht. Theatralisch? Auch. Aber so ging es eben zu. Manchmal schmiedet er bei solchen Gelegenheiten Verse, die allerdings den Dichter des *Tristan* kaum verraten, wie zu Cosimas 36. Geburtstag:

> Herr Siegfried kommt: nehmt euch in Acht!
> von keinem sei er ausgelacht!
> Denn er ist dick, wenn auch noch klein;
> und, wird er groß, dem Mütterlein
> wird er ein Sohn und Helde sein,
> Der ihr und allen Freude macht.[430]

Daß Wagner seine Cosima braucht wie die Luft zum Atmen, steht außer Zweifel. Wenn sie getrennt sind, wenn Cosima noch zeitweilig bei Bülow wohnt oder mit ihm reist, klagt er seinem Tagebuch:

> Du lockst mir noch mein Werk aus der Seele. Ach, aber! Gieb mir Ruhe dazu! Bleibe bei mir, geh' nicht wieder. Sag's dem armen Hans offen, daß ohne dich es mit mir nicht mehr geht. O Himmel, könntest Du ruhig vor der Welt mein Weib sein! Diess stete Kommen und Gehen, wieder Kommen, wieder fortmüssen, Verfügenlassen über Dich, – es ist entsetzlich! ... Ich will schlafen gehen! Gute Nacht! *Du bist doch mein Weib!*
>
> 20. 8. 1865[431]

Schon zwei Tage zuvor hält er ein Selbstgespräch im Tagebuch, das man wohl beachten sollte. Hier sieht man den Künstler Wagner als den wahren Wagner. Sein Privatleben charakterisiert er – aufschlußreich – als »künstlich«, seine Kontakte mit der Umwelt als »nur eigentlich scherzend«, und sein Verkehr mit anderen Menschen soll »mit steifster Etikette« vor sich gehen. All das dem Werk und Cosima zuliebe, denn seine Wirklichkeit ist Cosima, ist das Werk:

> Vernünftig kann ich nur leben, wenn ich die Wirklichkeit anerkenne, und mich mit ihr arrangire, d. h. mich ganz aus allem Rapport mit ihr bringe. Ich kann u. muß nur in einer Art von Wolke leben. Wie ich einzig Kunstmensch bin, kann ich auch nur ein künstliches Leben führen. Dazu gehört: fast gar nicht mehr mit den Leuten verkehren; gar nicht mehr sprechen, oder nur im Scherz, nie ernsthaft, denn das wird immer gleich leidenvoll und unnütz. Wenn der König meine

Vorschläge eingeht, und ich dadurch mein Leben bis zum Tode angenehm gesichert u. von jeder Sorge befreit sehe, denke ich nur noch an das Schaffen, nicht aber mehr an das Wirken. Ich richte mir dann einen vollständigen Hof ein. Hans muß alles (Wirken) übernehmen: Schule, Aufführungen u.s.w. Ich verkehre mit der Welt nur noch durch ihn; und zwar immer nur eigentlich scherzend. Unmittelbar bekümmere ich mich um nichts mehr. Alle Wochen soll einmal Hofhaltung bei mir sein: da empfange ich den Rapport meines Generals und seiner Adjutanten: was zu Stande kommt, freut mich, was nicht zu Stande kommt, betrübt mich nicht, denn ich habe es mir nicht erwartet. Das geht nun so seinen Lauf. Aber mit dem Arzt werd' ich eine richtige Diät verabredet haben: da werd' ich meinen Tag so einrichten, daß ich den allergrößesten Vortheil für meine Arbeiten daraus ziehe. Das muß ganz künstlich eingerichtet werden, und dann geht es wie zu Versailles, bei Louis XIV her: mit steifster Etiquette, wie auf Fäden gezogen. Unwohlsein darf mich nie mehr stören. Cosima muß immer bei mir sein – immer dabei: das geht nicht anders. Aber wir sprechen nie, besonders nie ernst. Dann, glaube ich, bringe ich den ganzen Ernst meiner Kunstwerke noch zu Stande: aber der Ernst muß einzig da liegen, Alles übrige muß leicht und heiter sein. Cosima ist aber heimlich mit ernst: das versteht sich! – Aber sie läßt sich's nicht merken. Bloß Brünnhilde, und wie all diese Personen heißen, sollen es merken lassen, wie ernst das Alles gemeint ist. Nicht wahr? – So soll's werden! –

18. 8. 1865[432]

Wenn dem so ist, wenn ihm die Kunst wirklich und das reale Leben künstlich ist, dann erklären sich viele seiner Widersprüchlichkeiten, Verirrungen und Torheiten, und manch Ungereimtes beginnt sich zu reimen.

An den Tagen, wo ihn die Sehnsucht nach seiner Cosima verzehrt, mag er nicht einmal an die Aufführungen seiner Werke denken. Das vom König gewünschte, in München von Semper zu erbauende Wagner-Theater wird ihm dann ganz gleichgültig:

Ich kann und mag keinen Menschen, auch den Liebsten u. Gescheutesten nicht sehen, wenn Cos nicht dabei ist: Alles ist mir Pein, was in ihrer Abwesenheit vorgeht. Wie hasse ich dieses projectirte Theater, ja – wie kindisch kommt mir der König vor, daß er so leidenschaftlich auf diesem Projecte besteht: nun habe ich Semper, soll mit ihm verkehren, über das unsinnige Project sprechen! Ich kenne gar keine größere Pein, als diese mir bevorstehende. – Siehst Du, so bin ich! –

9. 9. 1865[433]

Tochter Eva Chamberlain, die *Das braune Buch*, Wagners Tagebuch, um 1908 von Cosima erhielt, fand diese Eintragung so schockierend, daß sie sie brav überklebte. Doch weder ihr Überkleben noch ihr Überkritzeln konnte die Entzifferung und schließliche Veröffentlichung von Wagners und Cosimas Tagebüchern verhindern.

Der Trennungsschmerz ist tief, wenn Cosima nochmals Abschied von Tribschen nehmen muß. Am 16. April 1867 depeschiert sie:

> Es ist bestimmt in Gottes Rath,
> daß man vom Liebsten, das man hat,
> muß scheiden.   Meisterin.[434]

Am gleichen Abend notiert er im *Braunen Buch:*

> So traurig wie jetzt war ich doch wohl noch nie in meinem Leben!! – Wie sagt sich das leicht, und wie unsäglich ist's! – Ich ging zu Fuß nach Haus, und sank vor Müdigkeit hin. Ein kurzer bleierner Schlaf, der oft eine Erkältung heraustreibt, brachte mir alles Elend meines Lebens wie aus dem tiefsten Grunde meiner Seele herauf. – Ich ersehne eine große Krankheit und Tod. Ich mag nicht mehr, – will nicht mehr! – Hätt' es ein Ende, ein Ende! –
> Heute schied sie. – Was dieses Scheiden sagte!
> Was hilft alles Wiedersehen?
> Das Scheiden bleibt! Es ist elend! –[435]

Die letzten Zeilen sind in Gedichtform geschrieben, was immerhin, trotz allem Abschiedskummer, ein tröstliches, gesundes Zeichen ist.

Wenn sie getrennt voneinander leben, schicken sie sich oft Telegramme, doch dann muß mit der Post Versteck gespielt werden, denn man weiß nie, wer das lesen und vielleicht weitertragen mag. So nennt er sich *Will* und sie *Vorstel*. Die Namen entspringen Schopenhauers *Wille und Vorstellung*:

> Luzern, 11. April 1866, 9.05 Uhr vorm.
> Warum aber heute kein Brief von Vorstel? Kleiner Will weint, bitte Kind schnell beruhigen.[436]

Das Telegramm erreicht Cosima 3 Stunden später in München (das waren noch Zeiten!) und sie telegraphiert zurück:

> Vorstel schrieb täglich. Kleiner Will soll Post schelten, nicht weinen. Vorstel grüßt, freundlich sonniger Tag.[437]

Die reine Glückseligkeit und Schaffensfreude spricht aus den Zeilen, die er ihr aus Bayreuth nach Tribschen sendet, wo sie noch mit der Auflösung des Haushalts beschäftigt ist:

> Früh 10 Uhr ... Opernhaus. Wundervoll. Das verengte Proszenium fort, das Ganze in seiner Pracht und schönem Verhältnisse ... Alles wird in diesem Bezug unvergleichlich. Es muß ein unglaublich schöner Eindruck werden! – ... Rathssitzung; Alles erhebt sich: ich muß anreden. Große Magistratsheiterkeit! So was ist denn wohl auch noch nicht dagewesen. – ... Heute Nachmittag, wie gemeldet, Conferenz im Garten – herrliches Wetter! Nur allmählich große Ermüdung. Nun ist Alles geordnet (Festlichkeiten, Besorgungen, Vorkehrungen, Programme, – alles zu Protokoll!) – Welche Wonne, wenn die Kinder hier herumgeführt werden! ... Was wird ihnen das Opernhaus gefallen! – Ach! Wäret Ihr nur erst da, und strengte sich die »Mama« nicht zu sehr an! – ... Ach! Nun küsse die Kinder, und habe mich liebe, lieb, lieb! – Ich athme in Dir und ahne großes Heil in

Dir, mit Dir! Zaubern will ich und kann es, aber nur für Dich! – ... Ach, Liebe! Liebe! Wie bist Du schön! – Heil Deinem Fidi! [Siegfried] Heil Allen den Lieben, Lebenvollen! Aber – Ihre Mutter! O! diese Mutter! Ich fühle ihren Segen und – bin selig![438]

Ihre Liebe überdauert die Umsiedlung von Tribschen nach Bayreuth, in ihr Haus Wahnfried, die Bayreuther Festspiele 1876 und 1882, und erlischt nicht mehr, trotz der späten Verstrickungen mit Judith Gautier und, möglicherweise, mit einem seiner *Parsifal*-Blumenmädchen, der Engländerin Carrie Pringle. Cosima hält fest:

> »Du bist alles«, sagt er zu mir, wie ich mich darüber freue, »das ganze Wahnfried bist du, und ich bin dein Wahnfritz.«
> 19. 3. 1878[439]

Cosima hält fest:

> Wie wir einsam im Saal bleiben, versenken wir uns in uns. »O mein Schatz, du lockst alles Gute aus mir heraus! Es wird dann nur noch Böses in mir bleiben.« – »Du Einziger.« »Nein, du bist die Einzige!« Wie nach der schweigenden Umarmung wir uns zur Trennung wenden, ruft R. aus: »O wüßten die Menschen, wie wir uns genügen!«
> 29. 5. 1878[440]

Cosima hält fest:

> Wie R. im Bett ist, sagt er: »Dieses Jahrhundert hat eine gute Tat vollbracht, es hat dich geboren«, was wohl Lachen bei mir erregt und doch mich ernst gemahnt und dem Gebete mich zuwendet.
> 17. 7. 1881[441]

In ihren Abendstunden liest er ihr vor. Zusammen erlesen sie sich die Literatur der Zeiten. Cosima zählt die Bücher auf, und es ist kaum faßbar, was für ein Pensum hier bewältigt wird. Sie lesen

Homer, Sophokles, Äschylos, Xenophon, Sappho, Plato, Aristophanes, Euripides, Thukydides, Plutarch, Herodot und Demosthenes; Ovid, Lucretius; die Edda, die Völsunga-Saga, das Nibelungen-Lied, die Fritjofs-Saga, die Wilkina-Saga, Gottfried von Straßburgs Tristan, Hartmann von der Aues Armer Heinrich, Konrad von Würzburgs Frauentreue; Altindische Fabeln, Indische Märchen, die Upanishads; Calderon, Cervantes, Lope de Vega, Dante; das Gesamtwerk von Shakespeare, fast alles von Goethe und Schiller; Voltaire, Balzac, Hugo, Beaumarchais; Byron, Carlyle, Gibbon, Scott, Lewes, Sterne, Darwin; die Briefe Friedrichs des Großen, Eckermanns Gespräche mit Goethe, Mones Deutsche Heldensage, Rankes Geschichte Frankreichs, Burckhardts Geschichte der Renaissance in Italien, Grimms Deutsche Mythologie, Köppens Geschichte des Buddhismus, Müllers Die Dorier, Nohls Gluck, Nohls Beethovens Leben, Uhlands Geschichte der Sagenpoesie, Freytags Bilder aus der deutschen Vergangenheit, Devrients Mendelssohn, Justis Winkelmann; Lessing, Tieck, Hoffmann, Schopenhauer, Nietzsche, Keller, Raimund, Kleist, Hebbel, Heinse, Chamisso, Hölderlin; Turgeniew, Gogol, Tolstoi. Allerdings entscheidet der Gatte, was die Gattin hören darf, was nicht:

> Abends *Der Friede* von Aristophanes; mich dünkt, daß R. vielerlei überspringen muß, um mir diese Stücke vorlesen zu können...
>
> 23.10.1870[442]

Wo die Liebe waltet, schafft sie Seligkeit und Unruhe, und wo Wagner hobelt, da fliegen zuweilen scharfe Späne, und die verletzen die Nahestehenden. Der Schaffensprozeß regt Wagner dermaßen auf, daß er unberechenbar werden kann. Dann duldet, dann leidet Cosima und tröstet sich mit dem Bewußtsein, daß auch solch Leiden und Dulden Teil ihrer Bestimmung ist:

> Ich ging im Garten spazieren und erwog in meiner Seele von neuem, was ich schon so oft erwogen habe: die Bedeutung des Lebens und unsere Aufgabe darin; ich weiß es ganz genau, daß die Entbehrung, die Selbstaufopferung das ein-

zige ist, was unsrem Leben einen Wert und einen Sinn gibt, und gerne will ich jedes Glück und jede Freude fliehen. Wenn ich nicht durch mein Aufgeben von allem und jedem mir völlig den Mord des Geliebten zu Schulden kommen ließe, wie ruhig zöge ich dahin und lebte nur den Kindern. – Niemals habe ich – selbst in den schwersten Stunden der Prüfung – im Ernst daran gedacht, mich von R. zu trennen, weil ich niemanden weiß, der ihn liebt, wie ich ihn liebe. Käme ein Engel und sagte mir, du bist überflüssig, und eröffnete mir für ihn die Aussicht eines schönen Daseins, wie gerne umschlänge ich mein Kreuz, wie ruhig wandelte ich – mein Tagewerk vollbracht – dem Tode entgegen. –
>   1. 2. 1869[443]

Auch ihre gegenseitige Liebe hat ihre Gegenseiten:

> Von mir ist jede Leidenschaftlichkeit der Liebe gewichen, bei R. waltet sie noch ...
> 11. 11. 1870[444]

Das »noch« könnte ominös sein. Dazu kommen die kleinlich scheinenden Anlässe zu Unstimmigkeiten, zur Unruhe, die immer wieder aus dem Nichts, in Wahrheit aus Wagners eigener Unruhe entspringen:

> Leider erweckt R.'s Passion zu Seidenstoffen eine Bemerkung von mir, die ich lieber hätte unterlassen sollen, weil sie eine kleine Verstimmung hervorrief.
> 24. 1. 1869[445]

Das geht noch an, aber bald berichtet sie:

> Abends spricht mir R. von der Odyssee und von der Ilias, raucht dazu und trinkt Bier. Da in der Nebenstube vom Schreiner gefirnißt wurde, vermischen sich diese verschiedenartigen Gerüche, und ich verfalle nach und nach einem Schwindel und einem Kopfweh, die mich des Sehens ganz berauben und endlich auch des Hörens. Als ich R. meinen

Zustand erklärte, wurde er sehr heftig und sah einen Vorwurf in dem, was nur eine Erklärung war. Er sagte dann manches, was er lieber nicht hätte sagen sollen, und ich hinauf in meine Stube und war bekümmert und weinte. Nun überlege ich, wie ich am besten tue, ob ich seine Heftigkeit sich legen lasse, oder ob ich zu ihm hinunter gehe und ihm noch einmal ruhig die Sache erkläre und ihn besänftige. Kaum hatte ich dies geschrieben, da trat R. herein, um mir Gute Nacht zu sagen. Ich ging dann zu ihm hinunter und beruhigte seinen Wahn.

1. 4. 1869[446]

Die Gattin leidet, doch die Frau bewährt sich. Wenn es ihr einmal nicht gelingen will, seinen »Wahn zu beruhigen«, so tröstet sie sich mit ihrer etwas klösterlichen Lebensphilosophie:

> Daß R. heute gar übel mit mir verfuhr, indem er mir gleichsam vorwarf, Eva nicht zu lieben, weil ich das Kind auf den späten Spaziergang nicht mitnehmen konnte, war wohl hart, und obgleich viele Stunden vorüber sind, so muß ich doch bitterlich weinen, indem ich es niederschreibe, doch ist gewiß auch dieses verdient. –

23. 4. 1869[447]

Wie in allem, so unterwirft sie ihm ihr selbständiges Denken, besonders in musikalischen Dingen:

> Heute, Kinder, habe ich ein großes Unrecht begangen; ich habe den Freund gekränkt, und da ich das nimmer mehr will und als schwärzeste Sünde ansehe, erkenne ich an diesem Fall die Erbärmlichkeit unsrer Natur. Von Beethoven's C moll Symphonie sprachen wir, und ich bestand eigensinnig auf einem von mir gut befundenen Tempo. Das wunderte und kränkte R., und nun leiden wir, ich, daß ich dies getan, er, daß er von mir Eigenwilligkeit erfahren.

18. 2. 1870[448]

Elf Jahre später:

> Ich begehe einen bösen Irrtum; indem ich die Partitur-Seiten Herrn Humperdinck übergebe, schlage ich sie in ein vorbereitetes Blatt ein. R. sehr außer sich; wir bekommen den Bogen zwar gleich wieder, doch hat er eine halbe Stunde verloren und ist sehr ungehalten. Nachher aber ist er grenzenlos gut, bereut es, gegen mich so heftig geworden zu sein, während ich trostlos über mein Mißgeschick bin.
>
> 2. 8. 1881[449]

Heute mag man es albern finden, daß solche Lappalien sie trostlos und ihn ungehalten machten, aber sie taten es. Doch wenn die Wolken vorüberziehen, ist er ganz Liebe zu ihr, und er kann am Schlusse eines Briefes sagen:

> Jetzt will ich mich noch zu Dir träumen... Sind die Kinder artig? Hat Fidi wieder naß gemacht? Du weißt doch, wir haben einen Sohn? Einen »Sohn«? Und gute, gute Töchter, von denen die eine endlich, endlich auch der *Mutter* ähnlich sieht. – Küsse sie alle, alle von mir, sie, die in Deinem theuren Mutterschooße genährt sind! – Ich liebe Dich, wie gewiß noch keine geliebt wurde. Gesegnete, Geliebte, Wunderbare! – Leb wohl, schlaf' wohl, sei ruhig göttlich, wie immer, wenn Du ganz in Deinem Seelenheim bist! – Sei gegrüßt! Sei geküßt und angebetet!
>
> 10. 12. 1871[450]

Wer wie Wagner in die unergründlichen Tiefen der Mythen steigt und aus ihnen einen zeitgenössischen, zeitgemäßen neuen Mythos schafft, wer mit den Unheimlichkeiten und den Herzensverstrickungen der *Nibelungen,* des *Tristan* auf du und du gestanden ist, dem tut Beruhigung not. So spricht Wagners Schöpfernot und seine Erkenntnis vom wahren Wesen seiner letzten Lebensgefährtin aus seinen Worten:

»Du bist der Haken, an welchem ich über dem Abgrund hänge.«

13. 10. 1872[451]

So ist sein Leben mit ihr.

Am Morgen die zwei Großen zur Kirche, die zwei Kleinen bei uns, sehr hübsch spielend. Indem ich dies schreibe, ruft mir R. vom oberen Salon zu, wo er arbeitet: »Cosima, wo bist du?« »Hier unten, ich schreibe mein Tagebuch.« »Schreibst du Gutes?« »Sicher, aber wie denkst du denn jetzt an mich?« »Törin! Was denke ich denn sonst? Woher sollte denn die Ausdauer in der Arbeit kommen außer in diesem Gedanken? Ich möchte wissen, was aus mir geworden, wenn ich dich nicht gefunden hätte? Verkommen, nachdem ich eine Torheit über die andre begangen. Elend dahingesiecht.« Dann wendet er sich zur Arbeit.

23. 7. 1871[452]

So ist ihr Leben mit ihm.

VII.

Dreimal England und beinahe Amerika

Im März 1839 verliert der noch nicht 26jährige seine Stellung als Musikdirektor am Theater in Riga. Die ewige Geldnot verleidet ihm Arbeit und Leben. Minna entläuft ihm zweimal. So geht das nicht weiter. Wagner sieht einen Ausweg. Paris muß von ihm erobert werden, dann wird sein neuer Ruhm die Deutschen lehren, was sie an ihm verloren haben. Die Reise geht über England. Nach 24 Tagen kommt die *Thetis* am 12. August in London an, und Richard, Minna und ihr Neufundländer, Robber, gehen an Land. *Mein Leben* verzeichnet die ersten Eindrücke:

> ... als wir endlich an der Londoner Brücke mitten in dem unabsehbar angehäuften Leben dieses unvergleichlichen Weltplatzes angekommen, hier nach mehr als dreiwöchiger schrecklicher Seefahrt zum ersten Male wieder den Fuß auf das feste Land setzten, erfaßte uns... ein freudig behaglicher Schwindel, von dem namentlich auch Robber ergriffen schien, welcher wie besessen an den Straßenecken dahinsprang und uns jeden Augenblick verlorenzugehen schien. Doch retteten wir uns alle drei in einen Fiaker, welcher uns der Weisung unsres Kapitäns gemäß fürs erste nach einer Schiffskneipe in der Nähe des Towers, die »*Horseshoe-Tavern*«, geleitete, von wo aus wir nun den Plan zur Überwältigung des Ungeheuers von Stadt zu überlegen hatten.[453]

Wagner spricht kaum ein Wort Englisch, aber er macht sich auf nach Westminster:

> Einem vornehm aussehenden Herrn, der soeben aus einem
> großen Saale heraustrat, ward ich, während Minna immer
> zu meiner Seite war und nur Robber in »Kingsarms« zurück-
> geblieben ist, wie es schien, als völlig unverständlicher
> Mensch vorgestellt ...
> Da ich aber weiter frug, ob es nicht möglich sei, daß ich einer
> Parlamentssitzung beiwohnen könne, bedeutete mir der
> Herr, daß in dem höchst beschränkten, infolge des kürzli-
> chen Brandes der alten Parlamentshäuser provisorisch zu
> den Sitzungen verwendeten Lokale nur wenigen Begünstig-
> ten gegen Eintrittskarten der Besuch gestattet sei; auf mein
> besonders zutrauliches Andringen entschloß sich jedoch
> mein Gönner, den ich, da wir uns vor dem Oberhause befan-
> den, wohl nicht zu Unrecht für einen Lord in eigner Person
> zu halten hatte, in Kürze uns eine Tür zu öffnen und uns so
> unmittelbar in den engen reservierten Zuhörerraum des Sit-
> zungssaals der Peers von England einzuführen. Dies war mir
> denn über alle Maßen interessant ...[454]

Wie fast immer, Türen öffnen sich für ihn, gleich ob in Deutschland, England oder Frankreich. Dort werden sie allerdings auch
wieder zugeschlagen. Er fährt fort:

> Es handelte sich, wie ich späterhin aus der Zeitung ersah,
> um Maßregeln gegen die Portugiesische Regierung zur kräf-
> tigen Durchführung der Bill gegen Sklavenhandel. Der
> Bischof von London, den ich hierbei auch zu hören Gele-
> genheit hatte, war unter den Herren der einzige, welcher
> durch Ton und Haltung auf mich einen ungemütlichen Ein-
> druck machte, woran vielleicht mein Vorurteil gegen den
> geistlichen Stand überhaupt schuld war.[455]

Schon am nächsten Tag geht es nach Frankreich. Nein, Paris wird
nicht erobert. Doch in den folgenden Jahren entstehen *Rienzi* und
Der fliegende Holländer. 1842 ziehen die Wagners wieder nach
Deutschland. Der Dresdener Aufstand wird sie in die Schweiz ver-
treiben, und 15½ Jahre nach dem ersten, sehr kurzen Londoner
Aufenthalt, kommt es zur zweiten Englandfahrt. Anfang 1855

besucht ihn ein Mr. Anderson, Schatzmeister der Philharmonic Society, und lädt ihn ein, acht Konzerte in London zu dirigieren. Wagner mag nicht so recht. Er ist mitten in der Instrumentierung seiner *Walküre*. Aber es reizt ihn doch, wieder einmal mit einem erstklassigen Orchester zu arbeiten. »Ich sagte endlich dem stupid freundlichen englischen Gesichte des Herrn Anderson zu.« Ende Februar 1855 reist er, diesmal allein, über Paris nach London. Sein erstes Konzert ist in 10 Tagen, und er hat Zeit, seine Umgebung zu beobachten:

> In Paris sieht ein jeder, der in Geschäften ausgeht, aus, als ob er spazieren ginge, und in London ein jeder, der spazieren geht, als ob er Geschäfte habe.[456]

Er mietet eine Wohnung in der Portland Terrace, dicht am Regent's Park. Dort geht er viel spazieren. Er besucht auch Konzerte:

> ... welchen ich in dem großen Saal von Exeter Hall beiwohnte. Die Oratorien-Aufführungen, welche dort fast allwöchentlich stattfinden, haben wirklich den Vorzug einer großen Sicherheit, wie sie durch sehr häufige Wiederholungen gewonnen wird. Außerdem konnte ich dem 700 Köpfe zählenden Chore meine Anerkennung seiner sehr präzisen Leistungen nicht versagen, welche besonders im Händelschen »Messias« einige Male zu respektabler Bedeutung sich erhoben. Ich lernte hier überhaupt den eigentlichen Geist des englischen Musikkultus kennen. Dieser hängt wirklich mit dem Geiste des englischen Protestantismus zusammen, daher denn auch eine solche Oratorien-Aufführung viel mehr als die Oper das Publikum anzieht; wobei sich noch der Vorteil herausstellt, daß ein solcher Oratorienabend zugleich als eine Art von Kirchenbesuch zu gottesdienstlichen Zwecken vom Publikum sich angerechnet wird. Wie man in der Kirche mit dem Gebetbuch dasitzt, trifft man dort in den Händen aller Zuhörer den Händelschen Klavierauszug, welcher in populären Schillingausgaben an der Kasse verkauft und in welchem eifrigst nachgele-

sen wird, das letztere, wie es mich dünkte, auch um gewisse allgemein gefeirte Nuancen nicht zu versäumen, wie z. B. den Eintritt des »Hallelujah«, wo es für schicklich gefunden wird, daß alles sich von den Sitzen erhebt, welcher ursprünglich wahrscheinlich vorgekommene Akt des Enthusiasmus mit peinlicher Präzision jetzt bei jeder Aufführung des »Messias« ausgeführt wird.[457]

Am 12. März dirigiert er sein erstes Konzert. Das Programm ist anspruchsvoll:

Haydn	Sinfonia Nr. 7
Mozart	Terzett: Soave sia il vento
	(Clara Novello, Mr. and Mrs. Weiss)
Spohr	Dramatisches Konzert
	(Violine: Herr Ernst)
Mendelssohn	Ouvertüre: Die Hebriden
Beethoven	Sinfonia Eroica
Marschner	Duett: O mein Vater
	(Mr. and Mrs. Weiss)
Mozart	Ouvertüre: Die Zauberflöte[458]

In den 7 weiteren Konzerten gibt es, unter anderem, Beethovens Vierte, Fünfte, Sechste, Siebente, Achte und Neunte Sinfonie, Auszüge aus seinem *Lohengrin,* zweimal die *Tannhäuser*-Ouvertüre, aber auch solche Dinge wie Cipriano Potters Sinfonie in g-Moll, eine Ouvertüre von Onslow und die Dritte Sinfonie von Lucas (im Manuskript). Was hält Wagner von seinem Orchester? An Minna berichtet er am 8. Mai, nach dem vierten Konzert:

> Leider besteht das Orchester der Philharmonischen Gesellschaft, welches zugleich auch das der italienischen Oper ist, fast nur aus – Engländern; nur ein Trompeter, ein Posaunist und noch ein Dritter sind Deutsche: Franzosen ebenfalls nur 3; die andern sind alles gute Engländer... Nun spielen diese Gentlemen wohl recht gut, haben ihr Instrument ordentlich gelernt, und machen Alles, was vorkommt, aber – wie Maschinen, ganz wie Genfer Spieldosen. So haben Sie

eigentlich auch nur immer dieselbe Tonstärke, und können nicht gut schwächer oder stärker spielen. Das Pariser Orchester ist bei weitem vorzüglicher. Diese Engländer bleiben lederne Kerle und lieber jage ich einen deutschen Tanzmusiker in's Feuer, als so einen langweiligen Kerl. Namentlich aber fällt es mir nun sehr schwer, mich den Leuten verständlich zu machen. Französisch hilft natürlich gar nicht, und wenn ich etwas genauer auseinander zu setzen habe, muß es Sainton übersetzen, bis auf einige kleine Phrasen, die ich mir gemerkt habe, wie: »once more, please!« d. h. »noch einmal!«[459]

So denkt er über die englischen Musiker.
Wie denken die Engländer über den deutschen Komponisten? Die *Daily News* ist begeistert:

> Noch niemals hat dies Orchester so *con amore* gespielt, und niemals haben Dirigent und Musiker solch Verständnis und solche Sympathie für einander bewiesen. Und das nach nur einer einzigen Probe. Erstaunlich! ... Herr Wagner weiß seine Intentionen dem Orchester überzeugend klarzumachen.[460]

Die *Times* denkt anders:

> Das Resultat war im ganzen sehr unbefriedigend. Herrn Wagners Stabführung ähnelt anderen deutschen Dirigenten und wirkt verdutzend auf alle, die so etwas nicht gewohnt sind. Er schlägt nicht »auf« und »ab«, nach der präzisen Art seiner Vorgänger, sondern so, wie es ihm gerade in den Sinn kommt. Daran gewöhnt man sich nur sehr langsam. Dazu kommt, daß Herr Wagner ohne Partitur dirigiert. Er mag wohl ein gutes Gedächtnis besitzen, aber auswendig zu dirigieren ist sehr unklug von ihm.[461]

Das Publikum, anfangs lauwarm, erwärmt sich für ihn. Er selber ist zunächst entsetzt, als er hört, daß in England mit Glacéhandschuhen dirigiert wird. Gut, er kommt behandschuht aufs Podium.

Dann zieht er sie aus. Mendelssohns Musik ist ihm unerwünscht. Für ihn allein behält er die Handschuhe an. Seine Stimmung sinkt täglich. Schaffen sollte er. Er hat seine *Walküre* mitgebracht, aber die rechte Freude an der Arbeit will nicht kommen.

Franz Liszt klagt er:

> Ich lebe hier, wie ein Verdammter in der Hölle. So tief habe ich nicht geglaubt, wieder sinken zu müssen! Wie elend ich mir vorkomme, in diesem mir ganz widerwärtigen Verhältnisse auszuhalten, läßt sich nicht beschreiben, und ich erkenne, daß es eine reine Sünde, ein Verbrechen war, diese Londoner Einladung anzunehmen, die im allerglücklichsten Falle mich doch immer nur weit ab von meinem eigentlichen Wege führen konnte ... Ich bin mitten hinein in einen Sumpf von Convenienzen und Gewohnheiten getreten, in dem ich nun bis über die Ohren stecken bleiben muß, ohne das mindeste frische Wasser zu meiner Erquickung hinein leiten zu können. »Mein Herr, das ist man nicht gewohnt«, – das ist das ewige Echo, was ich höre! ... Ein Publikum, welches – wie mir allgemein versichert wird – sehr für mich eingenommen ist, und doch niemals aus sich heraus gebracht werden kann, das Ergreifendste ganz so wie das Langweiligste hinnimmt, ohne irgend wie zu verrathen, daß es einen wirklichen Eindruck empfangen habe ...[462]

Dann kommt er auf den Hauptpunkt, seine schöpferische Arbeit:

> Alle Lust zur Arbeit schwindet mir immer mehr dahin, ich wollte in den vier Monaten hier die Partitur der »Walküre« vollenden, wovon nun schon gar keine Rede mehr ist; ich werde nicht mit dem zweiten Acte fertig werden, so gräßlich entgeistigend drückt diese lasterhafte Lage auf mich. Im Juli wollte ich auf dem Seelisberge am Vierwaldstätter-See den jungen Siegfried beginnen: ich denke schon daran, diesen Beginn bis an das nächste Frühjahr hinaus zu schieben! – Diese Arbeitsunlust ist das Schlimmste: es ist mir, als ob mit ihr auch die ewige Nacht über mich hereinzöge: denn was

habe ich noch in dieser Welt zu thun, wenn ich nicht arbeiten kann?[463]

Höchst aufschlußreich ist der folgende Absatz seines Briefes an Liszt:

> Durch diese Hölle begleitet mich nun die Lektüre des »Dante«, zu der ich früher noch nie kam. Durch sein Inferno bin ich durch, und befinde mich jetzt an der Pforte des Fegefeuers... So will ich denn hoffen, aus dem Fegefeuer noch einst in das Paradies zu gelangen...[464]

Wie immer in seinem Leben kommt ihm die Erlösung vom Lebensleid durch das Schaffen. Immer wieder schreitet er vom Fegefeuer ins Paradies. Doch auch das Lebensleid schafft er sich selbst – wenn er die falsche Frau heiratet, wenn er in Paris antichambriert, wenn er in Dresden auf die Barrikaden steigt, wenn er kostbare Zeit mit Torheiten aller Art vergeudet, wenn er des Geldes wegen Konzerte an der Themse gibt. Franz Liszt kennt seinen Freund wie kaum einer, und weiß, wie man ihm zuredet. Jetzt antwortet er auf Wagners Fegefeuerbrief:

> *Was* und *wie* es auch kommen mag, bitte ich Dich inständigst, nur *auszuhalten* und *auszuharren*... Der übrige Quark geht Dich ja gar nichts an. – Schreib' nur an Deinen Nibelungen! und begnüge Dich, als Unsterblicher fortzuleben! –[465]

Doch die Arbeitslust läßt auf sich warten. Inzwischen gewährt auch der Publikumserfolg ihm keine Freude. Er schreibt an Minna:

> So viel ist gewiß, daß gestern ein großer Andrang war, und der Saal zum ersten Male überfüllt war: allgemein ward dies der Theilnahme für meine Compositionen zugeschrieben. Möglich, daß es so ist. – Im übrigen sind diese Conzerte, mit allem was darin vorkommt, eine Strafe für mich, und von der Bitterkeit, die mich oft bis zum Erbrechen erfüllt, will

ich heute schweigen. Genug – ich werde noch 3 Conzerte dirigieren, und heute über 6 Wochen reise ich ab; Gott gebe, daß ich in Zürich alles wohl treffe, und Deine abscheulichen Sorgen Deine Gesundheit nicht weiter untergraben: das fehlte mir wirklich noch, daß man sich schließlich um dieser Sorgen willen zu Tode grämte.[466]

Zu seinem 42. Geburtstag gratuliert er sich in London selber:

> Im wunderschönen Monat Mai
> kroch Richard Wagner aus dem Ei:
> ihm wünschen, die zumeist ihn lieben,
> er wäre besser drin geblieben.[466a]

Unvoreingenommene Beobachtungen sind nicht immer Wagners Sache. Otto Wesendonck belehrt er über den englischen Charakter:

> Sonst ist bis jetzt meine liebste Londoner Bekanntschaft der hiesige erste Violinist *Sainton,* ein Toulouser, feurig, gutherzig und liebenswürdig... Ein solcher Mensch in London, unter den Engländern, ist eine völlige Oase in der Wüste: etwas widerwärtigeres als den eigentlichen ächten englischen Schlag kann ich mir dagegen nicht vorstellen; durchgängig haben sie den Typus des Schaafes; und ebenso sicher, als der Instinkt des Schaafes zum Auffinden seines Futters auf der Wiese, ist der praktische Verstand des Engländers; sein Futter findet er gewiß sicher, nur die ganze schöne Wiese und der blaue Himmel drüber ist leider für seine Auffassungs-Organe nicht da. Wie unglücklich muß sich unter ihnen jeder vorkommen, der dagegen nur die Wiese und den Himmel, leider so schlecht aber die Schaafgarbe gewahrt! –[467]

Aber es gibt nicht nur Schafe in London. Oft geht er in den Zoologischen Garten im Regent's Park, und da trösten ihn die Tiere über seine Mitmenschen:

> Im Thiergarten war ich wieder, und besuchte diessmal vorzüglich die Löwen und Tiger, die mich bei der Fütterung sehr anrunzsten: zwei junge Löwen sind sehr intim mit einer Dogge. Die Vögel sind märchenhaft: eine wundervolle Art von Straußen mit rosa-Flügeln hat mich sehr überrascht. Das ist doch Alles sehr schön! –[468]

Die stumme und nicht so stumme Kreatur, ihr Leiden, ihre Anmut, ihre Lebenslust gehen ihm nahe, und oft bedeuten sie ihm mehr als die Leiden und Freuden seiner Zeitgenossen. Zu Cosima wird er einmal sagen:

> Das schlechteste – mitunter auch das häßlichste Tier ist der Mensch.[469]

Aus seinem Londoner Inferno schreibt er an Minna:

> Leider hatte ich jetzt wieder viel schlaflose Nächte: als ich einmal aus dem unruhigen Halbschlafe erwachte, hörte ich plötzlich nahe im Park eine *Nachtigall* schlagen. Da stürzte mir ein Thränenstrom aus den Augen! Das liebe Thier höre ich jetzt oft, Abends und Morgens. Ach, wenn diese rührende Natur nicht noch wäre, ich hielt' es wahrlich unter dieser Menschenrace nicht mehr aus! Lieb ist mir's, daß Du auch so viel Sinn dafür hast, und die Thiere so liebst: sie bleiben wirklich für ein gefühlvolles Herz der einzige Trost in einer Welt, wo der Mensch seine höhere Vernunft eigentlich nur durch Verstellung und allerlei kleinherzigen Wahnsinn bezeugt. Wie reizend wahrhaftig sind diese Thiere: und was erstrebt der gewöhnliche Mensch, unter allem Anscheine, doch nur anderes, als sie, nur daß sie aufrichtig sind, und nichts vorheucheln? –[470]

Allerdings kennt er auch einige nette Zweibeiner. Zum Beispiel, und wohl unerwartet, die Königin von England. An Liszt schreibt er:

Du hast wohl schon erfahren, daß die Königin Victoria sich recht hübsch gegen mich benommen hat? Sie besuchte mit Prinz Albert das siebente Conzert, und da sie etwas von mir verlangten, ließ ich die Tannhäuser-Ouvertüre wiederholen, was mir zu einer kleinen äußerlichen Satisfaktion verhalf. Der Königin scheine ich aber wirklich sehr gefallen zu haben: sie führte sich in einer Unterredung, die sie mit mir nach dem ersten Theil des Conzertes verlangte, so herzlich-freundlich auf, daß ich wirklich davon gerührt war. Diese waren wahrhaftig die ersten Menschen in England, die offen und unverholen sich für mich auszusprechen wagten: bedenkt man, daß sie dabei mit einem politisch verrufenen, steckbrieflich verfolgten Hochverräther zu tun hatten, so wird man mir wohl Recht geben, wenn ich den Beiden das herzlich danke. –[471]

Ja, den Steckbrief hat es wirklich gegeben:

STECKBRIEF
Der unten etwas näher bezeichnete Königl. Capellmeister Richard *Wagner* von hier
ist wegen wesentlicher Theilnahme an der in hiesiger Stadt stattgefundenen aufrührerischen Bewegung zur Untersuchung zu ziehen, zur Zeit aber nicht zu erlangen gewesen. Es werden daher alle Polizeibehörden auf denselben aufmerksam gemacht und ersucht, Wagnern im Betretungsfalle zu verhaften und davon uns schleunigst Nachricht zu ertheilen.
Dresden, den 16. Mai 1849.
Die Stadt-Polizei-Deputation.
von Oppell.
Wagner ist 37–38 Jahre alt, mittlerer Statur, hat braunes Haar und trägt eine Brille.[472]

Wenn er nun bedenkt, was er in Deutschland, besonders in Dresden, so gar nicht verloren hat, dann macht der königliche Applaus doch vieles wieder gut. Zumal es jetzt bald wieder zurück in die Schweiz geht, wo ihm die erregende Verstrickung mit Mathilde Wesendonck bevorsteht. An Minna schreibt er aus London:

Ach Gott, liebes Mienel, ich bin ganz heißer vom vielen mit-der-Königin-Reden! Erst frug sie mich, was Peps* macht? ...
Glaube ja nicht, daß das Spaß wäre: es ist alles Ernst, und die Königin von England hat sich sehr lange mit mir unterhalten. Auch kann ich Dir versichern, daß sie *nicht* dick ist, aber sehr klein und gar nicht hübsch, mit leider etwas rother Nase: doch hat sie etwas ungemein Freundliches und Zutrauliches, und wenn sie wohl auch durchaus nicht bedeutend ist, so ist sie doch angenehm und liebenswürdig. Sie liebt Instrumental-Musik nicht, und wenn sie so ein langes Conzert besucht -- was durchaus nicht jedes Jahr der Fall ist – thut sie das nur ihrem Manne zu lieb, der mehr Musik treibt und die deutsche Instrumentalmusik gern hat. Diessmal scheint sie aber wirklich etwas Eindruck empfangen zu haben: Sainton, der sie von seinem Pulte aus immer im Auge hatte, versicherte, daß sie mit ganz ungewohntem und gesteigerten Interesse meiner Direktion und den Aufführungen gefolgt sei; namentlich aber hätten sie und Prinz Albert bei der Tannhäuser-Ouvertüre sich ganz erhitzt. Soviel ist gewiß, daß *beide* am Schlusse der Ouvertüre mich, der ich mich herumdrehte, recht herzlich applaudirten, und mich dabei recht lachend freundlich ansahen; natürlich ließ sie das Publikum nicht sitzen und honorirte mich diessmal mit einem sehr bestimmten, allgemeinen und andauernden Beifall ... Ich, der ich in Deutschland von der Polizei wie ein Straßenräuber verfolgt werde, dem man in Frankreich Paß-Schwierigkeiten macht, werde von der Königin von England vor dem aristokratischesten Hofe der Welt mit der ungenirtesten Freundlichkeit empfangen: das ist doch ganz hübsch! ... So will ich denn mein letztes Conzert noch abdirigiren (was jedesmal eine Höllen-Arbeit ist, die ich um kein Geld der Welt wieder übernehmen möchte.) – und dann so vergnügt wie möglich Abschied nehmen. Heute über 14 Tage, Abends um 8 Uhr fahre ich von Londonbridge ab!!! So möge es denn für ein recht freudiges Wiedersehen

---

* Wagners Hund

sein! Leb' wohl, allerbester Muzius; sei guter Laune! Grüß' alle lieben Freunde herzlich von Deinem

Ritter zum Hosenbandorden.[473]

Das Londoner Unternehmen ist zu Ende, und auch die abfälligen Kritiken bekümmern ihn nicht mehr. Mag die *Sunday Times* auch beteuern:

> Je mehr wir von Herrn Richard Wagner sehen und hören, desto stärker wird unsere schon lange gehegte Überzeugung, daß die Musik nicht sein Metier ist.[474]

Und Minna tröstet er:

> Das viele Lügen und Herunterreißen in den Journalen muß Dich nicht geniren: zunächst schreiben ja immer nur die Lumpen, die sich damit Geld verdienen; ein anständiger Mensch schreibt ja nie eher in eine Zeitung, als bis irgend eine Lüge zu unverschämt wird und der Widerlegung bedarf.[475]

Er klagt wohl die ganze Zeit, aber immerhin hat er doch fleißig an der *Walküre* instrumentiert, und das Abschiedskonzert muß erinnerungswürdig gewesen sein. Er schreibt an Minna:

> Man will mir das Fortgehen schwer machen. Gestern Abend hat mir denn auch das Orchester und das ganze, sehr zahlreiche Publikum, eine glänzende Satisfaction gegeben. Nachdem ich schon beim Erscheinen sehr warm empfangen worden war, und die Beethoven'sche Symphonie* Furore gemacht hatte, erhob sich ganz am Schlusse – nach der Oberon-Ouvertüre – das Orchester und brachte mir eine ungeheuer lang anhaltende, starke Salve von Applaus, und der ganze Saal brach zu gleicher Zeit in einen nicht endenwollenden Beifall aus, so daß ich zwischen dem immer stärker klatschenden Orchester und dem immer toller applaudi-

---

* No. 4

renden Publikum gar nicht wußte, wohin mich wenden. Endlich machte ich Pantomimen, mit denen ich die Leute völlig beschwor, aufzuhören und nach Hause zu gehen.
Endlich brachte ich es denn auch mit großer Noth dahin. Nun ging aber das Händeschütteln an: das ganze Orchester, an die 100 Personen, mußte ich durch die Hand passiren lassen, und es fielen dabei viele herzliche Scenen vor. Aber auch vom Publikum drängten sich die Leute an mich heran, und da mußte ich denn auch die Hände mir gehörig schütteln lassen, Männer und Frauen, alles durcheinander. Kurz – es hat mich ergriffen, weil ich endlich wirklich ersehen mußte, daß die Leute mich sehr lieb gewonnen haben. Daß das Benehmen meiner kleinen Königin viel mit dazu beigetragen hat, es so unverhohlen zum Ausbruche zu bringen, glaube ich wohl. Es war eine *ungeheure Demonstration* gegen die *Times* und die andren Kritiker. Und das ist *noch nicht vorgefallen;* so *selbständig* hat sich das Publikum und das Orchester noch nie gezeigt. – Somit gehe ich dann doch wirklich als Sieger, und sehr gefeiert von London fort. –[476]

Na, also!

Der Kritiker wird er zeit seines Lebens nicht mehr froh. Freilich, die *Tannhäuser*-Ouvertüre ist recht avant-garde, insbesondere für das damals konservative Londoner Publikum, aber die Kritiker sind boshafter, als es ihnen zusteht. Ganz anders hatte sich vor zehn Jahren Robert Schumann über den *Tannhäuser* ausgesprochen. Schumann war auch Kritiker, aber von Format. Zunächst hat er seine Bedenken. Er erzählt Mendelssohn:

> Da hat Wagner wieder eine Oper fertig... aber er kann wahrhaftig nicht vier Takte schön, kaum gut hintereinander wegschreiben.... Die Musik ist um kein Haar besser als Rienzi, eher matter, forcierter! Sagt man aber so etwas, so heißt es gar, »ach, der Neid!«, darum sag' ich es nur Ihnen, da ich weiß, daß Sie es längst wissen.[477]

Drei Wochen später:

> Ich muß manches zurücknehmen, was ich Ihnen nach dem Lesen der Partitur darüber schrieb; von der Bühne stellt sich alles ganz anders dar. Ich bin von Vielem ganz ergriffen gewesen.[478]

Nach weiteren zwei Monaten erkennt er neidlos Wagners Leistung:

> Tannhäuser... enthält Tiefes, Originelles, überhaupt 100mal Besseres als seine früheren Opern.
> (an Heinrich Dorn)[479]

Am 30. Juni 1855 reist Wagner von London zurück nach Zürich. Dort wartet Minna auf ihn, und es zieht ihn zu Mathilde. Als Ausbeute der englischen Expedition bringt er etwa 40 Pfund und 100 instrumentierte Partiturseiten der *Walküre* mit nach Haus.

22 Jahre später wird er noch einmal nach London kommen, diesmal mit Cosima. Um die Deckung des erschreckenden Bayreuther Festspieldefizits besorgt, dirigiert er wiederum 8 Konzerte, diesmal in der Royal Albert Hall, zusammen mit Hans Richter. Die Eröffnung des Festspielhauses und die Aufführungen vom *Ring des Nibelungen* im Jahre 1876 sind ein musikgeschichtliches Ereignis ohnegleichen. Daß Wagner, der all das zustande bringt, jetzt auch noch für die Schuldentilgung persönlich sorgen muß, ist eigentlich eine Zumutung. Seinem alten Mannheimer Freund Emil Heckel schreibt er:

> Lernt Deutschland und das deutsche Publikum kennen! Da ist alles – alles verloren! – Glauben Sie mir! Was wir im vorigen Jahr zu Stande gebracht, ist ein Wunder und wird es bleiben, so lange Jemand etwas davon weiß. Darüber hinaus geht es nun aber nicht mehr: Das müssen wir einsehen. Die Aufführungen sind für dieses Jahr bereits unmöglich geworden ... Einstweilen habe ich für die Deckung des Deficits zu sorgen: ich gedenke daher in England ein paar Monate lediglich hierfür Concerte zu geben. Wenn ich davon dann heil zurückkomme, wird wohl hoffentlich Niemand mehr

von mir verlangen, daß ich noch an etwas anderes denke, als mich – zu erholen und – zu vergessen! – So weit sind wir! –[480]

Er bringt zwar nur ein Zehntel der erforderlichen Gelder zurück nach Bayreuth, aber seine Konzerte mit einem Teil des Bayreuther Solistenpersonals sind höchst erfolgreich, und London ist entflammt. Auch im englischen Blätterwald rauscht es jetzt anders als vor 22 Jahren. Die *Musical Times* berichtet:

> Im ganzen Bereich der Musik kann man nichts finden, das hiermit zu vergleichen wäre. Wagner handhabt sein Orchester spielend wie ein Kind ... es ist eine nie versiegende Quelle des Wunders und der Freude.[481]

Der ganz junge George Bernard Shaw berichtet in *The Hornet:*

> Bei jedem Konzert wurde Herr Wagner mit stürmischem Applaus begrüßt. Am 19. Mai erhielt er eine Ehrenurkunde, und er wurde mit einem Lorbeerkranz geschmückt. Der letztere schmeichelte mehr seinem Selbstbewußtsein als seinem Aussehen.[482]

Königin Victoria empfängt ihn diesmal in Windsor, und Cosima hält alles eifrig fest:

> 1. Mai 1877: Dover macht uns einen mächtigen Eindruck, und die erste Fahrt durch London nicht nur einen mächtigen, sondern auch einen wohligen. Auf dem Bahnhof in Charing Cross steht beinahe das gesamte Orchester ... Besuch zu Albert-Hall, welche sehr gefällt, trotz der enormen Dimensionen. Unsere Sänger bereits angekommen. Darauf fahre ich mit R. in einem handsom-cab; der Nebel gibt allem hier etwas Geisterhaftes, und mir tritt, gerade in dieser tätigsten Welt, die Idealität der Dinge und der Traum des Lebens sehr nahe. Die massigsten Gebäude werden nicht übersehen, sind da und verschwinden. Die niedrigen Häuser und großen Gärten geben Freiheit und Behagen.

Hätte ich eine große Stadt zu wählen, es würde London sein.[483]

6. Mai: Briefe geschrieben, Zoologischen Garten besucht, George Eliot's, der berühmten Dichterin, Bekanntschaft gemacht; sie macht einen edlen und angenehmen Eindruck.[484]

9. Mai: Probe, abends das Konzert, noch größerer Erfolg; darauf gehe ich zu Lady Lindsay, in Grosvenor Gallery, Gesellschaft von 400 Menschen, sehr prächtig.[485]

12. Mai: Cristal Palast, Blumenausstellung und dann unser 3tes Konzert am Tag; Materna prächtig in Walküre; Walküren-Ritt wiederholt, R. von dem Prinzen von Wales empfangen, dieser sagt, er sei vor 20 Jahren in den philharmonischen Konzerten gewesen. . . .[486]

13. Mai:
Gedanken an Amerika, nie wieder dann nach Deutschland zurück.[487]

Ist das ihr Ernst? Ist das sein Ernst? Wir werden sehen.

14. Mai: Probe bis ein Uhr, worauf ich zu Herrn und Frau Lewes* zum Frühstück und dann mit ihnen in das Atelier des Präraphaeliten Burne-Jones. Hübsche zarte Bilder, er selbst recht angenehm. Abends um 8 Uhr das Konzert, ein guter Teil der k. Familie und ein ziemlich gut besetztes Haus. Schon bei dem Duett aus Lohengrin wird Herr Unger heiser, und er erklärt, daß er die Schmiede-Lieder nicht würde singen können; man entschließt sich für eine Wiederholung des Abschiedes von Wotan, da ist aber Herr Hill schon nach Hause gegangen – anhaltende Konfusion . . .[488]

---

* Henry Lewes und George Eliot

19. Mai: Heute bin ich leidend und muß mir Gewalt antun, um das Konzert besuchen zu können. Es fällt glänzend aus; 1600£ Einnahme und ein sehr erregtes Publikum, wie man sagt, ganz unenglisch. R. mit einem Lorbeerkranz gekrönt, Anrede des Orchesters und nicht endenwollender Jubel.[489]

22. 5. R.'s Geburtstag! Sehr hübsche Briefe sämtlicher Kinder und mancherlei sonstige Gratulation. Abends Bankett. ... R. spricht sehr ergreifend, dankt für den Empfang, und Semper zitierend vergleicht er Augenblicke und Jahre, solche Augenblicke, sagt er, lassen ihn die Jahre vergessen. Sonst das Fest ein wenig geräuschvoll, deutsch; man läßt Fidi* leben![490]

23. 5. Ich besuche Westminster Abbey. ... ergreifend war für mich, daß am Schluß des Gottesdienstes Elisabeth's Gebet auf der Orgel gespielt wurde.[491]

25. Mai: Ich besuche Britisch Museum wieder und erfreue mich der herrlichen Zeichnungen. Darauf Rendez-vous mit R. in Charing Cross und Fish Diner in Greenwich. Heimfahrt mit Dampfschiff, sehr geglückt, graues mildes Wetter, großartiger Eindruck, R. sagt: Der Traum Alberich's ist hier erfüllt, Nibelheim, Weltherrschaft, Tätigkeit, Arbeit, überall der Druck des Dampfes und Nebel. – Abends Tannhäuser italienisch! O! ... alles schrecklich, nur das Orchester wundervoll, leider aber von einem sehr wenig guten Dirigenten angeführt.[492]

30. Mai: ... es stellt sich heraus, daß, nachdem R. alles bezahlt, noch für Bayreuth 700£ herauskommen, mir ist leichter dabei zu Mute, denn ich war auf Schlimmstes gefaßt, R. aber ist sehr niedergedrückt.[493]

4. Juni: Abschied von London![494]

---

* ihr Sohn Siegfried

Das englische Unternehmen bringt ihm nur zehn Prozent des Bayreuther Defizits ein. Somit wird jetzt der Gedanke vom 13. Mai wieder aufgegriffen. An Hans von Wolzogen, Freund und Jünger, schreibt er aus Bad Ems am 2. Juli 1877:

> Ich übergehe, was ich alles in mir durchgemacht habe, seitdem ich erfahren mußte, daß kein Aufruf oder Anruf meinesteils es dahin brachte, auch nur die mindeste Regung, das vorjährige Festspiel-Defizit von mir abzuwälzen, irgendwo hervorzurufen. Ich ringe jetzt unter dieser Last, habe meinen letzten Notpfennig darangegeben und – bin dagegen mit einer unermeßlichen Gleichgültigkeit gegen alles sogenannte Patronat oder Vereinswesen erfüllt worden. Ich gedenke noch in diesem Monate den letzten Versuch zu machen, die ganze Angelegenheit dem Münchener Hoftheater aufzubinden, um dann – vorläufig – an »Bühnenfestspiele« (in meinem Sinne) gar nicht mehr denken zu dürfen. – Gelingt mir nichts, so gehe ich nach Amerika, sorge für meine Familie und – denke an nichts weniger als an eine Rückkehr nach Deutschland.[495]

Amerika als gelobtes Land, Amerika als Zufluchtsnirwana – so neu ist der Gedanke keineswegs. Er taucht schon fast 30 Jahre zuvor auf, in seinem Brief an Franz Löbmann, einen Bekannten aus Riga:

Dresden, 5. Juli 1848

Liebster Freund,

Dein Bruder meldet mir so eben seine Absicht, mit einem Musikcorps, welches sich jetzt zu diesem Zwecke hier gebildet hat, nach den Vereinigten Staaten von Nordamerika zu gehen: er sagt mir, er bedürfe jedoch dazu Deiner Unterstützung an Geld, da er sonst die Reise nicht bestreiten könnte, und bat mich demzufolge, seine Bitte um Hülfe bei Dir zu unterstützen. Ich für mein Theil sage Dir nun aufrichtig, daß ich, wäre ich ein armer executirender Musiker, jetzt nicht nach Amerika gehen würde, und zwar aus dem Grunde, weil ich schon lange drüben sein würde. Welchem Sklavenloose geht bei uns der arme Musiker entgegen! Ich begreife nicht, mit welchen Gründen ich Jemand abrathen sollte sein Glück dort zu suchen, wo es ihm unter allen Umständen eher u. besser zu Theil werden kann als hier... Ich unterstütze daher die Bitte Deines Bruders mit voller Überzeugung.[496]

Von nun an gewährt ihm die Aussicht, in der Neuen Welt Erlösung von finanziellen Nöten zu finden, eine gewisse Beruhigung und Rückendeckung, doch vorerst hütet er sich, die utopische Brücke zu beschreiten oder abzubrechen. Er ist sich wohl bewußt, daß die amerikanische Lockung zu materiellem Gewinn teuer, zu teuer zu erkaufen wäre. Er formuliert diese Erkenntnis in seinem Brief an den fünfzehn Jahre älteren Dresdener Freund, den Regisseur und Schauspieler Ferdinand Heine:

> 19. November 1849
> Amerika kann für mich jetzt und für alle Zeiten nur von Geldinteresse sein: sollten die Verhältnisse hier zu Lande so bleiben, daß mir in ihnen die Luft zum athmen endlich ganz ausginge, so würde ich allerdings endlich auch mein Auge auf Amerika werfen, nur aber um dort Handwerker – wenn auch mit dem Taktstock in der Hand – zu werden, was ich allerdings dann dort wenigstens mit besserem Lohne als hier sein würde. *Ich habe keine Kinder:* diess ist der Unterschied zwischen mir und Dir: Als *Familienvater* beginnst Du ein neues, unabsehbar langes Leben in der neuen Welt: das meinige würde dort mit meinem Tode vollkommen erloschen sein; so hast Du dort Zukunft, ich keine; mir muß die Kunst ausschließlich das sein, was Dir Deine Familie ist: Du *mit ihr* bist überall ein Ganzes, ich *ohne meine Kunst* bin ein miserabler Egoist, der nur für seinen Magen noch zu sorgen hätte, nicht für die Zukunft. –[497]

Die Ahnung, daß Amerika seiner Kunst den Garaus machen könnte, schreckt ihn aber nicht ab vom transatlantischen Liebäugeln. Bald muß er aus Dresden entfliehen, aber nicht nach den Vereinigten Staaten, sondern in die kongeniale Schweiz. Im Januar 1854 schreibt er an Liszt:

Während ich eigentlich immer so Bettlerbrocken kaue, kommen mir Nachrichten aus Amerika zu, daß in Boston bereits »Wagner-nights« gegeben werden. Jemand bestürmt mich, herüber zu kommen; man beschäftigt sich dort jetzt mit steigendem Interesse mit mir; ich könnte mit Concert-Aufführungen etc. viel Geld dort gewinnen. – »Viel *Geld* gewinnen« –. Ach Gott, ich brauch' kein Geld zu gewinnen, wenn ich den Weg gehe, den meine Sehnsucht mir vorschreibt!! – Soll ich aber nun wirklich zu so etwas greifen, – so wüßte ich immer noch nicht, wie ich anständig hier aus meiner neuen Einrichtung fortkommen sollte, um dorthin zu gelangen, wo ich Geld gewänne? Und wie würde ich mich dort fühlen? Ach, Gott! es ist so unmöglich, daß diese Unmöglichkeit nur der Lächerlichkeit gleicht, zu der ich herabsinke, wenn ich mich doch dem Brüten über die Möglichkeit des Projektes hinzugeben gezwungen sehe! – Von meinem Werke, von meinen Nibelungen, wäre dann natürlich keine Rede mehr.[498]

Nun wird am amerikanischen Faden fleißig weitergesponnen. Freilich, ernst darf es nicht damit werden. Er berichtet an Liszt:

13. September 1855
Was soll ich Dir auf den New-Yorker Antrag sagen? schon in London erfuhr ich, daß man dort eine Einladung für mich im Sinne hatte. Es ist ein wahres Glück, daß die Leute mir keine großen Geld-Offerten machen. Die Aussicht, in kurzer Zeit eine größere Summe Geldes, etwa so 10,000 Dollars verdienen zu können, würde mich natürlich bei der großen Hülflosigkeit meiner pecuniären Lage bestimmen müssen, so eine amerikanische Expedition zu unternehmen, wiewohl es dann immer noch vielleicht sehr albern wäre, meine noch besten Lebenskräfte für solch' elendes Ziel und gleichsam indirekt aufzuopfern. Da aber bei unser Einem an Speculationen von gewinnbringender Sorte gar nicht zu denken ist, so bin ich wirklich herzlich froh, hier keiner ernstlichen Versuchung ausgesetzt zu sein, und bitte Dich daher, den Herren in New-York in meinem Namen bestens zu danken, für

die Aufmerksamkeit, die man mir ganz unverdienter Maaßen zollt, und ihnen – »vorläufig« – zu erklären, daß ich mich unfähig fühlte, ihrem Rufe zu folgen. –[499]

Der nächste Amerikabrief an Liszt ist in Wirklichkeit ein von seinem künstlerischen Schutzengel eingeflüstertes Selbstgespräch:

3. Oktober 1855
Sollten sich jemals die New Yorker entschließen können, mir eine namhafte Summe zu bieten, so müßte mich dieß wirklich in eine gräßliche Verlegenheit setzen. Wenn ich es ausschlüge, dürfte ich es rein gar keinem Menschen sagen, denn Jeder würde mich der Gewissenlosigkeit gegen meine Lage zeihen. Vor 10 Jahren konnte ich so etwas noch unternehmen: jetzt aber noch solche Umwege zu machen, um nur leben zu können, wäre doch hart, jetzt – wo ich eben nur noch gemacht bin, das zu leisten und dem mich hinzugeben, was meine eigentliche stricte Sache ist. In meinem Leben würde ich dann die Nibelungen nicht fertig machen.[500]

Der Schutzengel hat seine Schuldigkeit getan: schon am nächsten Tag wird der Gedanke als Hirngespinst beiseite geschoben. Er schreibt an Klindworth:

4. Oktober 1855
Jetzt bearbeitet mich Amerika und sucht mich zu einer 6-monatlichen Excursion nach New-York zu persuadiren, was ihm aber schwerlich gelingen wird: selbst zum Geldverdienen bin ich zu dumm, wogegen ich allerdings sehr viel Geschick zum Geldausgeben habe. Dergleichen Anlagen weiß aber Niemand zu würdigen. –[501]

Somit wird am *Ring* weitergearbeitet. Drei Jahre später antwortet er einem neuen Lockruf. Der Frankfurter Konzertagent Hartenfels übermittelt ihm eine Einladung nach New York. Wagner hat sein Asyl bei den Wesendoncks verlassen müssen und nistet sich in Venedig ein, wo er Mathilde vergessen lernen will. Findet die Neue Welt jetzt sein geneigtes Ohr? Er antwortet dem Agenten:

24. Dezember 1858
Was mich betrifft, so würde mich jedoch nur ein ganz bestimmtes Anerbieten mit der festen Zusage sehr bedeutender Vortheile veranlassen können, den Antrag in ernstlichen Betracht zu ziehen. Welches Schicksal meinen Opern in Amerika beschieden ist, berührt mich nicht wesentlich; meinen eigenen Eifer, tausend Ärger und Beschwerlichkeiten daran zu setzen, bloß um mir einen guten Erfolg in New-York zu sichern, kann niemand von mir erwarten, der meinen Ernst diesen Erscheinungen gegenüber kennt. Aber ich bin gänzlich unvermögend und ohne jedes feste Einkommen; eine Gelegenheit zu ergreifen, um durch eine periodische, an sich aber außer meinem Wege liegende Thätigkeit und Anstrengung mir eine etwas ansehnliche Summe zu verdienen, die mich des weiteren für meine Arbeiten unabhängig machen könnte – dies könnte mir allerdings räthlich erscheinen – doch eben lediglich *nur* aus diesem Grunde.[502]

Halb zieht es ihn – doch dann bedenkt er sein Londoner Fegefeuer, und er hört auf, mit Amerika zu liebäugeln. Auch Freund Liszt hat ihm geraten, nicht weiter mit dem amerikanischen Vorhaben zu kokettieren:

14. Mai 1859, Weymar.
Aufrichtig gesprochen halte ich wenig von Deinem amerikanischen Projekt und würde befürchten, daß Du Dich in New-York noch unheimlicher fühltest als in London.[503]

Erst nach weiteren 15 Jahren wird wieder an Amerika gedacht. Das Bayreuther Festspielhaus soll in zwei Jahren eröffnet werden, und es mangelt an Kapital. Dexter Smith, Herausgeber der New Yorker *Staatszeitung,* interessiert sich für Wagner, der ihm antwortet:

Bayreuth, August 1874.
Werter Herr!
Ich bin Ihnen für das Interesse, welches Sie, wie mir Ihre Zeitung berichtet, an meinen Werken nehmen, sehr verbun-

den, und freue mich, Ihnen meine Idee erklären zu können. Da ich überzeugt bin, daß in den Theatern, wie wir sie jetzt in Deutschland besitzen, in denen jede Art von Opern, italienische, französische und deutsche gegeben wird und an jedem Abend eine Vorstellung stattfindet, die Bildung eines Stiles und einer wirklich dramatischen Kunst eine Unmöglichkeit ist, so habe ich es unternommen, ein Theater zu errichten, in dem in jedem Jahre Sänger und Musiker, welche speziell für diesen Zweck hierherkommen, für das Publikum von ganz Deutschland Vorstellungen geben können, welche allein schon durch die Vorzüglichkeit ihrer Ausführung eine Idee geben sollen, was die deutsche Kunst vermag ... Ich glaube nicht, daß es zum Ruhme Deutschlands beiträgt, daß mich Amerika unterstützen muß, aber ich für meinen Teil bin stolz darauf und fühle mich den deutschen Musikern des Orchesters des Herrn Theodor Thomas gegenüber zu hohem Danke verpflichtet, daß sie meine Musik in Amerika eingeführt haben, auf eigenen Antrieb hin und mit reinem Enthusiasmus, während sich fast alle Musiker von Ruf in Deutschland gemein, ja lächerlich gegen mich benommen haben. Dank dem Kredit, den ich genieße, sind die Vorstellungen für das Jahr 1876 gesichert, und wenn es Ihnen mit Hilfe Ihres weitverbreiteten Blattes gelingen sollte, zur Unterstützung des Unternehmens einen amerikanischen Fond zu realisieren, so werde ich Ihnen und dem amerikanischen Publikum sehr verbunden sein.[504]

Amerika reagiert wie Deutschland, negativ. Man überläßt es dem König von Bayern, Bayreuth sicherzustellen. Allerdings wird der künstlerische Erfolg der Festspiele durch das finanzielle Debakel beeinträchtigt. Wagners Londoner Konzerte im Jahr 1877 bringen viel zuwenig ein, und so schreibt er aus London an Friedrich Feustel, dem führenden Mitglied des Verwaltungsrats der Festspiele, und schlägt vor, Subskriptionsaufrufe zur Sanierung des Bayreuther Unternehmens in alle Welt zu senden:

Sollte auch dieser Weg fehlschlagen, so bin ich entschlossen, mit Ullmann für Amerika abzuschließen, dann aber auch mein Bayreuther Grundstück zum Verkauf zu geben, mit meiner ganzen Familie über das Meer zu gehen, und nie wieder nach Deutschland zurückzukehren.[505]

Dem Versorger einer ansehnlichen Familie kommen nun amerikanische Angebote doch recht gelegen. Aber König Ludwig hört von Wagners Auswanderungsplänen und ist entgeistert:

> O diese leidigen pekuniären Angelegenheiten! Zu meinem Schmerze mußte ich durch Düfflipp jüngst erfahren, daß Sie Ihr Anwesen in Bayreuth zu verkaufen und nach Amerika überzusiedeln gedächten! Ich beschwöre Sie bei der Liebe und Freundschaft, die Uns seit schon so vielen Jahren verbindet, geben Sie diesem *entsetzlichen* Gedanken keinen Raum mehr; eine nie zu tilgende Schmach wäre es für alle Deutsche, wenn sie ihren größten Geist aus ihrer Mitte scheiden ließen, nicht lieber darben würden, um sich den großen Genius für das Vaterland zu erhalten! und für mich würde der Schmerz so groß, so gewaltig sein, daß jede Lebensfreude mir vergiftet, ja erstickt würde für immerdar! ... Mit Begeisterung las ich vor kurzem in meinen Bergen Porges' neuesten Aufsatz: »Richard Wagner und das deutsche Volk«. Um dieses Volkes willen beschwöre ich Sie, Großer, Einziger! und zwar auf den Knieen, wenn es sein muß: verlassen Sie Uns nicht! Dieses Volk ist groß und edel denkend, oft verblendet, sehr langsam oft im Erkennen des Wesens seiner großen Männer; aber trotz allem ist in ihm der Cultus der Ideale, der wahren Lebensgüter nicht erstorben; aber in jenem Amerika, diesem starren Boden können Ihre Rosen nicht gedeihen, dort wo die Eigensucht, die Lieblosigkeit, der Mammon herrscht. Sehnlich wünsche und hoffe ich, daß Sie von Ems neugestärkt nach meinem Bayern zurückkehren werden und hoffnungsfreudig in die Zukunft blicken können.[506]

Der königliche Kniefall paßt Wagner. Wird Ludwig zum zweiten Mal Bayreuth retten und damit seinen Freund dem Vaterland erhalten? Er antwortet dem König am 22. Juni:

Es thut mir leid, daß eine Nachricht hiervon, hochgeliebtester Freund, voreilig zu Ihnen gelangt ist; in Wahrheit doch muß ich bestätigen, daß, in Folge der (von mir wohl vorausgesehenen) Londoner Enttäuschung, sofort der einzige Ausweg durch eine Übersiedelung nach Amerika sich mir kund gab. Schon jetzt sehe ich nicht ein, wie ich den Forderungen meiner Festspiel-Gläubiger anders entsprechen soll, als durch gänzlichen Abbruch meiner letzten Ansiedelung in Bayreuth. Hiermit wird unter allen Umständen anzufangen sein; und opfere ich dann ein letztes beschwerdenvolles Jahr meines mühseligen, nun bereits so gealterten Lebens der Erwerbung eines genügenden Vermögens, so wird Niemand von mir erwarten können, daß ich dahin wieder zurückkehre, wo ich nicht nur die höchsten Kräfte meines Geistes, sondern auch alle sonstigen bürgerlichen Lebenserwerbnisse hinopferte, um schließlich mit kaltem Achselzucken entlassen zu werden. –[507]

Ludwig wird den Fortbestand der Festspiele sichern, und Wagner opfert seine Auswanderungspläne dem entstehenden *Parsifal*. Er schenkt dem König die Dichtung und schreibt ihm am 23. August 1877:

Die so beglückende Nachfrage meines erhabenen Freundes nach dem Beginn der Musik zu meinem Gedichte kann ich für den Augenblick nur erst noch dahin beantworten, daß ich in allen meinen Lebensordnungen nach Nichts sehnlicher und sorgfältiger trachte, als so viel Vergessen und Unbeachtung der äußeren Dinge mir anzueignen, wie es bedarf, um fortan ungestört nur dieser einzigen Arbeit zu leben! Mit diesem Wunsche und Streben verbinde ich das tiefste Interesse für mein Weiterleben: denn, gelingt es mir, meinem widerwärtigen Schicksale noch diese Muße zur Vollendung des Parsifal abzugewinnen, so dürfte ich hiermit wohl meinen letzten Sieg über das Leben feiern. Keine äußere Rücksicht drängt mich übrigens dazu, denn daß dieses »Bühnen*weih*-Festspiel« nicht für unsre wohlgepflegten Hof- und Stadt-Theater vorhanden sein wird, ist wohl leicht zu ermessen. – Nur Wenige werden das Werk kennen lernen, und seine schönste Bestimmung wird sein, demjenigen zu gefallen, der einst den schlummernden Keim dazu in mir wieder gnadenvoll wachrief![508]

Somit ist er wieder im rechten Geleis. Den *Parsifal* muß er noch komponieren, und das kann nur auf europäischem Boden geschehen, im Kontinent Crestien de Troyes' und Wolfram von Eschenbachs. Anderswo möchten die materiellen Versuchungen das Werk hintertreiben: das Werk, dessen Wesen es für die Operntheater in aller Welt untauglich macht. König Ludwig erkennt dies:

9. August 1878
Daß Sie, hochgeliebter und gepriesener Freund, den heiligen Charakter Ihres schon in der Dichtung so himmlischen Bühnen-Weihfestspieles »Parcifal« für immer gewahrt wissen wollen, dieses hehre Werk nie und nimmer der Entweihung auf profanen Bühnen preiszugeben Willens sind, verstehe ich wohl und fühle darin wie Sie. –[509]

Ein Jahr darauf besteht Wagner noch einmal auf der Exklusivität des *Parsifal,* wenn er dem König sagt:

Ich muß dabei bleiben, daß es ein Frevel, gleich der Entweihung der eleusischen Mysterien, sein wird, wenn *dieses* Werk unseren städtischen Theaterpublikum's – mit zu spät Kommen und zu früh Fortgehen – Klappern, Sich-Langweilen, u.s.w. preisgegeben werden soll.[510]

Zu dieser Zeit ist die Orchesterskizze des *Parsifal* vollendet, und die Partitur ist im Entstehen. Amerika scheint vergessen. Im Januar 1880 zieht er mit seiner Familie nach Neapel, und plötzlich lesen wir in Cosimas Tagebuch:

1. Februar 1880
nach einer erträglichen Nacht. Er will nach Amerika ziehen (Minnesota), dort Theater-Schule und Haus gründen gegen

eine Subskription von einer Million Dollars. Den Parsifal wollte er ihnen widmen und aufführen, er hielt es in der Lage in Deutschland nicht mehr aus. Wie gestern sah ich ihn seit Jahren nicht. Heute hat seine Augenentzündung zugenommen und quält ihn. – Immer wieder kommt er auf Amerika zurück, sagt, es sei der einzige Erd-Teil auf der Weltkarte, welcher ihm zu sehen Vergnügen mache, »was die Hellenen unter den Völkern, das ist dieser Weltteil unter den Ländern«. Seinen ganzen Plan arbeitet er aus, während wir im Düstren seiner Augen wegen sind.[511]

Also, der *Parsifal* soll nun doch nicht Bayreuth vorbehalten werden. Er will ihn den Amerikanern widmen. Für eine Million Dollar. Ist das eine plötzliche Laune? Nein, diesmal ist es ihm bitterer Ernst, und eine Woche später schreibt er einen verblüffenden Brief an Dr. Newell S. Jenkins, seinen amerikanischen Zahnarzt, der ihn bereits mehrmals in Bayreuth behandelt hatte:

8. Februar 1880
Lieber, sehr geehrter Herr und Freund!
Es kommt mir so vor, als ob mir sehr bald die Geduld im Betreff meiner Hoffnungen auf Deutschland und seine Zukunft ausgehen, und ich dann bereuen dürfte, den Samen meiner künstlerischen Ideen nicht längst schon einem fruchtbareren und hoffnungsreicheren Boden übergeben zu haben. Ich halte es nicht für unmöglich, daß ich mich noch entschließe, mit meiner ganzen Familie und meinem letzten Werke für immer nach Amerika auszuwandern. Da ich nicht mehr jung bin, bedürfte ich hierfür ein sehr bedeutendes Entgegenkommen von jenseits des Oceanes. Es müßte sich dort eine Association bilden, welche mir zu meiner Niederlassung und als einmalige Bezahlung aller meiner Bemühungen ein Vermögen von einer Million Dollars zur Verfügung stellte, deren eine Hälfte auf meine Niederlassung in einem klimatisch vorteilhaft gelegenen Staate der Union, deren andere jedoch als Kapital-Vermögen in einer Staatsbank zu 5 Prozent anlegbar zu verwenden sein würde. Hiermit hätte mich Amerika Europa für alle Zeiten abgekauft. Die Asso-

ciation hätte ferner den Fonds für die alljährlich zu veranstaltenden Festspiele zusammenzubringen, mit denen ich allmählich meine sämmtlichen Werke mustergültig zur Aufführung bringen würde: diese würden alsbald mit der ersten Aufführung meines neuesten Werkes ›Parsifal‹ beginnen, welches ich bis dahin nirgends anders wo zur Aufführung übergeben würde. Alle künftigen Leistungen meinerseits, sei es als Leiter von Aufführungen, oder als schöpferischer Künstler, würden, auf Grund des mir übergebenen Vermögens, für alle Zeiten unentgeltlich der amerikanischen Nation angehören. Mir kam nun in Erinnerung, daß Sie in freundlichem Eifer, bei Ihrem letzten Besuche sich mir erboten, wenn ich eine sogenannte Kunstreise in Amerika machen wollte, meine Geschäfte führen zu wollen. Mögen Sie es nun begreiflich finden, daß ich jetzt auf Sie, und keinen Anderen verfalle, um Ihnen meinen bei weitem durchgreifenderen Gedanken mitzutheilen. Eine bloße Kunstreise, um so u. so viel Geld mit Konzertgeben zu verdienen, und dann wieder nach Deutschland zurückzukehren, würde nie meine Sache sein. Nur eine vollständige Übersiedelung hätte für mich einen Sinn! Wollen Sie gütigst hierüber ein wenig mit sich zu Rath gehen, und, falls Ihnen dieß gut dünkt, Ihre Ansicht mir mittheilen!

Mit größter Freundschaft Ihr hochachtungsvoll ergebener Richard Wagner.[512]

Der Preis ist sogar den Amerikanern zu hoch, und er entschließt sich, es noch einmal mit den Deutschen zu versuchen.

In seinem Schreiben an den König vom 28. September 1880 postuliert er nachdrücklichst das Bayreuther Alleinrecht auf den *Parsifal:*

Ich würde es wirklich unseren Kirchenvorständen nicht verdenken, wenn sie gegen Schaustellungen der geweihtesten Mysterien auf denselben Brettern, auf welchen gestern und morgen die Frivolität sich behaglich ausbreitet, und vor einem Publikum, welches einzig von der Frivolität angezogen wird, einen sehr berechtigten Einspruch erheben. Im ganz richtigen Gefühle hiervon betitelte ich den »Parsifal« ein »Bühnen*weih*spiel«. So muß ich ihm denn nun eine Bühne zu weihen suchen, und dieß kann nur mein einsam dastehendes Bühnenfestspielhaus in Bayreuth sein. Dort darf der »Parsifal« in aller Zukunft einzig und allein aufgeführt werden: nie soll der »Parsifal« auf irgend einem anderen Theater dem Publikum zum Amusement dargeboten werden: ...[513]

Im Januar 1882 ist die Partitur vollendet, am 26. Juli findet die Bayreuther Uraufführung statt, und 7 Monate später darf Wagner in Venedig sterben, und nicht in Minnesota.

VIII.

Schirmherr und geliebter Freund

König Ludwig II.

Richard Wagner

Im Frühjahr 1864 ist Wagner fast am Ende. Der luxuriöse Haushalt in Penzing bei Wien hatte Summen verschlungen, die er nicht besaß, und er stellt Wechsel nach Wechsel aus. Die Schuldhaft droht. Er flieht vor seinen Gläubigern nach München, wo er seine Grabinschrift verfaßt:

> Hier liegt Wagner, der nichts geworden,
> nicht einmal Ritter vom lumpigsten Orden;
> nicht einen Hund hinter'm Ofen entlockt' er,
> Universitäten nicht 'mal 'nen Dokter. –[514]

Am 5. April 1864 schwant ihm etwas. Er schreibt an Mathilde Maier:

> Die Nacht träumte ich (im Fieber) Friedrich der Große hätte mich zu Voltaire an seinen Hof berufen.[515]

Er wartet. Nichts geschieht. Nach einer Woche schreibt er an den befreundeten Wiener Arzt Josef Standhartner:

> Mein Freund, ich werde Alles bezahlen, auch die Zinsen, bis auf den letzten Kreutzer, und das bis heute über ein Jahr! Aber – mit dem letzten Kreutzer werde ich wohl auch meinen letzten Seufzer ausgeathmet haben. ... Ich kann mir von deutschen Seelen nicht *einen* Gulden zu Besserung meiner augenblicklichen Lage verschaffen ... Mir könnte doch nur *Einer* helfen – nicht Viele, – nämlich: der *Rechte;* er existirt gewiß, – aber wie ihn finden?[516]

Diese Briefe schreibt er aus der Schweiz, wo er bei Frau Wille in Mariafeld einen Unterschlupf findet. Aber auch dort ist ihm nicht mehr geheuer. Die Gläubiger sind hinter ihm her, und er versteckt sich in Stuttgart. Und jetzt, am 5. Mai, geschieht das Wunder:

> Verehrter Herr!
> Ich beauftrage Hofrath Pfistermeister, mit Ihnen eine entsprechende Wohnung zu besprechen. – Seien Sie überzeugt, ich will Alles thun, was irgend in meinen Kräften steht, um Sie für vergangene Leiden zu entschädigen. – Die niedern Sorgen des Alltagslebens will ich von Ihrem Haupte auf *immer* verscheuchen, die ersehnte Ruhe will ich Ihnen bereiten, damit Sie im reinen Aether Ihrer wonnevollen Kunst die mächtigen Schwingen Ihres Genius ungestört entfalten können! – Unbewußt waren Sie der *einzige Quell meiner Freuden* von meinem zarten Jünglingsalter an, mein Freund, der mir wie *keiner* zum Herzen sprach, mein bester Lehrer und Erzieher. – Ich will Ihnen Alles nach Kräften vergelten! – O, wie habe ich mich auf die Zeit gefreut, dieß thun zu können! – Ich wagte kaum die Hoffnung zu nähren, schon so bald im Stande sein zu können, Ihnen meine Liebe zu beweisen. –
>
> Mit den herzlichsten Grüßen
>
> den 5. Mai
> 1864
>
> Ihr
> Freund Ludwig
> König v. Bayern[517]

Geschrieben am Tag nach der ersten Zusammenkunft zwischen Wagner und König Ludwig. Der Retter, fast neunzehn Jahre alt, war gefunden. Wagner hat es noch eiliger mit dem Schreiben. Am Tag der Begegnung teilt er Eliza Wille mit:

> München, 4. Mai 1864
> Ich wäre der undankbarste Mensch, wollte ich Ihnen nicht sofort mein grenzenloses Glück melden! Sie wissen, daß mich der junge König von Bayern aufsuchen ließ. Heute wurde ich zu ihm geführt. Er ist leider so schön und geistvoll, seelenvoll und herrlich, daß ich fürchte, sein Leben müsse

wie ein flüchtiger Göttertraum in dieser gemeinen Welt zerrinnen. Er liebt mich mit der Innigkeit und Glut der ersten Liebe ... Er versteht mich wie meine Seele. Er will, ich soll immerdar bei ihm bleiben, arbeiten, ausruhen, meine Werke aufführen ... Ich soll mein unumschränkter Herr sein, nicht Kapellmeister, nichts als ich und sein Freund ... Alle Not soll von mir genommen sein; ich soll haben, was ich brauche – nur bei ihm soll ich bleiben. Was sagen Sie dazu? Was sagen Sie? Ist es nicht unerhört? Kann das anders als ein Traum sein?[518]

Ja, es ist besser. Im Traum beruft ihn Friedrich der Große an seinen Hof zu Voltaire. An Ludwigs Hof ist Wagner alleiniger Lehrer. Der junge Mann auf dem Thron lauscht verzückt, wenn der neue Freund ihm von sich und seinen Werken erzählt. Er sieht es als seine Mission an, Wagner zu beglücken, auf daß dieser die Menschheit beglücke. Er tilgt seine Schulden, er stellt ihm eine ansehnliche Behausung zur Verfügung, er bewilligt ihm ein festes Gehalt und er beschenkt ihn königlich. Insgesamt hat Wagner 521 063 Mark von Ludwig erhalten. Dazu kommen die folgenden Gaben:

```
1864    Brillantring
        Königsportrait
        Standuhr mit Minnesänger

1865    Prunkschale mit Lohengrin-Malerei
        Tannhäuser, Aquarellgemälde
        Lohengrin-Statuette
        Hohenschwangau, Aquarell
        Taschenuhr mit Schwan

1866    Prunkschale mit Tannhäuser-Malerei
        Walter von Stolzing, Marmorstatuette

1867    Prunkschale mit Fliegender-Holländer-Malerei
        Bechstein-Klavier mit eingebautem Arbeitstisch
        Siegfried, Marmorstatuette
```

1868	*Tristan*, Marmorstatuette
	Lohengrin, Marmorstatuette
1869	*Tannhäuser*, Marmorstatuette
	Fliegender Holländer, Marmorstatuette
1870	Das Pferd Elise, von Wagner ›Grane‹ genannt
	Aquarellkopien der 30 Nibelungen-Fresken
	von Michael Echter
1875	König Ludwig: Bronzebüste
	(vor Haus Wahnfried)
1879	*Parsifal*, Elfenbeinstandbild
	Tafelaufsatz
1880	Hohenschwangau, Bronzebriefbeschwerer
	Renaissance-Schränkchen: Ebenholz und Silber
1881	Wandbehänge und Wandleuchter
1882	2 schwarze Schwäne
	Seidene Gewebe

Ludwigs Kabinett ist weniger begeistert. Würde ihr Monarch solche Unsummen an eine kleine Lola Montez* oder ihresgleichen verwenden, so kneift der Schatzmeister ein oder zwei Augen zu. Das wäre ja normal. Aber für einen Künstler, und gar noch einen Sachsen!

Der Sachse seinerseits läßt sich aber auch nicht lumpen. Er gibt Ludwig:

1864	*Über Staat und Religion*
	Der fliegende Holländer (Orchesterskizze)
	Huldigungsmarsch

---
* Mätresse König Ludwigs I.

1865	*Parsifal* (Prosaentwurf)
	Die Feen
	Das Rheingold
1866	*Das Liebesverbot*
	Die Walküre
1867	*Die Meistersinger*
1868	*Meine Erinnerungen an Ludwig Schnorr*
	Rienzi

Dies sind die handgreiflichen Gaben. Was er Ludwig mit seinem Dasein gibt, zeigt der Briefwechsel. In den 19 Jahren zwischen 1864 und 1883 schreiben sie:

	BRIEFE	TELEGRAMME	GEDICHTE
Wagner an Ludwig	262	67	15
Ludwig an Wagner	177	76	2

Die Überschwenglichkeit ihrer Anreden und Grußformeln ist das Maß ihrer gegenseitigen Begeisterung. Zum Beispiel:

	König Ludwig	
Datum	*Briefanfang*	*Briefende*
6. 11. 1866	Mein innig geliebter, einziger Freund!	Ihr bis in den Tod treuer Ludwig.
9. 3. 1867	Einzig geliebter Freund! mein Erlöser! mein Gott!	Ihr Eigen Ludwig.
12. 8. 1876	Großer, unvergleichlicher, über Alles, Alles teurer Freund!	felsenfest und ewig treues Eigen Ludwig.
14. 8. 1865	Grund meines Daseins, Entzücken des Lebens, innig geliebter Freund!	Ewig bis in's Jenseits Ihr getreuer Ludwig.

Wagner

6. 10. 1866	Ach, lieber, lieber, wunderbarer und geliebtester der Menschen!	Hochbeglückt Ihr Untertan Richard Wagner.
22. 11. 1866	Mein Schirm und Hort! Geliebtester Freund! Mein holder Herr!	Innigsten Seelengruß! Ewig Ihr getreuer Richard Wagner.
7. 3. 1867	Mein liebes, schönstes, letztes Band der Welt! Mein holder Freund!	Treuliebend bis in den Tod: der alte Zauberer Richard Wagner.

Unserer Zeit sind solche Beteuerungen fremd und leicht unangenehm. Auch Cosima kann peinlich berührt sein:

> Richard schreibt an den König ... Dann liest er mir seinen Brief, und eine große Wehmut überfällt mich dabei. Ich möchte, er fände eine andere Form für seinen Verkehr, sie könnte ebenso warm sein und dürfte wahrer erscheinen.[519]

Ihre beiderseitigen Huldigungsgedichte zeigen, daß Ludwig im Versifizieren Wagner zumindest ebenbürtig ist, und daß Wagner weit besser in seinen Bühnenwerken dichtet als auf Schreibpapier.

An meinen König
O König! holder Schirmherr meines Lebens!
Du höchster Güte wonnereicher Hort!
Wie ring' ich nun, am Ziele meines Strebens,
nach jenem Deiner Huld gerechten Wort!
In Sprach und Schrift wie sucht' ich es vergebens,
und doch zu forschen treibt mich's fort und fort,
das Wort zu finden, das den Sinn Dir sage
des Dankes, den ich Dir im Herzen trage!

Was Du mir bist, kann staunend ich nur fassen,
wenn mir sich zeigt, was ohne Dich ich war.

> Mir schien kein Stern, den ich nicht sah erblassen,
> kein letztes Hoffen, dessen ich nicht bar:
> auf gutes Glück der Weltgunst überlassen,
> dem wüsten Spiel auf Vortheil und Gefahr,
> was in mir rang nach freien Künstlerthaten,
> sah der Gemeinheit Loose sich verrathen.
>
> Der einst mit frischem Grün sich hieß belauben,
> den dürren Stab in seines Priesters Hand,
> ließ er mich jeden Heiles Hoffnung rauben,
> da auch des letzten Trostes Täuschung schwand,
> im Innren stärkt' er mir den einen Glauben,
> den an mich selbst ich in mir selber fand:
> und wahrt' ich diesem Glauben meine Treue,
> nun schmückt' er mir den dürren Stab auf's Neue.

So reimt er mutig weiter und schließt:

> So bin ich arm und nähre nur das Eine,
> den Glauben, dem der Deine sich vermählt:
> er ist die Macht, durch die ich stolz erscheine,
> er ist's, der heilig meine Liebe stählt:
> doch nun getheilt, nur halb noch ist er meine,
> und ganz verloren mir, wenn Dir er fehlt.
> So giebst nur Du die Kraft mir, Dir zu danken,
> durch königlichen Glauben ohne Wanken!
> Starnberg, 16. September 1864   Richard Wagner[520]

Ludwig reagiert mit gleichem Versmaß und Herzensschlag:

> *An meinen Freund*
> In düstrer Nacht lag lang die Kunst befangen,
> An ihrem Himmel glänzt' kein einz'ger Stern,
> Der Künstler rang mit Zweifelsqual und Bangen,
> Das wahre Ziel, ach, stets lag es ihm fern.
> Da wollt' das Schicksal, Kunde sollt' gelangen
> Von »Dir« zu mir! – wie hörte ich sie gern.
> Verschwunden ist die Nacht und all ihr Grauen;
> Auf Dich ja dürfen Deine Freunde bauen! –

Es weicht die Nacht mit ihren Zweifelsqualen,
Die Wolken nun zertheilt ein hehres Licht,
Und siegend sendest Du uns goldne Strahlen,
Wir seh'n auf Dich und wir verzagen nicht.
Wir schlürften Wonnen wie aus lichten Schalen; –
Dir treu stets beizusteh'n sei unsre Pflicht! –
Schwer ist der Kampf; doch wolle nicht verzagen,
Es folgt der Sieg den Streitesmüh'n und Plagen!

Die spät'ste Nachwelt, stets wird sie Dir danken
Und preisend einst Dich manche Zunge nennt,
Wenn jetzt Du ringst mit Kampfmuth sonder Wanken,
Das Feuer nie erlischt, das Dich entbrennt.
Wenn in Vergessenheit die Meisten sanken,
»Du« setztest Dir ein ewig Monument.
Dein heil'ger Name, nie wird Er verklingen,
Da für das Höchste Du willst muthig ringen.
19. September 1864   Ludwig.[521]

Ludwigs zahlreiche Privataudienzen mit Wagner gehen erst seinen Ministern, dann der Presse und somit der Münchener Bevölkerung auf die Nerven. Wagner läßt sich für den König porträtieren. Der Maler ist Friedrich Pecht, ein alter Bekannter aus der ersten Pariser Zeit. Mit diesem Bild hat es eine besondere Bewandtnis. Am 30. Januar 1865 schickt es Wagner in den Palast. Ludwig bedankt sich:

> Mein theurer Freund!
> Soeben vom Spaziergange zurückgekehrt, finde ich das herrliche Bild! – Welch' eine Ueberraschung für mich! – Wie bezaubernd gut getroffen! – Empfangen Sie meinen heißesten, innigsten Dank! – ...
> Bis in den Tod   Ludwig.[522]

Drei Wochen später veröffentlicht die *Augsburger Allgemeine Zeitung* einen anonymen Artikel (von Oskar v. Redwitz), demzufolge Wagner für sein Geschenk bezahlt werden will:

... daß Richard Wagner sich die Ungnade des Königs vollständig zugezogen habe, und der kunstsinnige Monarch von nun an die Musik von der Person des Compositeurs in seiner Gunst streng zu trennen beschlossen habe, aus so zweifellos glaubwürdigem Mund, und mit solch ostensibler, gleichsam höherem Wunsch entsprechender Rückhaltlosigkeit einer Menge von Personen mitgetheilt, daß jeder Zweifel an der vollsten objectiven Wahrheit dieser Nachricht unbedingt ausgeschlossen werden muß. Dabei wurde dieser königliche Entschluß von dem nämlichen, in seiner Stellung wohl bestunterrichteten Gewährsmann noch ausdrücklich damit motivirt: es habe neben den fortwährenden unglaublich maßlosen Ansprüchen an die hochherzige Freigebigkeit des erlauchten Protectors hauptsächlich jener Umstand das so reiche Maß der königlichen Huld endlich vollends erschöpfen müssen daß Wagner, ohne höheren Auftrag, sich von seinem Freunde Friedrich Pecht habe malen und mit dem nicht bestellten Porträt auch sogleich die Rechnung von tausend Gulden im königlichen Vorzimmer abgeben lassen ...
Wir wünschen nur das *eine:* daß Richard Wagner die ihm nun angewiesenen Gränzen seiner Ansprüche nicht in neuer Verblendung abermals überschreiten, und er mit seinen »hiesigen Freunden« sich zu bescheiden lernen möge, nicht durch fortgesetzte brutale Verachtung unserer nach unserer bescheidenen Meinung auch in musikalischer Hinsicht sehr achtungswerthen Zustände sich aufs neue zwischen Bayerns Volk und seinen geliebten König zu stellen, wie ein Mißton der unsrer Pietät wehe thut. Sonst müßten wir wahrlich den Tag preisen an welchem Richard Wagner sammt seinen Freunden, wirklich »gestürzt«, unserer guten treuen Stadt München und ganz Bayern den Rücken kehren würde. Denn so hoch auch Wagner und seine Musik gestellt werden mag, unser König und unsre Liebe zu ihm steht uns doch noch hundertmal höher.[523]

Wagner kann das nicht einfach hinnehmen. Seine »Erwiderung« druckt die *Augsburger Allgemeine* drei Tage später:

Von der Großmuth Sr. Maj. des Königs von Bayern nach München berufen, um nach schweren Kämpfen und Ringen die Früchte eines mühevollen Künstlerlebens im ungestörten Genuß von Ruhe und Arbeitsmuße zu ernten, muß ich, in größter Zurückgezogenheit nur der Befehle meines erhabenen Beschützers gewärtig, aus diesem Asyl plötzlich durch Angriffe auf meine Person, durch einen Sturm öffentlicher Beschuldigungen gestört werden, wie sie sonst nur aus Gerichtsverhandlungen, und dort noch mit gewissen herkömmlichen Rücksichten, in die Zeitungen überzugehen pflegen.

Ich habe erlebt daß in London und Paris die Blätter ihrer Zeit auf das schonungsloseste sich über meine künstlerischen Arbeiten und Tendenzen lustig machten, daß man mein Werk in den Staub trat und im Theater auspfiff; daß meine Person, mein Privatcharakter, meine bürgerlichen Eigenschaften und häuslichen Gewohnheiten in ehrenrührigster Weise der öffentlichen Schmähung übergeben werden sollten, das hatte ich erst da zu erleben wo meinen Werken Anerkennung gezollt, meinem Dichten und Trachten das Zeugniss männlichen Ernstes und edler Bedeutung gegeben wird.

. . .

Nachdem die Großmuth Sr. Maj. des Königs mir die nöthigen Mittel angewiesen die mich bestimmen sollten überhaupt in München zu leben und ungestört meinen im übrigen auf Ertrag von auswärts berechneten Arbeiten nachgehen zu können, ertheilten mir Se. Majestät im vorigen Herbst den besonderen Auftrag der musikalischen Ausführung meines ganzen Nibelungenwerkes, eines Cyclus von vier vollständigen musikalischen Dramen, deren jedes den vollen Umfang und die Bedeutung einer meiner früheren Opern hat. Für diese Bestellung, deren Annahme mich nöthigte auf längere Jahre jede Arbeit welche auf sofortige Verbreitung und Honorirung durch die deutschen Theater berechnet seyn könnte beiseite zu legen, wurden mir im Namen Sr. Maj. unter vertragsmäßigen Bedingungen Vergünstigungen zugewiesen welche das nicht überschritten was bayerische Könige bereits bei ähnlichen Bestellungen auf Werke der Kunst und Wissenschaft gewährt hatten ... Zuvörderst habe ich meinen unbekannten Ankläger darauf aufmerksam zu machen daß er seinen Artikel wohl nicht *sine ira*, aber *sine studio* verfaßt hat ... Dagegen erkundige er sich bei dem »in seiner Stellung wohl bestunterrichteten Gewährsmann«, wer ihm die Fabel von dem Pecht'schen Porträt, für welche ich eine Rechnung von 1000 Gulden eingereicht haben soll, berichtete. Ich versichere meinem Ankläger daß dieß im günstigsten Fall ein Selbsthintergegangener gewesen seyn kann, denn an der Sache ist nicht *ein* wahres Wort, wie die betreffende Hofbehörde ihm auf seine Anfrage sofort bezeugen wird, während der wirklich hieran sich knüpfende Vorgang nur einer ungemein ehrenden Deutung fähig ist. ...

Lag aber *allen* Parteien daran die abenteuerlichsten Gerüchte von meiner vermeintlichen übereinflußreichen persönlichen Stellung zu Sr. Maj. zu berichtigen, warum verständigte man sich darüber nicht mit mir, der ich durch jene ganz unstatthaften Annahmen nur belästigt werden, nun und nimmermehr aber zu der falschen Meinung als seyen sie begründet Anlaß geben konnte? War dort die öffentliche Meinung auf die thörichste Weise irregeführt, warum sie nun dadurch von neuem irreleiten daß man sie glauben machen will: diese Günstlingsstellung, die in Wahrheit nie existirte, habe plötzlich aufgehört? Warum sich nicht einfach von mir die Bestätigung dessen holen auf was sich in Wahrheit meine Beziehungen zu Sr. Majestät beschränken und von Anfang an beschränkt haben? Warum statt dessen bis zur offenbaren Unheilsandrohung gegen den herzlich geliebten Fürsten vorgehen?

Nicht mir, der öffentlichen Meinung schuldet mein Ankläger die Beantwortung dieser Fragen.

Richard Wagner.[524]

Wer hat hier recht? Am 15. Februar hatte Wagner versucht, den wahren Sachverhalt festzustellen. In seinem Schreiben an Staatsrat v. Pfistermeister erklärt er:

Erst durch Ihre letzten Mittheilungen, verehrtester Freund, ist es mir wirklich klar geworden, daß Seine Majestät mir die ungemeine, tief bedeutungsvolle Ehre erweisen will, mein Porträt als verehrungsvolles Geschenk, anzunehmen. Eine solche Huld, deren sinnigen Werth Niemand mehr zu schätzen im Stand sein wird als ich, mußte mir aus freier Entschließung gewährt, nicht durfte sie von mir ambitionirt werden. Da Seine Majestät ursprünglich ein Porträt von mir angefertigt wünschten, und mir die Wahl des ausführenden Malers überließen, wählte ich einen nicht unrühmlich bewährten Freund, der mich von lange her kannte. Das von ihm verfertigte Bild sollte nur dann Unserem Allergnädigsten Herren angeboten werden, wenn es gut ausfallen und als würdig dieser Ehre erscheinen sollte. Da dieses erreicht war, und unsre besten Hoffnungen durch volle Zufriedenheit Seiner Majestät erfüllt wurden, war es ein Misverständniß, zu welchem mich meine Bescheidenheit veranlaßte, daß ich Ihrer Anfrage, wie mit dem Maler des Bildes sich abzufinden wäre, nicht anders erwidern zu dürfen glaubte, als, wenn Unser Allergnädigster König gesonnen wäre, das Bild zu kaufen, es gleichsam nur wie das früher bestellte zu betrachten, daß dann zu diesem Zwecke einfach dem Herrn Cabinetsfinanzrath der einfache Auftrag zu der gewöhnlichen Kaufverhandlung mit dem Künstler ertheilt werden dürfte. Die Hoffnung, das Bild als verehrungsvolles Geschenk meiner Seits angenommen zu sehen, wurde mir nicht deutlich erweckt. Der Meinung, daß der Künstler seine Forderung mir bereits mitgetheilt hätte, hatte ich zu erwidern, daß hierüber nichts zwischen ihm und mir verhandelt worden sei. Die freudige Beschämung meines Kleinmuthes, die mir nun dadurch zu Theil geworden ist, daß ich endlich durch Sie erfahre, unser huldvoller König ziehe dem Ankaufe dieses Bildes wirklich die Annahme vor, es von mir als verehrungsvolles Geschenk empfangen zu haben, – eine Annahme, die mich wahrhaft stolz und glücklich macht! – ist leider sehr dadurch getrübt worden, daß sich auch an diesen Vorgang die widerwärtigsten Gerüchte von schamlosen Forderungen meinerseits in alle Welt verbreitet haben. Es genügt mir jedoch, mit Ihnen den Vorgang einfach recapitulirt zu haben, um mich der Versicherung hinzugeben, daß Ihrerseits das Nöthige gethan werde um diese, auch meinen Freund belästigende Verläumdung zu entkräften, was meines Erachtens nur durch eine bestimmte Erklärung der betreffenden Behörde, daß die an die Ueberreichung meines Porträts an S. M. geknüpften Gerüchte vollständig unwahr seien, geschehen kann.[525]

Versucht man, die Verschleierungen zu entschleiern, so ergibt sich als mögliches Szenarium:
1. Wagner läßt sich von Pecht malen.
2. Er bespricht die vorgesehene Überreichung des Porträts mit Pfistermeister.
3. Pfistermeister wittert eine Möglichkeit, Wagner schaden zu können: er fragt, was das Bild kostet.
4. Wagner ist angenehm überrascht. An sich wollte er schenken, aber unverhoffte Einnahmen kann man nicht ausschlagen.
5. Pfistermeister hat ihn auf den Leim gelockt. Wenn sich Wagner für das Geschenk bezahlen läßt, würde er in Ungnade fallen, und Bayern wäre ihn los.
6. Wagner erkennt seinen taktischen Fehler und korrigiert ihn, zuerst in seinem Brief an Pfistermeister, dann in der *Augsburger Allgemeinen*. Das Spiel zwischen Fuchs und Schlange geht unentschieden aus.

Jedenfalls erhält Wagner keine Bezahlung für das Porträt, und im Juli 1865 schickt er Pecht 500 Gulden. Pecht ist ein großzügiger Freund:

> Verehrter Freund!
> Von dem gestern mir zum Incasso zugesandten Wechsel sende ich Dir hiermit den Rest von fl. 100 dankend zurück.
> ... Für den Betrag von fl. 400 als Honorar für Dein Portrait quittire ich hiermit. Ich mag Dir keinen anderen als einen Freundschaftspreis für diese Arbeit machen, wie ich Dir schon früher erklärte, 500 fl. aber wäre der Preis gewesen, wie ich ihn jedem anderen zu machen pflege.[526]

Seltsame Dinge geschehen, wenn Ludwig im Oktober 1865 seine Kabinettskasse anweist, 40 000 Gulden als Geschenk an Wagner zu zahlen. Kabinettskassen sind auf so etwas nicht ohne weiteres vorbereitet. Und wenn es sich gar um den so unliebsamen Günstling handelt, so kann man, wenn man gescheit verfährt, die Angelegenheit zu dessen Schaden ausbeuten. Wagner schickt Cosima das Geld holen. Die Beamten haben nicht genug Papiergeld, heißt es. Zwei Säcke werden mit Silbermünzen gefüllt. Cosima bestellt zwei Droschken, und unter amtlicher Eskorte fährt man mit Sack und Pack durch die Stadt. Münchner, die das Spektakel nicht selbst erleben, bekommen es in den Zeitungen vorgesetzt, und Wagner ist der bestgehaßte Mann in Bayern. Allerdings hat er die 40 000 Gulden. Das gefundene Fressen sättigt die Journalisten mehrere Monate. Noch sieben Monate später berichtet *Der Volksbote:*

München, 31. Mai 1866
»*Allah ist groß*«, sagt der Mahomedaner, und der Prophet Richard Wagner hat famose Verdauungswerkzeuge! Noch ist's lange kein Jahr, seit die bekannte »Madame Hans de Bülow« für ihren »Freund« (oder was?) in den berühmten zwei Fiakern die 40,000 Gulden aus der k. Kabinetskasse abholte; aber was sind 40,000 Gulden?! »Madame Hans« darf sich *schon wieder* nach Fiakern umschauen: denn *vorgestern sind nicht weniger als 26,000 Gulden Wechselschulden gegen denselben Richard Wagner hier eingeklagt worden*, eine Thatsache, die dem Volksboten vollkommen verbürgt ist. Einstweilen befindet sich selbige »Madame Hans«, die schon seit vorigen Dezember vom Publikum den bezeichnenden Namen »*Brieftaube*« erhalten hat, bei ihrem »Freunde« (oder was?) in Luzern und war auch während des hohen Besuchs dort.[527]

Das ist nur eine Kostprobe (oder was?).
Im Interesse der Wahrheitsverbreitung und der Auflageziffern lassen die Zeitungen nicht mehr locker. Wenn Wagner jetzt stille hält, ist er verloren. Schon seit Dezember des vorigen Jahres lebt er nicht mehr in München. Ludwig hatte ihn bewogen, sich vorläu-

fig der öffentlichen Meinung zu entziehen, und Wagner war in sein neues Domizil in Tribschen bei Luzern gezogen. Cosima lebt bald dort, bald mit ihrem Gatten in München. Natürlich interessiert so etwas die Öffentlichkeit. So gut ist man jetzt über Wagnersche Familienangelegenheiten unterrichtet, daß Ludwig wohl der einzige ist, der noch an die Seelenfreundschaft zwischen seinem Freund und Frau Cosima glaubt. Was tut nun Wagner? Er bittet den König, der öffentlichen Meinung königlich entgegenzutreten. Am 6. Juni 1866 schreibt er ihm:

> An Sie, mein König und geliebter Freund, richte ich in so großer Noth nun die einzige Bitte, lösen Sie Ihr königliches Schweigen wenigstens in diesem einzigen Falle: sprechen Sie in einem Briefe, dessen Veröffentlichung Sie dem Empfänger gestatten, meinem Freunde Hans von Bülow Ihre Allerhöchste Zufriedenheit, zugleich Ihre königliche Entrüstung über die ihm und seiner Gemahlin durch einige Blätter Ihrer Residenzstadt München widerfahrene niederträchtige Behandlung aus; ... Da ich annehmen muß, mein gütiger Freund stehe zu hoch über dem niedrigen Getreibe, dem wir Anderen ausgesetzt sind, um aus eigenem Ermessen auffinden zu können, mit welchen Beziehungen Sie am Erfolgreichsten in dem erbetenen Briefe sich zu äußern hätten, so erlaube ich mir hierfür einen von mir selbst verfaßten Entwurf vorschlägig beizufügen.[528]

Auch Cosima drängt den König. Am 7. Juni bittet sie ihn:

> Mein königlicher Herr, mein Freund, ich habe drei Kinder, denen ich es schulde, ihnen den ehrenwerthen Namen ihres Vaters fleckenlos zu übertragen; für diese Kinder, damit die nicht einst meine Liebe zu dem Freunde schmähen, bitte ich Sie, mein höchster Freund: ›schreiben Sie den Brief‹.[529]

In der Tat, Cosima hat drei Kinder, die allerdings ihrerseits zwei Väter besitzen: Bülow ist Danielas und Blandines Vater, und Isolde ist Wagners Kind. Wagners »Entwurf« für Ludwig ist ein Meisterstück. Nicht sich, sondern Herrn und Frau Bülow gilt es zu

schützen. Ohne zu lügen, geht er doch der Wahrheit aus dem
Wege:

> *Entwurf eines Briefes an Hans von Bülow.*
> Mein lieber Herr von Bülow!
> Nachdem ich Sie vor nunmehr anderthalb Jahren durch
> Meinen Wunsch, Sie in München an der Seite des Meisters
> Richard Wagner, zur Verwirklichung von dessen edeln, den
> deutschen Geist hochehrenden Kunstzwecken mitthätig zu
> wissen, vermocht habe, Ihre Stellung in Berlin, gegen nur
> geringe Vortheile, die Ich für das Nächste Ihnen bieten
> konnte, aufzugeben, kann Mir nichts schmerzlicher sein, als
> zu ersehen, daß Ich durch Meine, auch auf Sie begründete
> Hoffnungen Ihnen bereits früher, am Widerwärtigsten aber
> in der letztvergangenen Zeit, Seitens einiger öffentlicher
> Blätter Münchens Anfeindungen, endlich Schmähungen
> und Beschimpfungen Ihrer Ehre zugezogen habe, von
> denen Ich wohl begreifen muß, daß Sie dadurch auf das
> Aeußerste gebracht sind. Da Mir Ihr uneigennützigstes,
> ehrenwerthestes Verhalten, ebenso wie dem musikalischen
> Publikum Münchens Ihre unvergleichlichen künstlerischen
> Leistungen, bekannt geworden; – da Ich ferner die genaue-
> ste Kentniss des edlen und hochherzigen Charakters Ihrer
> geehrten Gemahlin, welche dem Freunde ihres Vaters, dem
> Vorbilde ihres Gatten mit theilnahmvollster Sorge tröstend
> zur Seite stand, Mir verschaffen konnte, so bleibt Mir das
> Unerklärliche jener verbrecherischen öffentlichen Verun-
> glimpfungen zu erforschen übrig, um, zur klaren Einsicht
> des schmachvollen Treibens gelangt, mit schonungslosester
> Strenge gegen die Uebelthäter Gerechtigkeit üben zu las-
> sen.[530]

Ludwig akzeptiert den »Entwurf«. Am 11. Juni schickt er Wagner
ein Telegramm nach Tribschen:

> Herzlichen Dank für die heute früh erhaltenen Briefe. Möge
> es uns gelingen die Trauer des Freundes in Freude zu ver-
> wandeln. Brief an B. ohne alle Aenderung heute abgegan-
> gen.[531]

Bülow erhält das Gewünschte, und am 19. Juni wird der »Entwurf« mit der Unterschrift des Königs in den Münchner *Neuesten Nachrichten* gedruckt. Die Leser schmunzeln und freuen sich der Unschuld ihres Monarchen. *Der Volksbote* aber schmunzelt deutlich und laut:

> Der Volksbot' kann es selbstverständlich nicht für statthaft halten, dieses eigenhändige Schreiben des Monarchen einer Besprechung zu unterziehen, er glaubt sich vielmehr auf die einfache Erklärung beschränken zu müssen, daß er *zu jedem Wort von dem steht,* was er, *seines Teils,* über Hrn. Hans v. Bülow und Madame Hans v. Bülow geschrieben hat.[532]

Wie lange kann der König unwissend bleiben? Ahnt er etwas, was er nicht zu erforschen wagt? Sein angebeteter Freund ist ein Held. Helden sind makellos. Folglich ist Wagner unschuldig.

Im Februar 1867 bringt Cosima Wagners zweite Tochter, Eva, zur Welt. 10 Monate später schreibt Ludwig an seinen Hofsekretär v. Düfflipp:

> ... sollte das traurige Gerücht also doch wahr sein, welchem Glauben zu schenken ich mich nie entschließen konnte, sollte also wirklich Ehebruch mit im Spiele sein! – dann wehe![533]

Wehe wem? Ludwig starrt hier in den Abgrund, vor dem ihm graut. Wenn Wagner tönerne Füße hat, dann hat der König im Wahn gelebt, dann ist es der Wahn, mit dem zu leben er lernen muß, vielleicht sogar der Wahnsinn. Dann wehe der Königswelt und vor allem, wehe dem König. Doch das darf keinesfalls sein. Am 5. Juni 1870 schreibt er an Wagner:

> An Ihre Unfehlbarkeit (aber keine sonst) glaube ich mit felsenfester Zuversicht; alle Versuche, die unternommen werden, mich von Ihnen zu entfernen, haben gerade das Gegentheil bewirkt, immer mehr u. mehr ging ich in Ihnen auf,

eine Entfremdung von Ihrem und Ihrer himmlischen Werke Wesen hieße für mich Wahnsinn *oder Tod*.[534]

Ja, Wagner und Cosima manipulieren den König. Doch bevor man sich moralisch entrüstet, bevor man dies Manipulieren ›schamlos‹ nennt, sollte man zurückblicken. Vor beinahe acht Jahrhunderten schrieb Gottfried von Straßburg seinen TRISTAN, Wagners Hauptquelle. Gottfried erzählt, wie Tristan die irische Prinzessin Isolde als Braut für seinen Oheim wirbt; wie er sie an dessen Hof in Cornwall geleitet; wie sie den Liebestrank teilen und sich einander verfallen; wie sie den König, der Tristan so viel Gutes getan, Tag und Nacht hintergehen, weil sie sich verfallen sind. Wie der Zuhörer zu Gottfrieds Zeit, findet auch der moderne Leser im Tristan-Epos Grund zu bejahender Freude an *Frau Minnes* Allgewalt. Gewiß, Isolde ist ihrem Gemahl untreu. Gewiß, Tristan manipuliert seinen Oheim und König und geht dabei seiner Ehre verlustig. All das der Liebe zuliebe, denn die ist mächtiger als alle Ehre und alle Treue der Welt. Gottfried dichtet:

> So treibt den frommen, reinen Sinn
> die Minne machtgewaltig hin,
> daß er der Falschheit ist beflissen,
> der doch nicht ahnen sollt' und wissen
> von Lug und Trug und falscher List,
> die fern und fremd dem Reinen ist.[535]

Nicht anders steht es um Wagners Tristan und seine Isolde. Seit über einem Jahrhundert greift es den Zuschauern und Zuhörern ans Herz, wenn sie in dem traurigen Stück vom König Marke und dem zur Liebe verwunschenen Paar die gleiche Notlage entdekken.

König Marke ist fassungslos:

> Wohin nun Treue,
> da Tristan mich betrog?
> Wohin nun Ehr
> und echte Art,

> da aller Ehren Hort,
> da Tristan sie verlor?
> Die Tristan sich
> zum Schild erkor,
> wohin ist Tugend
> nun entflohn,
> da meinen Freund sie flieht,
> da Tristan mich verriet?[536]

Tristan weiß nichts zu erwidern, wo es nichts zu erwidern gibt:

> O König, das –
> kann ich dir nicht sagen;
> und was du frägst,
> das kannst du nie erfahren.

Alles, was von der Liebe gesagt werden kann, erklang schon zuvor in diesem zweiten Akt, zu Tristans Worten:

> Wer des Todes Nacht
> liebend erschaut,
> wem sie ihr tief
> Geheimnis vertraut:
> des Tages Lügen,
> Ruhm und Ehr,
> Macht und Gewinn,
> so schimmernd hehr,
> wie eitler Staub der Sonnen
> sind sie vor dem zersponnen![537]

Das Publikum ist ergriffen, weil es das fast Unfaßbare zu fassen beginnt, und man wird sich hüten, Tristans Verhalten schamlos zu nennen. Man versteht Tristans und Isoldes Lage. Sollte man Wagner und Cosima, die sich genauso rettungslos verfallen waren, solch Verständnis versagen? Natürlich hätte Ludwig ein besseres Los verdient, denn er war ein außerordentlicher Mensch. In ihrer Begegnung und durch ihre Begegnung erreichen König und Komponist ungeahnte Positionen. Wagner sonnt sich in der Wärme seines Mäzens und findet die Schaffensfreude für die Werke seiner letzten zwei Dekaden, und der König erlebt Wagners Kunst wie kaum einer. 1876 hört er den *Ring des Nibelungen* in Bayreuth und gesteht dem Komponisten:

> Mit welchen Eindrücken ich von dem Besuche des über alle Maaßen beseligenden Bühnenfestspieles zu Bayreuth und dem glücklichen Wiederzusammensein mit Ihnen, angebeteter Freund, zurückkehrte, dieß Ihnen zu beschreiben, ist mir unmöglich. – Mit großen Erwartungen kam ich hin und, so hochgespannt dieselben auch waren, alle wurden *weit, weit* übertroffen. Ich war so tief ergriffen, daß ich wohl recht wortkarg Ihnen erschienen sein mag! O Sie verstehen es, die Grundvesten zu erschüttern, die Eiskruste, die durch so manche traurigen Erlebnisse um Herz u. Sinn sich zu legen begann, durch Ihr siegendes Licht dahinschmelzen zu machen.[538]

Schon elf Jahre vorher hatte er seine Bestimmung klar erkannt, als er Cosima versicherte:

> Sie schreiben mir, hochverehrte Frau, ich hätte ein Wunder gewirkt; wir wollen viel mehr sagen: wehe, wenn ich die That nicht vollbracht; Verbrechen wäre es gewesen, Wagner nicht zu retten, Verbrechen, ihn nicht glühend zu lieben! –[539]

Wagner gegenüber ist er genauso klarblickend:

> ... daß Alles, was ich besitze auch Ihnen gehört, habe ich kaum nöthig Ihnen nochmals zu versichern; mir ist stets, als hätte ich von Oben Alles verliehen erhalten, um Ihnen damit dienen zu können, als wären Sie mein Lehensherr, der das Recht hat, das Seinige zurück zu fordern.[540]

Ludwigs Menschlichkeit offenbart sich, wenn er Wagner behutsam seinen Antisemitismus auszureden versucht:

> Daß Sie, geliebter Freund, keinen Unterschied zwischen Christen und Juden bei der Aufführung Ihres großen, heiligen Werkes *[Parsifal]* machen, ist sehr gut; nichts ist widerlicher, unerquicklicher, als solche Streitigkeiten; die Menschen sind ja im Grunde doch alle Brüder, trotz der confessionellen Unterschiede.[541]

Auch wenn Wagner im ganzen hier starrköpfig bleibt, müssen solche Worte aus solchem Munde zum mindesten in sein Unterbewußtsein gedrungen sein, und Hermann Levi leitet 1882 die Bayreuther Aufführungen des *Parsifal,* so wie genau 100 Jahre später sein Glaubensgenosse James Levine vom Wagner-Enkel Wolfgang zur Leitung des gleichen Werkes nach Bayreuth gebeten wurde.

Gelegentlich wird es Ludwig zum Vorwurf gemacht, daß er am liebsten allein und ungesehen sich seine Lieblingswerke vorführen läßt. Es schmerzt ihn, andere Menschen in seiner Nähe zu wissen. Man hat sogar behauptet, hier einen Ansatz zu der späteren Gemütserkrankung des Monarchen zu konstatieren. Und doch – hat man nicht selbst im Theater, im Konzert, im Opernhaus Programmblätterer und Konfektnascher zuweilen zum Teufel gewünscht? Im königlichen Dunstkreis heißt so etwas:

> Die mehr oder weniger verhaßten Fürstlichkeiten in Bayreuth aber persönlich zu empfangen und ihr Geschwätz anzuhören, ihnen dort die *honneurs* zu machen, statt mich in Ihr hehres Götterwerk zu vertiefen, dazu könnte ich mich nie und nimmer entschließen. Ist mir doch die im December stattgehabte Aufführung des Lohengrin noch zu lebhaft im Gedächtnisse, der ich mit fürstlichen Personen anzuwohnen nicht gut auskommen konnte; dahin war natürlich aller Kunstgenuß. Nur keine Wiederholung ähnlichen Falles in Bayreuth![542]

Sieben Monate später:

Ich bitte Sie, mich durch eine förmliche Wand von den allenfalls kommenden Fürsten od. Prinzen in der Loge abzusperren und, sei es durch Gendarme, zu verhindern, daß jene auch in den Zwischenpausen sich mir nahen. Erst im December habe ich in Gesellschaft meiner Mutter und der Erzherzogin Elisabeth u. deren Kinder einer Lohengrin-Aufführung beizuwohnen nicht gut verhindern können: es war schauderhaft. In demselben Maaße nun, in welchem der »Ring des Nibelungen« »Lohengrin« überragt, in demselben ungeheuren Maaße würde meine Tortur verstärkt werden, wenn ich mit Leuten zusammenträfe, mit denen gepappelt werden muß.[543]

Bisweilen steigert sich Ludwigs Verlangen nach Wagners Werken derart, daß er die Schöpfung dem Schöpfer vorzieht, ja sogar den einen der anderen zu opfern vermag. Noch bevor der ganze *Ring des Nibelungen* fertig komponiert ist, will Ludwig wenigstens *Rheingold* aufgeführt bekommen. Wagner widersetzt sich aus künstlerischen Gründen – der *Ring* ist unteilbar – und der König wird zornig. An Hofsekretär v. Düfflipp schickt er den Erlaß:

Wahrhaft verbrecherisch und schamlos ist das Gebahren von »Wagner« und dem Theatergesindel; es ist dieß eine offenbare Revolte gegen Meine Befehle, und dieses kann Ich nicht dulden. »Richter« darf keinenfalls mehr dirigiren und ist augenblicklich zu entlassen, es bleibt dabei. Die Theaterleute haben Meinen Befehlen zu gehorchen, und nicht den Launen »Wagners« ... denn wenn diese abscheulichen Intriguen »Wagners« durchgingen, so würde das ganze Pack immer dreister und unverschämter, und zuletzt gar nicht mehr zu zügeln sein; daher muß das Übel mit der Wurzel ausgerissen werden ... Eine solche Frechheit ist mir noch nie vorgekommen.[544]

Und am nächsten Tag an Düfflipp per Telegramm:

Den nichtswürdigen und ganz unverzeihlichen Intriguen von »Wagner« und Consorten muß schleunigst ein Ende gemacht werden. Ich ertheile hiemit den bestimmten Befehl, daß die Vorstellung am Sonntag stattfinde. »Richter« ist sogleich zu entlassen. Wagt W. sich neuerdings zu widersetzen, so ist ihm der Gehalt für immer zu entziehen, und nie mehr ein Werk von ihm auf der Münchener Bühne aufzuführen.[545]

Daß er damit sich selber schadet, merkt der verstörte König vorerst nicht, und im brieflichen Zusatz vom gleichen Tage legt er sein Herz bloß:

> »Wagners« Wünsche sollen möglichst berücksichtigt werden, sie sind im Ganzen billig. Lesen Sie hier seinen Brief an Mich, und bieten Sie Alles auf, um seine Hieherkunft zu hintertreiben. Daß Ich selbst dieß will, braucht er aber nicht zu erfahren, sonst ist der Teufel los...[546]

Nach München kommt Wagner nicht, aber der Teufel ist trotzdem los. An Wüllner, den *Rheingold*-Dirigenten, schickt Wagner einen gepfefferten Gruß:

> Hand weg von meiner Partitur! Das rath' ich Ihnen, Herr; sonst soll Sie der Teufel holen! – Taktiren Sie in Liedertafeln und Singvereinen, oder wenn Sie durchaus Opernpartituren handhaben wollen, so suchen Sie die von Ihrem Freunde Perfall aus! Diesem schönen Herren sagen Sie auch, wenn er dem Könige nicht offen seine persönliche Unfähigkeit mein Werk zu geben bekenne, ich ihm ein Licht anzünden wolle, daß ihm alle seine, vom Abfall der Rheingoldkosten bezahlten Winkelblattscribenten nicht ausblasen können sollen. Ihr beiden Herren habt bei einem Manne, wie ich, erst lange in die Schule zu gehen, ehe Ihr lernt, daß Ihr nichts versteht.[547]

Das *Rheingold* wird im September 1869 in München aufgeführt. Ludwig ist im Himmel, und Wagner zieht sich grollend nach Tribschen zurück. Nun ist es an Ludwig, Abbitte zu tun:

Ach Gott, die Begierde Ihr gottvolles Werk zu hören war so mächtig, so unbezwinglich! und wenn ich fehlte, seien Sie nachsichtig, vergeben Sie mir; ach, übergroße Sehnsucht, endlich den Beginn des Werkes zu hören, für das ich schon in allerfrühester Jugend so begeistert war, daß ich nach Versenkung in den Geist desselben, nach Einschlürfen seiner Himmelswonnen sterben wollte, ja die Sehnsucht nach demselben ließ mich Ihr Gebot übertreten; nun verdammen Sie mich. Ich verabscheue die Lüge, will keine Ausflüchte gebrauchen, sondern sage Ihnen ganz offen, daß ich meinen Fehler einsehe und bereue; ... Ihnen bin ich in Liebe und Freundschaft zugethan mehr wie je, Ihre Ideale sind die meinen, Ihnen zu dienen meine Lebensaufgabe; kein Mensch ist im Stande mir wehe zu thun, doch wenn Sie zürnen, trifft es tödlich. – O schreiben Sie mir und verzeihen Sie Ihrem seine Schuld einsehenden Freunde; nein, nein, Wir trennen Uns nie; mein Lebensnerv wäre abgeschnitten, grenzenloser Verzweiflung wäre ich preisgegeben; Selbstmordgedanken wären mir nicht ferne. –[548]

Und doch – nur ein paar Monate später muß er, *muß* er *Die Walküre* hören. Wagner sagt nein und Ludwig fleht und befiehlt in einem Atem:

Verzeihen Sie meinem jugendlichen Ungestüm, das nicht mit der Aufführung der »Walküre« bis nächstes Jahr warten kann. Ach, meine Sehnsucht danach ist zu mächtig ... so, jetzt brechen Sie den Stab über mich, jetzt verdammen Sie mich, wenn Sie können.[549]

Auch die *Walküre* wird in München, im Juni 1870, für den König aufgeführt. Wagner schluckt seinen Ärger und läßt sich zwei Monate später in Luzern mit Cosima trauen.

Es fällt ihm leicht, Ludwigs zutrauliche Begeisterung für ihn zu unterschätzen und dessen Freigebigkeit zu vergessen. Cosima gesteht er:

Diese Schmach, von diesem König abhängig zu sein, es ist unerhört und unerträglich ...[550]

Doch noch unerträglicher wäre es, wenn der König eines Tages aufhörte, König zu sein:

> Besuch des Grafen Bassenheim, der uns wieder durch die Notiz erschreckt, der König habe sich einen Krönungswagen mit 6 Bildern aus der Bibel und 6 Allegorien auf Louis XIV. im Preise von 20000 Gulden bestellt. R. sagt, wir würden gewiß eine plötzliche Wahnsinns- oder Todesnachricht von dorther erhalten; tiefe Sorge, wir sind ohne Dach und Fach.[551]

Es bringt wenig ein, hier von Undankbarkeit zu sprechen. Dank war es ja nicht, was Ludwig von Wagner erstrebte, sondern dessen Kunst. Die Wahnsinns- und Todesnachricht wird Wagner nicht mehr erreichen. Ludwig lebt drei Jahre länger als sein Freund. Er selber verfaßt den Nachruf für beide:

> Und wenn wir Beide längst nicht mehr sind, wird doch unser Werk noch der spätern Nachwelt als leuchtendes Vorbild dienen, das die Jahrhunderte entzücken soll, und in Begeisterung werden die Herzen erglühen für die Kunst, die gottentstammte, die ewig lebende! –[552]

EPILOG

1786–1868 *Ludwig I.*	1845–1886 *Ludwig II. (Enkel)*
Die irische Tänzerin Lola Montez kommt 1846 nach katastrophalen Mißerfolgen bettelarm nach Bayern	Der sächsische Komponist Richard Wagner kommt 1864 nach katastrophalen Mißerfolgen bettelarm nach Bayern
Begegnung des Königs mit Lola Montez in der Münchner Residenz	Begegnung des Königs mit Richard Wagner in der Münchner Residenz

Sie wird der Günstling des Königs, der sie mit kostbaren Geschenken überhäuft	Er wird der Günstling des Königs, der ihn mit kostbaren Geschenken überhäuft
Der König stellt ihr ein stattliches Haus in München zur Verfügung	Der König stellt ihm ein stattliches Haus in München zur Verfügung
Lola Montez mischt sich in politische Angelegenheiten und erweckt den Ärger des Kabinetts, der Presse und der Bevölkerung	Wagner mischt sich in politische Angelegenheiten und erweckt den Ärger des Kabinetts, der Presse und der Bevölkerung
Der König gibt sie nicht preis und schickt ihr leidenschaftliche Gedichte	Der König gibt ihn nicht preis und schickt ihm leidenschaftliche Gedichte
Zeitungswitze erscheinen über Lola und den vernarrten König	Zeitungswitze erscheinen über Wagner und den vernarrten König
Der König entläßt seine widerspenstigen Minister	Der König entläßt seine widerspenstigen Minister
Der König verleiht Lola den Adelstitel, Gräfin von Landsfeld	Der König verleiht Wagner den Maximilians-Orden für Wissenschaft und Kunst
Die Bevölkerung ist so aufgebracht über die Vorzugsstellung der Tänzerin, daß der König eine Revolte fürchtet: Lola muß München verlassen	Die Bevölkerung ist so aufgebracht über die Vorzugsstellung des Komponisten, daß der König eine Revolte fürchtet: Wagner muß München verlassen

Lola begibt sich in die Schweiz	Wagner begibt sich in die Schweiz
Der König tröstet sich, indem er Prachtschlösser baut	Der König tröstet sich, indem er Prachtschlösser baut
1848: Der König dankt ab	1886: Regentschaftsübernahme durch Prinz Luitpold

IX.

Bayreuther Mirakel

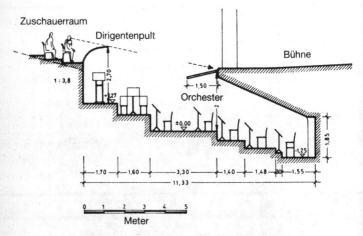

Der Orchestergraben im Festspielhaus Bayreuth

> *Keinen Zoll den Musikern fortnehmen!*
> *Erste Bedingung, daß ein Musiker unbeengt sein muß,*
> *wenn er mit Lust gut spielen soll!*[553]

So schreibt Wagner im April 1872 an Friedrich Feustel, Bayreuther Bankier und Gemeinderatsvorsitzenden, und Theodor Muncker, Bürgermeister, die die Organisation des Festspielhausbaus in seinem Interesse überwachen. Hier spricht der praktische Mann des Theaters, der weiß, worum es geht, und dessen Opernhaus noch heute ein Mirakel ist. Kein Ausschuß von Fachleuten hätte erreicht, was der Laie Wagner schafft: den akustisch perfekten Holzbau, in welchem dem Zuhörer nichts anderes übrigbleibt, als sich aufs Bühnengeschehen zu konzentrieren – die Verdunkelung ist vollkommen – und sich dem bisher unerhörten Stimm- und Instrumentalmischklang hinzugeben. Eine musikalische Fliege, die sich in einen Kontrabaß verirrte, könnte es nicht besser haben: Musik von überall her. Dem Gesamtkunstwerk des Komponisten entspricht das Gesamterlebnis seines Publikums.

Ein eigenes Operntheater für den zu komponierenden *Ring des Nibelungen* und für nichts anderes: dies ist der ursprüngliche Plan des 38jährigen. Doch bevor er ans Bauen geht, muß er die rechten Zuhörer finden:

> An eine *Aufführung* kann ich erst *nach der Revolution* denken, erst die Revolution kann mir die Künstler und die Zuhörer zuführen, die nächste Revolution muß nothwendig

unserer ganzen *Theaterwirtschaft* das Ende bringen: sie müssen und werden alle zusammenbrechen, dies ist unausbleiblich. Aus den Trümmern rufe ich mir dann zusammen was ich brauche: ich werde, was ich bedarf, *dann* finden. Am Rheine schlage ich dann ein Theater auf, und lade zu einem großen dramatischen Feste ein: Nach einem Jahre Vorbereitung führe ich dann im Laufe von *vier* Tagen mein ganzes Werk auf. Mit ihm gebe ich den Menschen der Revolution dann die *Bedeutung* dieser Revolution, nach ihrem edelsten Sinne, zu erkennen. *Dieses Publikum* wird mich verstehen; das jetzige kann es nicht.[554]

Dies teilt er seinem Dresdener Freund Theodor Uhlig mit, am 12. November 1851, 2½ Jahre nach dem fehlgeschlagenen Dresdener Aufstand. Dann wird ihm klar, daß er ja selber in seinem Bühnenwerk und auf seiner Bühne die gewünschte Revolution vollziehen kann. In seinem *Vorwort zur Herausgabe der Dichtung des Bühnenfestspiels DER RING DES NIBELUNGEN*, 1862, heißt es:

Es kam hierbei vor allem mir darauf an, eine solche Aufführung als frei von den Einwirkungen des Repertoireganges unserer stehenden Theater mir zu denken. Demnach hatte ich eine der minder großen Städte Deutschlands, günstig gelegen und zur Aufnahme außerordentlicher Gäste geeignet, anzunehmen, namentlich eine solche, in welcher mit einem größeren stehenden Theater nicht zu kollidieren, somit auch einem großstädtischen eigentlichen Theaterpublikum und seinen Gewohnheiten nicht gegenüberzutreten wäre. Hier sollte nun ein provisorisches Theater, so einfach wie möglich, vielleicht bloß aus Holz, und nur auf künstlerische Zweckmäßigkeit des Inneren berechnet, aufgerichtet werden; einen Plan hierzu, mit amphitheatralischer Einrichtung für das Publikum und dem großen Vorteile der Unsichtbarmachung des Orchesters, hatte ich mit einem erfahrenen, geistvollen Architekten in Besprechung gezogen. – Hierher sollten nun, etwa in den ersten Frühlingsmonaten, aus den Personalen der deutschen Operntheater ausgewählte, vorzüglichste dramatische Sänger berufen wer-

> den, um, ununterbrochen durch jede anderartige künstlerische Beschäftigung, das von mir verfaßte mehrteilige Bühnenwerk sich einzuüben. – Das deutsche Publikum aber sollte eingeladen werden, zu den festgesetzten Tagen der Aufführungen, von denen ich etwa drei im ganzen annahm, sich einzufinden, indem diese Aufführungen, wie bereits unsere großen Musikfeste, nicht einem partiellen städtischen Publikum, sondern allen Freunden der Kunst, nah und fern, geboten sein sollten. Eine vollständige Aufführung des vorliegenden dramatischen Gedichtes sollte, im vollen Sommer, an einem Vorabende das »Rheingold«, und an drei folgenden Abenden die Hauptstücke »Walküre«, »Siegfried« und »Götterdämmerung« zur Darstellung bringen.[555]

Also fällt die Wahl auf das recht abseits gelegene Städtchen Bayreuth. Aber wo findet er die Künstler, die solch einem revolutionären Werk wie dem *Ring des Nibelungen* die nötige Sympathie, Zeit und geldlichen Opfer brächten? Er fährt fort:

> Bei der vollkommenen Stillosigkeit der deutschen Oper und der fast grotesken Inkorrektheit ihrer Leistungen ist die Hoffnung, an einem Haupttheater für höhere Aufgabe geübte Kunstmittel korporativ anzutreffen, nicht zu fassen: ... Was daher kein einzelnes Theater bieten kann, vermöchte, glücklichen Falles, nur eine Vereinigung zerstreuter Kräfte, welche für eine gewisse Zeit, auf einen bestimmten Punkt zusammengerufen würden.[556]

Demnach müßten ihm Dutzende von Sängern und Sängerinnen auf lange Sicht zur Verfügung stehen, also von ihren Operndirektoren einen mehrmonatigen Urlaub erhalten, ganz zu schweigen von über hundert Instrumentalisten. Die Chancen zur Verwirklichung eines solchen Unterfangens scheinen minimal. Wagner gelingt die Quadratur des Kreises. Warum? Nach über hundert Jahren gibt es dafür keine gescheitere Antwort als: weil er Wagner ist. Die Solisten und Orchestermitglieder bieten sich an, verzichten auf gewohntes Honorar und wollen mit ihm auf unbekannter Bühne das unbekannte Werk erarbeiten.

Am 12. April 1872 schreibt er an Feustel:

> Sänger und Musiker erhalten von mir *nur* Entschädigungen, keine »*Bezahlungen*«. Wer nicht aus Ehre und Enthusiasmus zu mir kommt, den lasse ich wo er ist. Ein Sänger, eine Sängerin, welche nur gegen eine jener verrückten *Gagen* zu mir kommen würde, könnte mir schön taugen![557]

Der Orchestergraben (siehe Skizze auf Seite 354) wird als Nervenzentrum des Festspielhauses geplant:

> Zur Vollendung des Eindruckes einer solchermaßen vorbereiteten Aufführung würde ich dann noch besonders die Unsichtbarkeit des Orchesters, wie sie durch eine bei amphitheatralischer Anlage des Zuschauerraumes mögliche architektonische Täuschung zu bewerkstelligen wäre, von großem Werte halten. Jedem wird die Wichtigkeit hiervon einleuchten, der mit der Absicht, den wirklichen Eindruck einer dramatischen Kunstleistung zu gewinnen, unseren Opernaufführungen beiwohnt und durch den unerläßlichen Anblick der mechanischen Hilfsbewegungen beim Vortrage der Musiker und ihrer Leitung unwillkürlich zum Augenzeugen technischer Evolutionen gemacht wird, die ihm durchaus verborgen bleiben sollten, fast ebenso sorgsam, als die Fäden, Schnüre, Leisten und Bretter der Theaterdekorationen, welche, aus den Kulissen betrachtet, einen bekanntlich alle Täuschung störenden Eindruck machen. Hat man nun je erfahren, welchen verklärten, reinen, von jeder Beimischung des zur Hervorbringung des Tones den Instrumentisten unerläßlichen außermusikalischen Geräusches befreiten Klang ein Orchester bietet, welches man durch eine akustische Schallwand hindurch hört, und vergegenwärtigt man sich nun, in welche vorteilhafte Stellung der Sänger zum Zuhörer tritt, wenn er diesem gleichsam unmittelbar gegenübersteht, so hätten wir hieraus nur noch auf das leichte Verständnis auch seiner Aussprache zu schließen, um zu der vorteilhaftesten Ansicht über den Erfolg der von mir gemeinten akustisch-architektonischen Anordnung

zu gelangen. Nur aber in dem von mir gedachten Falle eines eigens hierzu konstruierten provisorischen Theatergebäudes würde diese Vorrichtung zu ermöglichen sein.[558]

Woher kommen die immensen Mittel, um die Utopie zu verwirklichen? Auch dafür weiß das »Vorwort« seine prophetische Antwort:

> Mir stellen sich zwei Wege dar. Eine Vereinigung kunstliebender vermögender Männer und Frauen, zunächst zur Aufbringung der für eine erste Aufführung meines Werkes nötigen Geldmittel. – Bedenke ich, wie kleinlich die Deutschen gewöhnlich in solchen Dingen verfahren, so habe ich nicht den Mut, von einem hierfür zu erlassenden Aufrufe mir Erfolg zu versprechen. Sehr leicht fiele es dagegen einem deutschen Fürsten, der hierfür keinen neuen Satz auf seinem Budget zu beschaffen, sondern einfach nur denjenigen zu verwenden hätte, welchen er bisher zur Unterhaltung des schlechtesten öffentlichen Kunstinstitutes, seines den Musiksinn der Deutschen so tief bloßstellenden und verderbenden Operntheaters bestimmte. ... Wird dieser Fürst sich finden?[559]

Nicht nur der Fürst – Ludwig II., König von Bayern – sondern alles andere findet sich: der Bau, die Ausführenden, das Publikum. Im Sommer 1875 hält Wagner die Proben zum *Ring des Nibelungen* im noch unfertigen Festspielhaus. Im nächsten August soll es eröffnet werden.

Er lädt sein Sängerpersonal zu den Proben:

> Vom 1. Juli bis 15. August d. Js. 1875 sollen in Bayreuth die ersten vorbereitenden Proben stattfinden: von dieser Zeit soll die erste Woche des Juli auf Proben am Klavier für das »Rheingold«, die zweite Woche ebenso für die »Walküre«, die dritte für »Siegfried«, die vierte für »Götterdämmerung« verwendet werden.
> Vom 1. bis 15. August sollen dieselben Proben in gedrängter Aufeinanderfolge mit Hinzuziehung des vollständigen

Orchesters wiederholt werden, und zwar zum Zwecke einer ersten Bekanntmachung der Musiker mit ihrer Aufgabe, sowie der Verdeutlichung des musikalischen Ensembles für die hierbei anwesenden Sänger... Nach diesen, im laufenden Jahre 1875, bewerkstelligten Vorbereitungen, sollen die Monate Juni und Juli des nächsten Jahres 1876 den vollständigen General-Proben des ganzen Werkes gewidmet werden; hierunter verstehe ich, daß mit Vermeidung jeder Überanstrengung und Ermüdung, Tag für Tag, mit Orchester und vollständiger Scenerie, die einzelnen Theile in der Weise durchprobirt werden sollen, daß in der Zeit vom 1. Juni bis zum 15. Juli successiv das Rheingold, die Walküre, Siegfried und Götterdämmerung, vom 15. bis 30. Juli aber je nach Bedürfnis alle vier Stücke zur Probe gelangen.

In der ersten Woche des August 1876 soll dann die erste Aufführung des ganzen Werkes in folgender Weise stattfinden:

Sonntag:	Abends um 7 Uhr Beginn der Aufführung von »Rheingold«,
Montag:	Nachmittag um 4 Uhr »die Walküre« erster Akt, um 6 Uhr zweiter, um 8 Uhr dritter Akt (die großen Zwischenpausen sollen nur zu neuer Sammelung des Publikums in einer angenehmen Öffentlichkeit der Umgebung des Theaters, so gleichfalls zur Erholung der ausführenden Künstler in kürzlich vorbereiteten, ihren Ankleideräumen unmittelbar nahe gelegenen und verdeckten Gartenräumen verwendet werden).
Dienstag:	in gleicher Weise von Nachmittag 4 Uhr beginnend: »Siegfried«.
Mittwoch:	»Götterdämmerung«.

Ganz in derselben Weise soll dann in der zweiten Woche des August die erste und in der dritten Woche die zweite Wiederholung der Gesammtaufführung vor sich gehen...

Wollen Sie nun durch eine bindende Zusage Ihrerseits mich in den Stand setzen, Sie als zur Mitwirkung bei der Aufführung meines Bühnenfestspieles gewonnen betrachten zu können, und hiermit zugleich mir anzeigen, ob, und von welcher Höhe, Sie eine Entschädigung hierfür in Anspruch nehmen... erkennen Sie, daß für jeden Mitwirkenden der Gedanke an einen Gewinn ausgeschlossen sei, sogar Opferwilligkeit durchgängig vorausgesetzt werden muß; ...
In diesem Sinne erwarte ich nun Ihre geneigte Erklärung, um zu wissen, daß ich Sie denjenigen beizuzählen habe, welche durch freiwillige Verpflichtung sich für den Zweck der Verwirklichung eines noch nie entworfenen künstlerischen Ideales, zu einem wahrhaft genossenschaftlichen Vereine von werthvollster Bedeutung verbinden.
Bayreuth, 15. Januar 1875.[560]

Der Beginn der längeren Werke um 16 Uhr, und der spätere Beginn des kürzeren *Rheingold* wird seit 1876 beibehalten, ebenso wie die langen Pausen zur Erholung der Mitwirkenden und des Publikums »in einer angenehmen Öffentlichkeit der Umgebung des Theaters« sowie in »verdeckten Gartenräumen«.
 Den vorgesehenen Orchestermitgliedern teilt er mit:

Indem ich Sie hierdurch zur Mitwirkung im Orchester meiner in Bayreuth zu veranstaltenden Bühnenfestspiele einlade, setze ich, als durch vorangehende Vermittelung Ihnen zur Kentniss gebracht, voraus, daß Sie die Bedingungen kennen, unter welchen die Annahme Ihrer Mitwirkung meinerseits einzig möglich sein kann. Demnach wissen Sie, daß ich die Bildung eines so außerordentlichen Orchesters, wie ich es bedarf, nur unternehmen konnte, wenn ich auf die vorzüglichsten Kräfte derjenigen deutschen Hoftheater rechnete, welche im Sommer einen größeren Urlaub genießen... welche in einem der gut dotirten Hoforchester auch während des Urlaubes ihren Gehalt fortbeziehen, weil ich dann voraussetzen durfte, es werde sich hier nur noch um die Entschädigung für Reise und Aufenthalt an fremdem Orte, nicht aber um einen wirklichen Gehalt handeln dür-

fen. In dieser Annahme, somit nicht als Bezahlung Ihrer künstlerischen Leistungen, welche ich als gänzlich unvergütet meinem Werke gewidmet betrachte, ...biete ich Ihnen... eine monatliche Aufenthaltsentschädigung von 60 Thalern, hiezu ein Ihnen freistehendes Wohnungs-Unterkommen in einem bürgerlichen Hause, sowie die Erstattung des Preises eines Fahrbilletes der Eisenbahn II. Klasse für Ihre Her- und Zurückreise...
Ich unterlasse bei dieser formellen Einladung die Aussprache über die Bedeutung Ihrer von mir hochgeschätzten Betheiligung an der Ausführung meines Werkes, welche ich am Liebsten in herzlich lauten Worten in der Stunde unserer ersten Vereinigung an Sie zu richten mir vorbehalte. Doch begrüße ich Sie im Voraus in dankbarster Anerkennung Ihrer mich so hochehrenden Bereitwilligkeit, meinem Unternehmen als echte Kunstgenossen förderlich sein zu wollen.[561]

Am 1. Juli 1875 beginnt er mit den 6wöchigen Proben. Im nächsten Jahr wird vom 3. Juni bis zum 9. August probiert, und am 13. August eröffnet er die Festspiele. Felix Mottl, der später in Bayreuth dirigieren und Münchener Operndirektor werden wird, assistiert auf und hinter der Bühne. Sein Tagebuch beginnt das Jahr 1876 mit dem Bekenntnis:

> Das Bayreuther Jahr! Es ist das wichtigste in meiner künstlerischen Entwicklung und hat mir für alle Zeiten den Stempel aufgedrückt. Ich hatte das Glück, 3 Monate lang mit Rich Wagner in persönlichem Verkehr stehen zu dürfen und von ihm zu lernen, was ein begeisterter Schüler von dem größten Meister lernen kann. Alles, was ich kann, verdanke ich dieser Bayreuther Lehrzeit. Ich beginne auch von hier an die Kunst als Hauptangelegenheit meines Lebens zu betrachten.[562]

Mottl beschreibt, wie er mit zwei Kollegen die Rheintöchter schwimmen läßt:

1876 mußten wir uns noch mit den schwerfälligen Schwimmwägen behelfen. Bei jedem der drei Wägen waren zwei Arbeiter und ein musikalischer Assistent beschäftigt, welche, vom Publikum ungesehen, das Ganze leiteten. Den Wagen Woglindes führte Seidl, während Wellgundes und Flosshildes Wagen ich und Fischer übernahmen. Die Genauigkeit und Aufmerksamkeit, mit welcher Wagner diese Proben leitete, läßt sich nicht beschreiben. Jeder musikalischen Phrase des Orchesters mußte nach seiner Anweisung eine Aktion auf der Bühne entsprechen, so daß schon auf den ersten Proben dem aufmerksamen Schüler klar wurde, worauf es bei der Wiedergabe des Wagnerschen Bühnenwerkes eigentlich ankommt. Der szenische Vorgang ist und bleibt die Hauptsache; durch ihn wird die Vortragsweise des begleitenden Orchesters bedingt.[563]

Lilli Lehmann singt Woglinde. Die Schwimm-Maschine behagt ihr anfangs gar nicht. Sie erinnert sich:

> Wir müssen uns vorstellen, daß die Sängerinnen der Rheintöchter in Korsetts eingezwängt, auf eigens für dieses Werk konstruierten Schwimmapparaten bewegt wurden, dann erst können wir ermessen, welche körperliche Leistung neben den künstlerischen von den Darstellerinnen gefordert wurde.[564]

Hilfsregisseur und Ballettmeister Richard Fricke hat seine Bedenken:

> Ich muß gestehen, ich war aufs höchste überrascht; nur will mir noch nicht klar werden, ob und wie die Sängerinnen den Mut haben werden, sich in eine solche Maschine zu legen und – zu singen. Nicht daß sie bei einem halben Aufrechtstehen nicht singen könnten, sie werden vor Angst keinen Ton heraus bringen. Ich bin sehr neugierig.[565]

Die drei Rheintöchter betrachten die Schwimmapparate und sind bestürzt:

»Nein«, sagte Lilli, »das kann mir kein Mensch zumuten, das tue ich unter keinen Umständen, ich bin erst vor kurzem vom Krankenbette aufgestanden, dazu mein fortwährender Schwindel.« Die andern beiden waren still. »Fräulein Marie«, sagte ich, »Courage, versuchen Sie es einmal, und ich wette, die Angst geht vorüber, und das Vergnügen zu schwimmen bekommt die Oberhand.« Die Leiter wird angelegt, Brandt und ich helfen ihr hinein. Unter Ach und Oh, Schreien und Quieken schnallen wir sie fest und die Fahrt beginnt ganz langsam. Sie fängt an, das ängstliche Gesicht zu verlieren, lacht und meint, es ginge ganz schön. Nun entschließt sich auch Lilli und siehe da, sie wird in wenig Sekunden die Couragierteste. Frl. Lammert folgt nun auch und alle drei schwimmen unter fröhlichem Lachen. Wagner erscheint, die ganze Scene wird glatt durchgemacht. Dazu singen die drei Damen ihre Partien entzückend.[566]

Jetzt geht es täglich besser. Flosshilde witzelt: »Mottl, wenn Sie mich nicht ruhig halten, spucke ich Ihnen auf den Kopf.« Fricke berichtet:

Abends 7½ Uhr Schwimmprobe, wozu diesmal die Musiker im Zuschauerraum saßen. Es dauerte nicht lange, so brach ein Sturm von Applaus los. Wagner hatte heute jeder Rheintochter einen Blumenstrauß in das Schwimmlager gelegt.[567]

Wagner leitet seine Proben, indem er allen alles vormacht. Er springt über Abgründe und auf Felsenriffe, zum Entsetzen des Orchesters und der Sänger, doch gleich beruhigt er sie: »Meine Herren, ich bin es gewohnt, am Rande des Abgrundes zu stehen.« Wer sich gar nicht gewöhnen kann, ist Herr Hill, Darsteller des Alberich. Mottl berichtet:

Wiederholt setzte er (Wagner) sich selbst in die Maschine, welche Alberich von der Spitze des Riffes in rasendem Tempo in die Tiefe führte, um dem etwas furchtsamen Carl Hill Mut zu machen.[568]

Hill wagt es schließlich. Schweißtriefend unten angekommen, findet er eine Flasche Champagner vor, von Wagner hingestellt. Auf dem Etikett steht RHEINGOLD.

Bei den Proben erleben die Künstler Wagners Unberechenbarkeit. Fricke berichtet:

> 15. Juni. Wagner konnte heftiger Schmerzen halber die gestrige Probe doch nicht besuchen. Von seinem Barbier Schnappauf (auch ein Nibelung) erfuhr ich, daß nachmittags das Zahngeschwür geöffnet würde.
> 17. und 18. Juni. Der Meister kommt, die Probe beginnt, und wie ich's mir gedacht, so kam es. Wagner vergaß alle Schmerzen, sprang die hohen Felsstücke auf und ab, arrangierte nach Möglichkeit und warf alles über den Haufen. Der Arzt meinte: »Diese Procedur kann möglicherweise gut für seine Gesundheit ausschlagen. Er bringt sich in Schweiß und nimmt eine Pferdekur mit sich vor.«[569]

Als erfahrener Theatermensch streicht er zuweilen Auftritte, die er am Schreibtisch für notwendig befindet. Er weiß, daß Bühnentiere Gefahren heraufbeschwören. Fricke erzählt:

> Das Roß Grane spielt heute mit. Brünnhilde führte es, wie es sein muß, langsam über Felsgestein. In der 3. Scene *(Walküre)*, in welcher Brünnhilde dem Siegmund das Fallen im Kampfe mit Hunding anzuzeigen hat, empfand Wagner, daß das Pferd die Aufmerksamkeit von der höchst wichtigen und in der Tat großartigen Scene ablenken wird ... Es sei durchaus nicht ausgeschlossen, daß das Tier, durch irgendwelchen unberechenbaren Zwischenfall unruhig gemacht, die ganze Scene verderben könne. Also Grane bleibt weg, Brünnhilde tritt allein auf.[570]

Trotz der schmerzhaften Zahnoperation singt und springt er unausgesetzt auf der Bühne herum:

> Höchst interessant und komisch war es, als die Scheffsky bei den Worten: »Wehre den Kuß des verworfenen Weibes

nicht« sich nicht inbrünstig genug dem Siegmund an den Hals warf. Wagner machte es ihr vor, mit einem Schlage hing der kleine Wagner an des großen Niemanns Halse, daß dieser beinahe schwankte, die Fußspitzen Wagners berührten kaum noch den Boden in diesem Momente. Er sang dazu die betreffende Stelle, riß Siegmund herum und sagte: »Hier wechselt Ihr Beide zugleich auch die Plätze.« Wagner ließ los, und als er an mir vorbeikam, sagte er: »Das machen die Frauenzimmer nicht gern, sie denken, sie kriegen dann keinen Mann.« Im selben Augenblick hat Hunding einzusetzen: »Wehwalt, Wehwalt, steh mir zum Streit.« »Herrgott, reißt der Kerl das Maul auf«, sagte Wagner. Es war geradezu ängstlich mit anzusehen, mit welcher Lebhaftigkeit Wagner nun oben auf Bergeshöhen den Kampf leitete. Niemann wendet sich ab: »Gerechter Himmel, wenn er nur heruntergigne; wenn er fällt, ist ja Alles aus.« Aber er fiel nicht, er sprang mit seiner dicken Backe, welche noch durch Watte und ein dickes Tuch verbunden war, wie eine Gemse ins Tal.«[571]

Der treue Felix Mottl bekommt Wagners Unberechenbarkeit zu spüren. Er berichtet:

An einem besonders heißen Nachmittage hatten wir eine Probe des ersten Aktes der »Walküre«. Ich hatte es übernommen, das Zeichen zum Aufspringen der Türe (»Siehe, der Lenz lacht in den Saal«) zu geben. Ich sah den Meister auf der Bühne herumgehen, als ob er etwas suchte. Sofort fragte ich ihn, ob ich ihm mit etwas dienen könnte, worauf er sagte, daß ihm ein Glas Bier sehr erwünscht wäre. Ich lief in die gegenüberliegende Restauration und kehrte bald stolz mit meinem Kruge zurück. Inzwischen war aber der Moment gekommen, wo die Türe hätte aufspringen sollen, was, da ich nicht dabei war, unterblieb. Als ich ankam, donnerte mich der Meister mit den Worten an: »Sind Sie hier als Kellner angestellt? Trinken Sie Ihr dummes Bier selbst!«[572]

Wagner erfindet das Festspielhaus. Er schafft die nötigen Gelder herbei. Er sucht sich seine Künstler aus und überredet sie, seinem Werk zu dienen. Er lehrt sie, Wagner zu singen, zu spielen. Er ist Intendant, Regisseur, Kapellmeister, Einstudierer, Schauspieler, Sänger, Sängerin, Kulissenschieber und Souffleur. Der tägliche Probenärger, die technischen und menschlichen Probleme bewältigt er mit Diplomatie, Zornesausbrüchen, Gelassenheit und Charme. Je näher der Eröffnungstag heranrückt, desto unentbehrlicher fühlen sich die Künstler. Da gibt es Primadonna-Allüren, Eifersüchteleien, Drohungen, plötzliche Heiserkeiten. Beim Probenbeginn pflegt er zu fragen: »Will heute keiner abreisen?« Der technische Riesenapparat ist überfordert. Wolken und Dämpfe sollen erzeugt werden. Die letzteren dringen in die Orchesterschlucht und verstimmen die Harfen. Man schwimmt im Rhein, man reitet durch die Luft, man dringt in die Unterwelt, man verwandelt sich in einen Riesenwurm, in eine Kröte, man wird unsichtbar. Riesen braucht man und Zwerge, Widder, Rosse, Drache und Bär. Es wird gekämpft, getötet und wieder zum Leben erweckt. Man schreitet über eine Regenbogenbrücke, man veranstaltet Feuersbrunst und Sintflut. Was sich in der Phantasie des Dichters und Komponisten einigermaßen machbar ausnahm, muß nun dem Publikum glaubwürdig vorgestellt werden. Wagner entwirft, ändert um und regt sich auf.

Ein wunderschöner Lindwurm (Fafner) wird bei einem Londoner *Spezialisten für Bühnenzauber* bestellt. Der besteht aus mehreren Teilen, kann sich schlängeln, die Augen rollen, Feuer speien und Dampf durch seine Nüstern zischen. Vorderteil, Rumpf und Schweif, Mittelstück mit Raum für Innenpersonal, und Halsstück kommen per Schiff über den Kanal. Oder sollen kommen. Kurz vor der Generalprobe telegraphiert Wagner nach London: »Warum ausbleibt Riesenwurm? Dringend benötigt!« Einzelne Stücke kommen an. Aber manches fehlt. Wagner befiehlt: »Das Vieh muß sich vollkommen im Hintergrund halten, damit der König nicht merkt, daß Fafner keinen Kopf und Hals hat!« Endlich erscheint der Kopf, aber ohne Halsstück. Fricke ist fassungslos:

> Es war wieder ein Stück vom Vorderteil angekommen, ich konnte nicht recht daraus klug werden, aber soviel sehe ich,

> »die zierliche Fresse« fehlt noch immer. Der Raum, auf welchem das Tier erscheint und mit Siegfried auch noch agieren soll, ist viel zu klein! Der Kampf, den Wagner angeordnet und der von Unger herzlich ungeschickt gemacht wird – kein Zweifel, lächerlich! – ist für kleine Kinder nicht gut genug. Besser, der Drache bleibt ganz weg! Und dieser Drache kostet 500 Pfd. Sterling.[573]

Das Halsstück ist verschwunden. Vielleicht kam es nach Beirut. Das hilft aber Wagner nichts, und der Kopf wird für die Eröffnungsvorstellung direkt an den Rumpf geheftet. Kein Wunder, daß der Berliner Kritiker Paul Lindau berichtet:

> Es ist ein großes Ungetüm... ein Mittelding zwischen Eidechse und Stachelschwein.[574]

Resigniert schreibt Wagner nach der Aufführung:

> ...alle Berichte bezogen sich aber auf diese erste Aufführung, und niemand ist es später eingefallen, nach den Erfahrungen der zweiten und dritten Aufführungen uns gegen die Vorwürfe der absurdesten Intentionen zu verteidigen, welche uns die unbillige Beurteilung der ersten Tage zugezogen hatte. Ebenso erging es uns mit der Herstellung des Lindwurmes übel: diese wurde einfach als eine Stümperei beurteilt, weil niemand sich die Mühe gab, zu bedenken, daß wir uns hier – aus Not – mit einer unfertigen Vorrichtung helfen mußten. Dagegen hatten wir, weil deutsche Mechaniker, hierfür noch nicht genügende Übung besaßen, uns an einen in England vorzüglich erprobten Anfertiger beweglicher Tier- und Riesengestalten gewendet, diesen mit großen Kosten honoriert, seinerseits aber die vermutlich aus dem sonst allgemeinen Unglauben an das rechtzeitige Zustandekommen der Aufführungen sich ergebenden Folgen der Verzögerung in der Zusendung der einzelnen Teile seines Werkes zu erfahren, so daß wir uns in der letzten Stunde entschließen mußten, unser Ungetüm ohne den Hals desselben, welcher noch heute auf einer der Stationen zwischen

London und Bayreuth unentdeckt liegt, mit dicht an den ungeheuren Rumpf gehettetem Kopfe, somit allerdings in großer Entstelltheit, in die Aktion zu führen.[575]

Am 13. August trifft Kaiser Wilhelm in Bayreuth ein und sieht sich die Erstaufführungen von *Rheingold* und *Walküre* an. Er gesteht Wagner: »Ich habe nicht geglaubt, daß Sie es zustande bringen würden.« Um dem Kaiser eine besondere Freude zu bereiten, bittet Wagner den Erbauer des Festspielhauses, Karl Runkwitz, um außergewöhnliche Illumination des ganzen Theaterkomplexes. Runkwitz berichtet:

> Ein Separatzug brachte den deutschen Kaiser, und auch seine Tochter, die Großherzogin von Baden, war gekommen. Zu Ehren dieser hohen Gäste war Festbeleuchtung des ganzen Festspielhauses angeordnet. Ich hatte Tausende von Tonschalen auf dem First des Hauses rundherum aufstellen lassen. Um eine schnelle Entzündung zu ermöglichen, sollten sie mit Terpentin betupft werden, aber die Arbeiter, die den Auftrag hatten, meinten es zu gut, sie begossen die Schalen mit Terpentin, und als die Festbeleuchtung begann, sahen die Festgäste zu ihrem Entsetzen keine Illumination, sondern ein Feuer, das mit jedem Augenblick bösartiger wurde. Brennendes Terpentin floß überall an den Fassaden herab, es züngelte und brannte, wohin man sah, die Gäste standen in Schrecken umher, und es sah aus, als wolle eine Panik ausbrechen und alles vom Festspielhügel hinwegfliehen. Überall begann man nach mir zu schreien ... Ich rannte im Frack hinaus aufs Dach, hinaus zu den größten der Brandherde, und es gelang mir und ein paar beherzten Arbeitern, mit langen Stangen die brennenden Schalen vom First zu stoßen. Es ging noch gut ab, aber leicht hätte es sein können, daß am Abend jenes Eröffnungstages vor unseren Augen das Werk von vier langen, schweren Jahren niedergebrannt wäre.[576]

Komischerweise wird schon im Frühling 1875 eine solche Katastrophe von einem übelwollenden Journalisten auf Wagners

Haupt gewünscht. Cosima berichtet in ihrem Tagebuch, sie habe den Artikel einer klerikalen Zeitschrift mit Wagner besprochen, in dem es heißt:

> Von mancherlei Ungemach, das der gläubige Christ als eine heilsame Zuchtruthe Gottes ansiehet, wird Bayern heimgesucht werden. Feuer- und Wassergefahr werden dräuen. Der Hagelschlag wird die Erndte durch große Landstriche verwüsten, brausende Wasserfluthen zahlreiche Wiesen und Felder zerstören. Ein fürchterlich Unglück aber wird sich in einer Stadt zutragen. Dort wird eine große Bude aufgeschlagen sein, in welcher aus Nah und Fern unzählige Schaulustige zuströmen. Musik, Gesang und schillernde nichtige Pracht wird in derselben die Sinne berücken. Aber eines Tages wird durch einen unglücklichen Zufall Feuer ausbrechen zu einer Zeit, wann die Bude mit Tausenden von Menschen angefüllet ist. Mit Riesenschnelle wird sich die Gluth ausbreiten. Entsetzen wird alles erfassen. Wo eine Minute zuvor noch sündiger Sang und Klang ertönte, wird es gellen gleich wie in der Hölle das verzweiflungsvolle Geschrei der Verdammten. Hunderte werden erdrückt werden und verbrennen, so daß nächsten Tags der über den rauchenden Schutt schreitende Fuß mit jedem Schritt auf halbverkohlte Leichen tritt. Es wird der Ruf des Entsetzens über dieses ungeheure Unglück durch die ganze Welt dringen und in den meisten Landen, sogar über dem Weltmeer bittere Thränen erwecken. An der Stelle aber wo die unglückselige Bude gestanden, wird fürder nicht mehr den sündhaften Lüsten der Welt gefröhnt, sondern es wird zum Gedächtniß der armen Seelen dort ein dem Himmel geweihter Tempel erbauet werden.[577]

Die Bude brennt aber nicht ab, trotz Federfuchser und Terpentin, und bis zum Ende August wird den Lüsten der Welt gefröhnt. Natürlich klappt nicht alles so wie es sollte. Cosima klagt:

> Erste Rheingold-Aufführung mit vollständigem Unstern, Betz verliert den Ring, läuft zweimal in die Kulissen wäh-

rend des Fluches, ein Arbeiter zieht den Prospekt zu früh bei der ersten Verwandlung heraus und man sieht die Leute in Hemdärmeln da stehn und die Hinterwand des Theaters, alle Sänger befangen etc. etc.[578]

Am Ende des dritten Zyklus ist die Presse zwar geteilter Meinung, aber den Zuhörern, unter ihnen viele ausübende Musiker, ist klar, daß es hier etwas ganz Außergewöhnliches zu erleben gab. Tschaikowsky stellt fest:

> Ich muß sagen, daß jeder, der an die zivilisatorische Kraft der Kunst glaubt, von Bayreuth einen sehr erquickenden Eindruck mitfortnehmen muß, angesichts dieses großartigen künstlerischen Unternehmens, das durch seinen inneren Wert und seine Wirkung geradezu einen Markstein in der Geschichte der Kunst bilden wird ... Die Bayreuther Feier ist auch zugleich eine Lehre für jene versteckten Verfolger der Kunst, welche in ihrer Hoffart glauben, daß fortgeschrittene Leute sich mit nichts anderem beschäftigen müßten, als was unmittelbaren, praktischen Nutzen bringt. Hinsichtlich der Förderung der materiellen Wohlfahrt der Menschheit haben die Bayreuther Festspiele allerdings keine Bedeutung, aber dafür eine um so größere und unvergängliche im Sinne des Strebens nach künstlerischen Idealen ... Sicher ist nur, daß sich in Bayreuth etwas vollzogen hat, woran sich noch unsere Enkel und Urenkel erinnern werden.[579]

Anfang September reisen die Festspielgäste ab, und die unvermeidliche Antiklimax stellt sich ein. Cosima notiert:

> Abends lange Besprechung der Aufführungen und der Erfahrungen, welche dabei gemacht. R. will die Matadoren Betz und Niemann nicht mehr; der erste ist aus Wut darüber, daß er nicht herausgerufen wurde, zu einer förmlichen Verhöhnung seiner Aufgabe gekommen! Brandt's Leistungen bei weitem hinter dem zurück, was man erwarten konnte! Richter nicht eines Tempos sicher – – trübseligste

Erfahrungen! ... Kostüme, Dekorationen, alles muß für die Wiederholung wieder vorgenommen werden. R. ist sehr traurig, sagt, er möchte sterben![580]

Vom finanziellen Standpunkt sind die Festspiele eine Katastrophe, und an eine Wiederholung im nächsten Jahr ist nicht zu denken. Erst muß das Riesendefizit getilgt sein. Die einzigen Verdiener sind die geschäftlichen Nutznießer. Das Café Sammet-Angermann serviert:

Flosshilden-Suppe mit Alberich-Einlagen
Nibelungen-Klöße
Wotan-Schinken à la Walhall
Siegmunds Stangenspargel
Sieglinden-Käse
Siegfried-Schnitzel
Brünnhilden-Beefsteak
Freias goldene Erda-Äpfel
Götterdämmerungs-Haxen[581]

Die Berliner Firma Moosdorf & Hochhäusler hat eine besonders geniale Idee:

Wagalaweia, woge, du Welle. Wie oft haben wir diese Lustlaute der Rheintöchter in Wagners unvergleichlichem RHEINGOLD bewundert und haben die holden Mädchen beneidet, wenn sie sich so frank und frei in den plätschernden Wellen bewegten. Und wenn der Sommer ins Land zog, da sind wir dem Wasser zugereist und haben eine frische See über uns hinrauschen lassen. Aber wir mußten unsere Wohnung verlassen und unsere Bequemlichkeit entbehren, wenn wir uns den Genuß eines Wellenbades schaffen wollten. Heute ist dem abgeholfen. Eine sinnreich konstruierte Badewanne liefert dem darin liegenden durch eigene Bewegung die prächtigsten Wellenstürze. Mit nur wenigen Eimern Wasser kann sich jeder sehr leicht den wildesten Wellenschlag herstellen, indem er das obere Ende der Wanne ergreift und leicht anfängt zu schaukeln. *Wagala-*

weia, woge, du Welle: durch das Rauschen und Plätschern des Wassers glaubt man Wagnersche Akkorde zu vernehmen. Dabei kostet der ganze Apparat nur vierzig Mark. Nun wird bald kein Haus mehr ohne WELLENBADESCHAUKEL sein, und jeder kann dann fröhlich sein *Wagalaweia, woge, du Welle* erschallen lassen. *Wagalaweia!*[582]

Festspieltrubel, Festessen, Empfänge, Liebedienereien, das ganze Drum und Dran: kein Wunder, daß Nietzsche, der Wagner verstand wie nur wenige, vom Grauen gepackt wird:

> Mein Fehler war der, daß ich nach Bayreuth mit einem Ideal kam; so mußte ich denn die bitterste Enttäuschung erleben. ... ich sah vor allem, wie selbst den Nächstbeteiligten das »Ideal« nicht die Hauptsache war, daß ganz andere Dinge wichtiger, leidenschaftlicher genommen wurden. Dazu die erbarmungswürdige Gesellschaft der Patronats-Herrn und Patronats-Weiblein, alle sehr verliebt, sehr gelangweilt und unmusikalisch bis zum Katzenjammer. ... Man hatte das ganze müßiggängerische Gesindel Europas beieinander.[583]

»Mit einem Ideal« kommt Nietzsche nach Bayreuth, das heißt, mit dem Vorsatz, Wagners revolutionäres Werk am eigenen Leibe zu erfahren. Worin besteht eigentlich das Revolutionäre, das Wagner so oft betont und demzuliebe er sein eigenes Theater errichtet? Dies Werk lebt nicht nur im musikalischen Bereich, der ohnehin für an Mozart, Rossini, Weber und Verdi gewohnte Ohren Neuland ist, sondern vor allem im Gesamtkonzept. Die Opernbühne dient hier nicht zur Erbauung, zur Unterhaltung, zum Schwelgen in Melodik, zur Betörung der Sinne, sondern zum elementaren Selbsterlebnis. Seht, sagt Wagner im *Ring,* dies ist die Welt und so entstand sie. Dies bist du, und so hast du die Welt zugerichtet, denn es fehlt dir an Liebe. An Liebe zum Menschen, an Liebe zur Welt. Aber so muß es nicht unbedingt ausgehen. Dem machthungrigen Wotan entspricht die liebende Brünnhilde. Beide gehen zugrunde in der kosmischen Katastrophe, aber die Tetralogie endet mit dem Thema der Liebesverheißung. Sie endet, wo sein letztes Werk, *Parsifal,* beginnt. Seit den Tagen des Äschylos hat kein

Künstler gewagt, sein Publikum so tödlich zu erschrecken, so mit sich selbst zu konfrontieren und so verheißungsvoll in eine mögliche Zukunft zu weisen.

Sechs Jahre vergehen bis zum nächsten Bayreuther Festspielsommer. Wagner selbst sind nur mehr sieben Monate zugedacht, aber seinen *Parsifal* erlebt er noch. Der Dirigent, Hermann Levi, schreibt seinem Vater, dem Oberrabbiner in Gießen:

> Bezüglich meiner Diäten in Bayreuth beruhige Dich, das wird sich schon finden. Unsre Orchestermitglieder bekommen 250 M. monatlich, freie Reise und freie Wohnung. Ich werde mir das Doppelte geben lassen, denn mehr brauche ich nicht, und ein Geschäft will ich bei dieser Sache nicht machen.[584]

Kann, darf ein Jude Wagner trauen, fragt der Vater. Levi beruhigt ihn:

> Dein letzter, urfrischer, reizender Brief hat mir die größte Freude gemacht. Du schreibst: »Könnte ich Wagner nur auch recht gut sein!« – Das kannst Du gewiß und sollst es! Er ist der beste und edelste Mensch. Daß ihn die Mitwelt mißversteht und verleumdet, ist natürlich; es pflegt die Welt das Strahlende zu schwärzen; Goethe ist es auch nicht besser ergangen ... Das schönste, was ich in meinem Leben erfahren habe, ist, daß es mir vergönnt wurde, solchem Manne nahe zu treten, und ich danke Gott täglich dafür. Also sei nur auch Du ihm von Herzen gut.[585]

Levi ist von allem begeistert. Von Bayreuth, von *Parsifal,* von Wagner:

> Die Proben sind in vollem Gange, und versprechen eine Aufführung, wie sie noch nie dagewesen ist. Welche Aufregungen ich durchgemacht habe, bis das Personal endlich zusammengestellt war, und bis der Meister mir seine Zufrie-

denheit ausgedrückt hat, kannst Du Dir denken. Das Orchester ist von berauschender Schönheit. 32 Geigen, 12 Violoncelle, 12 Bratschen. Auch der Chor ist gut. Diese ganze Woche probieren wir am ersten Akte. Heute Abend ist die erste Gesamtprobe mit Aktion. Wagner's sind von einer Güte zu mir, daß ich immer ganz gerührt bin. Am 12ten Juni bin ich hier angekommen; von diesem Tage bis zum 1. Juli, habe ich täglich mittags und abends in Wahnfried gespeist; oft ging ich um 12 Uhr mittags hin, und um 12 Uhr nachts wieder weg. Außer mir waren noch Joukovsky (ein Maler, der die Dekorationsskizzen gemacht hat, und mit dem ich sehr befreundet bin) und ein junger Baron Stein, Privatdozent der Philosophie in Halle, tägliche Gäste. Abends las der Meister vor, oder es entwickelten sich die interessantesten Gespräche, – ich habe nie eine glücklichere Zeit erlebt, als diese 3 Wochen. Jetzt freilich geht's aus einem anderen Tone. Ich gehe morgens 9 Uhr aufs Theater (dasselbe ist ½ Stunde von der Stadt entfernt) und komme abends 8 Uhr zurück. Zu Mittag esse ich in der dicht beim Theater gelegenen Restauration; nach Tisch schlafe ich eine Stunde, die übrige Zeit arbeite ich; 3 Stunden mit dem Orchester, 3 Stunden mit den Sängern, weitere 3 Stunden werden durch Besprechungen mit dem Maschinisten, mit dem Chordirektor, durch Anordnungen aller Art ausgefüllt. Also täglich 9 Stunden Arbeit.[586]

Dann kommt das Ende der Festspiele:

Vorgestern nach der Vorstellung knaxte ich zusammen, schlief den ganzen folgenden Tag und den heutigen bis 1 Uhr (aber wirklich, und zwar im Bett), aß eben bei Wagners zu Mittag und fühle mich wieder ganz wohl. Die letzte Vorstellung war herrlich. Während der Verwandlungsmusik kam der Meister ins Orchester, krabbelte bis zu meinem Pult hinauf, nahm mir den Stab aus der Hand und dirigierte die Vorstellung zu Ende. Ich blieb neben ihm stehen, weil ich in Sorge war, er könne sich einmal versehen, aber diese Sorge war ganz unnütz – er dirigierte mit einer Sicherheit, als ob er sein ganzes Leben immer nur Kapellmeister gewesen wäre. Am Schlusse des Werkes brach im Publikum ein Jubel los, der jeder Beschreibung spottet. Aber der Meister zeigte sich nicht, blieb immer unter uns Musikanten sitzen, machte schlechte Witze und als nach 10 Minuten der Lärm im Publikum noch immer nicht aufhören wollte, schrie ich aus Leibeskräften: Ruhe, Ruhe! Das wurde oben gehört, man beruhigte sich wirklich, und nun fing der Meister (immer vom Pulte aus) an, zu reden, erst zu mir und dem Orchester, dann wurde der Vorhang aufgezogen, das ganze Sänger- und technische Personal war oben versammelt, der Meister sprach mit einer Herzlichkeit, daß alles zu weinen anfing – es war ein unvergeßlicher Moment![587]

Im November, drei Monate vor Wagners Tod, ist Levi bei ihm in Venedig. Dem Vater teilt er mit:

Es war herrlich in Venedig. Jeden Tag um 11 Uhr ging ich in den Palazzo Vendramin, und abends um 11 Uhr verließ ich denselben, nahm an jedem Mahle teil, an den Gondelfahrten, täglich besuchten wir eine andere Kirche, kurz ich war wie berauscht von Glückseligkeit. Dem gegenüber denke ich gar nicht einmal nach, ob mir nicht ein Orden oder sonst eine Anerkennung gebührt hätte für den Parsifal; ich habe mir gerade »Ruhm« genug, und finde, wie gesagt, daß es mir viel zu gut geht. Übrigens wüßte ich auch nicht, welche Auszeichnung man mir geben sollte. Ein höherer bayr. Orden ist der Verdienst-Orden der bayr. Krone, aber der verleiht den persönlichen Adel, und das mag bei dem Namen Levi sein Bedenkliches haben.[588]

Wagner stirbt in Venedig am 13. Februar 1883, und zwei Tage später schreibt Levi seinem Vater:

In meinem furchtbaren, namenlosen Schmerz denke ich Deiner in Liebe! – Künftige Generationen werden ermessen, was die Welt an ihm besessen, und was sie verloren hat! – Es war mir vergönnt, ihn noch 24 Stunden vor seinem Tode zu sehen ... er war in der fröhlichsten Stimmung, noch um Mitternacht machten wir einen Rundgang durch die tollen Masken auf dem Platze, er führte seine Tochter Isolde, schritt mit der Rüstigkeit eines Jünglings einher ... um 1 Uhr fuhren wir in einer herrlichen Nacht nach Hause. Den folgenden Tag klagte der Meister, kam auch nicht zu Tisch, aber am folgenden Tage ... war er wieder ganz wohl ... Montag mittag reiste ich ab, der Meister begleitete mich bis zur Treppe, küßte mich wiederholt – ich war sehr bewegt – und 24 Stunden nachher!! –[589]

Der Festspielsommer findet ohne Wagner statt. Aber der *Parsifal* ist in guten Händen. Der Gießener Oberrabbiner freut sich an der Begeisterung seines Sohnes. Er liest:

Ich glaube, ich habe noch niemals in meinem Leben eine ähnliche Glücksempfindung genossen, wie jetzt, da ich dieser herrlichen Zeit rückschauend gedenke. Von der ersten Stunde der ersten Probe an, bis zum Verklingen der letzten Note bei der letzten Aufführung war ich in gehobener, feierlicher Stimmung. Alles gelang mir; nicht die geringste Unannehmlichkeit habe ich zu verzeichnen; der äußere Erfolg entsprach dem inneren Genügen; von Aufführung zu Aufführung steigerte sich mein Genuß an dem herrlichsten, tiefsinnigsten aller Werke und mein Stolz, zu seiner Interpretation berufen zu sein.[590]

Noch nach weiteren sechs Jahren fühlt Hermann Levi, was seitdem viele Menschen in Bayreuth zu spüren bekommen:

Die Festspiele gehen – leider! zu Ende! Ich werde Mühe haben, mich wieder in dem gewöhnlichen Leben zurechtzufinden.[591]

X.

Gericht in Walhall

Eine Annahme: man ist sich immer noch nicht schlüssig, ob Richard Wagner ein böser oder ein guter Mensch sei.

Eine Annahme: Juristen und Begutachter werden zu einer gerichtlichen Verhandlung über den Fall Wagner gebeten.

Eine Annahme: um verstorbenen Zeugen die Aussage zu ermöglichen, beraumt man an ein

GERICHT IN WALHALL

Mathilde Wesendoncks Plädoyer
»Ich darf mir einbilden, geehrte Richter, daß ich Wagner verstehe. Der Verfasser dieses Buches weist im vorangegangenen Kapitel auf die unglaubliche Überbürdung dieses Menschen hin. Ich frage mich, ob der Autor die seelische Belastung Wagners in seiner ganzen Tragweite erfaßt hat. Weiß er, wie das Schaffen und dann das Aufführen seiner Werke ihn aufzehrte, wie es ihn nahe an die Schwelle des Nicht-mehr-Möglichen, des Nicht-mehr-Tragbaren trieb? Ahnt er, daß *Tristan und Isolde,* für dessen Entstehung ich ja gewissermaßen mitverantwortlich bin, der Welt unverständlich geblieben wäre, hätte Wagner nicht seine Lebenskraft aufs Spiel gesetzt? Sie mögen lächeln, geehrte Richter, aber hier steht es, so schrieb er mir im Januar 1860 aus Paris. Hören Sie, wie der Mensch litt, und dann verurteilen Sie ihn, wenn es Ihr Gewissen erlaubt:

> Alles Erlebte will nichts sagen, gegen eine Wahrnehmung, eine Entdeckung, die ich in der ersten Orchesterprobe zu meinem Conzerte machte, weil sie über den ganzen Rest meines Lebens entschieden hat, und ihre Folgen mich nun

tyrannisch beherrschen werden. Ich ließ zum ersten Mal das Vorspiel zu *Tristan* spielen; und – nun fiel mir's wie Schuppen von den Augen, in welche unabsehbare Entfernung ich während der letzten 8 Jahre von der Welt gerathen bin. Dieses kleine Vorspiel war den Musikern so unbegreiflich *neu*, daß ich geradewegs von Note zu Note meine Leute wie zur Entdeckung von Edelsteinen im Schachte führen mußte.
Bülow, der zugegen war, gestand mir, daß die in Deutschland versuchten Aufführungen dieses Stückes nur auf Treu' und Glauben vom Publikum seien hingenommen worden, an sich aber gänzlich unverständlich geblieben wären. Es gelang mir, dieses Vorspiel dem Orchester und dem Publikum zum Verständniss zu bringen, ja – man versichert mich, es habe den tiefsten Eindruck hervorgebracht: aber *wie* ich diess zu Stande gebracht habe, danach fragt mich nicht! Genug, daß es nun hell und klar vor mir steht, daß ich an weiteres Schaffen nicht denken darf, ehe ich nicht die furchtbare Kluft hinter mir ausgefüllt habe. Ich *muß* meine Werke erst aufführen. Und was *heißt das?* –
Kind, das heißt mich in einen Pfuhl des Leidens und der Aufopferungen stürzen, in dem ich wohl zu Grunde werde gehen müssen.[592]

Der schöpferische Mensch, geehrte Richter, ist nicht der beste Advokat und Vorführer seiner Werke. Dazu haben wir Lehrmeister, Erläuterer, Sänger, Orchesterspieler, Regisseure und Bühnenpersonal. Wagner war alles in einem. Mußte es sein. Das war seine Lebensnot. Viele Menschen haben an Wagner gelitten, wurden von ihm beschimpft und mißachtet. Ich selbst könnte davon ein Liedchen singen. Ich fordere Sie auf, das Chaos zu ermessen, aus welchem er schöpfte und schuf, das Chaos, aus welchem seine Missetaten sowie seine Werke stammen. Ich verlange nicht von Ihnen, geehrte Richter, daß sie seine Missetaten gegen seine Werke aufwiegen. Jedes Schulkind könnte dies, und das Resultat wäre eindeutig genug. Ich fordere Ihr Verständnis.«

König Ludwigs Plädoyer
»Dieses Chaos, meine Herren und Damen, ist auch mir bekannt.

Den *Ring des Nibelungen* gibt man jetzt überall in der Welt, und sogar das einfache Volk darf heute erleben, was mein lieber Freund da geschaffen hat. Aber was hat es ihn gekostet! Im Mai 1870 teilte er mir mit:

> Was diese Arbeit heißt, kann leider nur *ich* ermessen! Vor der Nornenscene des Vorspieles der *Götterdämmerung* stand ich mit wahrem Grauen, und glaubte lange Zeit, mich nicht überwinden zu können, damit mich einzulassen... Und doch mußte es sein, und aus Grauen und Angst wob ich endlich selbst an dem Seile, welches, wie es nun kunstvoll gesponnen vor mir liegt, mir allerdings zu seltsam erhebender Freude gereicht: so etwas hat doch noch keiner gesponnen... so vermochte ich auch in diesen Tagen das Grauen vor der Scene Brünnhilde's mit Waltraute, welches mich lange Zeit peinigte, zu überwinden: auch diese Scene ist nun begonnen.[593]

Ich möchte meinen, dies ist, wie wenn eine Mutter ihr Kind gebiert, unter Schmerzen und vielleicht auf Leben und Tod. Nur die rechte Freude an seinen Schmerzenskindern blieb ihm versagt, denn die hat ihm die Welt vergällt. Rezensenten und Regisseure. Das sind die Schlimmsten. Ich habe da kürzlich Fürchterliches erleben müssen. Doch nichts weiter davon. Wir, meine Herren und meine Damen, sollten uns nicht der Illusion hingeben, daß Richard Wagner keine menschlichen Schwächen besaß. Wer besitzt sie nicht? Wüßte die Welt ebensoviel über Sie und über mich, wer weiß, ob wir nicht alle auf der Anklagebank säßen. Ich half ihm, so gut ich konnte, denn jede Generation muß bereit sein, ihren Wagner zu begreifen und zu ertragen und zu fördern. Frau Wesendonck sprach von dem Leid, das er vielen – auch mir – angetan. Doch was ist solch Leiden gegen das seine? Ich schließe mit Worten, die er mir im September 1865 zukommen ließ:

> So blickt auch derjenige tiefer, der da nicht glaubt, was die ganze Welt glaubt, z. B. daß ich am Miserfolge meines *Tannhäusers* in Paris, oder an der Schmälerung meines Ruhmes in den Zeitungen, oder wegen mangelnder Anerken-

nung litt: Oh nein! mein Leiden liegt tiefer; wer es erkennen will, muß aus meinen Werken selbst das vernommen haben, was die oberflächlich Hinhörenden nicht vernehmen können. Glücklicherweise ist diess aber nicht das Bewußtsein der Sünde, sondern einzig der Erlösung von der Sünde der Welt. Wer hat diese Erlösung aus meinen Werken herausgehört?«[594]

Julie Ritters Plädoyer
»Ja, sein Leiden, hoher Gerichtshof! Ich war 19 Jahre älter als er, und er betrachtete mich als seine mütterliche Freundin und Vertraute. Ich glaube, daß es Momente gab in seinem Leben, wo er die Schattenseiten seines Charakters erkannte. Da schrieb er mir im Mai 1857:

> Gerade Sie stehen mir doch eigentlich am nächsten von Ihrer Familie; denn nur Ihr Alter, und die von Ihnen gewonnene Freiheit des Charakters kann es Ihnen ermöglichen, jene unbegrenzte Nachsicht gegen die heftigen Eigenthümlichkeiten meiner Natur zu hegen, deren unsereins nun einmal bedarf, um seinerseits wieder die große Geduld und Ausdauer in der Berührung mit einer im Grunde ihm immer feindseligen, fremden und verletzenden Welt sich zu erhalten. Die hierzu nöthige große, umfassende Sympathie mit meiner ganzen Lage ist gewiß der Grund Ihrer Liebe zu mir; nur aus ihr wird Ihre große, aufopfernde Treue und Liebe erklärlich.
> Durch sie würden Sie sicher auch die Kraft gewinnen, im persönlichen Verkehr mir viele Unebenheiten meiner äußeren Art zu übersehen...[595]

Mein Töchterchen, ebenfalls Julie genannt, heiratete ein Mitglied von Wagners ehemaligem Dresdener Opernorchester, Herrn Otto Kummer. Er gratulierte ihnen – es war im Dezember 1852 – und schrieb:

> Jetzt bin ich im Ungewissen, ob ich mich todtschieße – oder nicht? Meine Frau meint, ich sollt' es lassen: es wäre ja alles

gut. Was meint ihr? Im Reiche gibt man jetzt ab und zu den *Tannhäuser*, ... Hier geb' ich nichts als mich selbst, und den mag man nicht, – ich auch nicht.[596]

Ich lese Ihnen diese Briefe vor, hoher Gerichtshof, weil es mich verdrießt, daß solcherlei Bekenntnisse von manchen Forschern einer späteren Epoche kaum erwähnt – ich mag nicht sagen unterschlagen – werden. Wenn solche Herren diese Briefe kannten, warum erwähnen sie sie nicht? Und wenn sie sie nicht kannten, ja dann hätten sie sie halt kennen sollen.«

Robert Doningtons Plädoyer
»Ladies and Gentlemen! Mrs. Ritter erwähnt Wagner-Forscher meiner Generation. Ich weiß, sie meint nicht mich, aber sie hätte fairer sein können. Kennt sie mein Buch, *Wagners Ring und seine Symbole,* das ich im Jahre 1963 veröffentlichte? Wenn ja, warum erwähnt sie es nicht? Wenn nein, so hätte die Lady es lesen sollen. Hören Sie:

> ... his artistic judgement was as sure as his personal judgement was erratic. Such a confusion between inner and outer reality occurs to all of us, but too much of it leads to the borders of insanity or beyond. Not that Wagner was insane; but there were times when he could hardly have tried his contemporaries more sorely if he had been. His megalomania was a burden to them and still more to himself; but there can be very little doubt that we owe to it Wagner's ability to carry through so prodigious a feat of concentrated insight and creativeness.[597]

Mein Dolmetscher wird es Ihnen verdeutlichen:

> So unfehlbar Wagners artistisches Urteilsvermögen war, so unsicher war es im privaten Bereich. Alle Menschen erleben solche Verwirrung der äußeren und inneren Wirklichkeit, aber zuviel davon führt an und über die Grenze des Wahnsinns. Wagner war nicht wahnsinnig, aber wäre er es gewesen, er hätte seine Mitmenschen manches Mal nicht schlim-

mer plagen können. Seine Megalomanie war nicht nur ihnen, sondern vor allem ihm selber eine Last. Allerdings ist nicht zu bezweifeln, daß diese Megalomanie gleichzeitig Wagner zu seinem unglaublich konzentrierten, intuitiv erkenntnisreichen Schaffen befähigte.«

Elisabeth Förster-Nietzsches Plädoyer
»Da stimmt etwas nicht!« Die energische Frauenstimme kam von der Zuschauergalerie. Einer der Richter, dem die Unterbrechung unstatthaft erschien, läutete sein Glöckchen, aber ein Beisitzer flüsterte ihm ins Ohr: »Wir würden uns lächerlich machen, wenn wir der Dame das Wort entzögen. Es handelt sich um Nietzsches Schwester.« Diese stand schon kopfnickend vor den Richtern, ein Bündel Papiere in der Hand:

»Dies sind die Aktien, ihr Männer und Frauen, ein kleines Vermögen, das ich einbüßte, weil ich seinem Rat nicht folgte. Herr Donington sprach von Wagners fehlerhaftem Urteilsvermögen im Alltag. Nicht in meinem Fall. O nein! Der Bankdirektor, bei dem ich meine Aktien deponierte, hatte eine selbstkomponierte Oper an Wagner geschickt und ihn um sein Urteil gebeten. Wagner warnte mich. ›Kindchen‹, sagte er, ›verkaufen Sie sofort! Ein Bankdirektor, der Opern schreibt, kümmert sich nicht genug um seine Bank.‹ Was soll ich Euch sagen, ihr Männer und Frauen? Die Bank machte bankrott, und ich büßte Tausende ein. Hätte ich ihm nur gefolgt!«

Man lächelte im Saal. Die kleine gewichtige Dame war aber noch nicht fertig. »Mein Bruder, ihr Männer und Frauen, der hat ihn geliebt. Seine *Geburt der Tragödie* schickte er ihm nach Tribschen. Das war – anno 1872. Wissen Sie, was der Wagner ihm darauf antwortete? ›Schöneres als Ihr Buch habe ich noch nicht gelesen! Alles ist herrlich!‹[598] Und vier Jahre später kam Friedrichs großes Werk heraus, *Richard Wagner in Bayreuth*. Da gab es ein Dankschreiben, das ich heute noch auswendig weiß: ›Freund!‹, so nannte er ihn – damals –, ›Freund! Ihr Buch ist ungeheuer! Wo haben Sie nur die Erfahrung von mir her?‹[599] In Wirklichkeit waren die zwei ja grundverschiedene Naturen. Wagner erzählte mir einmal, wie der Fritz ein rotgebundenes Buch nach Wahnfried gebracht und es auf das Klavier gelegt hatte. Das war Brahms. Die Noten reizten Wagner wie ein rotes Tuch den Stier. Tatsächlich bekam er dann einen regelrechten Wutanfall. ›Was sagte denn mein Bruder?‹ fragte ich ängstlich. ›Der sagte gar nichts‹, meinte Wagner. ›Er errötete und sah mich erstaunt mit bescheidener Würde an. Ich gäbe gleich hunderttausend Mark, wenn ich solch ein schönes Benehmen wie dieser Nietzsche hätte, immer vornehm, immer würdig. So was nützt einem viel in der Welt.‹ Ja, das hat er gesagt.«[600]

Damit setzte sich die zierlich Forsche in eine dunkle Ecke, wo sie sich mit etwas am Boden Liegendem abgab. Vielleicht kramte sie in ihrer Handtasche, oder womöglich streichelte sie einen Hund.

»Hohes Gericht!« Der Ankläger hatte sich erhoben. »*Die Geburt der Tragödie* und *Richard Wagner in Bayreuth:* wahrhaftig, zwei beachtliche Werke. Und wie hat der ›Meister‹ sie ihrem Verfasser gelohnt? Gewiß, es kam zu zwei artigen Dankeschöns, jedoch im Verkehr mit ihm – schließlich handelte es sich ja um den bedeutendsten Philosophen seiner Zeit! – da sah es oft traurig aus. Ein Beispiel: Die Wagners laden Nietzsche zum Essen. Er rührt nichts an und erklärt, er sei Vegetarier. Wagner schaut ihn an und antwortet: ›Sie sind ein Esel!‹«[601] Aus der Ecke, wo Nietzsches Schwester saß, ertönte ein trübes Knurren.

»Ein andermal«, fuhr der Ankläger fort, »schickte Nietzsche der Frau Cosima eine Überraschung ins Haus. *Nachklang einer Silvesternacht, mit Prozessionslied, Bauerntanz und Mitternachtsglocke* hieß des Philosophen eigene Komposition, gesetzt als vierhändiges Klavierstück. Als Komponist war er natürlich Amateur, aber die Gabe war gut gemeint und launig. Ein Jahr zuvor, am 25. Dezember 1870, hatte Wagner das *Siegfried-Idyll* seiner Gattin als Geburtstagsgeschenk vorgeführt, und jetzt will Nietzsche es ihm gleich tun. Er widmet seine Komposition der verehrten Gattin des verehrten Meisters. Man spielt sich das Stück unter zunehmender Heiterkeit vor, bis ein unbändiges Gelächter der Vorführung ein Ende macht. Es ist kaum anzunehmen, daß die Kunde vom derart verhöhnten Geschenk nicht bald an den Absender gelangte. Man beachte die Brüskierung, meine Damen und Herren, die verstohlene Demontage einer Freundschaft. Und dies von der klarblickenden Cosima und von Richard Wagner, dem manchmal kleinlich denkenden Denker.«

>»Wagner als Denker ist gleich so hoch wie
Wagner als Musiker und Dichter!«[602]

Verblüffung im Saal: niemand wußte, wer dies mit so klarer Stimme gesprochen hatte. Man blickte in die düstere Ecke der Nietzsche-Schwester. Ein weißlicher Schnauzbart schimmerte hervor. Dahinter ein teilnahmsloses Gesicht, ein Menschlein, das sich langsam erhob, gehüllt in einen braunen Kittel. Also kein Hund. Also der umnachtete Bruder, der einmal Friedrich Nietzsche war. Nein, das Gesicht war nicht völlig teilnahmslos: seine Augen brannten, aber ohne Ziel. Seltsam, daß seine Stimme so kräftig klang. Seltsam auch, daß die geduckte Gestalt sich wieder in ihren Schlupfwinkel verkroch.

Mit einem mitleidigen Achselzucken begann der Ankläger noch einmal. »Welch bedauernswertes Ende eines Lebens sondergleichen! Gewiß, es hieße der Phantasie die Zügel schießen lassen, wollte man hier auf einen Kausalzusammenhang anspielen. Immerhin scheint es unerläßlich, hohes Gericht, Ihnen jenen unerquicklichen Brief vorzulegen, in welchem Wagner es auf sich nahm, mit Dr. Otto Eiser, damals Nietzsches Arzt, über des vermeintlichen Freundes Anfälligkeit zu sprechen.« Hiermit wandte sich der Ankläger an den Vorsitzenden, schritt zu ihm hinüber und senkte seine Stimme. »Am 23. Oktober 1877 schrieb Wagner dem Arzt:

>In der verhängnisvollen Frage, welche die Gesundheit unseres Freundes N. betrifft, drängt es mich nun mit aller Kürze und Entschiedenheit Ihnen meine Ansicht, meine Befürchtung – aber auch meine Hoffnung mitzutheilen. Ich trage mich, für die Beurtheilung des Zustandes N.'s seit lange mit den Erinnerungen von gleichen und ähnlichen Erfahrungen, welche ich an jungen Männern von großer Geistesbegabung machte. Diese sah ich an ähnlichen Symptomen zu Grunde gehen, und erfuhr nur zu bestimmt, daß Folgen der Onanie vorlagen. Seitdem ich N.,

von jenen Erfahrungen geleitet, näher beobachtete, ist an allen seinen Temperamentszügen und charakteristischen Gewohnheiten meine Befürchtung zu einer Überzeugung geworden.‹[603]

Dr. Eiser möge aber nicht verzweifeln. Der Patient könne noch genesen, aber nur durch eine intensive Wasserkur. Nehmen wir an, meine Damen und Herren, daß der Inhalt dieses ganz und gar unstatthaften Briefes an den Patienten gelangte. Was dann? War damit die Freundschaft hinfällig geworden? Haben wir es hier mit einer weiteren Manifestation des Wagnerischen Dünkels, der Selbstverherrlichung des Komponisten zu tun, dem es nicht genügte, ein Kaiser unter den Komponisten zu sein, der darüber hinaus – –«

Hier wurde der Ankläger plötzlich unterbrochen. Der arme Nietzsche hatte anscheinend doch mehr gehört, als der Ankläger erwartete. Der *Kaiser unter den Komponisten* war ihm nicht entgangen, denn er zitierte mit ungebrochen lauter Stimme:

›Ich würde dem jungen deutschen Kaiser nicht die Ehre zugestehn, mein Kutscher zu sein. Es gibt einen einzigen Fall, wo ich meinesgleichen anerkenne – ich bekenne es mit tiefer Dankbarkeit. Frau Cosima Wagner ist bei weitem die vornehmste Natur; und, damit ich kein Wort zu wenig sage, sage ich, daß Richard Wagner der mir bei weitem verwandteste Mann war... Der Rest ist Schweigen.‹[604]

Der Sprecher blickte im Saal umher, wahrscheinlich ohne etwas zu sehen, dann nahm ihn das Dunkel wieder auf.

Der Ankläger unterließ es, seinen angefangenen Satz zu beenden. »Hohes Gericht«, sprach er, »der *Fall Wagner* erfährt seine besondere Beleuchtung durch den *Fall Nietzsche*. Was diesen betrifft, so ist sein sogenannter *Abfall* von Wagner aus wagnerischer Sicht zu betrachten und zu erklären. Da hatte ihm zum Beispiel der Bayreuther Meister das Textbuch zum *Parsifal* geschickt, und er unterzeichnet den Begleitbrief mit *Richard Wagner, Oberkirchenrat*. Nietzsche entnimmt der Unterschrift, was er dem Textbuch entnahm: Wagner hat sein Konkordat mit der Kirche geschlossen. Ist es zu verwundern, daß der Philosoph, der Atheist, später erklären kann, und ich zitiere:

> ›Richard Wagner, scheinbar der Siegreichste, in Wahrheit ein morsch gewordner verzweifelnder décadent, sank plötzlich, hilflos und zerbrochen, vor dem christlichen Kreuze nieder... Hat denn kein Deutscher für dies schauerliche Schauspiel damals Augen im Kopfe, Mitgefühl in seinem Gewissen gehabt? War ich der Einzige, der an ihm – litt?‹«[605]

Diesmal hatte Nietzsche den Ankläger ausreden lassen. Dann hörte man wieder des Kranken Stimme, jenes merkwürdig klare Organ, mit dem er ein eigenes Gedicht vortrug, das aus dem gleichen Buche stammt, aus dem der Ankläger vor kurzem zitiert hatte:

> ›Ist das noch deutsch?
> Aus deutschen Herzen kam dies schwüle Kreischen?
> Und deutschen Leibs ist dies Sich-selbst-Zerfleischen?
> Deutsch ist dies Priester-Hände-Spreizen,
> Dies weihrauchdüftelnde Sinne-Reizen?
> Und deutsch dies Stürzen, Stocken, Taumeln,
> Dies zuckersüße Bimbambaumeln?
> Dies Nonnen-Äugeln, Ave-Glockenbimmeln,
> Dies ganze falsch verzückte Himmel-Überhimmeln?...
> Ist das noch deutsch?
> Erwägt! Noch steht ihr an der Pforte...
> Denn was ihr hört, ist Rom, –
> *Roms Glaube ohne Worte!*‹[606]

Nietzsche, oder vielmehr Nietzsches Schatten kauerte sich zurück in den Schatten seiner Schwester. Diese aber schritt behende zu dem Vorsitzenden hinüber und fragte:

»Ist es statthaft, Herr Richter, an dieser Stelle ein Dokument von historischem Interesse vorzuweisen? Ich weiß, daß hier über Richard Wagner verhandelt wird, doch daß der Name meines armen Bruders nicht Unglimpf erleide, bitte ich, sein Beileidsschreiben zur Kenntnis zu nehmen, welches er anläßlich des Todes seines ehemaligen Freundes an Frau Cosima aufsetzte. Man höre:

> ›Sie haben einem Ziele gelebt und ihm jedes Opfer gebracht; und über die Liebe jenes Menschen hinaus erfaßten Sie das Höchste, was seine Liebe und sein Hoffen erdachte: dem dienten Sie, dem gehören Sie und Ihr Name für immerdar – dem, was nicht mit einem Menschen stirbt, ob es schon in ihm geboren wurde. Wenige wollen so etwas: und von den wenigen – wer kann es so wie Sie! So sehe ich heute auf Sie, und so sah ich, wenngleich aus großer Ferne, immer auf Sie, als die bestverehrte Frau, die es in meinem Herzen gibt.‹[607]

Seht nun, ihr Männer und Frauen, so einer war mein Bruder.« Elisabeth Förster-Nietzsche lächelte bekümmert und begab sich in ihren Erker.

»Man sollte andererseits nicht vergessen« – hier schaltete sich der Ankläger wieder ein –, »daß Nietzsche auch manch Böses über Wagner zu sagen hatte. Ebenfalls anläßlich des Todes von Richard Wagner schreibt er:

> ›Wagner hat mich auf eine tödliche Weise beleidigt – ich will es Ihnen doch sagen! –, sein langsames Zurückgehen und -schleichen zum Christentum und zur Kirche habe ich als einen persönlichen Schimpf für mich empfunden; meine ganze Jugend und ihre Richtung schien mir befleckt, insofern ich einem Geiste, der dieses Schrittes fähig war, gehuldigt hatte.‹[608]

Es wäre nun an der Zeit zu erwähnen, daß der arme Nietzsche nach seinem Zusammenbruch erklärte, *seine Frau Cosima* habe ihn in die Jenaer Klinik gebracht. Ebenso beachtenswert sind jene Kurznotizen« – hier flüsterte er –, »*Wahnsinnszettel* nennt man sie in Fachkreisen, die der Patient an Cosima adressierte. Da heißt es einmal, ›Ariadne, ich liebe Dich. Dionysos‹. Dann apostrophiert er, ›An die Prinzess Ariadne, meine Geliebte.‹ Er erklärt auch, ›Alexander and Caesar sind meine Inkarnationen, insgleiche der

Dichter des Shakespeare Lord Bakon. Zuletzt war ich noch Voltaire und Napoleon, vielleicht auch Richard Wagner... Ich habe auch am Kreuze gehangen.‹ «[609]

Hier läutete der Vorsitzende sein Glöckchen. »Herr Ankläger, Frau Förster-Nietzsche, Herr – Herr Professor Nietzsche, das Gericht dankt Ihnen für Ihre Ausführungen. Nun ist es angebracht, zum Gegenstand unserer Beratung zurückzukehren. Als Fakten können wir nunmehr feststellen, daß die engen freundschaftlichen Beziehungen zwischen Wagner und dem 31 Jahre jüngeren Nietzsche sich auflösten, so daß man in Wagners Kreisen von einem Abfall des Philosophen, in Nietzsches dagegen von einem Entrinnen sprach. Soviel ist sicher, daß der Philosoph dem Komponisten vorwarf, er liebäugele mit der Reichsidee und der Romidee.

Was die letztere betrifft, so muß ich allerdings dem Herrn Ankläger widersprechen. Als das Textbuch des *Parsifal* in Basel eintraf, war die Unterschrift mit dem *Kirchenrat* anders gemeint, als sie vom Empfänger und vom Herrn Ankläger verstanden wurde. Der *Kirchenrat* war reine Ironie und galt dem Basler Kirchenhistoriker Franz Overbeck, denn die vollständige Widmung lautet: ›Herzlichen Gruß und Wunsch seinem teuren Freunde Friedrich Nietzsche – Richard Wagner (Oberkirchenrat: zur freundlichen Mitteilung an Professor Overbeck).‹[610] Es sei ferner konstatiert, daß der Jüngere sich von den bevorstehenden Bayreuther Festspielen nichts weniger als eine Regeneration der Menschheit erwartete. Er prophezeite:

> ›*Zukunft von den Bayreuther Sommern:* Vereinigung aller wirklich lebendigen Menschen; Künstler bringen ihre Kunst heran, Schriftsteller ihre Werke zum Vortrage, Reformatoren ihre neuen Ideen. Ein allgemeines *Bad der Seelen* soll es sein; dort erwacht der neue Genius, dort entfaltet sich ein Reich der Güte.‹[611]

Doch das Bayreuther Erlebnis war ein niederschmetterndes für Nietzsche. Er sah dort Wagner als Manager, als Macher von Honneurs, als Diplomaten, der sich mit allen Seiten arrangierte, und das erhoffte Seelenbad blieb aus.«

Weiter kam der Vorsitzende vorerst nicht, denn da war sie wieder, diese wohllautende Stimme des gestörten Kranken:

»In Bayreuth ist man nur als Masse ehrlich, als einzelner lügt man, belügt man sich. Man läßt sich selbst zu Hause, wenn man nach Bayreuth geht, man verzichtet auf das Recht der eignen Zunge und Wahl, auf seinen Geschmack, selbst auf seine Tapferkeit, wie man sie zwischen den eignen vier Wänden gegen Gott und Welt hat und übt... Im Theater wird man Volk, Herde, Weib, Pharisäer, Stimmvieh, Patronatsherr, Idiot – Wagnerianer... da regiert der Nachbar, da wird man Nachbar.«[612]

Der Vorsitzende nickte bedächtig und bemerkte mit leiser Stimme: »Oder wie Goethe sagt, die Erfahrung sei fast immer eine Parodie auf die Idee. Doch vergessen wir nicht, daß beide Männer unter der unvermeidlichen Trennung litten. ›Hören Sie Gutes von Wagner?‹ fragt Nietzsche eine Korrespondentin, und er gesteht:

›Man hat mir erzählt, daß er gegen mich schriebe. Möge er damit fortfahren: es muß die Wahrheit auf jede Art ans Licht kommen! Ich denke in einer dauernden Dankbarkeit an ihn, denn ihm verdanke ich einige der kräftigsten Anregungen zur geistigen Selbständigkeit.‹[613]

Ungefähr zur gleichen Zeit teilt Wagner dem schon erwähnten Professor Overbeck mit:

›Wie wäre es möglich, diesen so gewaltsam von mir geschiedenen Freund zu vergessen? ... Daß ich aber so gänzlich davon ausgeschlossen sein soll, an Nietzsches Leben und Nöten teilzunehmen, betrübt mich. Würde ich unbescheiden sein, wenn ich Sie herzlich ersuchte, mir einige Nachricht über unseren Freund zukommen zu lassen?‹[614]

Das Leben hat es beiden schwergemacht.«

»Ja«, seufzte es aus dem Erker. Noch einmal ließ sich der arme Nietzsche vernehmen, deutlichst vernehmen:

»Wir waren Freunde und sind uns fremd geworden. Aber das ist recht so, und wir wollen's uns nicht verhehlen und verdunkeln, als ob wir uns dessen zu schämen hätten. Wir sind zwei Schiffe, deren jedes sein Ziel und seine Bahn hat; wir können uns wohl kreuzen und Feste miteinander feiern, wie wir es getan haben... Aber dann trieb uns die allmächtige Gewalt unserer Aufgabe wieder auseinander, in verschiedene Meere und Sonnenstriche, und vielleicht sehen wir uns nie wieder... Daß wir uns fremd werden mußten, ist das Gesetz über uns: eben dadurch sollen wir uns auch ehrwürdiger werden! Eben dadurch soll der Gedanke an unsere ehemalige Freundschaft heiliger werden! ... Aber unser Leben ist zu kurz und unsere Sehkraft zu gering, als daß wir mehr als Freunde im Sinne jener erhabenen Möglichkeit sein könnten. – Und so wollen wir an unsere Sternenfreundschaft glauben, selbst wenn wir einander Erdenfeinde sein müßten.«[615]

Es war still im Saal, und niemand wollte die Stille brechen. So beraumte der Vorsitzende eine Mittagspause ein.

Freifrau von Bissings Plädoyer
»Ich war damals 7 Jahre alt. Mein Name war Myrrha Wesendonck. Mammi liebte Wagner. Ich auch. Der kleine Guido war tot. Es wurde still im Haus. Da kam sein Brief:

Venedig, 10. März 1859.

Meine liebe Myrrha!
Das war ja ein ganz wunderschöner, wirklich geschriebener Schreibebrief, den Du mir geschrieben hast! Wer es nicht glauben will, der möge ihn selbst sehen! Mein Kind, so schön kann ich nicht schreiben; dazu bin ich schon viel zu alt! ... Auch ich habe mit Euch um den lieben Guido geweint. Wenn Du ihm wieder Blumen schenkst, grüße ihn auch von mir! Sehr gefreut hat es mich, von Dir zu erfahren, daß Karl so schön wächst. Daß er nicht dasselbe Gesicht hat wie der liebe Guido, möge Dich nicht abhalten, ihn dennoch ganz wieder für den Guido zu nehmen. Glaube mir, er ist auch ganz und gar der Guido wieder, nur – hat er eben ein andres Gesicht... wenn's zur Hauptsache kommt, zum Weinen

oder Lachen, da weint oder lacht Einer mit seinem Gesichte doch so gut wie der Andere ...

Somit siehe den Karl nur immer fest und treu für den Guido an; der wollte sein Gesichtchen nur früher so recht in die schöne Ruhe bringen, die die meisten Menschen erst nach sehr vielem Weinen und Lachen, und andren Gesichtskrämpfen sich aneignen können. Aber endlich bringt's doch jeder dahin, zumal wenn er recht gut und freundlich ist ...

Nun überlege Du Dir das recht, meine liebe Myrrha; und da Du mich so schön einlädst, Dich einmal zu besuchen, so will ich wirklich bald einmal kommen, um mit Dir diese Dinge weiter zu besprechen.[616]

Ein guter Brief, hohes Gericht, nicht wahr?«

Hans von Bülows Plädoyer
Seine Mundwinkel zitterten, sein Gang war unsicher, doch die Stimme war fest.

»Herr von Bülow«, sprach der Ankläger, »wir haben Sie hierhergebeten, weil wir Sie für einen besonders wichtigen Zeugen halten.«

Der Angeredete verneigte sich leicht.

»›Das Jahrhundert hat drei berühmte Männer gesehen‹, so sagten Sie damals, ›Napoleon, Bismarck und Wagner, die man nicht für Menschliches, ja für nichts verantwortlich machen darf.‹[617]

Lassen wir den Eroberer und den Kanzler aus dem Spiel. Hier geht es um den Mann, der Ihre Gattin, Cosima von Bülow, die Tochter Ihres verehrten Herrn Schwiegervaters Franz Liszt, Ihnen entriß, der – verzeihen Sie die Deutlichkeit des Ausdrucks – der also in die Bülowsche Ehe eindrang, der mit der Gemahlin kohabitierte, während der Gatte sich im selben Hause befand, der mit seines Freundes Frau – denn sein Freund waren Sie –«

»Bin ich!« unterbrach der Zeuge und lächelte.

»– der also mit seines damaligen und jetzigen Freundes Frau zwei Mädchen gezeugt, Isolde und Eva, noch ehe das Traugelöbnis sich löste. Diesen Menschen, diesen Freundschafts- und Ehebrecher wollen Sie, der Hintergangene, *für nichts verantwortlich machen?* Wie reimt sich das zusammen?«

»Genau die Frage, die ich mir selber oft gestellt habe.« Bülow blickte im Saal umher und nickte einige Male, als er bekannte Gesichter wahrnahm. »Vielleicht gelingt es unseren gemeinsamen Bemühungen, Herr Ankläger, die Antwort zu finden.« Einer blauen Ledermappe entnahm er etliche Schriftstücke.

> »Glimmt für die Kunst in Ihnen eine ächte, reine Gluth, so wird die schöne Flamme Ihnen sicher einst entbrennen; das Wissen aber ist es, was diese Gluth zur kräftigen Flamme nährt und läutert.[618]

Das schrieb er mir damals in mein Stammbuch, als ich ihn als Sechzehnjähriger in Großgraupa aufsuchte. Den *Rienzi* hatte ich schon vier Jahre zuvor angestaunt.«

Der Ankläger unterbrach ihn. »Eine ernste und ermutigende Widmung. Wie schade, daß der Schreiber solcher freundlichen Zeilen Ihnen später solch schlechte Freundschaft bewährte. Es heißt, Sie seien nach der Trennung von Ihrer Gattin einem Nervenzusammenbruch knapp entronnen.«

»Knapp, ja, aber entronnen.« Bülow lachte ganz kurz – vielleicht war es auch ein unwillkürlicher Klagelaut. Der Ankläger fuhr fort: »Sie erwogen dann eine Lösung: die Pistole.«

Wieder dieser seltsame, undefinierbare Laut aus Bülows Kehle. »Ja, die Pistole kam in Betracht. Aber wäre es denn möglich gewesen, den Menschen Richard Wagner zu erschießen, ohne seinen Werken ein Haar zu krümmen? Dann gäbe es heute keine *Götterdämmerung*, keinen *Parsifal*, und ich stünde jetzt vor Ihnen als der ruchlose Abtreiber der sublimsten Kulturgüter unserer Zeit.«

Er lehnte sich zurück, und nur die Allernächsten hörten den zarten Mischlaut von bitterer Freude. Dann sagte er leise: »1850. Ich war 20 Jahre alt. Musiker wollte ich werden. Meine Eltern waren entsetzt. Man ist ja schließlich ein preußischer Edelmann und kein klimpernder Notenfuchs. Dem Wagner klagte ich meine Not, und der schrieb an meine Mutter:

> ... Ich habe beobachtet, daß seine liebe zur kunst, und namentlich zur musik, sich nicht auf flüchtige erregung, sondern auf große, ja ungewöhnliche befähigung sich gründete.
> ... von Ihnen kann ich nicht anders annehmen, als daß Sie

nur der überzeugung hiervon bedürfen, um den wunsch Ihres sohnes, der musik ganz sich zu widmen, auch zu dem Ihrigen zu machen ... Sie werden wünschen Ihr sohn möge wenigstens als jurist erst absolvieren, um für denkbare fälle des erschwerten fortkommens auf der künstlerischen laufbahn die andere ihm offen zu erhalten. Wenn die fürsorge der besten mütterlichen liebe hierin unverkennbar ist, so muß ich Sie dennoch bitten, mir die entgegnung zu erlauben, daß ich die erfüllung dieses wunsches für verderblich halte; verderblich für die fernere entwickelung des charakters und der thätigkeit Ihres sohnes, verderblich für die erhaltung eines gedeihlichen, ungestört liebevollen verhältnisses zwischen sohn und mutter ... Der keim aller grundverderblichsten übel ist aber, gewiß auch nach Ihren erfahrungen, das mistrauen; bezeugen Sie diess jetzt – und gerade jetzt – Ihrem Sohne, indem Sie ihn durch Ihren ungebrochenen mutterwunsch zwingen, zu einem in tiefster seele verhaßten studium zurückzukehren, ohne den wunsch, ohne den trieb, und somit ohne die aussicht, je aus ihm vortheil zu ziehen, so zerstören Sie seinen eifer zur thätigkeit überhaupt ... geben Sie willig und gern und schnell dazu Ihre zustimmung, daß Ihr sohn nicht einen augenblick mehr im zwange gegen seine wohl begründete und geprüfte neigung lebe; gestatten Sie ihm, daß er zunächst das bevorstehende winterhalbjahr hier in Zürich bei mir zubringe, um unter meiner anleitung, in gemeinschaft mit seinem freunde Ritter, das praktische fach eines musikalischen dirigenten zu erlernen; erwarten Sie mit ruhe, welche weitere wendung seine laufbahn als praktischer künstler nimmt; ... So werden Sie die genugthuung erhalten, einen tüchtigen, vielleicht bedeutenden künstler Ihren sohn zu nennen, einen frohen, selbstbewußten menschen der welt geschenkt und den köstlichen genuß wahrester und innigster liebe dieses sohnes und menschen sich gewonnen und gewahrt zu haben!«[619]

»Ein kulantes Angebot. Und wie reagierte Ihre Frau Mutter?« fragte der Ankläger. »Sie fiel von einer Ohnmacht in die andere. Sie hielt Wagners Einfluß auf mich für lebensgefährlich. Da schaltete sich der Herr Papa ein. Er schlug einen klugen Kompromiß vor. Musiker, vielleicht. Aber nicht in Zürich bei Wagner, sondern in Berlin, im Bülowschen Milieu. Ich entschied mich für Wagner, der auch gleich meinem Vater die Sachlage darstellte:

> Es war ein besonderer umstand, der mir zufällig in Zürich es in die hand gab, über die hiesige musikdirection zu verfügen; und Ihr sohn, sobald es ihm mit dem musikalischen berufe ernst war, mußte ebenso begierig die von mir ihm gebotene gelegenheit zu seiner praktischen ausbildung ergreifen, als seinen Aeltern, wenn es ihnen wiederum damit ernst war, diese gelegenheit ihrem sohne zu verschaffen, es günstig erscheinen mußte, die dargebotene ergriffen zu sehen ... Sie hielten es für gut, Ihrem sohne bei seinem aufenthalte in der Schweiz selbst einen besuch bei mir in Zürich zu verwehren ... Ich gestehe, daß der hierauf begründete argwohn gegen die aufrichtigkeit der Aeltern Hansens in bezug auf ihre zustimmung zu seiner berufswahl in mir stark ist, und daß er, da er weniger mich, als das künstlerische lebensglück Ihres sohnes berührt, mir die kraft gegeben hat, es auf mich zu nehmen, Ihre beschlüsse auf einen augenblick zu durchkreuzen. Ich hatte mir zu sagen, daß ich in der schwebenden angelegenheit Ihren sohn, seine fähigkeiten und das zu ihrer vollen entwickelung nöthige richtiger zu beurtheilen im stande sei, als seine eigenen ältern, die hierin ohne wirkliche sympathie für ihn blieben. Jedenfalls muß ich es dahingestellt sein lassen, ob es Sie erfreut, wenn Sie jetzt durch mich erfahren, daß Ihr sohn mich durch die stufe, auf die er bereits als künstler gelangt ist, wahrhaft überrascht hat, daß ich in ihm einen ganz außerordentlich befähigten und schnell entwickelten künstler erkannt habe, und so große hoffnungen auf ihn setze, daß ich – verzeihen Sie mir! – Ihre mir etwa zugezogene ungeneigtheit für jetzt gegen den gewinn dieser hoffnung mit in den kauf nehme, da ich weiß, daß auch diese ungeneigtheit durch gewahrung des erfolges sich gewiß verlieren wird. Ja, ich weiß, Sie danken mir einst ebenso sehr, als Sie Ihren sohn lieben!

Mit größter hochachtung, verbleibe ich, hochgeehrter Herr,
Ihr sehr ergebener Richard Wagner.
Zürich, 12. Oct. 50«[620]

»Ich danke Ihnen, Herr Baron«, sagte der Ankläger. »Beide Briefe sind in der Tat bemerkenswert. Dem Anschein nach uneigennützig, aber im Grunde durchaus verschlagen. So wie Richard Wagner den jungen Mann und dessen Eltern manipulierte, wird er später den Hofkapellmeister von Bülow und dessen Angetraute, ganz zu schweigen vom König und der Kabinettskasse, zu manipulieren wissen.« Bülow erwiderte: »Ja, so kann man das auch auffassen. Aber daß er mir die Musik erschloß, die Musik und ihre namenlose Seligkeit, wie kann ich ihm das vergessen?«

»Nun denn«, antwortete der Ankläger. »Wagner bildet Sie also zum Dirigenten aus, und am Flügel werden Sie unübertreffbar, es sei denn von Ihrem Lehrer, Franz Liszt. Dessen Tochter heiraten Sie dann, und einen erheblichen Teil der Hochzeitsreise verbringen Sie mit Wagner, in seinem Schweizer *Asyl* bei Madame Wesendonck. Da hat dieser Herr gleich drei Damen um sich, Ihre Gattin, die Wesendonck und seine eigene Frau. Sie halten es gewogenerweise dem Tatsachendrang des Gerichts zugute, Herr Baron, wenn ich kurz aus zwei Briefen zitiere, die Sie 1859 an Wagner schrieben:

> ... Die siebenzig Taler für das Arrangement der Iphigenie in Aulis denke ich nicht daran, in die Tasche zu stecken. Sie liegen intakt bei mir, für den Fall reserviert, daß Du Dich einmal in ganz drängender Klemme befinden solltest. Ich habe die Arbeit für Dich gemacht und will höchstens Deinen Dank für einen geringen Liebesdienst. Tu mir die einzige Liebe und acceptiere sans façon und komme recht bald in Verlegenheit, damit ich das Sündengeld los werde.[621]

Ein großherziges Angebot. Wir wissen ja zur Genüge, daß Richard Wagner von aller Welt Gelder bekam, aber so leicht wie Sie hat es ihm keiner gemacht. Im gleichen Jahr gestehen Sie ihm, daß ein Anspruch auf seine Freundschaft von Ihrer Seite nicht bestünde:

> ... ein Mensch wie Du, der nicht seines gleichen hat, der außer aller Linie steht, einer anderen Welt angehört, als dieser gemeinen und trivialen – wie sollte dem Freundschaft zu Teil werden können? Freunde blickt man an, zu Dir blickt man auf. Z. B. ich, der nicht gerade zu den unanständigsten Mitgliedern seiner Zunft gehört, ich wäre – in *vollstem Ernste* – wohl geneigt, Dein Stiefelputzer und Kommissionär zu werden, aber den Anspruch, von Dir Freund genannt zu werden, bin ich nicht frech genug, zu erheben.«[622]

Noch bevor der Ankläger mit dem letzten Satz fertig war, stand Bülow auf und wandte sich an den Vorsitzenden: »Hohes Gericht! Man kann mitunter irregehen, wenn man sogenannte Dokumente auswählt, um zu einem erhofften Ergebnis zu kommen. Vorsicht also. Es wird dem Herrn Ankläger wieder einmal ungereimt vorkommen, wenn er hört, was ich im gleichen Jahr, im Oktober 1859, an meinen Schwiegervater schrieb:

> Unnötig zu wiederholen, daß ich schon seit langem aufgehört habe, auf Wagners Worte zu schwören, wie etwa auf eine Art Evangelium – mit Schmerz muß ich nun vernehmen, daß er neben seinen Rauheiten und Unfreundlichkeiten auch noch heuchelt, und fast möchte ich Karl Ritters herbes Urteil, womit er vor sechs Jahren meine vergötternden Illusionen geißelte, unterzeichnen, wenn Deine Güte nicht eine Formel gefunden hätte, der beizustimmen mit Hilfe eines hartnäckigen Optimismus eben noch möglich ist· ›man müsse ihn als großen Herrscher behandeln, der etwas krank, also nicht verantwortlich ist.‹[623]

Wie sich das zusammenreimt? Wissen Sie, Herr Vorsitzender, wer mit Wagner umgeht, lernt reimen.«

Das fast gelangweilte Lächeln des Anklägers verriet, daß er so etwas erwartet hatte. Er fuhr fort:

»Im nächsten Jahr, im Oktober 1860, wird Ihr erstes Kind geboren. Sie nennen es Daniela Senta. Der zweite Name ist ein weiterer Beleg für Ihre und vielleicht auch Ihrer Gattin anhaltende Bewunderung für den Komponisten des *Fliegenden Holländers*. Und nun beginnt der berühmte Mann, sich in das Eheleben einzumischen. Ich stehe hier als Ankläger, aber als Liebhaber der Wagnerschen Musik schmerzt es mich, sein wölfisches Verlangen unter dem tarnenden Schafspelz des sorgenden Freundes festzustellen. Im September 1861 schreibt er an Sie:

> Eine Nachricht von Dir und Cosima würde mich sehr gefreut haben: über *sie* habe ich mich in Reichenhall sehr gefreut. Wenn sich das böse Kind nur recht schonen wollte! Ich höre, sie ist wieder bei ihrem Vater zu Besuch, wenn sie da nur nicht wieder zu den kleinen, ihr aber so schädlichen Exzessen sich hinreißen läßt. S' ist ein wildes Kind, dabei bleibe ich! Aber sie hat großen Adel ... Ihr Aussehen hat mich im übrigen sehr beruhigt: gewiß wird es mit ihr gut und freundlich gehen! – Leb' wohl, mein Hans! – ... Grüß' Cosima und bleibt mir beide gut![624]

Zwei Jahre später, im März 1863, gebiert Ihnen Frau Cosima ihr Töchterlein, Blandine. Ihr zweiter Name ist Elisabeth, wiederum ein Zoll gezahlt an den Komponisten des *Tannhäuser*. Und nun kommt es zu einem erstaunlichen Hin und Her. 1864, im Jahr der sogenannten Rettung Wagners durch König Ludwig II., zieht Frau Cosima mit beiden Kindern zu Wagner. Sie selber wohnen zwei Monate mit ihm und den Ihren. Dann reisen Sie alle wieder fort, und Wagner verschafft Ihnen eine Anstellung als ›Vorspieler‹ des Königs. Ihre Gattin lebt teilweise bei Ihnen, teilweise bei ihm. Im September 1864 bekommen Sie einen arglos verschlüsselten Brief von ihm:

> Cosimas leidender Zustand ängstigt auch mich. Alles was sie betrifft, ist außerordentlich und ungewöhnlich: ihr gebührt Freiheit im edelsten Sinne. Sie ist kindlich und tief – die Gesetze ihres Wesens werden sie immer nur auf das Erhabene leiten. Niemand wird ihr auch helfen, als sie sich selbst! Sie gehört einer besonderen Weltordnung an, die wir aus ihr begreifen lernen müssen. – Du wirst in Zukunft günstigere Muße und eigene Freiheit in besserer Genüge haben, um

dies zu beachten, und um Deinen edlen Platz an ihrer Seite zu finden. Auch das gereicht mir zum Trost! –⁶²⁵

Es gereicht dem Ehebrecher zum Trost, daß der Gemahl seinen ›edlen Platz an ihrer Seite‹ finden wird, das heißt, sein Gattenrecht an den ›Freund‹ überträgt, um fortan seiner rechtmäßigen Gattin Freund zu bleiben.

Verzeihen Sie, Herr Baron, aber das finde ich monströs. Die Folgen bleiben auch nicht aus: neun Monate nach dem Zusammenwohnen mit Wagner wird Frau Cosimas dritte Tochter geboren. Der Vater sind leider nicht Sie, Herr von Bülow, und das Kind heißt Isolde. Im übrigen dirigieren Sie zwei Monate später die Uraufführung von *Tristan und Isolde,* also noch immer sein Bannerträger, sein Kapellmeister.«

»Sein Kapellmeister, ja, und sein Kurwenal.« Bülow sprach jetzt zu allen Anwesenden. »Sie kennen die triste Geschichte von König Marke, von Isolde, seinem jungen Weib, und von Tristan, der dem König die Treue bricht und ihm die Gemahlin entführt. Nein, ich betrachte mich nicht als der verratene König. Ich halte es eher mit Hans Sachs, denn der singt:

> Mein Kind, von Tristan und Isolde
> kenn ich ein traurig Stück:
> Hans Sachs war klug und wollte
> nichts von Herrn Markes Glück.⁶²⁶

Wenn ich mich mit einer Rolle identifiziere, dann mit Kurwenal, Tristans Gefolgsmann und Beschützer. Kurwenal ahnt, wie sein Herr leidet, am Leben leidet. Denn wer wählen muß zwischen Freundestreue und Liebeszauber, der muß immer falsch wählen. So geschieht es Kurwenal wie eine Erlösung, wenn er bei Tristans Leiche sterben darf:

> Tristan! Trauter!
> Schilt mich nicht,
> daß der Treue auch mitkommt!⁶²⁷

Die Oboen und Fagotte blasen da die ersten vier Noten seines Treue-Motivs – zu weiteren ist keine Zeit mehr. Das schrieb, das komponierte derselbe Wagner, der mir die Treue versagte.« Bülow pausierte. Da keiner das Wort ergriff, sagte er noch kurz: »Besser so, als anders herum.«

Nach einem kurzen Schweigen schaltete sich der Ankläger wieder ein. »Wenn ich weiter skizzieren darf – im April 1866 erhalten Sie Wagners unumwundene Einladung zur semi-permanenten ménage-à-trois:

Luzern, 8. April 1866
Nun, mein lieber Hans, ein gutes Freundeswort zu Dir! – Ich habe soeben an den König geschrieben, daß ich jetzt hier bleibe. Dir sage ich: Hier vollend' ich's, was uns allen taugen soll ... Ich hab' auf ein Jahr ein schön gelegenes, wohlgeräumiges Landhaus am Luzerner See gemietet ... Ich rechnete dabei einzig darauf, daß Ihr solange als nur möglich mit mir es bewohnt ... Mein Haus hat drei Stockwerke. Der unterste mit Salon usw. gehört Euer – der mittlere mir –, der obere den Kindern und Leuten. So können wir zusammen leben, ohne uns im mindesten zu stören. Meine Einkünfte reichen – namentlich nach dem Tode meiner Frau – vollständig aus, eine größere Familie leicht und mit gutem Anstand mit allem Nötigen zu versorgen. Du bist mit Weib, Kind und Dienervolk daher ernstlich und innigst freundschaftlich von mir eingeladen, das Landhaus mit mir zu bewohnen und meine schlichte Bewirtung Euch gütigst gefallen zu lassen. Erfüllst Du meine Bitte, so trägst Du das Größte, ja Einzige zu meinem Gedeihen, zum Gedeihen meines Werkes – meines einstigen Wirkens bei. Bestimme ganz wie Du willst, gehe ab und zu, bleibe, ganz wie Dir's gefällt, nur betrachte von diesem Frühjahr an – solange als irgend möglich – mein Haus als Dein Haus – meine Wirtschaft als Deine Wirtschaft, als häusliche Basis Deiner etwaigen Unternehmungen ... Leb wohl und sei mir grenzenlos gut – Alors – Sire – vous faites bien![628]

Sie akzeptieren. Im Juni ziehen Sie mit Gemahlin und Kindern zu Wagner. Allerdings reisen Sie alle nach knappen drei Monaten wieder fort. Aber Frau Cosima kehrt Ende September mit allen Kindern zu ihm zurück. Im Februar des nächsten Jahres schenkt sie Wagner ihr viertes Kind, Eva. Sie aber, Herr Baron, werden zum Königlich Bayerischen Hofkapellmeister ernannt und übernehmen die Leitung der Königlichen Musikschule in München. Noch einmal verläßt Frau Cosima den Komponisten und nimmt ihre Wohngemeinschaft mit Ihnen und den Kindern wieder auf. Im Juni dirigieren Sie die Uraufführung der *Meistersinger* in München, und im nächsten Monat sind Sie allein. Ihre Gattin verläßt Sie endgültig und wird nun bei Wagner bleiben.«

Bülow hatte mit geschlossenen Augen zugehört. Er öffnete sie nicht, während er leise erwiderte: »Wie schwer, wie unmöglich ist es, all diese Vorgänge nach Maßstäben zu messen, die dem Wesen einer Cosima, eines Wagner, ja, und eines Bülow ganz fremd sind. Gewiß, das Leiden war groß – und ich war nicht der einzige der litt –, aber zur gleichen Zeit gingen andere Dinge vor. Dinge, die das Leid keineswegs verringerten, und die doch das Leben förderten. Kinder wurden geboren. Das grenzenlose Sehnen der beiden zueinander wurde gestillt, und uns allen wurden *Die Meistersinger* geschenkt. Und wie haben wir damals gearbeitet! Sehen Sie, wie die Presse unsere Probenarbeit an den *Meistersingern* schilderte:

> Bülow klopft mit der Battuta. ›Meine Herrn, wenn's beliebt, fangen wir an‹, ruft er mit dünner, heiserer Stimme in das volle Orchester, das ad hoc durch verschiedene Bläser vermehrt und bis auf 90 Mann gebracht worden. Die Musik beginnt, Bülow deutet mit dem ganzen Körper die wünschenswerten Nuancen an und arbeitet bei jeder Gelegenheit so fürchterlich, daß es einem um die nahestehenden Geiger und Lampen angst und bange wird. Der andere Mann, welcher mit Bülow gefahren kam, steht auf der Bühne. Es ist Richard Wagner mit seinem in ganz Deutschland bekannten Vogelgesichte. Mit beständiger, nervös machender Aufregung begleitet er jeden Ton, der gesungen wird, durch eine entsprechende Bewegung, die von den Sängern soviel als möglich genau nachgeahmt wird; nur wer den

Komponisten so arbeiten und gestikulieren sieht, versteht, wie sich derselbe eine Menge von Nuancen gedacht hat. Fast jeder Schritt, jede Handbewegung, jedes Türöffnen ist ›musikalisch illustriert‹ und gerade in den ›Meistersingern‹ wird zu dem stummen Spiel der Sänger eine solche Masse Musik gemacht, daß wir es als ein Wunder betrachten würden, wenn dort, wo die Oper nicht unter des Komponisten Leitung einstudiert wurde, zu dieser Musik das beabsichtigte Spiel entwickelt würde. Nur wenn Fräulein Mallinger singt, pausiert Wagner zuweilen in seinen Vorschriften, horcht mit sichtbarem Vergnügen, trippelt dann, die eine Hand in der Hosentasche, mit kurzen Schritten auf und ab und setzt sich auf den Stuhl, der neben dem Souffleurkasten steht, befriedigt und vergnügt mit dem Kopfe nickend und mit dem ganzen Gesicht lächelnd. Gefällt ihm aber etwas im Orchester nicht, was nicht selten vorkommt, so schnellt er wie von einer Schlange gestochen auf, klatscht mit den Händen, Bülow klopft ab und Wagner ruft ins Orchester: ›Piano, meine Herren, piano! Das muß leise, leise, leise wie aus einer anderen Welt herüberklingen‹, ruft Wagner und das Orchester beginnt aufs neue. ›Noch mehr piano!‹ ruft Wagner und macht dazu eine entsprechende Handbewegung; ›so, so, so – gut, gut, gut – sehr schöne!‹ So geht es den ganzen Abend; Bülow klopft fleißig ab und läßt alle Augenblicke eine Stelle, oft nur zur eigenen Information, wiederholen, wenn ihm auch Wagner versichert: ›Das weißt du schon, das hab ich mit dir schon privatim abgeredet.‹«[629]

»Privatim abgeredet«, wiederholte der Ankläger. »Zu einer privaten Abredung anderer Art lud Sie der Komponist im nächsten Jahr auf ein Stelldichein. Scheidung, Trauung, die Kinder und auch Finanzielles sollten besprochen werden.
Was antworten Sie?

Da ich den nächsten Monat wegen der Musikschule noch hier bleiben muß, mich ferner außer Stande fühle, Dir entgegen zu reisen (wie ich Dir früher vorgeschlagen hatte), außerdem Du von einem Wiedersehen mit mir peinliche

Beschwerde, ich eine bei meiner jetzigen Verfassung in jedem Falle gefährliche Emotion davontragen müßte, endlich Cosima durch einen längeren Brief vollständige Explikationen erhalten hat – so scheint mir eine Zusammenkunft von uns beiden überflüssig zu sein. Besser so, daß ich Dir bei wirklich definitiver Abreise von München das letzte Lebewohl schriftlich sage.
Einstweilen genehmige meine aufrichtigsten und vollkommen devoten Wünsche für Deine Gesundheit und Deine Schöpferkraft.
Dein ergebenster Hans v. Bülow.
München, 21. Juni 1869.[630]

Zur Ruhe kommen Sie nun nicht mehr. Die Presse hat ihr Fressen gefunden:

> Über Herrn *Hans von Bülow* ist ein schweres Verhängnis gekommen: er hat zu gleicher Zeit seine Gattin und seinen besten Freund verloren. Seine Gattin Cosima hat ihn vor etwa sechs Monaten verlassen, sich mit seinem ›besten Freund‹ *Richard Wagner,* für den bekanntlich Hans von Bülow in Wort, Schrift und That unermüdlich gekämpft, vereinigt und lebt jetzt mit diesem ›besten Freund‹ auf dessen ihm vom Könige von Bayern geschenkter (!) Villa am Züricher (!) See. Herr Hans von Bülow wollte die Scheidungsklage gegen seine ungetreue Frau anstrengen, ist aber, wie man sagt, durch die Bemühungen seines Schwiegervaters, Abbé Franz Liszt, der zu diesem Zwecke in München war, davon zurückgehalten worden. Bei der hohen glorreichen Protection, welche der brave Richard Wagner in Bayern genießt, dürfte es unter den angedeuteten Verhältnissen kaum glaublich erscheinen, daß Herr von Bülow seine Stellung als königlicher Capellmeister beibehält.[631]

Ihre eigene Verfassung, Herr Baron, die physische wie die seelische, verschlimmert sich von Tag zu Tag. Der tiefe Kummer, den Wagner Ihnen schuf, spricht aus den Zeilen, die Sie Ihrem Freunde Carl Bechstein zukommen lassen:

Werter Freund,
seit meinem letzten Schreiben ist eine neue – noch schlimmere Wendung in meinen Verhältnissen eingetreten. Hören Sie! Durch Vorkommnisse jüngster Zeit bin ich aufs Unausweichlichste zu einem Schritte gedrängt worden, den ich gern mit den menschenmöglichsten Opfern meinem Meister und Schwiegervater F. L. erspart hätte. Ich *muß*, bevor ich Deutschland verlasse, die *Scheidung meiner Ehe* (auf möglichst glattem Wege, aber schleunigst) *zu erlangen suchen*. Ich bin sehr rat- und hilflos. Möchten Sie die Güte haben, mir ein Exemplar des *preußischen Ehescheidungsgesetzes* umgehend zu senden? Können Sie mir ferner einen Ihnen persönlich bekannten, zuverlässigen, *grundgescheiten* Sachverwalter in Berlin bezeichnen, mit dem ich mich in Verbindung setzen kann, um das Nötige einzuleiten? Es ist Gefahr für mich im Verzuge.
Nach dieser heutigen Mitteilung werden Sie vielerlei begreiflich finden – unter anderem auch daß ich meine Entlassung zum zweiten Male eingereicht habe und daß diesmal dafür gesorgt ist, mir dieselbe nicht mehr Allergnädigst versagt zu sehen.
Hierbei eine Abschrift des ersten *Bescheides,* der ehrenvoll für mich ist und Ihnen als Freund einen guten Eindruck machen dürfte.
Ach, liebster Bechstein – es bricht alles in mir zusammen! Und es hat so kommen müssen!
Keiner meiner Collegen dürfte mein vergangenes Leben und dessen beginnendes Finale noch zu beneiden gewillt sein!
Bleiben Sie gut Ihrem sehr unglücklichen Freunde
                                                                 Hans von Bülow.
München, 31. Juli 1869.[632]

Ein Jahr später sind Sie geschieden.«

Der Ankläger setzte sich. Eine Erfrischungspause, allseitig für wünschenswert befunden, wurde eingelegt.

Eine Stunde später erhob sich der Ankläger.

»Und trotz allem setzen Sie sich weiter für Wagner ein, Herr von Bülow. Wenn die Gelder für den Bau des Bayreuther Festspielhauses auszugehen drohen, gehen Sie auf Konzertreisen und vermachen den Festspielen Ihre Einnahmen. Ich muß Sie wiederum fragen, wie sich das zusammenreimt.«

Bülow zuckte mit den Schultern.

»Die Werke sind lebenswichtig. Ihnen mußte damals geholfen werden. In den Werken finden wir, was uns hilft zu leben. Ich werde mir das in Kürze zu erörtern erlauben.« Bülow hatte eine Anzahl von Folianten auf den benachbarten Stühlen deponiert. Es waren die Partituren der Musikdramen.

»Hohes Gericht! Es wurde vorher nicht erwähnt, daß meine – daß Wagners Frau noch ein Jahr vor der Scheidung ihm einen Sohn geschenkt, Siegfried. Sein Gegengeschenk, das *Siegfried-Idyll*, wird ihr am Weihnachtstag 1870 im Treppenhaus von Tribschen geblasen und gegeigt. Gleich am Anfang, im 4. Takt, spielt die erste Violine jenes friedensselige Thema aus dem 3. *Siegfried*-Akt, wenn Brünnhilde ihr ›Ewig war ich, ewig bin ich‹ singt. Was dort noch im verhüllten e-Moll erklang, ist jetzt, im *Siegfried-Idyll*, leuchtendes E-Dur. Später grüßt es aus der *Walküre* herüber, wenn das Schlummerthema geflötet wird, hier wie dort im unschuldigen E-Dur. Dann schimmert es mannigfach auf: die Oboe lockt zum Schlummer, Vogellaute girren in den Holzbläsern, und das Horn jubiliert noch einmal seine *Liebesbund*weise aus dem letzten *Siegfried*-Akt. Hören Sie sich das einmal an, hohes Gericht. Solchem Liebesbund, solchen Geschöpfen wie Siegfried und Brünnhilde, wie Cosima und Wagner, soll ich meinen Trauschein entgegenhalten? Was vermöchte der gegen solche Liebe, gegen solche Musik?«

Bülow blätterte in der *Siegfried*-Partitur.

»Das Waldweben im 2. Akt, meine Herren. Hören Sie die gedämpften Bratschen und Celli, mit ihren flimmernden Sechzehnteln. Hören Sie den jungen Siegfried, wie er mutterseelenallein im Walde nachsinnt:

> Aber – wie sah
> meine Mutter wohl aus? –

> Das kann ich
> nun gar nicht mir denken! –
> Der Rehhindin gleich
> glänzten gewiß
> ihr hell schimmernde Augen.
> Nur noch viel schöner!
> Da bang sie mich geboren,
> warum aber starb sie da?
> Sterben die Menschenmütter
> an ihren Söhnen
> alle dahin? –
> Traurig wäre das, traun!
> Ach, möcht ich Sohn
> meine Mutter sehen! –
> Meine Mutter – –
> ein Menschenweib![633]

Gleich danach rauscht es zaubersüß auf in den Streichinstrumenten, und dann zirpt es und zwitschert, trillert und jauchzt, wenn Flötenvogel, Oboenvogel und Klarinettenvogel zu singen beginnen. Wer dies gehört hat, wahrhaft gehört, nicht nur mit den Ohren, der weiß, daß Wagner rein und unschuldig ist. Sie werden einwenden, wie jammerschade, daß Unschuld und Reinheit dem Werk zuteil wurde, aber nicht dem Leben. Aber was ist das Werk, wenn nicht das Leben, und was das Leben, wenn nicht das Werk?«

Bülow nahm mehrere Partituren in die Hände und fuhr fort, ohne aufzusehen.

»Daß ein Mensch die Unergründlichkeit der Liebe zu schildern vermag, wie Wagner im *Tristan*, ohne eigene Kapazität für den Zauber und das Leid der Liebe, ist wohl nicht vorstellbar. Kann es dann sein, daß Wagner Eigenschaften besaß, die ihm zumeist abgesprochen werden? Selbstlosigkeit, Mitgefühl, Herzensgüte, Lauterkeit, Weisheit? Im letzten *Meistersinger*-Akt verlangt Hans Sachs:

> ... laßt mich meinen Zeugen ausersehn.
> Ist jemand hier, der Recht mir weiß?
> Der tret als Zeug in diesen Kreis!«

Bülow ergiff die *Tannhäuser*-Partitur.
»Im 1. Akt entrinnt Tannhäuser der Venus und ihren Wonnen. Seine früheren Genossen betrachten ihn mit Argwohn:

> Biterolf: Sag, was uns deine Wiederkehr bedeutet? Versöhnung? Oder gilt's erneuten Kampf?
> Walther: Nahst du als Freund uns oder Feind?

Nur Wolfram, mein erster Zeuge, versteht:

> O fraget nicht! Ist dies des Hochmuts Miene? Gegrüßt sei uns, du kühner Sänger...

Wolfram entsagt seiner ideellen Liebe zu Elisabeth zugunsten seines Freundes und bringt Tannhäuser und Elisabeth zusammen. ›Dort ist sie, nahe dich ihr ungestört!‹ Er selbst bekennt:

> So flieht für dieses Leben mir jeder Hoffnung Schein.

Vom Papst verdammt, findet Tannhäuser in Wolfram einen letzten Halt.

> Unglücklicher! Mich faßt ein tiefes Mitleid für dich an!

Wolframs Selbstlosigkeit, Wolframs Mitgefühl – Wagner muß sie besessen haben, sonst hätte er sie nicht mit solcher Überzeugungskraft darstellen können. Im privaten Leben knauserte er mit ihnen, im Werk blühten sie auf.

Erinnern Sie sich an den Hirtenknaben mit seiner Schalmei, hohes Gericht? Er ist mein zweiter Zeuge. Unschuld tönt aus der Melodie des Englischhorns und aus des Hirten Worten:

> Frau Holda kam aus dem Berg hervor,
> zu ziehn durch Fluren und Auen –
> gar süßen Klang vernahm da mein Ohr,
> mein Auge begehrte zu schauen;
> da träumt ich manchen holden Traum,
> und als mein Aug erschlossen kaum,

> da strahlte warm die Sonnen,
> der Mai, der Mai war kommen.
> Nun spiel ich lustig die Schalmei,
> der Mai ist da, der liebe Mai!⁶³⁴

Die Lauterkeit dieser kurzen Szene wurzelt – anders kann es nicht sein – in Wagners Kapazität für Lauterkeit. Zu meinem dritten Zeugen habe ich mir Brünnhilde erlesen, und ich darf das Gericht ersuchen, hier ein wenig langatmiger sein zu dürfen. Unbesorgt, in kecker Jugendblüte, tritt sie ihrem Vater Wotan entgegen. Er möge sich vor Fricka in acht nehmen:

> Dir rat ich, Vater,
> rüste dich selbst;
> harten Sturm
> sollst du bestehn.
> Fricka naht, deine Frau,
> im Wagen mit dem Widdergespann.
> Hei, wie die gold'ne
> Geißel sie schwingt!
> Die armen Tiere
> ächzen vor Angst;
> wild rasseln die Räder;
> zornig fährt sie zum Zank.
> In solchem Strauße
> streit ich nicht gern,
> lieb ich auch mutiger
> Männer Schlacht;
> drum sieh, wie den Sturm du bestehst:
> ich Lustige laß dich im Stich!⁶³⁵

Wotan muß, um der Weltgesetze willen, seinen Sohn Siegmund preisgeben. Das bricht ihm den Lebensmut. Brünnhilde ›läßt sich mit besorgter Zutraulichkeit zu Wotans Füßen nieder‹:

> Vater! Vater
> Sage, was ist dir?
> Was erschreckst du mit Sorge dein Kind!

> Vertraue mir!
> Ich bin dir treu:
> Sieh, Brünnhilde bittet!
> ...
>
> Zu Wotans Willen sprichst du,
> sagst du mir, was du willst;
> wer bin ich,
> wär ich dein Wille nicht?[636]

Sie liebt ihren Vater – hier ist das Wort ja am Platze – abgöttisch. Siegmund hat das Ehegesetz gebrochen, und Fricka verlangt seinen Tod. Doch Wotans Weisung, für den betrogenen Hunding und gegen Siegmund zu streiten, ist für Brünnhilde unannehmbar. Wotan handelt gegen sein eigenes Gewissen. Davor muß sie ihn bewahren:

> Wotan: Fällen sollst du Siegmund,
> für Hunding erfechten den Sieg!
> Hüte dich wohl
> und halte dich stark,
> all deiner Kühnheit
> entbiete im Kampf:
> ein Siegsschwert
> schwingt Siegmund; –
> schwerlich fällt er dir feig!
> Brünnhilde: Den du zu lieben
> stets mich gelehrt,
> der in hehrer Tugend,
> dem Herzen dir teuer –
> gegen ihn zwingt mich nimmer
> dein zwiespältig Wort.[637]

Wotans zornige Verzweiflung – ›Ha, Freche du! frevelst du mir?‹ – erschüttert sie, und sie folgt seinem Befehl. Den unlösbaren Konflikt zwischen Sittenkodex und Liebeszwang hat nun auch sie erfahren, des freudlosen Gottes freudloses Kind:

> Schwer wiegt mir
> der Waffen Wucht!
> Wenn nach Lust ich focht,
> wie waren sie leicht!
> Zu böser Schlacht
> schleich ich heut so bang.
> Weh! mein Wälsung!
> Im höchsten Leid
> muß dich treulos die Treue verlassen.[638]

Siegmund bewacht Sieglindes Schlaf. Da erscheint Brünnhilde dem selig unseligen Paar und verkündet seinen bevorstehenden Tod. Siegmund lehnt sich nicht auf, aber die bräutliche Schwester soll nicht bangen: ›Schweig und schrecke die Schlummernde nicht!‹ Solch Heldentrotz begeistert das Wotanskind und ermutigt sie, gegen Wotans Gebot zu handeln:

> Höre mein Wort!
> Sieglinde lebe, –
> und Siegmund lebe mit ihr! –
> Beschlossen ist's:
> das Schlachtlos wend ich:
> dir, Siegmund, schaff ich Segen und Sieg.[639]

Es kommt zum Kampf. Brünnhilde beschützt Siegmund, doch ›Wotan erscheint, über Hunding stehend und seinen Speer Siegmund quer entgegenhaltend‹. Siegmund fällt, während Brünnhilde die ohnmächtige Sieglinde auf ihrem Rosse entführt. Sie handelt gegen das Gesetz, um der Liebe willen, denn Sieglinde wird Siegfried zur Welt bringen, wie Wotan ursprünglich gewollt. Aber jetzt findet sich Brünnhilde von Gott und Menschen verlassen. Nicht um Wotans Strafe zu entfliehen, sondern um Sieglinde zu retten und damit Siegfrieds Geburt zu sichern, bittet sie ihre Walkürenschwestern um Hilfe:

> Wer leiht mir von euch
> das leichteste Roß,
> das flink die Frau ihm entführt?

Siegrune:	Auch uns rätst du rasenden Trotz?
Brünnhilde:	Roßweiße, Schwester, leih mir deinen Renner!
Roßweiße:	Vor Walvater floh der fliegende nie.
Brünnhilde:	Helmwige, höre!
Helmwige:	Dem Vater gehorch ich.
Brünnhilde:	Grimgerde! Gerhilde! Gönnt mir eu'r Roß! Schwertleite! Siegrune! Seht meine Angst! O seid mir treu, wie traut ich euch war: rettet dies traurige Weib![640]

Die Hilfe wird versagt, und Sieglinde bejammert ihre eigene Rettung: ohne Siegmund will sie nicht leben. Da vergißt Brünnhilde ihre Notlage:

> Lebe, o Weib,
> um der Liebe willen!
> Rette das Pfand,
> das von ihm du empfingst:
> ein Wälsung wächst dir im Schoß!
> Sieglinde: Rette mich, Kühne!
>   Rette mein Kind![641]

Brünnhilde hilft:

> So fliehe denn eilig –
> und fliehe allein!
> Ich bleibe zurück,
> biete mich Wotans Rache:
> an mir zögre ich
> den Zürnenden hier,
> während du seinem Rasen entrinnst.[642]

›Wotan tritt in höchster zorniger Aufgeregtheit aus dem Tann auf und schreitet vor der Gruppe der Walküren auf der Höhe, nach Brünnhilde spähend, heftig einher.‹ Das kurze Versteckspielen ist lang genug, Sieglinde den nötigen Vorsprung zu sichern. Doch nun muß sich die Tochter dem Vater stellen. Er klagt sie an:

> Hörst du's, Brünnhilde?
> Du, der ich Brünne,
> Helm und Wehr,
> Wonne und Huld,
> Namen und Leben verlieh?
> Hörst du mich Klage erheben,
> und birgst dich bang dem Kläger,
> daß feig du der Straf' entflöhst?
> Brünnhilde: (tritt aus der Schar der Walküren hervor, schreitet demütig, doch festen Schrittes von der Felsenspitze herab und tritt so in geringer Entfernung vor Wotan)
> Hier bin ich, Vater!
> Gebiete die Strafe![643]

Wotans Strafe entspricht seinem Zorn. Der Zorn entspricht seiner Verzweiflung:

> Walküre bist du gewesen! –
> nun sei fortan,
> was so du noch bist![644]

Sie ist allein mit dem schwermütigen Gott. Jetzt redet sie ihm ins Gewissen:

> War es so schmählich,
> was ich verbrach,
> daß mein Verbrechen so schmählich du bestrafst?
> War es so niedrig,
> was ich dir tat,
> daß du so tief mir Erniedrigung schaffst?
> War es so ehrlos,
> was ich beging,

daß mein Vergehn nun die Ehre mir raubt?
O sag, Vater!
Sieh mir ins Auge:
schweige den Zorn,
zähme die Wut,
und deute mir hell
die dunkle Schuld,
die mit starrem Trotze dich zwingt,
zu verstoßen dein trautestes Kind.[644]

Ihre Rechtfertigung?

> Ihm nur zu dienen
> konnt ich noch denken:
> Sieg oder Tod
> mit Siegmund zu teilen:
> dies nur erkannt' ich
> zu kiesen als Los!
> Der diese Liebe
> mir ins Herz gehaucht,
> dem Willen, der
> dem Wälsung mich gesellt,
> ihm innig vertraut –
> trotzt ich deinem Gebot.[646]

Wotan verkündet die Strafe:

> In festen Schlaf
> verschließ ich dich:
> wer so die Wehrlose weckt,
> dem ward erwacht sie zum Weib![647]

Sie appelliert an des Vaters Seelenadel:

> Auf dein Gebot
> entbrenne ein Feuer;
> den Felsen umglühe
> lodernde Glut;

> es leck' ihre Zung',
> es fresse ihr Zahn
> den Zagen, der frech sich wagte
> dem freislichen Felsen zu nahn!
> Wotan: leb wohl, du kühnes
> herrliches Kind!
> Du meines Herzens
> heiligster Stolz!
> ...
> Ein bräutliches Feuer
> soll dir nun brennen,
> wie nie einer Braut es gebrannt!
> Flammende Glut
> umglühe den Fels;
> mit zehrenden Schrecken
> scheuch es den Zagen,
> der Feige fliehe
> Brünnhildes Fels!
> Denn Einer nur freie die Braut,
> der freier als ich, der Gott![648]

Wotan weiß und bestimmt es hiermit, daß einer das Feuer durchdringen wird: Hörner, Fagotte und Baß-Trompete intonieren das *Siegfried*-Motiv. Was folgt, die Abschiedsmusik, hat Generationen von Zuhörern, ja und von Dirigenten, die Tränen ins Gesicht getrieben. Hören Sie die gedämpften Streicher, hören Sie diese trostlose und doch so beseligende Weise in H-Dur, und wie kann man dem gram sein, der das erdachte? Denn wer solche Musik machen kann, der muß die Hölle der Lebensnot im eigenen Herzen getragen haben. So wie ich.«

Bülow pausierte.

»Gestatten Sie mir noch weiteres über Brünnhilde. Siegfried durchschreitet das Feuer und küßt sie wach.

> ›Beide bleiben voll strahlenden Entzückens
> in ihren gegenseitigen Anblick verloren.‹
> Brünnhilde: O Siegfried! Siegfried!
> Seliger Held,

> du Wecker des Lebens,
> siegendes Licht!
> O wüßtest du, Lust der Welt,
> wie ich dich je geliebt!
> Du warst mein Sinnen,
> mein Sorgen du,
> dich Zarten nährt ich,
> noch eh du gezeugt,
> noch eh du geboren,
> barg dich mein Schild.
> So lang lieb ich dich, Siegfried![649]

Doch nun wird es ihr todesbang. Erst die Lieblingstochter des Gottes. Dann die Ausgesetzte. Und jetzt? Die Gottheit hat sie verloren. Aber mehr noch steht auf dem Spiel:

> Kein Gott nahte mir je!
> Der Jungfrau neigten
> scheu sich die Helden:
> heilig schied sie aus Walhall. –
> Wehe! Wehe!
> Wehe der Schmach,
> der schmählichen Not!
> Verwundet hat mich,
> der mich erweckt!
> Er erbrach mir Brünne und Helm:
> Brünnhilde bin ich nicht mehr.[650]

Dies ist eine Phase, und sie geht vorüber. Ihre unbezwingbare Liebe zu Siegfried – sie ist geradezu kosmischer Natur – hilft ihr den Doppelverlust der Göttlichkeit und der Jungfräulichkeit zu verwinden.«

»Verzeihen Sie«, unterbrach der Vorsitzende, »kosmischer Natur?«

»Sehen Sie«, erwiderte Bülow, »Siegfried ist Wotans Geschöpf. Er soll als freier, unwissender, unbelasteter Mensch die Ursünde des Gottes tilgen: er soll den Ring, das Machtsymbol, den Rheintöchtern zurückerstatten, um somit den Fortbestand der Weltordnung zu garantieren. Einer Welt, in der nicht das Machtprinzip, sondern das Liebesprinzip herrscht. Darum gibt Brünnhilde alles auf, nur nicht ihre Liebe. Walhall und die Götterschar sind nun entbehrlich. Was bestehen muß, ist die Welt und die Liebe:

> Oh! Kindischer Held!
> Oh, herrlicher Knabe!
> Du hehrster Taten
> törichter Hort!
> Lachend muß ich dich lieben,
> lachend will ich erblinden,
> lachend laß uns verderben,
> lachend zugrunde gehn!
> Fahr hin, Walhalls
> leuchtende Welt!
> Zerfall in Staub
> deine stolze Burg!
> Leb wohl, prangende
> Götterpracht!
> End' in Wonne,
> du ewig Geschlecht!
> Zerreißt, ihr Nornen,
> das Runenseil!
> Götterdämmrung,
> dunkle herauf!
> Nacht der Vernichtung,
> neble herein! –
> Mir strahlt zur Stunde
> Siegfrieds Stern:
> er ist mir ewig,
> ist mir immer,
> Erb und Eigen,
> Ein und All:
> leuchtende Liebe,
> lachender Tod![651]

Die ›leuchtende Liebe‹ bewährt sich. Sie ist so selbstlos, daß Brünnhilde ihren Siegfried später in die weite Welt schickt, ›zu neuen Taten‹. Die schmeichelnden Triolen der Holzbläser und Streicher umsingen das hingebende Weib:

> Was Götter mich wiesen,
> gab ich dir:
> heiliger Runen
> reichen Hort;
> doch meiner Stärke
> magdlichen Stamm
> nahm mir der Held,
> dem ich nun mich neige.
> Des Wissens bar,
> doch des Wunsches voll:
> an Liebe reich,
> doch ledig der Kraft,
> mögst du die Arme
> nicht verachten,
> die dir nur gönnen,
> nicht geben mehr kann![652]

Doch wer vermag die Tiefe der Liebe und ihre Rätsel zu ergründen? Brünnhilde ist allein, während Siegfried bei König Gunther vorspricht. Dessen Schwester Gutrune reicht ihm den Willkommenstrank:

> Siegfried: (neigt sich ihr freundlich und ergreift das Horn. – Er hält es gedankenvoll vor sich hin. Leise, doch sehr bestimmt)
> Vergäß ich Alles,
> was du mir gabst,
> von einer Lehre
> laß ich doch nie:
> den ersten Trunk
> zu treuer Minne,
> Brünnhilde, bring ich dir![653]

Es ist der Vergessenheitstrank, den er genossen. Er weiß nichts mehr von Brünnhilde. Gunther verspricht ihm Gutrune zum

Weib, vorausgesetzt, daß Siegfried ihm Brünnhilde verschafft. Was antwortet Siegfried?

> Brünnhilde bring ich dir![654]

Das sind die gleichen Worte, mit denen er kurz zuvor seiner Brünnhilde ewiges Gedenken gelobt hat. Kann Liebe überhaupt bestehen in einer Welt, die solchen Liebesverrat zuläßt? Brünnhilde wird bald nach der Antwort forschen müssen. Ihre Schwester Waltraute sucht sie auf und mahnt sie, den unheilvollen Ring aufzugeben, um Wotans und aller Götter willen. Brünnhilde aber glaubt an Siegfrieds Treue und glaubt an die Macht der Liebe:

> Mehr als Walhalls Wonne,
> mehr als der Ewigen Ruhm
> ist mir der Ring:
> ein Blick auf sein helles Gold,
> ein Blitz aus dem hehren Glanz
> gilt mir werter
> als aller Götter
> ewig währendes Glück.
> Denn selig aus ihm
> leuchtet mir Siegfrieds Liebe, –
> Siegfrieds Liebe! –
> O, ließ sich die Wonne dir sagen! –
> Sie wahrt mir den Reif! –
> Geh hin zu der Götter
> heiligem Rat!
> Von meinem Ringe
> raune ihnen zu:
> Die Liebe ließe ich nie,
> mir nähmen nie sie die Liebe,
> stürzt auch in Trümmern
> Walhalls strahlende Pracht![655]

Doch Siegfried weiß nichts mehr von Treue. Mit Hilfe des Tarnhelms hat er Gunthers Gestalt angenommen und dringt durch den Flammenkreis zu Brünnhilde, die sich so sicher wähnt im Schutze des Feuers, des Ringes und Siegfrieds Liebe. Alle drei sind trügerisch, und sie erfährt jetzt ihres Vaters einstige Verzweiflung angesichts der Not des Lebens:

> Wotan! Ergrimmter,
> grausamer Gott!
> Weh! Nun ersch ich
> der Strafe Sinn!
> Zu Hohn und Jammer
> jagst du mich hin![656]

Noch glaubt sie sich von Wotan verraten. Zur eigentlichen Herzenskatastrophe aber kommt es erst, wenn sie erfährt, daß Siegfried der wahre Verräter ist. Als angeblicher Gunther zwingt er ihr den Ring ab und übergibt sie am nächsten Morgen Gunther, dem vermeintlichen Eidgenossen. Ihm ist Brünnhilde nun angetraut, und bei ihrem Einzug in Gunthers Reich erblickt sie zu ihrem Entsetzen den Ring an Siegfrieds Hand. Also war er es, der ihn ihr entriß. Das liebende Weib wird zur Furie:

> Heil'ge Götter,
> himmlische Lenker!
> Rauntet ihr dies
> in eurem Rat?
> Lehrt ihr mich Leiden,
> wie keiner sie litt?
> Schuft ihr mir Schmach,
> wie nie sie geschmerzt?
> Ratet nun Rache,
> wie nie sie gerast!
> Zündet mir Zorn,
> wie noch nie er gezähmt!
> Heißet Brünnhild,
> ihr Herz zu zerbrechen,
> den zu zertrümmern,
> der sie betrog![657]

Hagen, der schlimmste aller Mordgesellen, bietet sich ihr als Rächer an:

> So kann keine Wehr ihm schaden?
> Brünnhilde: Im Kampfe nicht! Doch –
> träfst du im Rücken ihn. –
> Niemals – das wußt ich –
> wich er dem Feind,
> nie reicht er fliehend ihm den Rücken:
> an ihm drum spart ich den Segen.
> Hagen: Und dort trifft ihn mein Speer! –[658]

Der Speer hat getroffen. Sterbend findet Siegfried zu sich selber zurück und damit zu Brünnhilde:

> Brünnhilde!
> Heilige Braut!
> Wach auf! Öffne dein Auge!
> Wer verschloß dich
> wieder in Schlaf?
> Wer band dich in Schlummer so bang?
> Der Wecker kam: –
> er küßt dich wach; –
> und aber – der Braut
> bricht er die Bande: –
> da lacht ihm Brünnhildes Lust. –
> Ach! Dieses Auge –
> ewig nun offen!
> Ach, dieses Atems
> wonniges Wehen! –
> Süßes Vergehen, –
> seliges Grauen!
> Brünnhild – bietet mir Gruß! –[659]

Sie endet sein Leben mit dem Gruß, die geliebte Vergessene, die verratene Wiedergefundene. Mit dem gleichen Gruß reitet sie in das Leichenfeuer hinein:

Mein Erbe nun
nehm ich zu eigen. –
Verfluchter Reif!
Furchtbarer Ring!
Dein Gold faß ich,
und geb es nun fort.
Der Wassertiefe
weise Schwestern,
des Rheines schwimmende Töchter, –
euch dank ich redlichen Rat:
was ihr begehrt,
ich geb es euch:
aus meiner Asche
nehmt es zu eigen!
Das Feuer, das mich verbrennt,
rein'ge vom Fluche den Ring! –
Ihr in der Flut,
löset ihn auf,
und lauter bewahrt
das lichte Gold,
das euch zum Unheil geraubt.
    Fliegt heim, ihr Raben!
    Raunt es eurem Herrn,
    was hier am Rhein ihr gehört!
    An Brünnhildes Felsen
    fahrt vorbei!
    Der dort noch lodert,
    weiset Loge nach Walhall!
    Denn der Götter Ende
    dämmert nun auf.
    So werf ich den Brand
    in Walhalls prangende Burg.
Grane, mein Roß!
Sei mir gegrüßt!
Weißt du auch, mein Freund,
wohin ich dich führe? –
Im Feuer leuchtend,
liegt dort dein Herr,

> Siegfried, mein seliger Held.
> Dem Freunde zu folgen,
> wieherst du freudig?
> Lockt dich zu ihm
> die lachende Lohe?
> Fühl meine Brust auch,
> wie sie entbrennt,
> helles Feuer
> das Herz mir erfaßt, –
> ihn zu umschlingen,
> umschlossen von ihm,
> in mächtigster Minne
> vermählt ihm zu sein! –
> Heiajaho! Grane!
> Grüß deinen Herren!
> Siegfried! Siegfried! Sieh!
> (Sie hat sich auf das Roß geschwungen und hebt es jetzt zum Sprunge)
> Selig grüßt dich dein Weib!⁶⁶⁰

Eigentlich war es viel zu dunkel im Saal. Es war Abend geworden, und man hatte vergessen, Licht zu machen. Endlich sprach Bülow noch einmal, aber seine Stimme klang müder, älter als zuvor.

»Halten Sie die Weitschweifigkeit meinem vorgerückten Alter zugute, hohes Gericht. Es war mir rein unmöglich, ihm auf direktere Weise gerecht zu werden. Brünnhildes Leben und ihr Tod wollten belegt und geschildert werden. Gibt es eine Frau in der Bühnengeschichte, von der Antike über Shakespeare bis heute, die uns stärker, persönlicher anspricht als diese Frau? Das ist wesentlich, das ist elementar, das ist schlechthin erhaben. Brünnhildes Lebenslauf, hohes Gericht, ist der Lauf der Welt, mit all ihren Wundern, Tücken und Verstrickungen, und wir könnten ihr Ebenbild sein, wenn wir nur wollten. Nicht dem Geschick zu trotzen – es ist unwiderstehlicher als wir –, nicht sein Spielball zu sein – wir spielen lieber mit –, sondern das Geschick zu erkennen und es selber zu wollen: das ist Brünnhildes Art. Es sollte unsere Art sein.«

Hier unterbrach der Ankläger. »Ja, um Himmels willen, Herr

Baron, wohin führt uns das alles? Es handelt sich doch nicht um Brünnhilde, sondern um Wagner. Darf ich bitten, zur Sache zu kommen.«

Das Licht wurde eingeschaltet, und Bülow schloß die Augen.

»So leid es mir tut, was ich ausgeführt habe, gehört nicht nur zur Sache, sondern ist die Sache selber. So wie die letzten Takte der *Götterdämmerung,* wo die Flöten und Geigen, begleitet vom ganzen Orchester samt sechs Harfen, das *Liebesverheißungs*-Motiv erklingen lassen. Das, meine Herren, ist Wagners Botschaft von der Liebe. Sie ist ›die größte‹, sie überdauert unsere Torheiten. Müßte ich nicht fürchten, Ihre Zeit und Geduld weiterhin in Anspruch zu nehmen, so würde ich nur noch auf *Parsifal* hinweisen, den wahrhaften fünften Teil der *Ring*-Tetralogie, denn auch der gehört zur Sache. Dort nämlich erfüllt sich die Verheißung, dort waltet Mitleid und verstehende Liebe, dort ist das Muster, nach dem zu streben uns zukommt. Richard Wagner hat uns das vernehmbar gemacht. Wem seine Wunderwerke widerfahren, der lernt das Leid zu ertragen und das Leben zu lieben. Heißt das nicht, ihn zu lieben?«

Bülow verbeugte sich leicht vor den Anwesenden und ließ noch einmal jenen kehligen, fast unhörbaren Lachlaut vernehmen. Nein, es war doch ein Seufzer.

Damit schloß die Sitzung für den damaligen Tag. Man erwartet täglich das Urteil, die Beurteilung, die Verurteilung, den Freispruch. Die Besonderheit des Gerichtes in Walhall erlaubt eine ständige Metamorphose des Vorsitzenden. In diesem Augenblick sind Sie es.

XI.

Nachspiel

Wagner ist weder ein großer Dichter noch ein großer Musiker, sondern nur ein dekoratives Genie.

Eduard Hanslick, 1858

Ich bin ein Gemisch von Hamlet und Don Quixote.

Richard Wagner, 1878

Es ist Tiefes, Allzutiefes, Flaches, Allzuflaches genug über ihn gesagt worden. Trotzdem muß wohl das Schweigen immer wieder gebrochen werden. Ich bin als Jüngling in Wagners Bann gewesen, stand seiner Kunst lange fern und mußte ihr fern stehen, um eigene Kräfte zu entwickeln. Gefestigt bin ich zu ihr zurückgekehrt. Ich sehe sie heute ganz anders als im Jugendbann. Ich sehe sie heute als künstlerisches Urphänomen, stammend aus einer Zeit vor aller deutschen Kunst, auch Musik. Ich bin weit davon entfernt, mich an Richard Wagner deutschtümelnd zu entzücken, denn er ist ebenso griechisch als deutsch, ebenso asiatisch wie europäisch. Ein Werk wie der Ring ist, was Ursprung, Wachstum und Vollendung anlangt, das Einzige seiner Art in der Welt und vielleicht das mächtigste Kunstgebilde der letzten Jahrtausende. Kultur hat damit nichts zu schaffen, und es hat nichts mit Kultur zu schaffen. Es hat nichts mit dem deutschen Rhein, den germanischen Göttern und den Nibelungen zu schaffen und alle diese schönen Sachen haben nichts mit ihm zu schaffen. – Es hat auch nichts zu tun mit Christentum, obgleich es ganz und gar etwas Offenbartes ist.

Gerhart Hauptmann, 1911

Dann ist da auch Richard Wagner, ein sehr begabter Mensch, aber auch etwas Friseur und Charlatan. Er unterhält einen Nipptisch, worauf eine silberne Haarbürste in kristallener Schale zu sehen ist.

Gottfried Keller, 1857

Nach dem *Lohengrin* bekam ich fürchterliche Kopfschmerzen, und nachts erschien mir eine Gans im Traum.

Mily Balakirew, 1868

An Herrn Zahnarzt Jenkins.
Ich sage nichts vom Zahn der Zeit:
die Zeit des Zahnes naht heran.
Ist dann Herr Jenkins nicht mehr weit,
trotz' ich der Zeit und ihrem Zahn.
Ein dankbarer Nibelungen-Componist.
Bayreuth, 9. 10. 1877

Wir halten die *Tannhäuser*-Ouvertüre für ein merkwürdig zusammengeflicktes Stück ... und wir wiederholen, daß Wagner sich in London keine Anhänger erwirbt, weder als Dirigent noch als Komponist.

Athenaeum (London), 1855

Ich gehe viel mit Richard Wagner um, welcher ein genialer und auch guter Mensch ist. Wenn Sie Gelegenheit finden, seine ›Nibelungen-Trilogie‹ zu lesen, so tun Sie es doch: Sie werden finden, daß eine gewaltige Poesie, urdeutsch, aber von antikem Geiste geläutert, darin weht.

Gottfried Keller, April 1856

Tristan und Isolde ... ist, um endlich das Kind beim rechten Namen zu nennen – die Verherrlichung der sinnlichen Lust mit allem aufregenden Apparat, es ist der trostloseste Materialis-

mus... Wagner führt uns hier nicht ein Stück nordischen Heldenlebens vor Augen, an dem sich der deutsche Sinn erbauen und kräftigen könnte, er zeigt uns das Heldenthum im Augenblick des Verkommens durch die Sinnlichkeit.
Allgemeine Musikalische Zeitung, 1865

Ist Wagner überhaupt ein Mensch? Ist er nicht eher eine Krankheit? Er macht alles krank, woran er rührt, – er hat die Musik krank gemacht... Man macht heute nur Geld mit kranker Musik; unsre großen Theater leben von Wagner.
Friedrich Nietzsche, 1888

Ein musikalisches Scheusal, eine aus Abgeschmacktheit und Brutalität zu gleichen Theilen gemischte Mixtur ist die Ouvertüre zum *Fliegenden Holländer*.
Deutsche Musikzeitung, Wien 1861

Susanne Weinert, Gouvernante in Haus Wahnfried, beschreibt Wagners Wohnzimmer.

Der Fußboden des großen, den Blick nach dem Garten gewährenden Zimmers, ist mit einem dunkelrot und schwarz gemusterten Teppich bedeckt, während ein zweiter, in bunten, matten Farben über jenem ausgebreitet liegt. Die rothbekleideten Wände dieses Salons sind mit Bücherregalen bedeckt, auf denen kostbar gebundene Werke in der höchsten Ordnung sich an einanderreihen. Von den Uranfängen der deutschen Literatur bis auf die Gegenwart stehen die Werke der Koryphäen des In- und Auslandes... Gegenüber dem Arbeitstische befindet sich ein kostbarer Flügel. Im Übrigen füllt das Gemach ein reiches Möblement in ungezwungener, genialer Unordnung... Dem Kamin gegenüber erblicken wir ein reizendes kleines Sofa mit buntgemustertem Seidendamast überzogen, davor ein ovales Tischchen, Puffs und Stühle in mannigfacher Gestalt, ein Blumentisch, reich vergoldet, mit köstlichen exotischen Pflanzen, und über dem allen schwebt von dem Plafond herab ein prachtvoller Kronleuchter, welcher abends mit seinem strahlenden Lichte diesem bunten Gemenge einen anheimelnden Glanz verleiht.

Zum ersten Male habe ich nun *Tristan* dirigiert; es war der schönste Tag meines Lebens!

Richard Strauss, 1891

Ich habe Wagners Musik lieber, als die Musik aller anderen Komponisten. Sie ist so laut, daß man sich die ganze Zeit dabei unterhalten kann, ohne daß die andern hören, wovon man spricht.

Oscar Wilde, 1891

Richard Wagner... lebt in Zürich nicht nur im luxuriösesten Glanze, sondern kauft auch die werthvollsten Dinge, wie goldene Uhren etc. zu enormen Preisen. Seine Wohnung ist mit den schönsten Möbeln, Teppichen, seidenen Vorhängen und Kronleuchtern dekorirt... Der Glaube an seine Musik der Zukunft ist bedeutend im Sinken. Man überzeugt sich immer mehr, daß seine Sachen nur den Werth einer glänzenden Instrumentation, aber weder Seele, noch Melodie haben. Was von letzterer darin gefunden werde, habe er gestohlen.

Wiener Polizeibericht, 1854

Wagners Musik ist die Musik eines geistesgestörten Eunuchen.

Figaro (Paris), 1876

Von dem Mißlingen des *Tristan* in Wien hast du vielleicht direkte Nachrichten. Ander hat die Stimme bis auf einige Ruinen verloren. Isolde muß sich also noch gedulden, bis sich der geeignete Held für sie findet. Es ist und bleibt auch ein gar zu verliebtes und ekliges Paar.

Minna Wagner, brieflich. Dezember 1861

Eine himmlische Weihnachts-Bescheerung sendet mir Härtel. Die ganze gesamte Kinderwelt kann sich nicht bei allen Tannen-Bäumen, mit goldenen Früchten und glänzenden Geschenken behängt, so freuen, als ich, Einzelner, mit Deinem einzigen *Tristan!* – Weg mit allen Sorgen und Plackereien der Alltags-Welt! Da kann man wieder weinen und auflodern.

Liszt an Wagner, 1858

Von Kissingen aus war ich drei Tage in Bayreuth ... Sonntag *Parsifal*. Anfang vier Uhr. Zwischen drei und vier natürlich Wolkenbruch; für zwei Mark, trotzdem ich ganz nahe wohnte, hinausgefahren. Mit aufgekrempten Hosen hinein. Alles naß, klamm, kalt. Geruch von aufgehängter Wäsche. Fünfzehnhundert Menschen drin; jeder Platz besetzt. Mir wird so sonderbar. Alle Türen geschlossen. In diesem Augenblick wird es stockduster. Nur noch durch die Gardinen fällt ein schwacher Lichtschimmer ... Und nun geht ein Tubablasen los, als wären es die Posaunen des Letzten Gerichts. Mir wird immer sonderbarer, und als die Ouvertüre zu Ende geht, fühle ich deutlich: »Noch drei Minuten, und du fällst ohnmächtig oder tot vom Sitz.« Also wieder raus. Ich war der letzte gewesen, der sich an vierzig Personen vorbei bis auf seinen Platz ... durchgedrängt hatte, und das war jetzt kaum zehn Minuten. Und nun wieder ebenso zurück. Ich war halb ohnmächtig; aber ich tat so, als ob ich's ganz wäre, denn die Sache genirte mich aufs äußerste. Gott sei Dank wurde mir auf mein Pochen die Tür geöffnet, und als ich draußen war, erfüllte mich Preis und Dank. Nur das Dankgefühl des Türhüters konnte mit dem meinigen vielleicht rivalisieren. Denn er kriegte nun mein Billet, das er sofort für fünfzehn Mark oder auch noch teurer (denn es wurden ganz unsinnige Preise bezahlt) an draußen Wartende verkaufen konnte ... Die ganze Geschichte – außerdem eine Strapaze – hatte gerade hundert Mark gekostet, und doch bedaure ich nichts. Bayreuth inmitten seiner Wagnersaison und seines Wagnerkultus gesehen zu haben ist mir soviel wert.

Theodor Fontane, 1889

Von Paris fuhr ich nach Ustilug, um dort wie gewöhnlich den Sommer zu verbringen. Ich arbeitete hier in Ruhe am *Sacre,* als ich plötzlich aufgestört wurde durch einen Brief Diaghilews, der mich einlud, ihn in Bayreuth zu treffen, um mit ihm zusammen an diesem geheiligten Ort den *Parsifal* zu hören. Ich hatte dieses Werk noch nie auf der Bühne gesehen, und so gefiel mir der Vorschlag... Eine Fanfare erteilte das Zeichen zur Andacht, und die Zeremonie nahm ihren Anfang. Ich kroch ganz zusammen und rührte mich nicht. Nach einer Viertelstunde hielt ich es nicht mehr aus; meine Gliedmaßen waren mir eingeschlafen, ich mußte eine andere Stellung einnehmen. Krach – schon geht's los! Mein Stuhl macht ein Geräusch, das mir hundert wütende Blicke einbringt. Ich krieche noch einmal ganz in mich zusammen, denke aber dabei nur noch an eines, nämlich an das Ende des Aktes, das meinen Qualen Einhalt gebieten wird.

Igor Strawinski, 1912

Nun komme ich direkt vom *Parsifal.* Wärst Du wenigstens jetzt hier, wenn es uns schon nicht vergönnt war, zusammen das für einen allzu überwältigende Wunder zu erleben. Du könntest an den Tränen, die mir allaugenblicklich in die Augen schießen, am ganz Weltverträumten meiner Gedanken erkennen, wie hoch und tief ich bewegt bin. So sagen Dir Worte nicht halb das, was ich fühle, nicht annähernd, welch ungeheuren, belebenden und zerschmetternden Eindruck das Werk auf mich gemacht hat... So bin ich weit von Dir, hilflos, haltlos, und kann das Glück nicht fassen, das diesen Nachmittag über mich gekommen ist... So kriech' ich halt jetzt in mein Zimmer hinauf, nehme die *Parsifal*-Partitur mit ins Bett und werde eine kleine Nachfeier haben.

Alban Berg an seine Braut, 1909

Für das allerletzte Duett, Quinquin-Sophie, war ich ja durch das von Ihnen gegebene Versschema sehr gebunden, doch ist eine solche Gebundenheit an eine Melodie mir eigentlich sympathisch gewesen, weil ich darin etwas Mozartisches sehe und die Abkehr von der unleidlichen Wagnerischen Liebesbrüllerei.

Hugo von Hofmannsthal an Richard Strauss, 1910

Das Orchester im *Tristan* und in den *Meistersingern* sagt mir – selbst wenn ich die Partituren zu Hause wiederholt und noch so genau studiere – immer wieder Neues: *Parsifal* und *Nibelungen-Ring* habe ich vielleicht fünfzig Male gehört (größtenteils selbst studiert und dirigiert) und ich kann mich an den Offenbarungen dieses Orchesters nicht satt hören und entdecke immer wieder neue Schönheiten und verdanke ihm jedesmal neue Erkenntnisse!

Richard Strauss, 1940

Die Tannhäuser-Ouvertüre des Herrn Richard Wagner... Viel Lärm um nichts. Eine solche pompöse und leere Alltäglichkeit hat man hier selten gehört.

The Times, 1. 5. 1854

Herr Wagner ist ein notwendiges Übel... Aber nicht nach England, sondern nach Deutschland gehört dieser Abenteurer... Hier ist er nicht in seinem Element.

Morning Post (London), 1855

Seine Gedanken sind, wie die jedes guten und großen Deutschen, *überdeutsch*, und die Sprache seiner Kunst redet nicht zu Völkern, sondern zu Menschen.

Friedrich Nietzsche, 1876

Er hat die Musik ganz bewußt als eine Art Droge, als Rauschmittel und als Weltanschauungsträger verstanden und eingesetzt. Diese Fähigkeit und dieses Bewußtsein hat es bis dahin in der Musik- und Kulturgeschichte nicht gegeben, und die Folgen waren fatal.

Hartmut Zelinsky, 1982

Die Passion für Wagners zaubervolles Werk begleitet mein Leben, seit ich seiner zuerst gewahr wurde und es mir zu erobern, es mit Erkenntnis zu durchdringen begann. Was ich ihm als Genießender und Lernender verdanke, kann ich nie vergessen, nie die Stunden tiefen, einsamen Glückes inmitten der Theatermenge, Stunden voll von Schauern und Wonnen der Nerven und des Intellektes, von Einblicken in rührende und große Bedeutsamkeiten, wie eben nur diese Kunst sie gewährt. Meine Neugier nach ihr ist nie ermüdet; ich bin nicht satt geworden, sie zu belauschen, zu bewundern, zu überwachen – nicht ohne Mißtrauen, ich gebe es zu; aber die Zweifel, Einwände, Beanstandungen taten ihr so wenig Abbruch wie die unsterbliche Wagnerkritik Nietzsches, die ich immer als einen Panegyrikus mit umgekehrten Vorzeichen, als eine andere Form der Verherrlichung empfunden habe.

Thomas Mann, 1933

Die Ärzte leben von unseren Dummheiten.

Richard Wagner, 1882

Geliebter! Einziger! – O wie ich glücklich bin! – Wo bin ich? . . . Ich sehe Walhalls Wonnen; o zu Siegfried, zu Brünnhilde! – Welcher Strahlenglanz über Tristans Leiche! . . . himmlisches Leben – zu Ihnen zu schweben! . . . Wonne-Weben! . . . Und dort der Gottgesandte . . . Lohengrin! . . . Tannhäuser, befreit von allem Irdischen . . . Dank, Geliebter, Dank, Dank! – Bald wiederzusehen! – Bis in den Tod   Ludwig.

König Ludwig an Wagner, 1. 2. 1865

Die Münchener Aufführung der *Meistersinger* wird jedem Musikfreunde ein denkwürdiges Kunsterlebnis bleiben, wenn auch keines von jenen, deren echter Schönheitssegen uns beglückend und läuternd weiter durchs Leben begleitet. Wir erblicken in dieser Oper kein Werk von tiefer Ursprünglichkeit, von bleibender Wahrheit und Schönheit, sondern ein interessantes Experiment, das durch die zähe Energie seiner Durchführung und die unleugbare Neuheit, nicht sowohl des Erfundenen als der Methode des Erfindens, frappirt. Nicht die Schöpfung eines echten Musik-Genies haben wir kennen gelernt, sondern die Arbeit eines geistreichen Grüblers, welcher – ein schillerndes Amalgam von Halb-Poet und Halb-Musiker – sich aus der Specialität seines in der Hauptsache lückenhaften, in Nebendingen blendenden Talentes ein neues System geschaffen hat, ein System, das in seinen Grundsätzen irrig, in seiner consequenten Durchführung unschön und unmusikalisch ist.

Eduard Hanslick, Juni 1868

Verging wie Hauch
der Götter Geschlecht,
laß ohne Walter
die Welt ich zurück:
meines heiligsten Wissens Hort
weis ich der Welt nun zu. –
Nicht Gut, nicht Gold,
noch göttliche Pracht,
nicht Haus, nicht Hof,
noch herrischer Prunk:
nicht trüber Verträge
trügender Bund,
nicht heuchelnder Sitte
hartes Gesetz:
selig in Lust und Leid
läßt – die Liebe nur sein. –

Götterdämmerung (die ursprünglich für das Ende vorgesehenen Zeilen wurden nicht vertont.)

Anton Bruckner an den Designer der Titelseite seiner 3. Sinfonie, die er Wagner 1872 widmete:
Ich meine so dass alles auf mich oder mein Werk Bezug Habende ganz einfach, und nur das auf Wagner Bezügliche, namentlich aber seinem Namen, höchster Glanz verliehen werde...
Meinen Namen hingegen ganz einfach...

Also: Alles nobel einfach, nur Richard Wagner höchsten Glanz.

Kurzbiographien

HANS VON BÜLOW
8. 1. 1830–12. 2. 1894

Klavierstudium bei Liszt und Dirigentenstudium bei Wagner. Wird Musiker trotz elterlicher Opposition. Heiratet Liszts Tochter Cosima (1857). Kinder: Daniela (1860) und Blandine (1863). Bayerischer Hofkapellmeister und Dirigent der Uraufführungen von *Tristan und Isolde* und *Die Meistersinger von Nürnberg*. Scheidung von Cosima (1870) und Wiederverheiratung mit Marie Schanzer, Schauspielerin (1882). Chefdirigent des Berliner Philharmonischen Orchesters. Stirbt in Kairo.

JUDITH GAUTIER
25. 8. 1845–26. 12. 1917

Tochter des Schriftstellers Théophile Gautier, Frau des Schriftstellers Catulle Mendés. Besucht Richard und Cosima Wagner in Tribschen (1869) und während der ersten Bayreuther Festspiele (1876). Liebesbeziehung zu Wagner von 1876 bis 1878. Übersetzt *Parsifal* ins Französische und schreibt Romane, Lyrik, Erinnerungen, und *Richard Wagner Chez Lui*.

JESSIE LAUSSOT
geboren 1829 (genaue Daten nicht nachweisbar)

Tochter eines britischen Rechtsanwalts, Frau des Weinhändlers Eugène Laussot in Bordeaux. Liebesverhältnis mit Wagner (1850), das mit geplanter, aber nicht ausgeführter gemeinsamer Flucht endet.

HERMANN LEVI
7. 11. 1839–13. 5. 1900

Sohn eines Oberrabbiners, wird Hofkapellmeister in Karlsruhe und München. Dirigiert *Parsifal* in Bayreuth von 1882 bis 1894. Widersetzt sich Wagners Bekehrungsversuchen. Übersetzt italienische Opernlibretti ins Deutsche.

FRANZ LISZT
22. 10. 1811–31. 7. 1886

Bedeutendster Klaviervirtuose seiner Zeit, Komponist und Dirigent. Liiert mit Gräfin Marie d'Agoult (die Schriftstellerin Daniel Stern). Kinder: Blandine, Cosima, Daniel. Später liiert mit Fürstin Carolyne von Sayn-Wittgenstein (kinderlos). Intimer Freund Richard Wagners, den er unermüdlich materiell und moralisch unterstützt. Stirbt während der Bayreuther Festspiele 1886. Kompositionen u. a.: Symphonische Dichtungen, Symphonien, Klavierkonzerte, Ungarische Rhapsodien, Klaviertranskriptionen.

LUDWIG II.
25. 8. 1845–13. 6. 1886

Mit 18 Jahren König von Bayern, beruft Wagner an seinen Hof, tilgt dessen immense Schulden, unterstützt ihn großzügig und rettet später das bedrohte Bayreuther Festspielbauunternehmen. Baut Schlösser Neuschwanstein, Linderhof und Herrenchiemsee. Ärztliche Gutachten bescheinigen Geisteskrankheit, und sein Onkel Luitpold übernimmt 1886 die Regentschaft. Ertrinkt im Starnberger See (Unfall? Mord? Selbstmord?).

MATHILDE MAIER
1833–1910

Intelligente Tochter eines Juristen, begegnet Wagner 1862 im Verlagshaus Schott in Mainz. Ihre liebevolle Freundschaft spiegelt sich in ihrem Briefwechsel, doch sie lehnt Wagners wiederholte Aufforderungen, zu ihm zu ziehen, resolut ab. Wagner setzt ihr ein gezieltes oder unbewußtes Denkmal im Evchen der *Meistersinger*.

GIACOMO MEYERBEER
5. 9. 1791–2. 5. 1864

Deutscher Komponist jüdischer Herkunft, lebt in Paris. Fördert Wagners Frühwerke *Rienzi* und *Der fliegende Holländer*. Später mißdeutet Wagner Meyerbeers Beweggründe und schmäht ihn in seiner Schrift *Das Judentum in der Musik*. Opern u. a.: *Robert der Teufel, Die Hugenotten, Der Prophet, Die Afrikanerin*.

COSIMA WAGNER
25. 12. 1837–1. 4. 1930

Tochter Franz Liszts und der Gräfin Marie d'Agoult. Begegnet Wagner 1853, heiratet Hans von Bülow (1857). Kinder aus Bülows Ehe: Daniela (1860) und Blandine (1863). Nach ihrer Scheidung von Bülow (Juli 1870) heiratet sie Wagner (August 1870). Kinder: Isolde (1865), Eva (1867), Siegfried (1869). Beginnt ihre *Tagebücher* 1869 und beendet sie einen Tag vor Wagners Tod. Leitet die Bayreuther Festspiele von 1883 bis 1906. Stirbt im Alter von 92 Jahren und ist in Wagners Grab bestattet.

MINNA WAGNER
5. 9. 1809–25. 1. 1866

Beliebte Schauspielerin, hat uneheliche Tochter, Natalie, die sie als jüngere Schwester ausgibt. Begegnet Wagner 1834 und heiratet ihn 1836. Die kinderlose Ehe ist häufigen Krisen ausgesetzt. Endgültige Trennung 1861. Nach Minnas Tod heiratet Natalie, ist aber bald verwitwet. Sie verkauft der Wagner-Biographin Mrs. Burrell zahlreiche Briefe und andere Dokumente ihrer Mutter und ihres Stiefvaters.

SIEGFRIED WAGNER
6. 6. 1869–4. 8. 1930

Wagners einziger Sohn, genannt *Fidi,* studiert zunächst Architektur, dann Musik bei Humperdinck und Felix Mottl. Dirigiert und inszeniert in Bayreuth, und übernimmt die Leitung der Festspiele von 1908 bis 1930. Heiratet Winifred Williams, englische Adoptivtochter von Wagners Londoner Freund Karl Klindworth (1915). Kinder: Wieland (1917), Friedelind (1918), Wolfgang (1919), Verena (1920). Opern u. a.: *Der Bärenhäuter, Der Kobold, Schwarzschwanenreich*. Stirbt in Bayreuth, vier Monate nach seiner Mutter.

MATHILDE WESENDONCK
23. 12. 1828 – 31. 8. 1902

Frau des wohlhabenden Kaufmanns Otto Wesendonck. Erste Begegnung mit Wagner 1852 in Zürich. Tiefgehendes Liebesverhältnis mit dem Komponisten der *Walküre* und des *Tristan;* beide Werke werden unter ihrem Einfluß und teilweise für sie komponiert. Sie schreibt die Texte zu Wagners *Fünf Wesendonck-Liedern*.

Quellenangaben

[1] Cosima Wagner, Die Tagebücher, München 1976–1977, Bd. 1, S. 272 (18. 8. 1870).
[2] Briefwechsel zwischen Wagner und Liszt, Leipzig 1900, Bd. 2, S. 280 (13. 9. 1860).
[3] Zeitschrift für Musik, Heft 7, 1931.
[4] Cosima Wagner, a. a. O., Bd. 2, S. 837 (1. 12. 1881).
[5] Bayreuther Programmheft *Parsifal*, 1959, S. 9.
[6] M. Wirth, Anmerkungen zum *Ring des Nibelungen*, Bayreuth Handbuch 1911, S. 73.
[7] M. Wirth, a. a. O., S. 80.
[8] M. Wirth, a. a. O., S. 84.
[9] Thomas Mann, Wagner und unsere Zeit, Frankfurt/M. 1963, S. 30.
[10] Thomas Mann, Leiden und Größe Richard Wagners, in: Die Neue Rundschau, Berlin, April 1933.
[11] Cosima Wagner, a. a. O., Bd. 2, S. 778 (11. 8. 1881).
[12] Schott-Archiv, Mainz.
[13] Richard Wagner, Sämtliche Briefe, Leipzig/Mainz 1967–1979, Bd. 1, S. 117.
[14] Richard Wagner, Sämtliche Briefe, Bd. 1, S. 129–130.
[15] Richard Wagner, Mein Leben, München 1969, Bd. 1, S. 37.
[16] Richard Wagner, Mein Leben, Bd. 1, S. 42–43.
[17] Richard Wagner, Gesammelte Schriften und Dichtungen, Berlin o. J., Bd. 1, S. 5.
[18] E. Wille, 15 Briefe von Richard Wagner, Berlin 1894, S. 134.
[19] Otto Daube, Ich schreibe keine Symphonien mehr, Köln 1960, S. 24.
[20] Richard Wagner, Mein Leben, Bd. 1, S. 32.

[21] Otto Daube, a. a. O., S. 25.
[22] Otto Daube, a. a. O., S. 26.
[23] Otto Daube, a. a. O., S. 28.
[24] Otto Daube, a. a. O., S. 28.
[25] Otto Daube, a. a. O., S. 29.
[26] *Tristan und Isolde,* 3. Aufzug, 1. Szene.
[27] Richard Wagner, Mein Leben, Bd. 1, S. 31–32.
[28] W. Lange, Richard Wagner und seine Vaterstadt Leipzig, Leipzig 1921, S. 12.
[29] *Die Meistersinger von Nürnberg,* 1. Aufzug, 2. Szene.
[30] *Die Meistersinger von Nürnberg,* 3. Aufzug, 2. Szene.
[31] Richard Wagner, Mein Leben, Bd. 1, S. 60–61.
[32] J. Deathridge, Wagner und sein erster Lehrmeister (Programmheft der Bayerischen Staatsoper, *Die Meistersinger von Nürnberg,* 1979).
[33] Richard Wagner, Mein Leben, Bd. 1, S. 47.
[34] Richard Wagner, Gesammelte Schriften und Dichtungen, Bd. 1, S. 7.
[35] Richard Wagner, Mein Leben, Bd. 1, S. 63.
[36] Richard Wagner, Mein Leben, Bd. 1, S. 63.
[37] *Die Meistersinger von Nürnberg,* 3. Aufzug, 2. Szene.
[38] Richard Wagner, Mein Leben, Bd. 1, S. 63–64.
[39] Richard Wagner, Sämtliche Briefe, Bd. 1, S. 81. (Wagner begann Kurznotizen in einer »großen roten Brieftasche« im Sommer 1835 und benutzte sie für die spätere Autobiographie »Mein Leben«.)
[40] Richard Wagner, Sämtliche Briefe, Bd. 1, S. 81.
[41] *Die Meistersinger von Nürnberg,* 3. Aufzug, 2. Szene.
[42] *Die Meistersinger von Nürnberg,* 3. Aufzug, 2. Szene.
[43] Dresden 1845, par. 191.
[44] Richard Wagner, Sämtliche Briefe, Bd. 1, S. 126.
[45] Richard Wagner, Sämtliche Briefe, Bd. 1, S. 127.
[46] Richard Wagner, Sämtliche Briefe, Bd. 1, S. 128.
[47] Richard Wagner, Mein Leben, Bd. 1, S. 44.
[48] Cosima Wagner, a. a. O., Bd. 2, S. 977.
[49] Richard Wagner, Mein Leben, Bd. 1, S. 44.
[50] *Rienzi, Der fliegende Holländer, Tannhäuser.*
[51] Richard Wagner, Sämtliche Briefe, Bd. 2, S. 228.

[52] Richard Wagner, Mein Leben, Bd. 1, S. 89.
[53] Cosima Wagner, a. a. O., Bd. 1, S. 393.
[54] Richard Wagner, Mein Leben, Bd. 1, S. 24.
[55] Richard Wagner, Sämtliche Briefe, Bd. 1, S. 133–134.
[56] Richard Wagner, Sämtliche Briefe, Bd. 1, S. 134.
[57] Richard Wagner, Mein Leben, Bd. 1, S. 71–72.
[58] Richard Wagner, Mein Leben, Bd. 1, S. 72.
[59] Cosima Wagner, a. a. O., Bd. 1, S. 158 (8. 10. 1869).
[60] Cosima Wagner, a. a. O., Bd. 2, S. 615–616.
[61] Cosima Wagner, a. a. O., Bd. 2, S. 858.
[62] Cosima Wagner, a. a. O., Bd. 1, S. 762 (13. 12. 1873).
[63] Richard Wagner, Gesammelte Schriften, Bd. 1, S. 209.
[64] *Die Feen,* 3. Aufzug.
[65] *Parsifal,* 1. Aufzug.
[66] Cosima Wagner, a. a. O., Bd. 1, S. 100–101 (30. 5. 1869).
[67] Cosima Wagner, a. a. O., Bd. 1, S. 360–361 (21. 2. 1871).
[68] Cosima Wagner, a. a. O., Bd. 1, S. 383 (1. 5. 1871).
[69] Cosima Wagner, a. a. O., Bd. 1, S. 449 (15. 10. 1871).
[70] Cosima Wagner, a. a. O., Bd. 1, S. 544 (3. 7. 1872).
[71] Cosima Wagner, a. a. O., Bd. 1, S. 627 (12. 1. 1873).
[72] Cosima Wagner, a. a. O., Bd. 1, S. 994 (1.–12. 7. 1876).
[73] Cosima Wagner, a. a. O., Bd. 2, S. 320 (23. 3. 1879).
[74] Richard Wagner, Mein Leben, Bd. 1, S. 75–76.
[75] J. G. Büsching, Ritterzeit und Ritterwesen, Leipzig 1823, S. 164.
[76] Richard Wagner, Mein Leben, Bd. 1, S. 71.
[77] Richard Wagner, Mein Leben, Bd. 1, S. 76.
[78] Otto Daube, a. a. O., S. 195.
[79] Wagner: Dokumentarbiographie, hrsg. v. H. Barth, D. Mack und E. Voss, Wien 1975, S. 153.
[80] Richard Wagner, Gesammelte Schriften, Bd. 4, S. 252–253 (»Eine Mitteilung an meine Freunde«).
[81] Richard Wagner, Gesammelte Schriften, Bd. 4, S. 253.
[82] Richard Wagner, Sämtliche Briefe, Bd. 1, S. 139 (an Rosalie Wagner, Leipzig 11. 12. 1833).
[83] Richard Wagner, Sämtliche Briefe, Bd. 1, S. 141–142.
[84] Richard Wagner, Sämtliche Briefe, Bd. 1, S. 149.
[85] Richard Wagner, Sämtliche Briefe, Bd. 1, S. 149–155.

[86] Franz Trenner, Bülow, Levi, Strauss und Possart, in: Nationaltheater München, Festschrift der Bayerischen Staatsoper, 1963, S. 76.
[87] Wilhelm Heinse, Ardinghello und die glücklichen Inseln, 1787.
[88] Richard Wagner, Mein Leben, Bd. 1, S. 91.
[89] Richard Wagner, Gesammelte Schriften, Bd. 4, S. 254–255.
[90] Richard Wagner, Gesammelte Schriften, Bd. 4, S. 255–256.
[91] Richard Wagner, Mein Leben, Bd. 1, S. 122.
[92] Richard Wagner, Mein Leben, Bd. 1, S. 128–129.
[93] *Die Meistersinger von Nürnberg,* 3. Aufzug, 1. Szene.
[94] Richard Wagner, Sämtliche Briefe, Bd. 1, S. 260–261.
[95] Neue Zeitschrift für Musik, Leipzig, 3. 5. 1836.
[96] König Ludwig II. und Richard Wagner Briefwechsel, Karlsruhe 1936–1939, Bd. 2, S. 119.
[97] Cosima Wagner, a. a. O., Bd. 2, S. 301.
[98] Richard Wagner, Sämtliche Briefe, Bd. 1, S. 65–66.
[99] Richard Wagner, Sämtliche Briefe, Bd. 1, S. 323–326.
[100] Richard Wagner, Sämtliche Briefe, Bd. 1, S. 378–379.
[101] Richard Wagner, Sämtliche Briefe, Bd. 1, S. 380.
[102] Richard Wagner, Sämtliche Briefe, Bd. 1, S. 388.
[103] Richard Wagner, Sämtliche Briefe, Bd. 1, S. 397.
[104] J. Kapp, Giacomo Meyerbeer, Berlin 1932, S. 98 (18. 3. 1841).
[105] Die Musik, Berlin 1903, Heft 11, S. 331 (9. 12. 1841).
[106] Richard Wagner, Sämtliche Briefe, Bd. 3, S. 545 (18. 4. 1851).
[107] Cosima Wagner, a. a. O., Bd. 1, S. 576–577.
[108] Cosima Wagner, a. a. O., Bd. 2, S. 515.
[109] *Die Meistersinger von Nürnberg,* 3. Aufzug, 2. Szene.
[110] Richard Wagner, Sämtliche Briefe, Bd. 2, S. 167–168.
[111] Cosima Wagner, a. a. O., Bd. 2, S. 444.
[112] Richard Wagner, Sämtliche Briefe, Bd. 1, S. 263–266.
[113] *Die Meistersinger von Nürnberg,* 3. Aufzug, 2. Szene.
[114] Richard Wagner, Mein Leben, Bd. 1, S. 142.
[115] Die Sammlung Burrell: Richard Wagner Briefe, hrsg. v. J. Burk, Frankfurt 1953, S. 349.
[116] Sammlung Burrell, S. 348–349 (11. 8. 1849).
[117] Richard Wagner, Das Judentum in der Musik.
[118] Sammlung Burrell, S. 390–391.
[119] Sammlung Burrell, S. 392.

[120] Sammlung Burrell, S. 399.
[121] »nach jener Seite hin«: gemeint sind die Wesendoncks.
[122] Richard Wagner an Minna Wagner, Berlin/Leipzig 1908, Bd. 1, S. 265.
[123] Richard Wagner an Minna Wagner, Bd. 1, S. 266–267.
[124] F. Herzfeld, Minna Planer, Leipzig 1938, S. 257–258.
[125] M. Fehr, Richard Wagners Schweizer Zeit, Aarau/Leipzig 1934 und Aarau/Frankfurt a. M. 1953, Bd. 2, S. 144.
[126] Sammlung Burrell, S. 690.
[127] *Die Meistersinger von Nürnberg*.
[128] Sammlung Burrell, S. 539–540.
[129] Sammlung Burrell, S. 705.
[130] Herzfeld, a. a. O., S. 313–315.
[131] Sammlung Burrell, S. 546–548.
[132] Sammlung Burrell, S. 552.
[133] Sammlung Burrell, S. 679–680.
[134] Sammlung Burrell, S. 565.
[135] Sammlung Burrell, S. 720.
[136] Cosima Wagner, a. a. O., Bd. 1, S. 271.
[137] Cosima Wagner, a. a. O., Bd. 1, S. 293.
[138] Cosima Wagner, a. a. O., Bd. 2, S. 148–149.
[139] Sammlung Burrell, S. 424.
[140] Sammlung Burrell, S. 23.
[141] Sammlung Burrell, S. 23.
[142] Sammlung Burrell, S. 653.
[143] Sammlung Burrell, S. 24.
[144] Sammlung Burrell, S. 484–485.
[145] Sammlung Burrell, S. 490–493 (von Minna auf den 7. 4. 1858 datiert).
[146] Sammlung Burrell, S. 496–497 (undatiert).
[147] Richard Wagner an Mathilde Wesendonck, hrsg. v. W. Golther, Berlin 1904, S. 33.
[148] *Tristan und Isolde,* 2. Aufzug, 2. Szene.
[149] Richard Wagner an Mathilde Wesendonck, S. 38.
[150] Richard Wagner an Mathilde Wesendonck, S. 72–73.
[151] Richard Wagner an Mathilde Wesendonck, S. 84.
[152] *Tristan und Isolde,* 2. Aufzug, 2. Szene.
[153] Richard Wagner an Mathilde Wesendonck, S. 23.

[154] Richard Wagner an Mathilde Wesendonck, S. 133–135 (9. 5. 1859).
[155] Richard Wagner an Mathilde Wesendonck, S. 152.
[156] Richard Wagner an Mathilde Wesendonck, S. 170.
[157] Brief vom 12. 2. 1861, erstmals veröffentlicht in: Die Musik, Berlin, September 1931, S. 882–883.
[158] Richard Wagner an Mathilde Wesendonck, S. 293–294.
[159] Richard Wagner an Mathilde Wesendonck, S. 351.
[160] Richard Wagner an Mathilde Wesendonck, S. 309–311.
[161] Cosima Wagner, a. a. O., Bd. 1, S. 275 (22. 8. 1870).
[162] Cosima Wagner, a. a. O., Bd. 1, S. 353 (8. 2. 1871).
[163] Cosima Wagner, a. a. O., Bd. 1, S. 353 (9. 2. 1871).
[164] Cosima Wagner, a. a. O., Bd. 2, S. 412 (20. 9. 1879).
[165] Cosima Wagner, Das zweite Leben, Briefe und Aufzeichnungen 1883–1931, hrsg. v. D. Mack, München/Zürich 1980, S. 406.
[166] *Götterdämmerung*, Vorspiel.
[167] Richard Wagner an Mathilde Wesendonck, S. X.
[168] Briefe an Theodor Uhlig, Wilhelm Fischer, Ferdinand Heine, Leipzig 1888, S. 19.
[169] Richard Wagner, Mein Leben, Bd. 1, S. 84.
[170] Richard Wagner, Mein Leben, Bd. 1, S. 84–85.
[171] Richard Wagner, Mein Leben, Bd. 1, S. 450.
[172] Richard Wagner, Mein Leben, Bd. 1, S. 450–451.
[173] Richard Wagner, Sämtliche Briefe, Bd. 3, S. 243–244.
[174] Richard Wagner, Sämtliche Briefe, Bd. 3, S. 252.
[175] Richard Wagner, Sämtliche Briefe, Bd. 3, S. 255–259.
[176] Sammlung Burrell, S. 377.
[177] Richard Wagner, Sämtliche Briefe, Bd. 3, S. 275–288.
[178] Sammlung Burrell, S. 384.
[179] Richard Wagner, Sämtliche Briefe, Bd. 3, S. 295–297.
[180] Richard Wagner, Sämtliche Briefe, Bd. 3, S. 298–299 (4. 5. 1850).
[181] Richard Wagner, Mein Leben, Bd. 1, S. 452.
[182] Richard Wagner, Mein Leben, Bd. 1, S. 455–457.
[183] *Die Walküre*, 3. Aufzug, 3. Szene.
[184] Richard Wagner, Sämtliche Briefe, Bd. 3, S. 315–322.
[185] *Der fliegende Holländer*, 3. Aufzug.

[186] Richard Wagner, Sämtliche Briefe, Bd. 3, S. 337–342 (Ende Juni 1850).
[187] Richard Wagner, Sämtliche Briefe, Bd. 3, S. 343–344.
[188] Richard Wagner, Sämtliche Briefe, Bd. 3, S. 349.
[189] Richard Wagner, Sämtliche Briefe, Bd. 3, S. 351–352.
[190] Richard Wagner, Sämtliche Briefe, Bd. 3, S. 360–361.
[191] Sammlung Burrell, S. 412.
[192] Cosima Wagner, a. a. O., Bd. 1, S. 47 (31. 1. 1869).
[193] Richard Wagner an Mathilde Maier, hrsg. v. H. Scholz, Leipzig 1930, S. 8.
[194] *Die Walküre,* 3. Aufzug, 3. Szene.
[195] Richard Wagner an Mathilde Maier, S. 271–272 (nach einer undatierten Abschrift).
[196] *Der fliegende Holländer,* 2. Aufzug.
[197] Richard Wagner an Mathilde Maier, S. 15.
[198] Richard Wagner an Mathilde Maier, S. 57–58.
[199] *Die Meistersinger von Nürnberg,* 3. Aufzug, 4. Szene.
[200] Richard Wagner an Mathilde Maier, S. 94.
[201] Richard Wagner an Mathilde Maier, S. 93.
[202] Richard Wagner an Mathilde Maier, S. 96.
[203] Richard Wagner an Mathilde Maier, S. 100.
[204] Richard Wagner an Mathilde Maier, S. 104.
[205] Richard Wagner an Mathilde Maier, S. 107–108 (16. 6. 1863).
[206] Richard Wagner an Mathilde Maier, S. 119.
[207] Richard Wagner an Mathilde Maier, S. 187.
[208] Richard Wagner an Mathilde Maier, S. 224.
[209] *Die Meistersinger von Nürnberg,* 2. Aufzug, 4. Szene.
[210] Richard Wagner an Mathilde Maier, S. 49–51.
[211] Richard Wagner, Mein Leben, Bd. 2, S. 745–746.
[212] Richard Wagner an Mathilde Maier, S. 139–140.
[213] Richard Wagner an Mathilde Maier, S. 162–163.
[214] Richard Wagner an Mathilde Maier, S. 165–167.
[215] Richard Wagner an Mathilde Maier, S. 168–169.
[216] Richard Wagner an Mathilde Maier, S. 171–172.
[217] Richard Wagner an Mathilde Maier, S. 106–107.
[218] Richard Wagner an Mathilde Maier, S. 108–109.
[219] Richard Wagner an Mathilde Maier, S. 112.
[220] Richard Wagner an Mathilde Maier, S. 115–116.

[221] Richard Wagner an Mathilde Maier, S. 119.
[222] Wiener Allgemeine Zeitung, 9. 10. 1881.
[223] Richard Wagner an Mathilde Maier, S. 214–215.
[224] Die Briefe Richard Wagners an Judith Gautier, hrsg. v. W. Schuh, Leipzig/Zürich 1936, S. 140.
[225] Cosima Wagner, a. a. O., Bd. 1, S. 1001.
[226] Briefe an Judith Gautier, S. 24–25.
[227] Briefe an Judith Gautier, S. 142.
[228] Briefe an Judith Gautier, S. 145 (1877?).
[229] Briefe an Judith Gautier, S. 147–148.
[230] Briefe an Judith Gautier, S. 148–149 (undatiert, Oktober/November 1877).
[231] Briefe an Judith Gautier, S. 158–159.
[232] Briefe an Judith Gautier, S. 159.
[233] Briefe an Judith Gautier, S. 171–172.
[234] Briefe an Judith Gautier, S. 189.
[235] Briefe an Judith Gautier, S. 193–194.
[236] Cosima Wagner, a. a. O., Bd. 2, S. 45 (12. 2. 1878).
[237] Briefe an Judith Gautier, S. 87–88 (1882).
[238] Cosima Wagner, a. a. O., Bd. 2, S. 687.
[239] Cosima Wagner, a. a. O., Bd. 2, S. 798.
[240] Cosima Wagner, a. a. O., Bd. 2, S. 799.
[241] Cosima Wagner, a. a. O., Bd. 2, S. 984.
[242] Briefe an Theodor Uhlig, S. 222.
[243] Briefwechsel zwischen Wagner und Liszt, Bd. 2, S. 4.
[244] L. Kusche, Wagner und die Putzmacherin, Wilhelmshaven 1967, S. 119–121.
[245] L. Karpath, Zu den Briefen Richard Wagners an eine Putzmacherin, Berlin 1906, S. 25.
[246] Sammlung Burrell, S. 416.
[247] Richard Wagner an Mathilde Maier, S. 101–102.
[248] Richard Wagner an Mathilde Maier, S. 138 (11. 1. 1864).
[249] Richard Wagner, Sämtliche Briefe, Bd. 1, S. 522–523.
[250] Richard Wagner, Sämtliche Briefe, Bd. 1, S. 523.
[251] Richard Wagner, Sämtliche Briefe, Bd. 2, S. 89.
[252] Richard Wagner, Sämtliche Briefe, Bd. 2, S. 124.
[253] Sammlung Burrell, S. 244.
[254] Sammlung Burrell, S. 245.

[255] Sammlung Burrell, S. 249.
[256] Sammlung Burrell, S. 250.
[257] Sammlung Burrell, S. 251.
[258] Sammlung Burrell, S. 253.
[259] Sammlung Burrell, S. 256.
[260] Sammlung Burrell, S. 266–267.
[261] Sammlung Burrell, S. 276.
[262] Sammlung Burrell, S. 279–281.
[263] Friedrich Nietzsche, Gedichte, Leipzig o. J., S. 9.
[264] Sammlung Burrell, S. 293.
[265] Sammlung Burrell, S. 294.
[266] Richard Wagner, Sämtliche Briefe, Bd. 1, S. 202.
[267] Richard Wagner, Sämtliche Briefe, Bd. 1, S. 375.
[268] Richard Wagner, Sämtliche Briefe, Bd. 1, S. 444–445 (22. 2. 1840).
[269] Richard Wagner, Sämtliche Briefe, Bd. 1, S. 405–406.
[270] Richard Wagner, Sämtliche Briefe, Bd. 3, S. 83.
[271] Richard Wagner, Sämtliche Briefe, Bd. 3, S. 97–99.
[272] Richard Wagner, Sämtliche Briefe, Bd. 1, S. 372.
[273] Richard Wagner, Sämtliche Briefe, Bd. 1, S. 478–480.
[274] Richard Wagner, Sämtliche Briefe, Bd. 2, S. 444.
[275] Richard Wagner, Sämtliche Briefe, Bd. 3, S. 220.
[276] Richard Wagner, Sämtliche Briefe, Bd. 3, S. 254–255.
[277] Sammlung Burrell, S. 221.
[278] Richard Wagner, Sämtliche Briefe, Bd. 1, S. 166.
[279] Richard Wagner, Sämtliche Briefe, Bd. 2, S. 73.
[280] Richard Wagner, Sämtliche Briefe, Bd. 2, S. 95.
[281] Richard Wagner, Sämtliche Briefe, Bd. 2, S. 160.
[282] Richard Wagner, Sämtliche Briefe, Bd. 3, S. 237.
[283] Richard Wagner an Freunde und Zeitgenossen, hrsg. v. E. Kloss, Berlin/Leipzig 1909, S. 185.
[284] Richard Wagner, Sämtliche Briefe, Bd. 4, S. 62.
[285] Bayreuther Festspielführer 1933, S. 23 (im Original beginnt der Auszug mit dem letzten Satz).
[286] Richard Wagner, Sämtliche Briefe, Bd. 2, S. 237.
[287] Richard Wagner, Sämtliche Briefe, Bd. 3, S. 535.
[288] Richard Wagner, Sämtliche Briefe, Bd. 3, S. 536.
[289] Richard Wagner, Sämtliche Briefe, Bd. 4, S. 165–166.

[290] Richard Wagner, Sämtliche Briefe, Bd. 1, S. 521.
[291] Fehr, a. a. O., Bd. 2, S. 350–351.
[292] Richard Wagner an Freunde und Zeitgenossen, S. 211.
[293] Briefwechsel zwischen Wagner und Liszt, Bd. 2, S. 137.
[294] Zwei unveröffentlichte Briefe an Robert von Hornstein, hrsg. von F. von Hornstein, München 1911, S. 15–16.
[295] Zwei unveröffentlichte Briefe, S. 19–20.
[296] Zwei unveröffentlichte Briefe, S. 20–21.
[297] Richard Wagner, Mein Leben, Bd. 1, S. 148–149.
[298] Richard Wagner an Freunde und Zeitgenossen, S. 294–295.
[299] Richard Wagner, Sämtliche Briefe, Bd. 3, S. 150–151.
[300] Sammlung Burrell, S. 393.
[301] Fehr, a. a. O., Bd. 2, S. 38.
[302] Briefwechsel zwischen Wagner und Liszt, Bd. 2, S. 230–231.
[303] Richard Wagner, Sämtliche Briefe, Bd. 2, S. 313.
[304] Richard Wagner, Sämtliche Briefe, Bd. 3, S. 539–540.
[305] L. Strecker, Richard Wagner als Verlagsgefährte, Mainz 1951, S. 34.
[306] Briefe Richard Wagners an Otto Wesendonck, hrsg. v. W. Golther, Berlin 1905, S. 54–58.
[307] Briefe an Otto Wesendonck, S. 121.
[308] Strecker, a. a. O., S. 132.
[309] Strecker, a. a. O., S. 132–133.
[310] Strecker, a. a. O., S. 245.
[311] Cosima Wagner, a. a. O., Bd. 1, S. 785 (24. 1. 1874) und S. 792 (14. 2. 1874).
[312] Cosima Wagner, a. a. O., Bd. 1, S. 970 (14. 2. 1876).
[313] A. Kohut, Der Meister von Bayreuth, Berlin 1905, S. 181–182.
[314] Strecker, a. a. O., S. 307 (11. 8. 1881).
[315] Cosima Wagner, a. a. O., Bd. 2, S. 777 (9. 8. 1881).
[316] Richard Wagner, Sämtliche Briefe, Bd. 3, S. 555.
[317] Richard Wagner, Sämtliche Briefe, Bd. 4, S. 211.
[318] Richard Wagner, Sämtliche Briefe, Bd. 4, S. 326.
[319] Richard Wagner, Mein Leben, Bd. 1, S. 17–18.
[320] Sammlung Burrell, S. 537.
[321] W. Reich, Richard Wagner, Olten 1948, S. 15 (Wagner an Standhartner, 12. 4. 1864).
[322] Richard Wagner an Mathilde Wesendonck, S. 239.

[323] Briefe Richard Wagners an Otto Wesendonck, S. 37.
[324] Cosima Wagner, a. a. O., Bd. 1, S. 849.
[325] Cosima Wagner, a. a. O., Bd. 2, S. 442.
[326] Cosima Wagner, a. a. O., Bd. 1, S. 347.
[327] Cosima Wagner, a. a. O., Bd. 2, S. 377.
[328] Cosima Wagner, a. a. O., Bd. 1, S. 246.
[329] Cosima Wagner, a. a. O., Bd. 2, S. 362.
[330] Cosima Wagner, a. a. O., Bd. 1, S. 123.
[331] Cosima Wagner, a. a. O., Bd. 2, S. 275.
[332] Cosima Wagner, a. a. O., Bd. 1, S. 601.
[333] Cosima Wagner, a. a. O., Bd. 2, S. 531.
[334] Richard Wagner an Mathilde Wesendonck, S. 132.
[335] Cosima Wagner, a. a. O., Bd. 2, S. 896.
[336] *Lohengrin,* 3. Aufzug, 3. Szene.
[337] Briefwechsel zwischen Wagner und Liszt, Bd. 2, S. 280.
[338] Cosima Wagner, a. a. O., Bd. 2, S. 303.
[339] Cosima Wagner, a. a. O., Bd. 2, S. 407.
[340] *Die Meistersinger von Nürnberg,* 1. Aufzug, 3. Szene.
[341] Cosima Wagner, a. a. O., Bd. 1, S. 864.
[342] Cosima Wagner, a. a. O., Bd. 2, S. 955.
[343] Cosima Wagner, a. a. O., Bd. 2, S. 344.
[344] Cosima Wagner, a. a. O., Bd. 1, S. 909.
[345] Cosima Wagner, a. a. O., Bd. 2, S. 753.
[346] Cosima Wagner, a. a. O., Bd. 1, S. 286.
[347] Cosima Wagner, a. a. O., Bd. 1, S. 356.
[348] Cosima Wagner, a. a. O., Bd. 2, S. 767.
[349] Cosima Wagner, a. a. O., Bd. 2, S. 816.
[350] Cosima Wagner, a. a. O., Bd. 2, S. 492–493.
[351] Cosima Wagner, a. a. O., Bd. 2, S. 371.
[352] Cosima Wagner, a. a. O., Bd. 2, S. 581.
[353] Cosima Wagner, a. a. O., Bd. 2, S. 583–584.
[354] Cosima Wagner, a. a. O., Bd. 1, S. 1054.
[355] Cosima Wagner, a. a. O., Bd. 2, S. 826.
[356] Cosima Wagner, a. a. O., Bd. 2, S. 769.
[357] Cosima Wagner, a. a. O., Bd. 1, S. 291.
[358] Cosima Wagner, a. a. O., Bd. 2, S. 693.
[359] Richard Wagner, Das braune Buch, hrsg. v. J. Bergfeld, Zürich/Freiburg 1975, S. 222–224.

[360] König Ludwig II. und Richard Wagner Briefwechsel, Bd. 3, S. 226–227.
[361] Cosima Wagner, a. a. O., Bd. 2, S. 579.
[362] Cosima Wagner, a. a. O., Bd. 2, S. 594.
[363] Cosima Wagner, a. a. O., Bd. 2, S. 845.
[364] *Die Meistersinger von Nürnberg,* 3. Aufzug, 5. Szene.
[365] Cosima Wagner, a. a. O., Bd. 2, S. 129.
[366] Cosima Wagner, a. a. O., Bd. 2, S. 236–237.
[367] Cosima Wagner, a. a. O., Bd. 2, S. 262.
[368] Cosima Wagner, a. a. O., Bd. 2, S. 1026.
[369] Cosima Wagner, a. a. O., Bd. 2, S. 599.
[370] Cosima Wagner, a. a. O., Bd. 1, S. 856.
[371] Cosima Wagner, a. a. O., Bd. 2, S. 626.
[372] Cosima Wagner, a. a. O., Bd. 2, S. 778.
[373] Cosima Wagner, a. a. O., Bd. 2, S. 852.
[374] Richard Wagner an Freunde und Zeitgenossen, S. 511.
[375] Richard Wagner an Freunde und Zeitgenossen, S. 176.
[376] Richard Wagner an Freunde und Zeitgenossen, S. 208–209.
[377] Cosima Wagner, a. a. O., Bd. 1, S. 436.
[378] Cosima Wagner, a. a. O., Bd. 1, S. 436.
[379] Cosima Wagner, a. a. O., Bd. 1, S. 437.
[380] Cosima Wagner, a. a. O., Bd. 1, S. 437.
[381] Richard-Wagner-Gedenkstätte, Bayreuth.
[382] Cosima Wagner, a. a. O., Bd. 2, S. 551.
[383] Cosima Wagner, a. a. O., Bd. 2, S. 597.
[384] Sammlung Burrell, S. 723 (1866).
[385] Richard Wagner, Sämtliche Briefe, Bd. 3, S. 457–458 (22. 10. 1850).
[386] Richard Wagner, Sämtliche Briefe, Bd. 4, S. 145 (23. 10. 1851).
[387] Richard Wagner, Sämtliche Briefe, Bd. 4, S. 171 (11. 11. 1851).
[388] Richard Wagner, Sämtliche Briefe, Bd. 4, S. 160 (2. 11. 1851).
[389] Richard Wagner, Sämtliche Briefe, Bd. 4, S. 164 (7. 11. 1851).
[390] Richard Wagner, Sämtliche Briefe, Bd. 4, S. 178–179 (14. 11. 1851).
[391] Richard Wagner, Sämtliche Briefe, Bd. 4, S. 384 (31. 5. 1852).
[392] Richard Wagner, Sämtliche Briefe, Bd. 4, S. 439 (9. 8. 1852).

[393] Richard Wagner, Sämtliche Briefe, Bd. 4, S. 449–450 (30. 8. 1852).
[394] Richard Wagner, Sämtliche Briefe, Bd. 4, S. 470 (12. 9. 1852).
[395] Briefe an Theodor Uhlig, S. 232 (11. 10. 1852).
[396] Cosima Wagner, a. a. O., Bd. 2, S. 155 (6. 8. 1878).
[397] Cosima Wagner, a. a. O., Bd. 2, S. 867 (5. 1. 1882).
[398] Cosima Wagner, a. a. O., Bd. 2, S. 352 (20. 5. 1879).
[399] Cosima Wagner, a. a. O., Bd. 2, S. 516 (3. 4. 1880).
[400] Familienbriefe von Richard Wagner, hrsg. v. C. Fr. Glasenapp, Berlin 1907, S. 253 (27. 11. 1863).
[401] Cosima Wagner, Das zweite Leben, S. 752.
[402] Cosima Wagner, Das zweite Leben, S. 754.
[403] Cosima Wagner, Das zweite Leben, S. 753.
[404] Cosima Wagner, Das zweite Leben, S. 763.
[405] Cosima Wagner, Das zweite Leben, S. 765.
[406] Marie von Bülow, a. a. O., S. 67–68 (20. 4. 1856).
[407] Richard Wagner, Mein Leben, Bd. 2, S. 567.
[408] R. Graf Du Moulin Eckart, Hans von Bülow, München 1921, S. 484.
[409] Cosima Wagner, a. a. O., Bd. 1, S. 28 (8. 1. 1869).
[410] Cosima Wagner, Das zweite Leben, S. 756.
[411] Cosima Wagner, a. a. O., Bd. 1, S. 83.
[412] Cosima Wagner, a. a. O., Bd. 1, S. 86.
[413] Cosima Wagner, a. a. O., Bd. 1, S. 95.
[414] Cosima Wagner, a. a. O., Bd. 1, S. 97.
[415] Cosima Wagner, a. a. O., Bd. 1, S. 124.
[416] Cosima Wagner, a. a. O., Bd. 1, S. 145.
[417] Cosima Wagner, a. a. O., Bd. 1, S. 846.
[418] Cosima Wagner, a. a. O., Bd. 1, S. 927.
[419] Cosima Wagner, a. a. O., Bd. 1, S. 988.
[420] Cosima Wagner, a. a. O., Bd. 1, S. 1078.
[421] Cosima Wagner, a. a. O., Bd. 2, S. 709.
[422] Cosima Wagners Briefe an ihre Tochter Daniela von Bülow, hrsg. v. M. von Waldberg, Stuttgart/Berlin 1933, S. 171 (16. 3. 1881).
[423] Cosima Wagners Briefe an ihre Tochter Daniela von Bülow, S. 345 (wahrscheinlich Juli 1881).
[424] Cosima Wagner, Das zweite Leben, S. 35.

425 Graf Du Moulin Eckart, Cosima Wagner, München/Berlin 1929–1931, Bd. 1, S. 841.
426 Cosima Wagner, a. a. O., Bd. 1, S. 329 (25. 12. 1870).
427 Strecker, a. a. O., S. 289 (21. 8. 1877).
428 Cosima Wagner, a. a. O., Bd. 1, S. 350.
429 Cosima Wagner, a. a. O., Bd. 1, S. 686.
430 Richard-Wagner-Gedenkstätte, Bayreuth.
431 Richard Wagner, Das braune Buch, S. 46–47.
432 Richard Wagner, Das braune Buch, S. 42.
433 Richard Wagner, Das braune Buch, S. 83.
434 König Ludwig II. und Richard Wagner Briefwechsel, Bd. 2, S. XXI.
435 Richard Wagner, Das braune Buch, S. 105–106.
436 König Ludwig II. und Richard Wagner Briefwechsel, Bd. 5, S. 27.
437 König Ludwig II. und Richard Wagner Briefwechsel, Bd. 5, S. 28.
438 Mitgeteilt von Dr. Manfred Eger, in: Programmheft V, Bayreuther Festspiele 1979 (24. 4. 1872).
439 Cosima Wagner, a. a. O., Bd. 2, S. 64.
440 Cosima Wagner, a. a. O., Bd. 2, S. 102.
441 Cosima Wagner, a. a. O., Bd. 2, S. 765.
442 Cosima Wagner, a. a. O., Bd. 1, S. 303.
443 Cosima Wagner, a. a. O., Bd. 1, S. 48.
444 Cosima Wagner, a. a. O., Bd. 1, S. 311.
445 Cosima Wagner, a. a. O., Bd. 1, S. 42.
446 Cosima Wagner, a. a. O., Bd. 1, S. 80.
447 Cosima Wagner, a. a. O., Bd. 1, S. 88.
448 Cosima Wagner, a. a. O., Bd. 1, S. 200.
449 Cosima Wagner, a. a. O., Bd. 2, S. 773.
450 Mitgeteilt von Dr. Manfred Eger, in: Programmheft V, Bayreuther Festspiele, 1979.
451 Cosima Wagner, a. a. O., Bd. 1, S. 580.
452 Cosima Wagner, a. a. O., Bd. 1, S. 420.
453 Richard Wagner, Mein Leben, Bd. 1, S. 175.
454 Richard Wagner, Mein Leben, Bd. 1, S. 177.
455 Richard Wagner, Mein Leben, Bd. 1, S. 178.
456 Cosima Wagner, a. a. O., Bd. 1, S. 726 (11. 9. 1873).

[457] Richard Wagner, Mein Leben, Bd. 2, S. 538.
[458] Wm. Ashton Ellis, Life of Richard Wagner, London 1900–1908, Bd. 5, S. 167.
[459] Richard Wagner an Minna Wagner, Bd. 1, S. 183.
[460] Ellis, a. a. O., Bd. 5, S. 169–170.
[461] Ellis, a. a. O., Bd. 5, S. 173.
[462] Briefwechsel zwischen Wagner und Liszt, Bd. 2, S. 72 (16. 5. 1855).
[463] Briefwechsel zwischen Wagner und Liszt, Bd. 2, S. 73.
[464] Briefwechsel zwischen Wagner und Liszt, Bd. 2, S. 73.
[465] Briefwechsel zwischen Wagner und Liszt, Bd. 2, S. 77 (2. 6. 1855).
[466] Richard Wagner an Minna Wagner, Bd. 1, S. 189–190 (15. 5. 1855).
[466a] Richard Wagner an Minna Wagner, Bd. 1, S. 191 (19. 5. 1855)
[467] Briefe Wagners an Otto Wesendonck, S. 15–16 (21. 3. 1855).
[468] Richard Wagner an Minna Wagner, Bd. 1, S. 161 (7. 4. 1855).
[469] Cosima Wagner, a. a. O., Bd. 1, S. 155 (28. 9. 1869).
[470] Richard Wagner an Minna Wagner, Bd. 1, S. 168 (17. 4. 1855).
[471] Briefwechsel zwischen Wagner und Liszt, Bd. 2, S. 85 (5. 7. 1855).
[472] Städtische Bibliothek Dresden.
[473] Richard Wagner an Minna Wagner, Bd. 1, S. 213–215 (12. 6. 1855).
[474] Ellis, a. a. O., Bd. 5, S. 266.
[475] Richard Wagner an Minna Wagner, Bd. 1, S. 221 (19. 6. 1855).
[476] Sammlung Burrell, S. 478 (26. 6. 1855).
[477] Robert Schumanns Briefe, Neue Folge, hrsg. v. F. G. Jansen, Leipzig 1904, S. 252 (22. 10. 1845).
[478] Robert Schumanns Briefe, S. 254 (12. 11. 1845).
[479] Robert Schumanns Briefe, S. 256 (7. 1. 1846).
[480] Bayreuther Briefe, hrsg. v. C. Fr. Glasenapp, Leipzig/Berlin 1907, S. 259 (11. 2. 1877).
[481] Musical Times »Wagner Festival«, Juni 1877.
[482] G. B. Shaw, How to become a musical critic, London 1960, S. 24 (6. 6. 1877).
[483] Cosima Wagner, a. a. O., Bd. 1, S. 1047–1048.
[484] Cosima Wagner, a. a. O., Bd. 1, S. 1048.

[485] Cosima Wagner, a. a. O., Bd. 1, S. 1049.
[486] Cosima Wagner, a. a. O., Bd. 1, S. 1049.
[487] Cosima Wagner, a. a. O., Bd. 1, S. 1049.
[488] Cosima Wagner, a. a. O., Bd. 1, S. 1049–1050.
[489] Cosima Wagner, a. a. O., Bd. 1, S. 1051.
[490] Cosima Wagner, a. a. O., Bd. 1, S. 1051.
[491] Cosima Wagner, a. a. O., Bd. 1, S. 1051.
[492] Cosima Wagner, a. a. O., Bd. 1, S. 1052.
[493] Cosima Wagner, a. a. O., Bd. 1, S. 1053.
[494] Cosima Wagner, a. a. O., Bd. 1, S. 1053.
[495] E. Kretschmar, Richard Wagner – Sein Leben in Selbstzeugnissen, Berlin 1939, S. 364.
[496] Richard Wagner, Sämtliche Briefe, Bd. 2, S. 607.
[497] Richard Wagner, Sämtliche Briefe, Bd. 3, S. 153.
[498] Briefwechsel zwischen Wagner und Liszt, Bd. 2, S. 7–8.
[499] Briefwechsel zwischen Wagner und Liszt, Bd. 2, S. 97.
[500] Briefwechsel zwischen Wagner und Liszt, Bd. 2, S. 101.
[501] Richard Wagner an Freunde und Zeitgenossen, S. 176.
[502] Richard Wagner an Freunde und Zeitgenossen, S. 243–244.
[503] Briefwechsel zwischen Wagner und Liszt, Bd. 2, S. 253.
[504] Bayreuther Festspielführer 1924, S. 222–223 (die Rückübersetzung ins Deutsche erschien erstmalig in der Oberfränkischen Zeitung, 16. 2. 1924).
[505] Bayreuther Briefe, S. 262 (13. 5. 1877).
[506] König Ludwig II. und Richard Wagner Briefwechsel, Bd. 3, S. 103–104 (Mitte Juni 1877).
[507] König Ludwig II. und Richard Wagner Briefwechsel, Bd. 3, S. 105.
[508] König Ludwig II. und Richard Wagner Briefwechsel, Bd. 3, S. 108.
[509] König Ludwig II. und Richard Wagner Briefwechsel, Bd. 3, S. 132.
[510] König Ludwig II. und Richard Wagner Briefwechsel, Bd. 3, S. 159 (25. 8. 1879).
[511] Cosima Wagner, a. a. O., Bd. 2, S. 486–487.
[512] Die Welt, 14. 12. 1975.
[513] König Ludwig II. und Richard Wagner Briefwechsel Bd. 3, S. 182–183.

[514] Gedichte von Richard Wagner, hrsg. v. C. Fr. Glasenapp, Berlin 1905, S. 36.
[515] Richard Wagner an Mathilde Maier, S. 149.
[516] König Ludwig II. und Richard Wagner Briefwechsel, Bd. 1, S. XXVII–XXVIII.
[517] König Ludwig II. und Richard Wagner Briefwechsel, Bd. 1, S. 11.
[518] König Ludwig II. und Richard Wagner Briefwechsel, S. 204.
[519] Cosima Wagner, a. a. O., Bd. 1, S. 74 (21./22. 3. 1869).
[520] König Ludwig II. und Richard Wagner Briefwechsel, Bd. 1, S. 22–23.
[521] König Ludwig II. und Richard Wagner Briefwechsel, Bd. 1, S. 24.
[522] König Ludwig II. und Richard Wagner Briefwechsel, Bd. 1, S. 52.
[523] König Ludwig II. und Richard Wagner Briefwechsel, Bd. 4, S. 40–51 (19. 2. 1865).
[524] König Ludwig II. und Richard Wagner Briefwechsel, Bd. 4, S. 52–56 (22. 2. 1865).
[525] König Ludwig II. und Richard Wagner Briefwechsel, Bd. 4, S. 43–44.
[526] König Ludwig II. und Richard Wagner Briefwechsel, Bd. 4, S. 68 (14. 7. 1865).
[527] König Ludwig II. und Richard Wagner Briefwechsel, Bd. 4, S. 146–147.
[528] König Ludwig II. und Richard Wagner Briefwechsel, Bd. 2, S. 53.
[529] König Ludwig II. und Richard Wagner Briefwechsel, Bd. 2, S. 56.
[530] König Ludwig II. und Richard Wagner Briefwechsel, Bd. 2, S. 54.
[531] König Ludwig II. und Richard Wagner Briefwechsel, Bd. 2, S. 60.
[532] König Ludwig II. und Richard Wagner Briefwechsel, Bd. 2, S. 55.
[533] König Ludwig II. und Richard Wagner Briefwechsel, Bd. 5, S. 204 (13. 12. 1876).

[534] König Ludwig II. und Richard Wagner Briefwechsel, Bd. 2, S. 310.
[535] Gottfried von Straßburg: Tristan, v. 12447–12452.
[536] Tristan und Isolde, 2. Aufzug, 3. Szene.
[537] Tristan und Isolde, 2. Aufzug, 2. Szene.
[538] König Ludwig II. und Richard Wagner Briefwechsel, Bd. 3, S. 82 (12. 8. 1876).
[539] König Ludwig II. und Richard Wagner Briefwechsel, Bd. 4, S. 77 (26. 8. 1865).
[540] König Ludwig II. und Richard Wagner Briefwechsel, Bd. 2, S. 229 (2. 6. 1868).
[541] König Ludwig II. und Richard Wagner Briefwechsel, Bd. 3, S. 226 (11. 10. 1881).
[542] König Ludwig II. und Richard Wagner Briefwechsel, Bd. 3, S. 71–72 (11. 1. 1876).
[543] König Ludwig II. und Richard Wagner Briefwechsel, Bd. 3, S. 83 (12. 8. 1876).
[544] König Ludwig II. und Richard Wagner Briefwechsel, Bd. 5, S. 101 (30. 8. 1869).
[545] König Ludwig II. und Richard Wagner Briefwechsel, Bd. 5, S. 102 (31. 8. 1869).
[546] König Ludwig II. und Richard Wagner Briefwechsel, Bd. 5, S. 102–103 (31. 8. 1869).
[547] König Ludwig II. und Richard Wagner Briefwechsel, Bd. 4, S. 201–202 (Sept. 1869).
[548] König Ludwig II. und Richard Wagner Briefwechsel, Bd. 2, S. 290 (Nov. 1869).
[549] König Ludwig II. und Richard Wagner Briefwechsel, Bd. 2, S. 305 (2. 5. 1870).
[550] Cosima Wagner, a. a. O., Bd. 1, S. 422 (27. 7. 1871).
[551] Cosima Wagner, a. a. O., Bd. 1, S. 433 (1. 9. 1871).
[552] König Ludwig II. und Richard Wagner Briefwechsel, Bd. 1, S. 142 (4. 8. 1865).
[553] Bayreuther Briefe, hrsg. C. Fr. Glasenapp, Berlin/Leipzig 1907, S. 77.
[554] Sammlung Burrell, S. 783.
[555] Richard Wagner: Gesammelte Schriften und Dichtungen, Bd. 6, S. 273.

[556] Richard Wagner: Gesammelte Schriften und Dichtungen, Bd. 6, S. 274.
[557] Sammlung Burrell, S. 79.
[558] Richard Wagner: Gesammelte Schriften und Dichtungen, Bd. 6, S. 275–276 (Vorwort zur Herausgabe der Dichtung des Bühnenfestspieles »Der Ring des Nibelungen«).
[559] Richard Wagner: Gesammelte Schriften und Dichtungen, Bd. 6, S. 280–281 (Vorwort Ring).
[560] Richard Wagner an seine Künstler, hrsg. v. E. Kloss, Berlin/Leipzig 1908, S. 81–84.
[561] Richard Wagner an seine Künstler, S. 84–87.
[562] O. Strobel: Neue Wagner-Forschungen, Karlsruhe 1943, S. 189.
[563] Der Merker, Wien; Juli 1911, S. 9.
[564] Lilly Lehmann: Mein Weg, Leipzig 1913, S. 235.
[565] R. Fricke: Richard Wagner auf der Probe, Stuttgart 1983, S. 81.
[566] Fricke, a. a. O., S. 88–89.
[567] Fricke, a. a. O., S. 89–90.
[568] Der Merker, Wien, Juli 1911, S. 10.
[569] Fricke, a. a. O., S. 100–102.
[570] Fricke, a. a. O., S. 102.
[571] Fricke, a. a. O., S. 103.
[572] Der Merker, Wien, Juli 1911, S. 10–11.
[573] Fricke, a. a. O., S. 134–135.
[574] P. Lindau, Nüchterne Briefe aus Bayreuth, Breslau 1876, S. 64.
[575] Richard Wagner: Gesammelte Schriften und Dichtungen, Bd. 10, S. 111 (Ein Rückblick auf die Bühnenfestspiele des Jahres 1876).
[576] S. Rützow, Richard Wagner und Bayreuth, München 1943, S. 109–110.
[577] Cosima Wagner, a. a. O., Bd. 1, S. 1230–1231 (1. 6. 1875).
[578] Cosima Wagner, a. a. O., Bd. 1, S. 998 (13. 8. 1876).
[579] Bühne und Welt, 1899.
[580] Cosima Wagner, a. a. O., Bd. 1, S. 1001–1002 (9. 9. 1876).
[581] Richard-Wagner-Gedenkstätte, Bayreuth.
[582] Illustrirte Zeitung, Leipzig und Berlin (20. 4. 1895).

583 F. Würzbach: Nietzsche, München 1966, S. 230.
584 Hermann Levi an seinen Vater: unveröffentlichte Briefe aus Bayreuth (Bayreuther Festspiele Programmheft: Parsifal), Bayreuth 1959, S. 9 (12. 3. 1882).
585 Hermann Levi an seinen Vater, S. 9 (13. 4. 1882).
586 Hermann Levi an seinen Vater, S. 9–10 (Juli 1882).
587 Hermann Levi an seinen Vater, S. 11 (31. 8. 1882).
588 Hermann Levi an seinen Vater, S. 11 (13. 11. 1882).
589 Hermann Levi an seinen Vater, S. 12–13 (15. 2. 1883).
590 Hermann Levi an seinen Vater, S. 14 (7. 8. 1883).
591 Hermann Levi an seinen Vater, S. 22 (16. 8. 1889).
592 Richard Wagner an Mathilde Wesendonck, S. 206.
593 König Ludwig II. und Richard Wagner Briefwechsel, Bd. 2, S. 306–307.
594 König Ludwig II. und Richard Wagner Briefwechsel, Bd. 1, S. 174.
595 Richard Wagner an Freunde und Zeitgenossen, S. 203–204.
596 Sammlung Burrell, S. 801.
597 R. Donington: Wagner's ›Ring‹ and its symbols, London 1963, S. 36–37.
598 Wagner an Nietzsche (Januar 1872).
599 Wagner an Nietzsche (Juli 1876).
600 aus: E. Förster-Nietzsche: Das Leben Friedrich Nietzsches.
601 aus: Cosima Wagner, a. a. O.
602 aus: F. Nietzsche: Fragmente aus dem Nachlaß.
603 Wagner an Dr. Otto Eiser (Frankfurt a. M.), Bayreuth (23. 10. 1877).
604 aus: F. Nietzsche: Ecce Homo (1888).
605 aus: F. Nietzsche: Nietzsche Contra Wagner (1889).
606 aus: F. Nietzsche: Nietzsche Contra Wagner (1889).
607 aus: E. Förster-Nietzsche, Das Leben Friedrich Nietzsches.
608 Nietzsche an Malwida von Meysenbug (Februar 1883).
609 aus: C. v. Westernhagen: Richard Wagner.
610 Wagner an Nietzsche (3. 1. 1878).
611 aus: Nietzsches Vorarbeit zu Richard Wagner in Bayreuth (1875).
612 aus: F. Nietzsche: Nietzsche Contra Wagner (1889).
613 Nietzsche an Malwida von Meysenbug (14. 1. 1880).

[614] Wagner an Overbeck (19. 10. 1879).
[615] Nietzsches Aphorismus Sternfreundschaft (1878).
[616] Richard Wagner an Mathilde Wesendonck, S. 112–114.
[617] Graf Du Moulin Eckart, Hans von Bülow, a. a. O., S. 484.
[618] Richard Wagner, Sämtliche Briefe, Bd. 2, S. 517 (29. 7. 1846).
[619] Richard Wagner, Sämtliche Briefe, Bd. 3, S. 417–421.
[620] Richard Wagner, Sämtliche Briefe, Bd. 3, S. 445–448.
[621] Hans von Bülow, Neue Briefe, hrsg. v. R. Graf Du Moulin Eckart, München 1927, S. 417–418 (1. 1. 1859).
[622] Hans von Bülow, Neue Briefe, S. 436 (24. 8. 1859).
[623] Marie von Bülow, Hans von Bülow, Stuttgart 1925, S. 79.
[624] Richard Wagner, Ausgewählte Schriften, Bd. 2, S. 85–86.
[625] Richard Wagner, Ausgewählte Schriften, Bd. 2, S. 121.
[626] *Die Meistersinger von Nürnberg*, 3. Aufzug, 4. Szene.
[627] *Tristan und Isolde*, 3. Aufzug, 3. Szene.
[628] Richard Wagner, Ausgewählte Schriften und Briefe, Bd. II, S. 154–155.
[629] D. und M. Petzet: Die Richard-Wagner-Bühne König Ludwigs II., München 1970, S. 154–155.
[630] Hans von Bülow, Neue Briefe, S. 472–473.
[631] Leipziger Tageblatt (17. 8. 1869).
[632] Hans von Bülow, Neue Briefe, S. 257–258.
[633] *Siegfried*, 2. Aufzug, 2. Szene.
[634] *Tannhäuser*, 1. Aufzug, 3. Szene.
[635] *Die Walküre*, 2. Aufzug, 1. Szene.
[636] *Die Walküre*, 2. Aufzug, 2. Szene.
[637] *Die Walküre*, 2. Aufzug, 2. Szene.
[638] *Die Walküre*, 2. Aufzug, 2. Szene.
[639] *Die Walküre*, 2. Aufzug, 4. Szene.
[640] *Die Walküre*, 3. Aufzug, 1. Szene.
[641] *Die Walküre*, 3. Aufzug, 1. Szene.
[642] *Die Walküre*, 3. Aufzug, 1. Szene.
[643] *Die Walküre*, 3. Aufzug, 2. Szene.
[644] *Die Walküre*, 3. Aufzug, 3. Szene.
[645] *Die Walküre*, 3. Aufzug, 3. Szene.
[646] *Die Walküre*, 3. Aufzug, 3. Szene.
[647] *Die Walküre*, 3. Aufzug, 3. Szene.
[648] *Die Walküre*, 3. Aufzug, 3. Szene.

[649] *Siegfried*, 3. Aufzug, 3. Szene.
[650] *Siegfried*, 3. Aufzug, 3. Szene.
[651] *Siegfried*, 3. Aufzug, 3. Szene.
[652] *Götterdämmerung*, Vorspiel.
[653] *Götterdämmerung*, 1. Aufzug, 2. Szene.
[654] *Götterdämmerung*, 1. Aufzug, 2. Szene.
[655] *Götterdämmerung*, 1. Aufzug, 3. Szene.
[656] *Götterdämmerung*, 1. Aufzug, 3. Szene.
[657] *Götterdämmerung*, 2. Aufzug, 4. Szene.
[658] *Götterdämmerung*, 2. Aufzug, 5. Szene.
[659] *Götterdämmerung*, 3. Aufzug, 2. Szene.
[660] *Götterdämmerung*, 3. Aufzug, 3. Szene.

Literaturnachweis

Bayreuther Briefe, hrsg. C. Fr. Glasenapp, Berlin/Leipzig 1907

Bayreuther Programmhefte

Hans von Bülow: Neue Briefe, hrsg. R. Graf Du Moulin Eckart, München 1927

Marie von Bülow: Hans von Bülow, Stuttgart 1925

O. Daube: Ich schreibe keine Symphonien mehr, Köln 1960

J. Deathridge: Wagner und sein erster Lehrmeister (Programmheft der Bayerischen Staatsoper: Die Meistersinger, München 1979)

R. Donington: Wagner's ›Ring‹ and its symbols, London 1963

Wm. Ashton Ellis: Life of Richard Wagner, London 1900–1908

M. Fehr: Richard Wagners Schweizer Zeit (2 Bände), Aarau/Leipzig 1934 und Aarau/Frankfurt a. M. 1953

R. Fricke: Bayreuth vor dreißig Jahren, Dresden 1906

R. Fricke: Richard Wagner auf der Probe, Stuttgart 1983

F. Herzfeld: Minna Planer, Leipzig 1938

L. Karpath: Zu den Briefen Richard Wagners an eine Putzmacherin, Berlin o. J. (1906)

A. Kohut: Der Meister von Bayreuth, Berlin 1905

E. Kretschmar: Richard Wagner: Sein Leben in Selbstzeugnissen, Berlin 1939

L. Kusche: Wagner und die Putzmacherin, Wilhelmshaven 1967

W. Lange: Richard Wagner und seine Vaterstadt Leipzig, Leipzig 1921

Lilly Lehmann: Mein Weg, Leipzig 1913

Hermann Levi an seinen Vater: unveröffentlichte Briefe aus Bayreuth (Bayreuther Festspiele Programmheft: Parsifal), Bayreuth 1959

P. Lindau: Nüchterne Briefe aus Bayreuth, Breslau 1876

R. Graf Du Moulin Eckart: Hans von Bülow, München 1921

R. Graf Du Moulin Eckart: Cosima Wagner, München/Berlin 1929/1931

D. und M. Petzet: Die Richard-Wagner-Bühne König Ludwigs II., München 1970

W. Reich: Richard Wagner, Olten 1948

S. Rützow: Richard Wagner und Bayreuth, München 1943

L. Strecker: Richard Wagner als Verlagsgefährte, Mainz 1951

O. Strobel: Neue Wagner-Forschungen, Karlsruhe 1943

Cosima Wagners Briefe an ihre Tochter Daniela von Bülow, hrsg. M. von Waldberg, Stuttgart/Berlin 1933

Cosima Wagner: Die Tagebücher (2 Bände), ed. M. Gregor-Dellin und D. Mack, München/Zürich 1976–1977

Cosima Wagner, Das zweite Leben, Briefe und Aufzeichnungen 1883–1931, hrsg. D. Mack, München/Zürich 1980

Wagner: Dokumentarbiographie, hrsg. H. Barth, D. Mack und E. Voss, Wien 1975

Richard Wagner: Gesammelte Schriften und Dichtungen, hrsg. W. Golther (10 Bände), Berlin/Leipzig/Wien/Stuttgart o. J.

Richard Wagner: Ausgewählte Schriften und Briefe,
   hrsg. A. Lorenz (2 Bände), Berlin 1938

Richard Wagner: Mein Leben, hrsg. M. Gregor-Dellin (2 Bände),
   München 1969

Richard Wagner: Das braune Buch, hrsg. J. Bergfeld, Zürich/
   Freiburg i. Br. 1975

Gedichte von Richard Wagner, hrsg. C. Fr. Glasenapp,
   Berlin 1905

Die Sammlung Burrell: Richard Wagner Briefe, hrsg. J. Burk,
   Frankfurt a. M. 1953

Familienbriefe von Richard Wagner, hrsg. C. Fr. Glasenapp,
   Berlin 1907

Richard Wagner an Freunde und Zeitgenossen, hrsg. E. Kloss,
   Berlin/Leipzig 1909

Die Briefe Richard Wagners an Judith Gautier, hrsg. W. Schuh,
   Zürich/Leipzig 1936

Zwei unveröffentlichte Briefe an Robert von Hornstein,
   hrsg. F. von Hornstein, München 1911

Richard Wagner an seine Künstler, hrsg. E. Kloss, Berlin/Leipzig
   1908

Briefwechsel zwischen Wagner und Liszt, 2 Bände, Leipzig 1900

König Ludwig II. und Richard Wagner Briefwechsel,
   bearb. O. Strobel (5 Bände), Karlsruhe 1936–1939

Richard Wagner an Mathilde Maier, hrsg. H. Scholz, Leipzig 1930

Briefe an Hans Richter, hrsg. L. Karpath, Berlin/Wien/Leipzig 1924

Briefe an Frau Julie Ritter, hrsg. S. von Hausegger, München 1920

Richard Wagner: Sämtliche Briefe, hrsg. G. Strobel und W. Wolf
   (vorl. 4 Bände), Leipzig/Mainz 1967–1979

Briefe an Theodor Uhlig, Wilhelm Fischer, Ferdinand Heine,
   Leipzig 1888

Der Briefwechsel Richard und Cosima Wagner, hrsg. M. Eger (Bayreuther Festspiele, Programmheft Die Meistersinger), Bayreuth 1979

Richard Wagner an Minna Wagner (2 Bände), Berlin/Leipzig 1908

Richard Wagner an Mathilde Wesendonck, hrsg. W. Golther, Berlin 1904

Briefe Richard Wagners an Otto Wesendonck, hrsg. W. Golther Berlin 1905

E. Wille: 15 Briefe von Richard Wagner, Berlin 1894

F. Würzbach: Nietzsche, München 1966

Quellennachweis

Aus den nachfolgenden Werken konnte der Autor mit freundlicher Genehmigung der betreffenden Verlage zitieren:

Die Briefe Richard Wagners an Judith Gautier, hrsg. von W. Schuh, Rotapfel Verlag, Zürich/Leipzig 1936.

Otto Daube: *Ich schreibe keine Symphonien mehr*, Musikverlag Hans Gerig, Köln 1960.

Richard Fricke, *Richard Wagner auf der Probe*, Akademischer Verlag, Stuttgart 1983.

F. Herzfeld, *Minna Planer und ihre Ehe mit Richard Wagner*, W. Goldmann Verlag, Leipzig 1938.

König Ludwig II. und Richard Wagner, *Briefwechsel*, bearb. von Otto Strobel (5 Bände), G. Braun Verlag, Karlsruhe 1936–39.

Ludwig Kusche, *Wagner und die Putzmacherin*, Florian Noetzel Verlag »Heinrichshofen Bücher«, Wilhelmshaven 1967.

D. und M. Petzet, *Die Richard Wagner-Bühne König Ludwigs II.*, Prestel Verlag, München 1970.

Cosima Wagner, *Die Tagebücher* (2 Bände), ed. von Martin Gregor-Dellin, © R. Piper & Co. Verlag, München 1976.

Cosima Wagner, *Das zweite Leben*, Briefe und Aufzeichnungen 1883–1931, hrsg. von D. Mack, © R. Piper & Co. Verlag, München 1980.

Richard Wagner, Sämtliche Briefe, hrsg. von G. Strobel und W. Wolf (vorl. 4 Bände, Deutscher Verlag für Musik, Leipzig/Mainz 1967–1979.

Richard Wagner, *Das braune Buch,* hrsg. von J. Bergfeld, Atlantis Musikbuch-Verlag, Zürich/Freiburg i. Br. 1975.

Richard Wagner, *Mein Leben,* hrsg. von Martin Gregor-Dellin (2 Bände), Paul List Verlag, München 1969.

L. Strecker, *Richard Wagner als Verlagsgefährte,* Musikverlag B. Schott's Söhne, Mainz 1951.

F. Würzbach, *Nietzsche,* W. Goldmann Verlag, München 1966.

Autor und Verlag danken allen Rechteinhabern für die kollegiale Unterstützung.

Register

Allgemeine Musikalische Zeitung   431
Allgemeine Musikzeitung   149
Anderson, Mr.   295
Antwerpen   172
Apel, Theodor   69, 70, 212
Athenaeum   430
Augsburger Allgemeine Zeitung   332, 333, 337
Avenarius, Cäcile   119, 132, 220
Avenarius, Eduard   119, 207, 212, 213, 215, 222

Bach, Johann Sebastian   56
Bad Ems   310
Bad Lauchstädt   120
Bad Reichenhall   172
Bad Soden   172
Baden-Baden   172
Balakirew, Mily   430
Barbier von Bagdad   203
Bassenheim, Graf   349
Baumgartner, Wilhelm   159, 162, 217
Bausch und Bogen I   249
Bausch und Bogen II   249
Bausch und Bogen III   249
Bayreuth   95, 109, 147, 188, 260, 283f., 314, 344, 357, 369, 373

Bayreuther Festspiele   284
Bechstein, Carl   406
Beethoven   45f., 50, 60, 66, 68f., 86, 98f., 156, 296
Bellini, Vicenzo   68
Berg, Alban   434
Berlin   108f., 155
Biebrich   172f.
Bismarck, Otto von   247, 253
Bissing, Henriette Freifrau von   394
Bordeaux   155, 157, 162f., 168, 218, 229
Börne, Ludwig   95
Boulogne   111
Brahms, Johannes   248
Braut von Messina   56, 79
Breitkopf & Härtel   56, 232ff.
Bremen   109
Brestenberg   124
Brockhaus, Friedrich   263
Bruckner, Anton   437
Brünnhilde   165
Brüssel   172
Bülow, Blandine von   270, 278, 339
Bülow, Daniela Senta von   259, 270, 271, 275, 278, 339, 400
Bülow, Hans von   127, 270f., 272, 276f., 339, 340f., 395,

471

399, 402f., 406, 408ff., 418, 425f., 439
Burrell, Mary 135
Büsching, Johann 78, 79

Cardenio und Celinde 79
Carolsfeld, Ludwig Schnorr von 67
Chamberlain, Eva 282
Chemnitz 129
Chopin, Frédéric 249
Columbus-Ouvertüre 112
Cornelius, Peter 203, 228, 256

Daily News 297
Darmstadt 172
Das Liebesmahl der Apostel 65
Das Liebesverbot 95ff., 100, 109
Das braune Buch 282
Deathridge, John 53
Der Engel 136
Der Freischütz 74
Der Ring des Nibelungen 109, 356
Der Volksbote 338
Der fliegende Holländer 109, 114, 161, 272, 294
Deutsche Musikzeitung 431
Deutschland 248, 294
Die Feen 81, 86, 88, 91, 95, 97, 102
Die Hochzeit 69, 73, 81
Die Kunst und die Revolution 161
Die Meistersinger 109, 132, 195
Die Novize von Palermo 102
Die Walküre 82, 124, 127, 348
Die hohe Braut 110
Donington, Robert 385

Dorn, Heinrich 51
Dresden 113f., 121f., 129, 155, 157, 205, 220, 239, 310f.
Dresdener Hoftheater 119
Düfflipp, Lorenz von 341, 346

Egmont 50
Ein Wintermärchen 88
Eine Mitteilung an meine Freunde 172
Einsiedel, Ernst Rudolf von 120
Eiser, Otto, Dr. 388f.
Eliot, George 308
Elisabeth, Erzherzogin 346
Erard 224

Fafner 367
Fantasie 61ff.
Feen 74, 84f., 87, 89, 98
Feustel, Friedrich 315, 355, 358
Fidelio 67, 86ff., 98f.
Figaro 98, 432
Fischer, Franz 95
Fischer-Dieskau, Dietrich 256
Fliegender Holländer 66, 78, 80, 89, 102, 173, 206, 232, 276, 401
Fontane, Theodor 433
Förster-Nietzsche, Elisabeth 386, 391, 392
Fra Diavolo 103
Frankfurt am Main 172
Frankreich 247, 294
Fricke, Richard 363, 365, 367
Friedrich der Große 246

Galvani, Friederike 154
Gautier, Judith 73, 188ff., 192ff., 284, 439
Genf 160

Geyer, Cäcilie 42
Geyer, Johanna 83
Geyer, Ludwig Heinrich Christian 42, 70
Goethe, Johann Wolfgang von 48, 50, 246
Goldwag, Bertha 199, 201 f.
Götterdämmerung 78, 85, 100, 132, 149, 161, 188, 267, 360, 383, 396, 426
Götz von Berlichingen 48
Gozzi, Carlo 84
Großgraupa 396
Gutzkow, Karl 95

Hamburg 109
Hamlet 48, 87
Hanslick, Eduard 429, 437
Hartenfels 313
Hauptmann, Gerhart 429
Haus Wahnfried 73, 236, 284
Hauser, Franz 91, 92, 95
Haydn, Joseph 296
Heckel, Emil 306
Heiling, Hans 93 f.
Heine, Ferdinand 228, 232, 238, 311
Heine, Heinrich 79, 95
Hill, Carl 364 f.
Hillebrand, Karl 171
Hochzeit 77, 79 ff., 83, 85
Hochzeit des Figaro 97
Hoffmann, E. T. A. 84
Hofmannsthal, Hugo von 434
Hohenschwangau 235
Holländer 168
Hornstein, Baron Robert von 224, 226
Hülsen, Botho von 257

I Capuleti ed i Montecchi 68
Im Treibhaus 136

Immermann 79
Isolde 182, 184
Italien 127

Jenkins, Newell S., Dr. 319
Joukowsky, Paul von 250
Juli-Aufstand 1830 54
Junges Deutschland 95

Kaiser von Österreich 252
Karlsruhe 172
Karpath, Ludwig 201
Keller, Gottfried 430
Kietz, Ernst Benedikt 68, 170, 204, 205, 206 ff., 211 f.
Klindworth, Karl 223, 258, 313
Köln 95
König Enzio 65
König Lear 48
König von Bayern 155, 315
König Heinrich 110
Königin Victoria 302, 307
Königin von England 301
Königlich Sächsischer Hofkapellmeister 114
Königsberg 121, 155, 227
Kummer, Otto 384

Lady Lindsay 308
Laube, Heinrich 95
Lauchstädt 95, 155
Laussot, Jessie 73, 122 ff., 155, 158, 163, 164, 167, 168, 184, 189, 229, 439
Lehmann, Lilli 363
Leipzig 45, 82, 84, 91, 95, 108 f.
Leubald 47, 49 f., 87
Levi, Hermann 95, 255, 256, 276 f., 345, 374, 376, 377, 440
Levine, James 345
Lewes, Henry 308

Liebesverbot 98f., 101f., 108, 110f.
Liebesverheißung 426
Lindau, Paul 368
Lindemann, Dr. 265
Liszt, Cosima (siehe auch Wagner, Cosima) 270f.
Liszt, Franz 114, 170, 199, 214f., 224, 271, 273, 298f., 301, 311ff., 406, 433, 440
Löbmann, Franz 310
Lohengrin 67, 78, 80, 85f., 101, 109, 155, 161, 171, 189, 232ff., 255, 272
Loizeau 208
London 124, 155, 223, 293, 295, 306, 309
Lucas 296
Ludwig I. 349
Ludwig II., König von Bayern 108, 155, 180, 189, 231, 234, 316ff., 320, 326, 327, 329ff., 338, 340, 349, 359, 440
Lüttichau, Wolf Adolf August von 113
Luzern 139, 143, 172, 283

Macbeth 48
Magdeburg 95, 102, 104ff., 109, 112, 155
Maier, Mathilde 73, 146, 172, 177, 184, 325, 440
Mailand 172
Mainz 172, 228, 235
Mann, Thomas 245, 436
Mariafeld 326
Marschner, Heinrich 84, 93, 249, 296
Marseille 132
Maß für Maß 95f.
Meierbeer, Robert 94

Mein Leben 48, 77, 79, 156, 179, 227, 293
Meine Härte 211
Meistersinger 50, 56f., 68, 100f., 145, 172ff., 202, 206, 235f., 255, 277, 404
Mendelssohn-Bartholdy, Felix 247, 296, 305
Mendés, Catulle 188
Meser, C. F. 217
Meserschen Kommissionsverlag 232
Meudon 204
Meyer, Friederike 146
Meyerbeer, Giacomo 101, 109, 110ff., 441
Montez, Lola 328
Montmorency 158
Moosdorf & Hochhäusler 372
Morning Post 435
Mottl, Felix 256, 362, 364, 366
Mozart, Wolfgang Amadeus 97, 296
Müller, Christian Gottlieb 50, 51ff., 60, 91
München 95, 109, 177, 201, 236, 283, 325, 338f., 347f., 404
Muncker, Theodor 355
Musical Times 307
Musikverlag Schott 278

Neapel 318
Neueste Nachrichten 341
Neumann, Angelo 255, 256f.
Neunte Sinfonie 50
Nibelungen 288
Nietzsche, Friedrich 211, 373, 388, 389ff., 431, 435
Nürnberg 105, 172

Onslow, André Georges Louis 296
Oper und Drama 124, 171
Orpheus 87
Ouvertüre in B-Dur 51
Ouvertüre in D-Moll 65
Overbeck, Franz 393

Pachta, Graf 69f., 73
Paris 111, 127, 145, 155, 157, 160, 172, 204f., 218, 222, 226, 245
Parsifal 48, 67f., 79, 100, 109, 132, 191ff., 195, 202, 255, 274, 276, 317ff.
Pecht, Friedrich 332
Penzing 130, 176, 184ff., 202, 325
Pest 185
Peter der Große 250
Pfistermeister, Franz Seraph von 335, 337
Planer, Minna 105, 120, 270
Planer, Natalie 120, 127, 129f., 135, 202, 215, 220
Porges, Heinrich 255, 256
Portland Terrace 295
Potter, Cipriano 296
Praeger, Ferdinand 258
Prag 95, 237
Pravonin 69, 73, 77, 79
Pringle, Carrie 284
Pusinelli, Dr. Anton 129

Ratcliff., William 79
Raupach, Benjamin Ernst Salomo 65
Redwitz, Oskar von 332
Regent's Park 295, 300
Rheingold 124, 172, 187, 234, 346f., 360f., 369
Richter, Hans 306
Rienzi 62, 65f., 89, 101, 109, 114, 119, 128, 161, 205, 218, 272, 294, 396
Riga 155, 293
Ring des Nibelungen 47, 60, 82, 83, 124, 161, 188, 195, 202, 234, 237, 277, 306, 313, 344, 373
Ringelmann, Therese 153, 195
Ritter, Emilie 168, 221, 258
Ritter, Julie 164, 166, 170, 230, 239, 384
Röckel, August 266
Romeo und Julia 80
Royal Albert Hall 306
Rubinstein, Joseph 255, 256
Rudolstadt 95, 155
Runkwitz, Karl 369

Sachs, Hans 105, 171
Saint-Saëns 249
Schanzer, Marie 270
Scheffzky, Josephine 365
Schiffner, Mathilde 126
Schiller, Friedrich 79
Schlesinger, Maurice 216
Schott, Franz 128, 232, 234ff., 238
Schott's Söhne 44
Schröder-Devrient, Wilhelmine 66, 67ff., 114, 119
Schumann, Robert 105, 106, 249, 305
Schweiz 122, 171, 294, 302, 311, 326
Scribe, Eugène 110
Serapionsbrüder 84
Shakespeare, William 46ff., 50, 68f., 80, 87, 95f., 246
Shaw, George Bernard 307
Siegfried 124, 132, 136, 172, 188, 234, 360, 408, 417

Siegfried-Idyll 278
Siegfrieds Tod 161, 172
Smith, Dexter 314
Spohr, Louis 296
Staatszeitung 314
Standhartner, Josef 325
Stolzing, Walther von 51
Straßburg, Gottfried von 342
Strauss, Richard 432, 434f.
Strawinsky, Igor 434
Strecker, Dr. Ludwig 238
Stuttgart 95, 109, 326
Sulzer 223
Sulzer, Jakob, Dr. 159, 220, 222
Sunday Times 304

Tannhäuser 60, 63, 66, 68, 87, 90, 100, 102, 109, 127, 155, 161, 189, 2
Tappert, Wilhelm 81
Tausig, Karl 255
Taylor, Mrs. 229f.
Taylor, Mr. 160
Teplitz 206
The Hornet 307
The Times 435
Thetis 293
Théâtre de la Renaissance 111
Tichatschek, Joseph 119, 218
Times 297
Tribschen 212, 283f., 339f., 347
Tristan 79, 127, 136, 138f., 142, 288, 342
Tristan und Isolde 60, 61, 68, 78, 79, 85, 109, 124, 127, 136, 138f., 140f., 142, 172, 174, 195, 202, 288, 342
Tschaikowsky 371

Uhlig 199, 263, 265f.
Uhlig, Theodor 170, 217, 239, 263, 356

Venedig 138f., 172, 313, 321, 376
Volksbote 341
Volksgesang 253

Wacht am Rhein 252
Wagner, Albert 42, 83, 90
Wagner, Cosima, geb. Liszt 68, 72f., 75, 109, 115, 127, 133, 146ff., 156, 171, 179, 182f., 270, 272f.
Wagner, Daniela 271, 275
Wagner, Eva 148, 270f., 278, 341, 404
Wagner, Friedrich 42
Wagner, Gustav 42
Wagner, Isolde 270, 278, 339, 402
Wagner, Julius 42
Wagner, Klara 42
Wagner, Luise 42
Wagner, Maria Theresia 42
Wagner, Minna 120ff., 126, 131f., 137f., 157f., 160, 167, 215, 227ff., 240, 264, 2
Wagner, Ottilie 42, 64f.
Wagner, Richard 270, 293, 429, 436
Wagner, Rosalie 42, 83, 90
Wagner, Siegfried 260, 270, 278, 408, 441
Wagner, Wilhelm Richard 42
Wagners Ring und seine Symbole 385
Wahnfried 68, 147, 188, 193
Walküre 62, 87, 165, 172, 234, 295, 298, 304, 306, 360, 369
Walküren 60, 78, 230

Weber, Carl Maria von 84
Weimar 155, 172, 314
Weinert, Susanne 431
Weinlig, Charlotte Emilie 65
Weinlig, Theodor 56, 57, 59f., 63ff., 92
Wesendonck, Mathilde 46, 73, 124, 133, 135, 137ff., 142ff., 146, 148, 172, 178, 180, 182ff., 184, 188, 245, 247, 302, 399
Wesendonck, Myrrha 394
Wesendonck, Otto 128, 137, 148, 230, 234, 245, 268, 300
Wesendonck-Lieder 172
Westminster Abbey 309

Wien 172, 174f., 186, 228
Wilde, Oscar 432
Wilhelm, Kaiser 369
Wille, Eliza 46, 147, 326
Wintermärchen 87
Wolzogen, Hans von 310
Wüllner, Franz 347
Wuppertal 95
Würzburg 83, 95, 153

Zampa 79, 103
Zauberflöte 87
Zelinsky, Hartmut 435
Zürich 95, 121, 124f., 127, 155, 172, 199, 212, 222, 228, 306, 399

Bildnachweis

Brief Seite 43: Abdruckerlaubnis mit freundlicher Genehmigung des Musikverlags B. Schott's Söhne, Mainz.

Bild Seite 353: © Walter Grill, München. Reproduktion mit freundlicher Genehmigung des Nationalarchivs der Richard-Wagner-Stiftung/Richard-Wagner-Gedenkstätte, Bayreuth.

Abbildung Seite 354: © Heinrich Habel, Festspielhaus und Wahnfried. Geplante und ausgeführte Bauten Richard Wagners. Prestel Verlag 1985.

Alle übrigen Bilder (einschließlich der Bilder des Bildteils), soweit nicht anders angegeben: mit freundlicher Genehmigung des Nationalarchivs der Richard-Wagner-Stiftung/Richard-Wagner-Gedenkstätte, Bayreuth.

Helmuth M. Backhaus
Götter GmbH & Co. KG

Eine ebenso treffende wie amüsante Aufklärung über das Treiben der antiken Götter

Sachbuch, 290 Seiten, mit 16 Zeichnungen von H. E. Köhler, Ln., DM 24,80

In heiteren, amüsanten Anekdoten und Geschichten sind hier die Götter und Göttinnen der Antike vorgestellt: Zeus/Jupiter, Hera/Juno, Eros/Amor und wie sie alle heißen, die Unsterblichen – und doch so menschlichen – Wesen werden von ihrem klassischen Podest heruntergeholt und gründlich abgestaubt, wobei der Leser quasi nebenbei manch Wissenswertes aus der antiken Mythologie erfährt.

ERSCHIENEN BEI HESTIA